J. Weil-Lamprecht

Das Unheil kommt nicht von Gott

Credo-Verlag

1. Auflage Oktober 1990
2. Auflage April 1991
3. Auflage Mai 1991
4. Auflage Juni 1991
5. Auflage März 1994
6. Auflage März 1995
7. Auflage Februar 1996
8. Auflage Dezember 1996
9. Auflage Februar 1997
10. Auflage März 1997
11. Auflage März 1998
12. Auflage April 1998
13. Auflage Mai 1998
14. Auflage Mai 1998
15. Auflage Februar 2000
16. Auflage März 2000
17. Auflage April 2000
18. Auflage April 2000
19. Auflage Dezember 2001
20. Auflage April 2002
21. Auflage Oktober 2003
22. Auflage November 2003

Bestelladresse für die Schweiz:
Credo-Verlag Schweiz
Zweigstelle Zürich
Postadresse und Auslieferung:
Postfach 585
CH-8603 Schwerzenbach (Zü
Fax: (01) 9 46 20 21

Bestelladresse für Deutschland und Österreich:
Buchhandlung
Dr. Claus Steiner AG
www.buch-steiner.de · service@buch-steiner.de
Untergasse 32 - 34 · D-65510 Idstein · Germany
Telefon: 06434/915-120 Telefax: 06434/915-125

Printed in Germany · Medien Druck Unterland, Flein
Buchbinderei IBB GmbH, D-74189 Weinsberg
Grafik: Christa Mosele-Isler
(nach einem Entwurf von Dr. Flavius Regli, Theologe und Kapuzinerpater)
ISBN 3-9522691-0-7
In allen Buchhandlungen

J. Weil-Lamprecht
Das Unheil kommt nicht von Gott

Für David und Dennis

(und alle jugendlichen Leser zwischen 18 und 80 Jahren)

Mit besonderem Dank an meine
Mutter Rosina Lamprecht und meinen
Mann Kurt Weil

sowie
Prof. Dr. Balthasar Staehelin, Arzt
Prof. Dr. Markus Brodmann, Mathematiker
Pater Bernhard Mathis (OSB), Priester und Lehrer,
Kloster Engelberg
Theres Maglia, Mutter und ausgebildete Katechetin
Pfarrer Alois Zingg, Seelsorger und Pädagoge
Heidi Pollastro-Arnet, Mutter und Berufsfrau
Martin Stössel, lic. theol. und Lehrer
Pia Moser, Einsiedeln, Buchapostolat

Inhaltsverzeichnis

Teil I

Teil II

Teil III

Teil IV

Teil V

„Wenn ich nur
eine einzige
Seele davon
überzeugen kann,
dass das Unheil
nicht von Gott
kommt, hat sich
die ganze Arbeit
gelohnt."

(Jutta Weil-Lamprecht)

Die Menschen glauben, dass Gott sie mit Schicksalsschlägen bestrafe. Sie fürchten Gott, aber sie lieben ihn nicht.
Die Menschen sind enttäuscht.
Zuletzt zweifeln sie sogar an der Existenz Gottes.
Sie entfernen sich immer mehr von ihm.

In diesem Buch werden starke Argumente vorgelegt, die uns zeigen, dass kein Unheil von Gott kommt.

Bevor wir damit beginnen, müssen wir aber die vielen Zweifel und Vorwürfe, die wir Gott schon immer gemacht haben, klären und beseitigen.

Der erste Zweifel wird von einem Jugendlichen geäussert und lautet: »Meine Schulkollegen sagen, Gott existiere nicht. Sollte er aber doch existieren, warum lässt er dann all das Unheil zu?«

Teil I

»Meine Schulkollegen sagen, Gott existiere nicht«

Unser 18jähriger Sohn David, genannt Dave, weil er das schöner findet, kommt nach Hause und verkündet: »Meine Kollegen sagen, Gott existiere nicht.« Er wohnt zur Zeit in einer Studiengemeinschaft. Ich habe ihm einige Briefe zu diesem Thema geschrieben.

Lieber David oder Dave, wie Du Dich seit kurzem nennst. Obwohl ich David immer als sehr schönen Namen empfand, will ich Deinen Willen respektieren und Dich so anreden, wie Du es gern hast.

Als wir uns letzten Sonntag trafen, kamen wir auf das Thema »Wie ist die Welt entstanden?« Ich sagte: »Gott hat sie erschaffen.«

Du lieber Dave, hast mich daraufhin ausgelacht: »Du kommst eben nicht draus. Die Welt ist nicht von Gott erschaffen worden, weil es Gott gar nicht gibt. Das sagen meine Schulkollegen auch. Die Welt ist einfach irgendwann durch einen Urknall entstanden. Diesen Urknall nennt man Big Bang.«

Ich sagte daraufhin: »Von diesem Urknall weiss ich auch. Hingegen frage ich Dich, wer hat den Urknall verursacht? Was ist die Ursache der Ursache?« Deine Antwort war: »Nun ja, nun ja, das weiss man eben nicht. Niemand weiss es. Es war Zufall. Irgendwie ist das halt einfach zustande gekommen. Zufällig, rein zufällig.«

Die Menschen glauben am liebsten nur das, was sie mit ihren Händen anfassen, selber sehen oder selber erfahren haben.

Lieber Dave, Du hast als Bub im Geiste, in Deiner Vorstellung, mit ausserirdischen Kriegern aus Plastik den Krieg der Sterne gespielt. Du kennst Radiowellen, Fernsehwellen, Radar, Laser.

Du glaubst natürlich an die ganze Technik, weil Dir alles längst bekannt und vertraut ist. Würdest Du auch an etwas glauben, das Du noch gar nicht kennst? Wahrscheinlich ungern oder gar nicht.

Stell Dir vor, wir müssten einem Ritter, der im Jahre 1120 auf der Kyburg bei Winterthur wohnte, erklären, was ein Auto ist. Der Mann würde uns glatt auslachen. Er kennt ja nur Pferde und Kutschen. Oder: Wir müssten dem Ritter auf seiner Burg erklären, dass er keine Kerzen mehr braucht, denn es gebe elektrischen Strom, der mit Turbinen erzeugt wird und kleine, gläserne Dinger, nämlich Glühbirnen, von welchen eine einzige ein ganzes Zimmer erhelle. Wieder würde uns der Ritter auslachen.

Oder: Du müsstest dem Ritter das Telefon erklären. Der Ritter könnte es einfach nicht fassen. Dass er aus einem kleinen Ding plötzlich die Stimme des Grossherzogs von Kent aus dem fernen England hören soll. Und wie würdest Du, Dave, dem Ritter erklären, dass achthundert Jahre nach seinem Tod Flugzeuge nach Amerika fliegen? Der Ritter würde es nicht glauben, denn zu seiner Zeit wusste niemand etwas vom Kontinent Amerika. Ganz zu schweigen von Flugzeugen. Der Ritter würde lachen oder zetern. Er würde uns als Spinner bezeichnen, als Betrüger, lächerliche Phantasten. Du, Dave, wärest empört, Du würdest ihm sagen: Sogar auf den Mond kann man fliegen, mit Raketen. »Raketen? Was ist das? Atomkraft? Was ist das?«

Dann würdest Du versuchen, dem Ritter eine Tonbandkassette zu erklären: Du sagst: In diesem kleinen Ding hier, zehn auf fünf Zentimeter gross, befindet sich eine braune Spule, eine Art breiter Faden. Und auf diesem Faden könnten Sie, Herr Ritter, ohne weiteres vierzig ihrer Lautenspieler hören. »Was?« würde er protestieren, »was soll dieser Unsinn?«

Du, lieber Dave, würdest dann versuchen wollen, dem Ritter das Wesen der Fotografie zu erklären. »Herr Ritter, es wird dereinst möglich sein, Sie selber ganz naturgetreu, im Format 13 Zentimeter auf 10 Zentimeter abzubilden, genau so, wie Sie sind.«

Der Ritter: »Wie bitte? Ich bin ein Meter siebzig gross und achtzig Kilogramm schwer. Und da willst Du mich, Du Träumer und Phantast, auf ein Mass von 13 auf 10 Zentimeter reduzieren? Was fällt Dir ein? Unsinn, barer Unsinn!« Und dann käme das, was unweigerlich kommen müsste in einer solchen Situation. Du, mein bester Dave, würdest nämlich langsam die Geduld und die Nerven verlieren, wie das immer geschieht, wenn einer Deiner Mitmenschen, zum Beispiel Dein Bruder Dennis, nicht versteht, was Du sagen willst. Und Du würdest losbrüllen: »Herr Ritter, Sie sind ein unerträglicher Vollidiot. Nur weil Sie mit Ihrem begrenzten Denken meine Sprache nicht verstehen, nur weil Sie keine Ahnung haben von moderner Technik, nur darum behaupten Sie in Ihrer bodenlosen Sturheit, das alles sei nicht möglich. Sie bezichtigen mich der Lüge, Sie sagen, ich sei ein Phantast. Und ich sage Ihnen dafür, was Sie sind: Ein ganz armer, lächerlicher, kleiner Wicht, der von nichts eine Ahnung hat.«

Dein Wutausbruch und Deine Ausfälligkeiten hätten Dir mit Sicherheit im Jahre 1120 beim Ritter auf der Kyburg schwerste Strafen bis zu lebenslänglichem Kerker beschert. Oder man hätte Dich, Dave, mit einer Narrenkappe versehen, als geisteskrank erklärt und Dich mit Schimpf und Schande von der Burg verjagt.

Und der Ritter wäre überzeugt gewesen von seiner Überlegenheit. Was er sich in seiner geistigen Beschränkung nicht vorstellen konnte, das wurde von ihm einfach als **nicht möglich** bezeichnet.

Was fällt Dir bei dieser ganzen Angelegenheit auf, Dave? Das gleiche wie mir: Noch heute gibt es viele Leute in der Art dieses Ritters. Was sie sich nicht vorstellen können, das erklären sie für nicht möglich, als naiv, unwahr, dumm, absurd, Träumerei, Phantasie, oder – in schlimmeren Fällen – einfach als Schwindel und Betrug. Und sie machen immer alles zum vorneherein lächerlich, was nicht in ihre engen Geistesbezirke hineinpasst.

Du und ich wollen aber Verständnis haben für den Ritter. Der gute Mann hatte im Jahre 1120 noch nicht die Gelegenheit gehabt, zu erfahren, dass es Elemente gibt, die man weder sehen, fühlen noch hören kann, wie wir das dank der modernen Technologie erkannt haben.

Oder kannst Du etwa die Töne hören, welche eine Fledermaus hört? Nein, kannst Du nicht, unsere Ohren haben kein eingebautes Radarsytem wie jenes der nächtlichen Flugtiere. Aber – ob wir die Töne hören oder nicht – sie sind trotzdem da.

Der Ritter war ja noch der Meinung, die Erde sei eine Scheibe, und der Himmel wölbe sich über sie wie ein Zelt. Stell Dir vor, Dave, wenn man dem Ritter gesagt hätte: »Nein, die Erde ist rund wie eine Kugel, und darauf stehen wir, »angeklebt« durch die Schwerkraft. Die Südafrikaner kopfunter, die Eskimos kopfüber, und alle diese »angeklebten« Leute rasen mit weissichwievielen Stundenkilometern durch das Weltall.

Der Ritter weiss nichts von alledem, nicht einmal Afrika kennt er, geschweige denn die Eskimos oder das Weltall. Er weiss nichts von der Form der Erde. Darum weist er alles, was er sich nicht vorstellen kann, in den Bereich des Unmöglichen. Diesen Fehler machen wir nicht.

Wir wissen zwar auch noch relativ wenig. In 1000 Jahren weiss der Mensch mit Sicherheit viel mehr. Dann sind wir jene, über die man lächelt, wie wir jetzt milde lächeln über den Ritter vom Jahre 1120.

Wir erfahren die ungeheuren Dimensionen des Universums und hören mit Erstaunen, dass die Wissenschaftler von »unsichtbarer Materie« sprechen, welche Neutrinos oder »Geisterteilchen« genannt werden

Im Weltall existieren viele Millionen Galaxien, von denen man einige sehen kann; dazu gehören die Magellan-Wolken am Südhimmel und der Andromeda-Nebel am nördlichen Sternenhimmel. Photographische Aufnahmen des Andromeda-Nebels mit grossen optischen Teleskopen zeigen, dass er die Form einer Spirale hat. Leider hat ihre Ebene einen recht ungünstigen Neigungswinkel, so dass die Spiralstruktur schlecht zu erkennen ist. Seine Entfernung ist 2 200 000 Lichtjahre, das heisst, wir sehen die Galaxie so, wie sie vor mehr als zwei Millionen Jahren war. Das Lichtjahr ist eine bequeme Einheit für grosse Distanzen: es entspricht der Entfernung, die vom Licht in einem Jahr zurückgelegt wird. Da das Licht eine Geschwindigkeit von 300 000 km pro Sekunde hat, ist ein Lichtjahr gleich 9,46 Billionen Kilometer. Der nächste Stern zur Sonne, Proxima Centauri, befindet sich in einer Entfernung von 4,2 Lichtjahren.

Nicht wahr, Dave, man bekommt doch Herzklopfen, wenn man das liest. Man fühlt sich vollkommen hilflos, weil man nicht imstande ist, sich auch nur im geringsten vorstellen zu können, wie die Distanz eines Lichtjahres aussieht. Es liegt jenseits unseres Vorstellungsvermögens. Unser Gehirn ist vollständig überfordert. Wir können nur staunen.

Neue geistige Erkenntnisse werden zuerst immer abgelehnt*

Für »unmöglich« hielt die Wissenschaft einst Meteore, Kugelblitze, Blitzableiter, Blutkreislauf, Hypnose, Dampfkraft, Gasbeleuchtung, Motorflugzeuge und Phonographen, also Plattenspieler, um nur einige wenige Beispiele zu nennen.

»Eine neue wissenschaftliche Wahrheit pflegt sich nicht in der Weise durchzusetzen, dass ihre Gegner überzeugt werden und sich als belehrt fühlen, sondern vielmehr dadurch, dass die Gegner allmählich aussterben und dass die heranwachsende Generation von vornherein mit der Wahrheit vertraut gemacht wird«, meinte darum der Physiker Max Planck. So ist das, was wir in der Schule lernen, oft schon lange überholt.

Was Energie ist, weiss niemand

»Das Universum ist ein Gebilde von Wellen und Schwingungen, deren innerste Botschaft ›Bedeutung‹ ist«**, sagt der Kybernetiker Dr. David Foster. Alle Materie ist letztlich nur eine besondere Zustandsform* von Energie, aber: »Was Energie ›ist‹, weiss eigentümlicherweise niemand so recht«, wundert sich der sehr rational denkende Wissenschaftler Hoimar von Ditfurth. Das Gesetz von Ursache und Wirkung, das die meisten Leute als logische Krücke brauchen, weil ihnen sonst glatt der Verstand abhanden käme, haben die Physiker auch bereits über Bord geworfen. »In unserer Zeit«, meint darum der in die USA emigrierte österreichische Biochemiker Erwin Chargaff, »werden Naturgesetze häufiger zurückgerufen als Ford-Wagen«.

Raum und Zeit verwischen sich, sagt der Physiker Werner Heisenberg: »Wenn man bis zu den Atomen hinabsteigt, gibt es eine objektive Welt in Raum und Zeit gar nicht.« Verstanden? Nein! Wir können nur staunen. Einleuchtend erscheint dagegen, dass es eine sogenannte »objektive wissenschaftliche« Betrachtungsweise gar nicht gibt. Heisenberg bezeichnet

---

* Beitrag von Christine Steiger

** Im Kapitel über die Schöpfungs-Vision der Mystikerin Anna Katharina Emmerich (18./19. Jahrhundert, siehe folgende Kapitel) erfahren wir, dass die Seherin die Ereignisse während der Schöpfung mit den Begriffen »innere Bedeutung« sowie »Zustände« umschreibt. Die Parallelen zur Aussage des modernen Naturwissenschafters Foster sind hochinteressant.

sie als glatte Selbsttäuschung. Die Frage »Ist das wissenschaftlich erwiesen?», kann man sich künftig ersparen. Heisenbergs »Unschärfe-Relation« hat gezeigt, dass der Betrachter erst die Dinge zu dem macht, was sie sind. Eigentlich ganz logisch, wenn man bedenkt, dass auch unser Auge uns ein Bild von Farben vermittelt, die es gar nicht gibt. So kann ein Teilchen »Materie« oder »Welle« sein, je nachdem, wonach der Forscher Ausschau hält.

Heute erscheint jedes »Wissen« wie eine Fata Morgana, die sich beim Näherkommen aufzulösen beginnt und einem neuen Rätsel weicht, bis man das Gefühl bekommt, das auch schon durch die Jahrtausende immer wieder formuliert wurde: Ich weiss, dass ich nichts weiss. Aber angesichts dessen sollte man sich vielleicht dem Unbegreifbaren gegenüber etwas aufgeschlossener verhalten und nicht immer von vornherein sagen: Das gibt es nicht.

Die menschliche Vorstellungskraft ist begrenzt, das müssen wir zugeben können

Versetzt man sich in die Situation einer Ameise, die auf einem Globus spazierengeht, so glaubt die Ameise, sie befinde sich auf einer sehr grossen Fläche. Wo immer sie hingeht, kommt sie auch wieder zurück und wundert sich darüber (**wenn** sie sich wundert). Und wir müssen uns nun diese Ameise auf der Kugel in der nächsthöheren Dimension vorstellen: Wie sich die zweidimensionale Fläche im dreidimensionalen Raum krümmt, so krümmt sich der Raum in einer vierten Dimension, die unserer Vorstellungskraft entzogen ist. Wir können so etwas lediglich ausrechnen. Mittlerweile aber sind die Physiker längst bei einem sechs-, zum Teil gar einem zehndimensionalem Raum angelangt, so dass wir vermutlich niemals aus dem Staunen herauskommen werden. Und ein Ende dieser buchstäblich »überdimensionalen« Inflation ist gar nicht abzusehen. Ende Zitat Ch. Steiger. (Diese Erkenntnis wird für uns sehr wichtig sein, wenn wir die Schöpfungs-Vision der Mystikerin Anna Katharina Emmerich in den kommenden Kapiteln erfahren werden. Denn sie erkennt bereits im Jahre 1800 verschiedene Sphären und andere Dimensionen der Materie oder »Nicht-Materie«.)

Wenn Du über die allerneuesten Erkenntnisse in der Weltraumforschung noch mehr wissen willst, dann lies folgenden Teil aus einer 1987 veröffentlichten wissenschaftlichen Studie. Darin wird von den Physikern das Auftreten der Anti-Materie erläutert. Sogenannte Neutrinos oder Geisterteilchen rasen mit ungeheurer Geschwindigkeit (viel mehr als Lichtgeschwindigkeit) durchs All und durschlagen die Materie. Diese Neutrinos sind vollständig unsichtbar.

Hier ein Ausschnitt aus der Studie:

Immer mehr Forscher sind deshalb überzeugt, dass es ausser der bekannten Materie, aus der Sterne ebenso bestehen wie die Erde, die Pflanzen, Tiere und der Mensch, noch eine zweite, »dunkle« Form von Materie geben muss, die sich nur durch ihre Schwerkraft bemerkbar macht, sonst aber unsichtbar ist für jedes Teleskop und alle bisher verfügbaren Messinstrumente. Mehr noch: Sie glauben, dass dieses Schattenreich die Hauptmasse des Universums stellt.

Wenn sich diese Vermutungen bestätigen, würde das, so Professor Leo Stodolsky, einer der Direktoren am Max-Planck-Institut für Physik und Astrophysik in Garching bei München, eine »zweite kopernikanische Revolution« bedeuten. Bei der ersten – die der Astronom Nikolaus Kopernikus im 16. Jahrhundert durch seine Erkenntnis ausgelöst hatte, dass die Sonne der Mittelpunkt unseres Planetensystems ist - »wurde den Menschen bewusst«, sagte Stodolsky, »dass die Erde nicht der Nabel des Kosmos ist. Bei der zweiten werden sie herausfinden, dass auch der Stoff, aus dem sie selber gemacht sind, nicht das wichtigste Baumaterial im Weltall ist«.

Entstanden ist diese **unsichtbare Materie** genauso wie die sichtbare vor 14 bis 20 Milliarden Jahren. Damals wurde das Universum mit dem sogenannten Urknall geboren, der Explosion einer auf unvorstellbar kleinem Raum zusammengepressten und extrem heissen »Ursuppe«. Als dicsc Ursuppe auseinanderflog und sich abzukühlen begann, so vermuten die Wissenschaftler, »froren« Atome aus, vor allem die von leichten Elementen wie Wasserstoff und Helium, und ballten sich durch ihre Schwerkraft mit der Zeit zu all den Sternen, Galaxien und Galaxie-Haufen zusammen, die das Universum seither bevölkern.

Bislang scheiterten alle Versuche, diese Verdichtung im Computer zu simulieren. »Das Gas klumpt sich dabei bestenfalls zu Sternen und Galaxien zusammen«, sagt Dr. Wolfgang Hillebrandt vom Garchinger Max-Planck-Institut für Astrophysik, »aber es entstehen keine Galaxie-Haufen und Überhaufen«. Die wurden erst rechnerisch darstellbar, als die Amerikanerin Joan Centrella von der Drexel-Universität in Philadelphia einen Grossrechner statt mit den Eigenschaften von Atomen mit denen von Neutrinos fütterte. Das sind geisterhafte Teilchen, die lichtschnell durch das Weltall schiessen und dabei Sterne und Planeten durchdringen, als seien sie gar nicht vorhanden.

In dieser Sekunde haben gerade Billionen von ihnen das Blatt durchquert, welches Du in den Händen hältst. Kosmische Zusammenballungen dieser Neutrinos, so glaubt Joan Centrella, »wirkten als Schwerkraftfallen für die sichtbare Materie«. Anders drückt es der russische Kosmologe Jaan Einasto aus:

Vielleicht sind die Sterne nichts anderes als Schneekappen auf den Gipfeln von Neutrino-Gebirgen.

Neutrinos? Was ist das? Unsichtbare Form einer anderen Dimension von Materie? Ein ganz neuer Begriff. Bisher hat sich die Wissenschaft noch nie um Geisterteilchen kümmern müssen. Immer neue Rätsel tun sich für die Forscher auf.

Was uns erstaunt, ist die ungeheure Kompliziertheit, sowohl im Universum als auch in unserem eigenen Körper. Die Milliarden von Zellen in unserem Körper sind bis ins letzte Atom hinein getreue Abbildungen des Universums mit seinem Planetensystem. Der ganze Körper besteht aus unendlich vielen winzigen Sonnensystemen. Lesen wir zweimal das Kapitel »Was geschieht im Körper, wenn er von Krankheitserregern angegriffen wird?« – hier wird die unvorstellbare Vielfalt an Geschehnissen, die alle intelligent gesteuert sind, am klarsten sichtbar. In diesem Zusammenhang möchte ich auf ein Ereignis in unserem Körper hinweisen, das wir als ganz selbstverständlich und banal hinnehmen: Die Verdauung unserer Mahlzeiten, welche der Körper getreulich Tag für Tag, Jahr für Jahr ausführt. Wehe, wenn er es nicht täte! Wir würden uns in Schmerzen und Krämpfen winden und wären nach kurzer Zeit im eigenen Gift verendet. Das sollten wir uns ab und zu vor Augen führen, um etwas von unserem undankbaren Hochmut zu verlieren. Also, lieber Dave, stell dir mal vor, du habest eben dein Leibgericht, Koteletts und Spaghetti, gegessen. Nach dem letzten Bissen ist die Mahlzeit deiner Kontrolle entglitten. Sie durchläuft jetzt zahlreiche »chemische Fabriken«: Magen, Leber, Galle, Dünndarm, Dickdarm und wird von verschiedenen Drüsen behandelt, zersetzt, aufgeteilt und weitergeleitet. Die Endprodukte – frische Zehennägel, neue Haare und Hautzellen, um nur ganz wenige zu nennen – diese Produkte konntest du mit deinem Willen nicht selber herstellen. Dein Körper hat alles ohne dein Dazutun erledigt.

Darf ich dich in diesem Zusammenhang an das allergrösste Wunder der Erde erinnern? Du und ich, wir waren einmal nur ein Pünktchen. Bevor das Pünktchen durch Befruchtung entstehen konnte, waren wir sogar nur je ein **halbes** Pünktchen, verteilt auf Eierstöcke unserer Mütter und Hoden unserer Väter. Da lebten wir in einem unvorstellbaren Zustand und wurden, in Punkt-Form, herumgetragen! Nach der Vereinigung unserer Eltern verschmolzen Ei und Samenzelle. Aus dieser vom Auge nicht sichtbaren winzigen Einheit entstanden wir zwei: erwachsene Menschen heute, mit ganz verschiedenen seelischen und körperlichen Veranlagungen, mit verschiedenartigen Charakteren, von denen es auf der Welt nicht zwei gleiche gibt. Wenn ich mir das jeweils plastisch vor Augen führe, dass ich vor Jahren nur ein Punkt war, dann nimmt mir das allen Wind aus meinen eventuell arroganten Gedankensegeln.

Mein Biologieprofessor an der Kantonsschule Winterthur, Professor Schäppi, hatte einmal zu uns gesagt: »Wer alle diese Vorgänge in der Natur und innerhalb unserer Körper lange genug überdenkt, der kann nicht anders, als in Ehrfurcht den Schöpfer anbeten.« Wir wunderten uns über seinen Bekennermut. Denn schliesslich stand er einer Klasse von besserwisserischen, arroganten Mittelschülern gegenüber, die mit der normalen Überheblichkeit junger Leute durchs Leben gingen mit der Frage: »Was kostet die Welt? Wir sind jung und stark, wir brauchen keinen lieben Gott. Wir schaffen das alles allein!« Aber das Bekenntnis des Biologielehrers hat in uns weitergewirkt, es liess sich durch alle nihilistischen und atheistischen Phasen hindurch nicht ausrotten. Letztlich war es auch dieses Bekenntnis, welches mich zu allem hindrängte, was in diesem Buche steht. Männer wie dieser Professor verändern die Welt. Aber auch Männer wie der Komiker Otto Waalkes. Dieser Komiker hat tief über Gott nachgedacht und alles in herrlichen Humor eingepackt, was er beim Nachdenken staunend erfasst hat. Erinnerst Du Dich, Dave? Du konntest die Otto-Nummer auswendig rezitieren: »Grosshirn an Milz: Schweig, du taube Nuss! Leber an Grosshirn: Wo bleibt der Alkohol? Grosshirn an Blutdruck: Steigen!«

Wirklich, wir können nur staunen über die Vielzahl von Ereignissen, die alle genau und gezielt nach Grundsätzen ablaufen. Immer findet in klarer Ordnung und Gesetzmässigkeit der Ablauf von Reaktionen und Gegenreaktionen statt. Alles ist geregelt, alles ist in Ordnung. Alles ist präzise aufgebaut. Alles ist logisch. Alles ist sinnvoll zusammengebaut, aufgebaut, weitergeführt, durchdacht bis in die letzte Einzelheit des kleinsten Teilchens, des Atoms.

Durchdacht? Ja – von wem denn? Vom Zufall? Das alles, dieses gigantische Werk Universum und menschlicher Organismus – ein reines Produkt des Zufalls? Klare Gesetze, logische Aktionen und Interaktionen – das alles Zufall?

Die Welt ist nicht durch Zufall entstanden

Nehmen wir an, es werde eine Herde von Affen mit Schreibmaschinen ausgestattet, zum Beispiel die ziemlich intelligenten Gorillas. Diese Tiere, welche von Natur aus neugierig sind, stürzen sich nun voller Wonne auf die Schreibmaschinen und hämmern ziellos auf die Tasten ein.

Frage: Wie lange müsste die Affenherde auf den Maschinen herumhämmern, bis sie Goethes Drama »Faust« zufällig zusammengewürfelt hätten? Bis also zufällig jeder Satz richtig aufgebaut, jedes Wort richtig geschrieben, Anfang, Steigerung und Schluss des Dramas richtig aufgebaut wäre mit all seiner tiefsinnigen Bedeutung?

Ich habe das ausrechnen lassen von Dr. Markus Brodmann, Dozent für Mathematik an der Universität Zürich.

Ich möchte ihm an dieser Stelle danken, dass er sich dafür bereit erklärt hat. Nicht jeder Wissenschaftler hat den Mut, für ein Buch mit dieser Thematik Denkhilfe zu geben.

Hier liegt nun also seine Rechnung vor:

150 Jahre
Universität Zürich

1833–1983

Mathematisches Institut
Universität Zürich
8001 Zürich Rämistrasse 74 Tel. 01 / 257 24 61

3a

16

Zürich, 15. 10.88

Zum Problem der "würfelnden Affen":

Wir nehmen uns ein langes Band, das so viele "Häuschen" hat, wie Goethes Werk Buchstaben aufweist, also N = 1'080540 (geschätzt). Wir schreiben nun fortschreitend in jedes Häuschen zufällig (jede Sekunde,

8 Stunden pro Tag) einen Buchstaben. (Dass dieser durch einen Affen erwürfelt wird, ist unwesentlich). Also z.B.:

	Y	A	R	C	H	A	A	H	Z	M	……	O	H
i:	1	2	3	4	5	6	7	8	9	10		N-1	N

Die Wahrscheinlichkeit, dass auf dem Band Goethes Werk steht, ist gegeben durch die Zahl 24^{-N}. Wir müssen also im Mittel 24^N Bänder füllen, bis einmal die richtige Dichtung Goethes erscheint. Die Zeit (in Jahren) um ein einziges Band zu füllen, ist gegeben durch $\frac{N}{3600\cdot 8\cdot 365}$.

Zeit (in Jahren), bis so insgesamt Goethes Werk einmal zufällig erwürfelt wird, ist gegeben durch

$$T = \frac{N\cdot 24^N}{3600\cdot 8\cdot 365} = \frac{N\cdot 10^{(\log 24)N-5}}{3{,}6\cdot 8\cdot 3{,}65} \quad , (\log 24 = 1{,}38021)$$

Es wäre leicht möglich, mit der von Dir angegebenen Zahl $N = 1'08\overset{5}{0}40$ einen "genauen" Wert von T anzugeben. Da N aber geschätzt ist, wäre diese "Scheingenauigkeit" sinnlos. Wir machen keinen bedeutsamen Fehler, wenn wir N durch den Näherungswert 1'000'000 ersetzen. Dann ergibt eine Kopfrechnung (ohne Computer), für T einen ungefähren Wert von

$$\underline{\underline{T}} \approx 0{,}96\cdot 10^{1'380209} \approx \underline{\underline{10^{1'380209}}}$$

T (die gesuchte Anzahl Jahre) ist also gegeben durch eine Zahl, die sich schreiben lässt als eine 1, gefolgt von 1'380209 (also über einer Million!) Nullen:

$$T = \underbrace{100\ldots\ldots\ldots\ldots\ldots0}_{1'380209 \text{ Nullen}} \text{ Jahre}$$

chreibt man die Zahl T auf ein Band, so dass für eine Ziffer 5 mm
ebraucht werden, so wird das Band über 6,5 km lang!

Für Zahlen dieser Grösse gibt es natürlich keinen Namen
hr!

Man kann tatsächlich auch kompliziertere Bedingungen wählen,
bei welchen Goethes Faust "erwürfelt" werden soll. Diese führen auf
pliziertere Rechnungen, und liefern kleinere Werte von T. Aber selbst
n T tausend Stellen weniger hätte, wäre das Resultat immer noch
seits unserer Vorstellung!

Zur handschriftlichen Rechnung des Mathematikers:

Das Original der Handschrift ist mehrmals fotokopiert worden, was eine Beeinträchtigung der Wiedergabequalität ergeben hat. Die Rechnung ist von jedem Mathematiker trotzdem nachvollziehbar. Die Handschrift wird hier nur vorgelegt, um dem Leser einen Eindruck davon zu geben, wie ein Mathematiker eine solche Rechnung aufschreibt, virtuos wie Musiker ihre Noten aneinanderreihen. Die Handschrift von Mozart, Bach oder Beethoven sind für uns ebenfalls interessant, weil die Schrift die Persönlichkeit des Schreibenden stärker dokumentiert. Für uns Laien ist also eine handgeschriebene Rechnung dieser Art von einer ganz bestimmten Faszination.

Die genaue Aufgabenstellung lautet: 24 Affen bekommen je einen Würfel mit einem Buchstaben des Alphabetes, A, B, C, D, E, F, G, etc. Jede Sekunde werfen sie 8 Stunden lang die Würfel hin. Während acht Stunden pro Tag entsteht also in jeder Sekunde ein anderes Buchstabenbild: z. B. A F I X M V etc.

Frage: Wie lange müsste die Affenherde würfeln, um Goethes »Faust« zufällig zu erwürfeln? Das Drama enthält rund eine Million und achtzigtausend Buchstaben, also 1 080 540 in genauer Zahl.

Der Mathematiker Dr. Markus Brodmann hat mit Hilfe der Wahrscheinlichkeitsrechnung folgendes Resultat berechnet: Die Anzahl Jahre, welche die 24 Affen würfeln müssten, liegt jenseits unserer Vorstellung. Die Jahreszahl müsste wie folgt aufgeschrieben werden als eine Eins und dahinter, auf einer Strecke von 6,5 Kilometern, alle 5 Millimeter eine Null. Das würde so aussehen:

1 0 0 0 0 0 0 0 0 0 0 0 0 0 0 0 0 0 0 0 0 0
0 0 0 0 0 0 0 0 0 0 0 0 0 0 0 0 0 0 0 0 0 0
0 0 0 0 0 0 0 0 0 0 0 0 0 0 0 0 0 0 0 0 0 0
0 0 0 0 0 0 0 0 0 0 0 0 etc.

Mit dieser ungeheuerlichen Zahl wäre also die Anzahl Jahre bestimmt, welche die 24 Affen benötigen würden, um nur ein einziges Theaterstück zu schreiben. Das Universum mit allen Planeten, Pflanzen, Tieren, Menschen, ist aber viel komplizierter gebaut als ein Theaterstück. (Die Erde besitzt 1 Million Tierarten und 300 000 Pflanzenarten.)

Wie alt ist das Universum? Es ist ungefähr 15 Milliarden Jahre alt. In einer Zahl: 15 000 000 000. Schon fertig, nur neun Nullen hinter der Zahl. Was folgern wir daraus?

Das Universum ist viel zu wenig alt, als dass es durch »Zufall« hätte entstehen können, der einfach die Grundfaktoren durcheinanderwürfelt.

Es ist praktisch unmöglich, die Zahl zu errechnen für die Anzahl Jahre, die der Zufall benötigen würde, die Welt zu bauen. Da würden 6,5 km für die Nullenzahl längst nicht ausreichen.

Der Beweis schwarz auf weiss: Die Welt kann nicht durch Zufall entstanden sein.

»Wer sagt denn das eigentlich vom Zufall?« fragte mich der Mathematiker, etwas erstaunt.

»Ein paar Schüler in der Gymnasialklasse unseres Sohnes.«

»Aha«, antwortete Brodmann beruhigt, »diese Schüler haben wohl noch nie die Wahrscheinlichkeitsrechnung gemacht, sonst würden sie so etwas nicht sagen. Kein Mathematiker würde so etwas behaupten!«

Albert Einstein sagte: »Gott würfelt nicht!«

Der gegenwärtig berühmteste Physiker, Steven Hawking aus England, bekannte, der Sinn seines Lebens sei es, eventuell herauszubekommen, welches der **Plan Gottes** gewesen sei und immer noch ist. Der Physiker möchte wissen, nach welchem Ur-Prinzip die Gesetze im Kosmos ablaufen, die Gesetze der Physik, Mathematik, Biologie, Chemie.

Bedeutende Schweizer Naturwissenschaftler, zum Beispiel der Physiker Professor Walter Heitler, Dozent an der Universität Zürich, Max Thürkauf, Professor für Physikalische Chemie an der Universität Basel, haben in Büchern ihren Glauben an Gott bezeugt. Der deutsche Physiker, Philosoph und Nobelpreisträger, Carl Friedrich von Weizsäcker, hat in einem Fernsehinterview deutlich gesagt: »Die grösste Krankheit der Welt ist ihre Gottlosigkeit. Der Verlust einer echten Religiosität ist die Ursache für die meisten Leiden der Menschen.«

Tief religiös war auch der Erbauer der ersten Weltraumrakete, Wernher von Braun sowie der Astronaut, der als erster Mensch auf dem Mond landete, James Irving. Er arbeitet heute als Evangelist in den Vereinigten Staaten. Albert Einstein betonte immer seine tiefe Ehrfurcht vor Gott und sagte, obwohl er Jude ist: »In Jesus Christus hat sich uns Gott am stärksten offenbart.« Der berühmte französische Mathematiker Blaise Pascal hat gesagt: »Ich kenne nur noch zwei Arten von vernünftigen Menschen. Diejenigen, welche Gott von ganzem Herzen lieben, ihn anbeten, ihm danken und ihm dienen, weil sie ihn und seine Kraft kennen, und diejenigen, die ihn noch nicht gefunden haben und ihn von ganzem Herzen suchen.«

Lieber Dave,

Wir sind nun an dem Punkt unserer Überlegungen angekommen, bei dem uns klar geworden ist, dass Geist – oder Gott – existieren muss und die Materie beherrscht.

Diese Erkenntnis beendet aber unsere Überlegungen nicht. Im Gegenteil, jetzt setzt das Nachdenken und das Fragen erst richtig ein. Denn es ergeht Dir wie allen Menschen.

Sobald man erkannt hat, dass Gott existieren muss, entstehen sofort zahlreiche logische Fragen. Die erste heisst zum Beispiel: Wenn Gott existiert, ist er dann gut oder böse oder beides? Die zweite: Warum gibt es das Böse? Das Unheil, die Krankheit, das Leid? Verbrechen, Kriege, Naturkatastrophen?

Ich schenke Dir ein Buch, welches ich Dir und allen jenen Menschen zuliebe geschrieben habe, die dringend und schmerzlich diese Fragen stellen. Dabei nehme ich besondere Rücksicht auf folgende Situation: Du hast bisher keinen Religionsunterricht gehabt. Du bist kein seltener Fall, Dave. Viele Menschen wissen wenig oder gar nichts über dieses Thema. Sie hatten vielleicht irgendwann in ihrer Jugend darüber gehört, aber später das Meiste vergessen.

Im Inhaltsverzeichnis findest du in logischer Reihenfolge alle Themen, die sich aus der Frage nach Gott und dem Sinn unseres Lebens ergeben. Ich empfehle dir und allen anderen Lesern, die Themen der Reihe nach gründlich zu studieren. Dieses Buch soll Anregung und Vertiefung für eigene Gedanken und Erkenntnisse sein sowie das Grundwissen über die wichtigsten Fragen in bezug auf Religion vermitteln.

Jutta

Der unvorstellbar grosse Geist ist nicht anonym

ER hat sich offenbart in zwei Haupt-Quellen:
1. In der Bibel
2. In den Visionen der Mystiker und Seher aller Epochen

Es gibt zwei wichtige Grundsätze, wenn man die Bibel richtig verstehen will

Einerseits ist das Alte und das Neue Testament die **historische Berichterstattung über die Geschichte eines Volkes.** Anderseits liegt in allen Taten oder Untaten dieses Volkes ein doppelter Sinn, **ein symbolischer Hinweis darauf,** wie sich der **einzelne Mensch Gott gegenüber verhalten soll.**

Israel ist das Auserwählte Volk. Gott konnte an einem kleinen Volk am besten zeigen, wie ein Mensch sich ihm, dem Herrn gegenüber, verhalten soll. Ein kleines Volk ist übersichtlich und deshalb als Beispiel sehr geeignet.

In der Bibel liest man immer wieder vom Abfall, von der Treuelosigkeit der Israeliten. Jedesmal, wenn sie das tun, geraten sie in allerärgste Schwierigkeiten. Das gleiche gilt für uns, für Dich und mich, für jeden Menschen. Wenn wir meinen, wir könnten treulos sein gegenüber Gott, ihm den Rücken zuwenden und irgendwelche Götzen anbeten (Geld, Macht, Ruhm, uns selbst), dann geraten wir unweigerlich in einen inneren Kriegszustand, der sich auch gegenüber unserer Umwelt, unseren Mitmenschen in psychologischen Kriegen ausdrückt, die sich oft auch in materielle Kriege ausweiten.

Die Bibel zeigt also immer **zwei Varianten** auf: Zum einen ein **historisches Ereignis,** zum andern einen **bildhaften Vergleich** für **einen seelischen Zustand.** Darum bleibt die Bibel hochaktuell bis ans Ende der Weltgeschichte. Jene Leute, welche die Bibel als altmodisch oder unverständlich bezeichnen, beweisen damit nur, dass sie sie gar nicht kennen.

Ist die Bibel zuverlässig?

Wie kann ich prüfen, ob eine Information wahr und keine Täuschung, Lüge oder Phantasie ist? Antwort: Ich muss untersuchen, ob ihre konkreten Aussagen mit den äusserlich objektiven Tatsachen unseres Lebens und den inneren Erfahrungen, die jeder machen kann, übereinstimmen. Ich prüfe also die Zuverlässigkeit der Information an ihren nachprüfbaren Angaben. Dies kann ich gründlich und in Ruhe tun, unter Benutzung aller verfügbaren Mittel und von Verstand und Logik.

Die Bibel behauptet von sich, ein übernatürliches Buch zu sein, das inspirierte »Wort Gottes«, das die Fragen nach dem Sinn und Ziel jedes menschlichen Lebens beantwortet. An welchen konkreten Angaben lässt sich ihre Zuverlässigkeit prüfen?

Als objektive Prüfungskriterien bieten sich die historischen, geografischen, naturwissenschaftlichen und prophetischen Angaben, die archäologischen Funde und die innere Konsequenz der Bibel. Subjektiv bietet sich der Anspruch der Bibel, keine abstrakte Theorie, sondern einen erfahrbaren Gott zu bezeugen. d.h. eine Realität, die erfahrbar ist, und zwar ebenso persönlich und real wie Liebe oder Hass, Sattsein oder Hunger.

Mit diesen Kriterien gibt sie uns einen Masstab in die Hand, an dem wir ihre Aussagen selber nachprüfen können. Welche Gründe sprechen dafür, dass die Bibel ihrem Anspruch gerecht wird und wahr, zuverlässig und glaubwürdig ist?

Die Einzigartigkeit ihrer Entstehung

Die Bibel besteht aus 72 Einzelbüchern, die in ca. 1600 Jahren von 40 verschiedenen Autoren geschrieben wurden. Auch angesichts der Tatsache, dass die Autoren dem gleichen kulturellen Erbe und Verständnis entstammen, würde man bei jedem Buch, das auf diese Weise fertiggestellt wurde, wohl nicht mehr als ein Sammelsurium von Ideen und Ansichten erwarten. Aber die Bibel ist ein Buch durchgehender Einheit, mit einem Thema, einer Aussage und einem Zentrum.

Dieses Zentrum der ganzen Schrift, des Alten und Neuen Testaments (AT und NT), ist Jesus Christus. Im AT findet sich in über 300 prophetischen Voraussagen seine Ankündigung, im NT deren Erfüllung und der Ausblick auf die Zukunft. Vom 1. Buch Mose bis zur Offenbarung am

Schluss der Bibel enthüllt sich fortlaufend der gewaltige Heilsplan Gottes mit den Menschen.

Wo findet sich eine Ehrlichkeit wie in der Bibel, rücksichtslos bis zur Selbstverleugnung? Nie wird bemäntelt, beschönigt, verschwiegen. Die Heilige Schrift deckt die Schwächen ihrer Helden schonungslos auf.

1600 Jahre lang wird völlig einheitlich über Gott, Mensch, Sünde, Satan, Welt, Jesus Christus und den Heiligen Geist gelehrt. All dies ist einzigartig. Oder ist es einfach nur logisch, weil es eigentlich nur einen »Verfasser« bzw. »Herausgeber« gibt, nämlich den Heiligen Geist?

Der Inspirationsanspruch der Bibel

Die Bibel erhebt den Anspruch, ein vom Geist Gottes inspiriertes Buch und daher das »Wort Gottes«, die »Heilige Schrift« zu sein. Was heisst das?

Es heisst, dass der Heilige Geist den Schreibern göttliche Gedanken eingab, die sie gemäss ihrer persönlichen Art und Begabung niederschrieben. Also weder ein göttliches Diktat, noch rein menschliche Vorstellungen, sondern eine Selbstoffenbarung Gottes. Es heisst: »Denn niemals wurde eine Weissagung durch menschlichen Willen hervorgebracht, sondern vom Heiligen Geist getrieben redeten heilige Menschen im Auftrag Gottes« (2. Petr. 1, 21).

Dieser Anspruch gilt für die ganze Bibel. »Alle Schrift ist von Gott eingegeben und nütze zur Belehrung, zur Überführung, zur Zurechtweisung, zur Erziehung in der Gerechtigkeit« (2. Tim. 3.16). Der Zweck der »von Gott eingegebenen« Heiligen Schrift ist demnach, dem Menschen über sich selbst und seine Situation sowie über Gott Klarheit zu verschaffen. Sie will ihm den Weg zum ewigen Leben zeigen und ihn vor dem Verderben bewahren.

Dieser Inspirationsanspruch wird von der Bibel mehrfach unter Beweis gestellt. Ihre nachprüfbaren Angaben sind exakt. Ihre Prophetien treffen ein. Wo Menschen sich an die Bibel halten, geschehen immer wieder Zeichen, Wunder und klare Gebetserhörungen. Gott bestätigt sein Wort.

Wo die Bibel Märchen, Lieder, Mythen oder Gleichnisse wiedergibt, geht das aus dem Textzusammenhang erkennbar hervor. Wo nicht, versteht sie sich als Tatsachenbericht, einschliesslich der übernatürlichen Aussagen.

Auf Grund der Inspiration beansprucht die Heilige Schrift göttliche Autorität. Sie versteht alle ihre Aussagen als verbindlich, völlig unabhängig davon, ob wir daran glauben oder nicht. Über 2600 mal findet sich in ihr der Ausdruck: »So spricht der Herr.« Wechselweise heisst es: »Gott sagt« oder »die Schrift sagt«. Wenn dieser Anspruch zu Recht besteht, ändert sich daran auch nichts durch das menschliche Fehlverhalten einzelner Christen oder der Kirche, das es immer gegeben hat und geben wird. Man kann die Fehler der Arbeiter nicht dem Architekten in die Schuhe schieben. Viele Menschen bezeichnen sich als Christen, ohne es nach der Definition Christi zu sein. Sie begehen Unrecht, das dann dem »Christentum« angelastet wird. (Der Volksmund nennt sie »Papier-Christen«, Taufschein-Christen oder noch gröber: scheinheilige Heuchler.)

Die Genauigkeit der Textüberlieferung

Einer der Haupteinwände gegen die Bibel ist stets, sie sei verfälscht. Was ursprünglich geschrieben wurde, sei durch falsche Abschriften, ungenaue Übersetzungen, Irrtümer und absichtliche Änderungen, Auslassungen und Hinzufügungen total entstellt worden. Dieser Einwand ist vollkommen unzutreffend. Die Bibel ist das bestbelegte historische Dokument überhaupt. Und die heute vorliegenden Übersetzungen in den grossen Verkehrssprachen sind praktisch fehlerfrei und sinngemäss identisch.

Das AT wurde von Manuskript zu Manuskript mit äusserster Sorgfalt abgeschrieben. Es gibt zahlreiche gut erhaltene Handschriften, die bis auf winzige unwesentliche Abweichungen genau übereinstimmen. Sie reichen bis ins Jahr 900 n. Chr. zurück.

Auch der Vorwurf, bestimmte Prophetien seien erst nach den Ereignissen geschrieben, also gefälscht, erwies sich selbst als falsch: Vor wenigen Jahren wurden in Qumran am Toten Meer Jesajaschriften gefunden, die aus der Zeit 200–100 vor Christus stammen. Es war nahezu eine Sensation, dass sie, obwohl 1000 Jahre älter als die bis dahin vorliegenden Manuskripte aus dem Jahre 900 n. Chr., mit diesen völlig übereinstimmen! Alle auf Jesus weisenden Prophetien sind bereits in ihnen enthalten.

Keine Widersprüche in der Bibel

Immer wieder kommt bei Bibelunkundigen zuerst die Frage auf: »Woher nahm Kain seine Frau?« Sie lässt sich von der Bibel her leicht beantworten. Es heisst: »Adam zeugte Söhne und Töchter« (1. Mose 5, 4). Die Namen der Töchter werden nie genannt. Kain kann also eine seiner

Schwestern geheiratet haben und dann ins Land Nod gezogen sein. Nirgends steht, dass er seine Frau dort erst fand.

Viele Widersprüche sind scheinbarer Art und lassen sich lösen. Andere betreffen nebensächliche Angaben, wie z. B. die Zahl der Frauen am Grabe Jesu: Matthäus nennt zwei Frauen, Markus drei, Lukas drei »und andere«, Johannes nur eine. Was bedeutet das? Doch nur, dass die biblischen Autoren ausschnittweise berichten, d. h. gemäss ihrer persönlichen Sicht und Kenntnisse, und dass sie unterschiedliche Schwerpunkte setzen. In den zentralen, sinnentscheidenden Aussagen der Bibel gibt es jedoch keine Widersprüche.

Auch die beiden Schöpfungsberichte in Gen. 1 und 2 lassen sich als einander ergänzende Berichte verstehen, wobei der zweite sich auf die Ereignisse um den Menschen am 6. Tag konzentriert.

Oft tauchten Fragen wegen der beiden unterschiedlichen Stammbäume Jesu im Mt. 1 und Lk. 3 auf. Bei Matthäus wird jedoch die Linie Josefs, des »gesetzmässigen« Vaters Jesu, zurückverfolgt, während Lukas die blutsmässige Linie Marias aufzeigt. Unklarheit entsteht, weil Josef »Sohn« statt »Schwiegersohn« Elis genannt wird. Aber als Vater Josefs wird in Mt. 1, 16 Jakob genannt. Dass Eli in Lukas 3, 23 als Vater Josefs und nicht Marias aufgeführt wird, mag daran liegen, dass Frauen im Stammbaum nicht als tragende Glieder genannt werden.

Vom NT liegen ca. 5000 Manuskripte vor, die z. T. bis in die Zeit 350 n. Chr., Auszüge gar bis 150 n. Chr. zurückgehen. Sie weichen nur äusserst geringfügig in einem Tausendstel des Textes untereinander ab!

Zum Vergleich die Daten einiger nichtbiblisch-historischer Werke: Julius Caesar, »Der Gallische Krieg«: nur 10 guterhaltene Manuskripte aus der Zeit 900 Jahre nach Caesars Tod! Die »Geschichte« und die »Annalen« des Tacitus: nur 2 Manuskripte aus der Zeit 1000 Jahre nach seinem Tod usw. Beides sind allgemein anerkannte geschichtliche Werke, die weitaus weniger gut belegt sind (Josh Mc Dowell, Evidence That Demands A Verdict).

Die Zuverlässigkeit der Bibel im Vergleich mit ausserbiblischen Texten

Zum neutestamentlichen Geschehen äussern sich auch nichtbiblische Quellen. Alle nachprüfbaren Angaben der Bibel geografischer, geschichtlicher und zeitlicher Art haben sich im Vergleich mit diesen Quellen als korrekt herausgestellt. Leben und Tod Jesu sind als Ereignisse in Raum und Zeit historisch belegt. Jesus hat wirklich gelebt, wurde wirklich gekreuzigt, das Grab war wirklich leer. Die Person Jesu und das Entstehen der christlichen Urgemeinde werden bei den Geschichtsschreibern Tacitus, Josephus Flavius, Suetonius, Plinius dem Jüngeren, Lucian und Tertullian erwähnt.

Jahrhundertelang wurden der Bibel geschichtliche Irrtümer und Legenden vorgeworfen, die sich dann doch immer als richtig herausstellten: Das Volk der Hethiter (von dem einzig die Bibel berichtet) habe nie existiert: ebenso die Stadt Ninive, der Teich Bethesda in Jerusalem usw. Erst vor wenigen Jahrzehnten entdeckten Archäologen in der Türkei die Reste einer gewaltigen Stadt, in der Tafeln gefunden wurden, die sie als Hauptstadt der Hethiter auswiesen. Auch die Mauern von Ninive sind inzwischen entdeckt, ebenso der Teich Bethesda in Jerusalem. Jeder archäologische Fund hat bisher die biblischen Aussagen bestätigt.

Trotz geringfügiger Unstimmigkeiten durch Abschreibfehler und Rechtschreibänderungen, hat Gott in jeder Hinsicht darüber gewacht, dass sein Wort nicht verfälscht wurde. Dies sowohl bei der Niederschrift, bei der Weitergabe als auch bei der Zusammenstellung der einzelnen Schriften zum »Kanon«, d.h. der heutigen Bibel. Auch der Kanon entstand nicht durch Zufall oder Konzilsbeschluss, sondern ergab sich ganz von selbst aus der allgemeinen Übereinstimmung in der Urgemeinde. Er wurde später nur noch bestätigt.

Die Bibel und Naturwissenschaft

Das Weltbild der Bibel stimmt mit den naturwissenschaftlichen Befunden überein, geht allerdings über den materiellen Bereich hinaus. Die Bibel vertritt nicht das naiv-mittelalterliche Weltbild der drei Stockwerke Himmel/Erde/Hölle, sondern spricht von einer sichtbaren und einer unsichtbaren, nichtmateriellen Wirklichkeit, die sich gegenseitig durchdringen (1. Kor. 4, 18; Kol. 1, 16). Sie bezieht also den transzendenten Bereich mit ein. Ihr Weltbild ist mehrdimensional, – was ganz und gar der heutigen Erkenntnis über die Realität nichtmaterieller geistlicher Wirkungskräfte entspricht.

Die biblische Prophetie

Es gibt Tausende prophetischer Voraussagen in der Bibel, die stets mit dem Anspruch genauer Erfüllung gegeben werden. Nach der biblischen

Definition gilt das Eintreffen bzw. Nichteintreffen einer Prophetie geradezu als Unterscheidungsmerkmal für göttliche oder nichtgöttliche Inspiration. »Wenn der Prophet im Namen des Herrn redet, und es erfüllt sich nicht und trifft nicht ein, so ist es ein Wort, das der Herr nicht geredet hat...« (5. Mose 18.22). »Ich bin der Herr... der die Zeichen der Wahrsager zunichte und sie zu Narren macht: der die Weisen zum Rückzug zwingt und ihr Wissen zur Torheit macht: ... der aber das Wort seiner Knechte bestätigt und die Vorhersagen seiner Boten vollführt« (Jesaja 44.24.26).

Bisher ist die biblische Prophetie ihrem Anspruch gerecht geworden. Ob Ereignisse Jahrzehnte, Jahrhunderte oder Jahrtausende (Mose, Daniel) vorhergesagt wurden, sie sind bis in die Einzelheiten genau eingetroffen. Manchmal so präzise, dass man behauptet hat, sie seien erst nach dem Ereignis geschrieben worden (Jesaja, Daniel). Was Daniel z.B. 600 v.Chr. über die vier aufeinanderfolgenden Weltreiche voraussah, verlegte man in das Jahr 150 v.Chr. Aber bereits 250 v.Chr. existierte eine griechische Übersetzung des AT, die »Septuaginta«, einschliesslich des Buches Daniel und aller seiner Voraussagen...

Prophetien nach Art der Bibel kennt und wagt keine andere Religion! Viele der biblischen Prophetien reichen bis in unsere Zeit (Israel, Naher Osten) und erfüllen sich vor unseren Augen!

Vorhersagen über historische Städte

Tyrus:
Vorhersage Hesekiels (26, 3–21): Zerstörung durch viele Völker für immer, Einreissen aller Mauern, das Werfen der Trümmer ins Meer; Endergebnis ein nackter Fels, auf dem Fischernetze getrocknet werden. –

Eingetroffen: mehrfache Zerstörung durch Nebukadnezar, Alexander den Grossen u.a.; die Trümmer wurden zum Bau eines Dammes verwendet, mit dem die Inselstadt erobert wurde. Die heutige Stadt Tyrus liegt an anderer Stelle, die alte ist nackter Fels; Fischer leben dort.

Sidon:
Vorhersage Hesekiels (28.23): Keine Zerstörung, aber Kriege und Eroberungen. –
Eingetroffen: trotz vieler Eroberungen existiert Sidon, Nachbarstadt von Tyrus, noch heute an gleicher Stelle.

Samaria:
Vorhersage Michas (1.6): Zerstörung, Ruinenhaufen, Weingärten. –

Eingetroffen: heute Gärten.
Ninive:
Vorhersage Nahums (1.8; 2.6–9; 3, 19): Eroberung in Verbindung mit Flut, kein Wiederaufbau. –
Eingetroffen: die gewaltigen Stadtmauern brachen während der Belagerung durch die Meder bei einem Hochwasser des Tigris und verschafften ihnen Einlass. Ninive wurde nie wieder aufgebaut.
Babylon:
Vorhersage Jesajas (13.19–22) und Jeremias (51, 26): Zerstörung, nie wieder bewohnt, keine Schafherden dort, nur wilde Tiere, Sumpfgebiet. –
Alles eingetroffen: zerstört durch Meder und Perser, nie wieder aufgebaut; heute Sumpf.
Jerusalem:
Vorhersage Jesu (Matth. 24, 2): Zerstörung, kein Stein des Tempels werde auf dem anderen bleiben. –
Eingetroffen: 70. n. Chr. durch das römische Heer zerstört; bei der Suche nach dem geschmolzenen Kuppelgold wurde jeder Stein des Tempels abgetragen.

Vorhersagen über das Land und Volk Israel

Das Schicksal Israels wurde bereits vor über 3000 Jahren von Mose und danach mehrfach von Propheten des AT um 600 v. Chr. genauestens vorhergesagt:

Bei einem Abfall Israels von den Geboten Gottes Verwüstung und Inbesitznahme des Landes durch Feinde; Zerstreuung der Juden in die ganze Welt unter alle Völker; nach langer Zeit jedoch Rückführung »aus allen Ländern«, »von den Enden der Erde«; Wiederansiedlung in Israel, neue Fruchtbarkeit des Landes, das Land würde wieder ihnen gehören (5. Mose 28, 64–66; 30.1–5; Jesaja 43, 5–6; Jeremia 31.8; Hesekiel 36.24).

Alles traf genauso ein: 70 n. Chr. Zerstreuung in alle Welt, verfolgt über Jahrhunderte, 1948 Neugründung des Staates Israel; nach jahrhundertelangem Wüstenzustand neue Fruchtbarkeit des Landes.

Ein Volk, das nahezu 2000 Jahre ohne eigenen Staat und eigene Sprache in der ganzen Welt zerstreut war, existiert wieder als Staat im eigenen, historischen Land. Dafür gibt es kein anderes Beispiel!

Wie verstand Jesus die Bibel?

Manche Leute glauben nicht an die Bibel, aber an Jesus. Ihn akzeptieren sie in jeder Beziehung, auch als Sohn Gottes.

Kann man aber Jesus und die Bibel trennen? Unmöglich: Jesus verstand die Heilige Schrift weder mythisch noch symbolisch, sondern konkret und verbindlich. Das tat er nicht als »Kind seiner Zeit«, sondern als der Messias Gottes, voll Heiligen Geistes. Was er sagte, kam aus prophetischem Wissen: »Bis dass Himmel und Erde vergehen, wird nicht ein Jota noch ein einziges Strichlein vom Gesetz (AT) vergehen, bis alles geschehen ist« (Matth. 5, 18). Und: ». . . die Schrift kann nicht aufgehoben werden« (Joh. 10, 35).

Jesus wertete die Berichte des AT als Tatsachen; so die Sintflut (Matth. 24, 37), die Schöpfung (Matth. 19,4–5) und auch die Prophetien Daniels (Matth. 24, 15).

Ausdrücklich erkannte ER Mose als Autor der »Bücher Mose« an: »Wenn ihr aber seinen Schriften nicht glaubt, wie werdet ihr Meinen Worten glauben?« (Joh. 5, 47). Seinen eigenen Worten aber mass ER göttliche Autorität bei: »Himmel und Erde werden vergehen, aber Meine Worte werden nicht vergehen« (Matth. 24, 35); . . . das Wort, das Ich geredet habe, das wird ihn richten am letzten Tag« (Joh. 12, 48). (Zitat-Ende)

»Der Christ der Zukunft wird ein Mystiker sein — oder er wird nicht mehr sein!«

Die zweite Quelle für die Offenbarungen des Ewigen Geistes finden wir in den Visionen der Mystiker

Es ist für uns von grossem Nutzen, wenn wir unsere Aufmerksamkeit wieder den Mystikern zuwenden, was in den vergangenen Jahrzehnten – besonders auch im Religionsunterricht für Jugendliche – stark vernachlässigt worden ist. Dazu möchte ich einen Theologen unserer Zeit zitieren, Karl Rahner. Er war überzeugt, dass unmittelbare Gotteserfahrung nicht nur möglich, sondern heute dringend nötig ist.

Lange Zeit **kritisierte** er die Mystiker. Aber am Ende seines Lebens prägte er diese Erkenntnis.

Er schreibt: »Der Christ der Zukunft wird ein Mystiker sein, einer der etwas **erfahren** hat, oder er wird nicht mehr sein.«

Wenn wir uns nach dem Bericht von Kapitel Eins bewusst bleiben, **wie wenig** der Mensch weiss über die Geheimnisse des Universums, sind wir in der richtigen geistigen Verfassung für die kommenden Kapitel. Ohne Vorurteile werden wir von Ereignissen lesen, die jenseits unseres Vorstellungsvermögens liegen. Es handelt sich dabei um die gewaltigen Visionen der Schöpfungsgeschichte, welche eine Ordensfrau im Jahre 1800 in der gleich starken Art erhalten hat wie der Evangelist und Visionär Johannes, als er von Gott die Bilder der Apokalypse erhielt. Es handelt sich sowohl bei Johannes als bei der Ordensfrau ganz klar um Informationen aus der Überwelt des Geistes. Wie solche Visionen physikalisch zustandekommen, ist uns nicht bekannt.

Wir haben erfahren, dass der modernen Wissenschaft noch vieles rätselhaft ist. Auch haben wir gelacht über die Gedanken eines mittelalterlichen Menschen, der gegenüber jeder Neuerung die Grenzen seines engen Geisteshorizontes aufbaut.

Wir erkennen daraus, dass wir offen und tolerant bleiben sollen, wenn wir von Phänomenen hören, die uns physikalisch nicht erklärbar sind. Damit wir ohne Vorurteile lesen und akzeptieren können, was ein Mensch erfahren hat, der, im Gegensatz zu uns, viel grössere Dimensionen und Zusammenhänge gesehen hat, als Geschenk der geistigen Welt, als Gabe, die uns verschlossen geblieben ist. Wir können dankbar sein um diese

Informationen von unschätzbarem Wert. Sie bringen Licht in bisher dunkel gebliebene Fragen in bezug auf die Schöpfungsgeschichte. Das biblische Weltbild steht nicht mehr in unversöhnlichem Gegensatz zu den Naturwissenschaften. Als weitere kostbare Gabe ergibt sich aus den überweltlichen Informationen die Antwort auf die Frage: »Woher kommt das Böse?« Eine Frage, die bisher noch nicht restlos klar beantwortet worden ist. Wir erhalten die Antwort, die bis zur letzten Konsequenz durchdacht werden kann.

Lesen wir also vorurteilslos und ohne unser sehr beschränktes Vorstellungsvermögen als Barriere aufzubauen.

Was bedeutet der Begriff »Mystiker«?

Im Lexikon steht, es handle sich um Menschen, welche eine besondere Fähigkeit besitzen: Die innere Erfahrung einer übernatürlichen Wirklichkeit. Als bekannteste Namen werden genannt: Meister Eckhart, Tauler, Seuse, Angelus Silesius, Teresa von Avila, Johannes vom Kreuz, Ignatius von Loyola. Mystiker gibt es in allen Religionen, im Islam, Buddhismus, Judentum, Christentum und im Hinduismus.

Es ist für uns von grossem Nutzen, wenn wir unsere Aufmerksamkeit wieder den Mystikern zuwenden.

Was ist eine Vision?

Eine Vision ist der Zustand von Ekstase und ist nicht vergleichbar mit Hypnose oder Trance. Seit 1981 ist es möglich geworden, den körperlichen und geistigen Zustand während einer Ekstase mit Messgeräten zu prüfen und zu verfolgen. Diese Tests wurden ermöglicht in Medjugorje (Jugoslawien), wo fünf Jugendliche seit 1981 täglich die Erscheinung von Maria (Mutter von Jesus) erleben. Wissenschafter haben während diesen Ekstasen mit modernsten Methoden Daten erarbeitet, die folgendes Ergebnis brachten: Im Zustand der Ekstasen entsprechen die Hirnströme dem Zustand des Wachbewusstseins. Die Seher haben die Augen offen. Es handelt sich also nicht – wie oft vermutet wird – um ein inneres oder geistiges Sehen. Herzrhythmus und Atemfrequenz entsprechen während der Ekstase dem Zustand eines wachen Menschen. Die Wissenschafter konnten eindeutig feststellen, dass die Seher keine Halluzinationen, keine suggestiven und keine medialen Trancezustände hatten.

Der Unterschied zwischen Ekstase und spiritistischer Trance

Beim Spiritismus wird ein Medium entweder von einer Zweitperson durch Hypnose in Trance gebracht oder das Medium besorgt das selber, indem es sich auf irgend etwas stark konzentriert. Es kommt dabei nicht darauf an, ob eine Kristallkugel, ein Pendel oder eine Kerzenflamme angestarrt wird, wichtig ist nur, dass durch das Starren die Trance eintritt, was bei medial begabten Menschen ziemlich rasch der Fall ist. Während der Trance ist das Wachbewusstsein ausgeschaltet. Willenskraft und Entscheidungsfähigkeit sind stark vermindert. Das Medium befindet sich in einer Art Halbschlaf. Der wesentliche Unterschied zur Ekstase: **in Ekstase bleibt der Mensch wach.** Die Augen sind offen, Willenskraft und Entscheidungsfähigkeit bleiben uneingeschränkt erhalten. Im Gegensatz dazu ist ein Mensch in Trance hilflos und beeinflussbar. Dieser Zustand wird oft missbraucht von dämonischen Geistwesen, die vom Medium während der Trance Besitz ergreifen und es beeinflussen. Die Bibel warnt ausdrücklich davor: »Geht nicht zu den Wahrsagern«. Auch Jesus warnt uns in seinen Offenbarungen aus dem 20. Jahrhundert ausdrücklich vor Spiritismus. Beim Spiritismus sind die Dämonen in der Lage, ein Medium vollständig zu beherrschen und durch seinen Mund Lügen über Gott und das Leben der Seelen nach dem Tode auszubreiten. Der häufigste Trick der Dämonen ist es, sich als Verstorbene auszugeben und die Hinterbliebenen mit erstaunlichem Wissen über das Leben des Toten zu beeindrucken. Mit diesem Überraschungseffekt können sich die Dämonen das Vertrauen der Hinterbliebenen sichern und diese um so leichter beeinflussen. (Am bekanntesten ist die Behauptung, sie hätten schon viele Male in verschiedenen Körpern auf der Erde gelebt.)

Wie erlebte die Seherin Anna Katharina Emmerich Visionen?

Anna Katharina Emmerich, eine Ordensfrau der Augustinerinnen im Kloster Agnetenberg in Dülmen (Deutschland) hat von 1800 bis 1840

Informationen übersinnlicher Art erfahren. Sie sah die Erschaffung der Welt und die ganze Geschichte Israels im Alten Bunde. Sie sah auch das ganze Leben von Jesus und seine Passion. Aufgeschrieben wurden die Bilder vom deutschen Dichter Clemens von Brentano, der in seinem 40. Lebensjahr der begnadeten Ordensfrau begegnete und vollständig fasziniert von ihren Visionen alles wortgetreu niederschrieb, was die Seherin berichtete.

Schon als vierjähriges Mädchen begann für Anna Katharina das Erleben einer zweiten Wirklichkeit. Bei vollstem Bewusstsein, also wach und mit offenen Augen, begegnete ihr im Garten, wo sie spielte, Jesus in Gestalt eines kleinen Knaben, umgeben von ebenfalls kleinen Engelgestalten. Später erkannte die Seherin, dass Gott sie auf seine sanfte und behutsame Art frühzeitig vorbereiten wollte auf ihre Aufgabe des Sehens: »Indem mir Gott bereits in der Kindheit Jesus und seine Engel als Spielgefährten zeigte, nahm ER mir alle Angst vor solchen Ereignissen.«

Im Alter von sieben Jahren sah sie Szenenbilder aus dem Alten und Neuen Testament in Lebensgrösse. Ein ähnliches Erlebnis beschreibt der Psychoanalytiker C. G. Jung in seinem Buch »Erinnerungen, Träume«. In seinem letzten Lebensjahrzehnt sah Jung in seinem nach mystischen Regeln erbauten Heim, einem runden Turmbau am Zürichsee, Söldnerheere aus vergangenen Jahrhunderten an seinem Haus vorüberziehen.

Anna Katharina erzählte als Kind völlig unbefangen von den **»lebendigen Bildern«,** die ihr zuhause, im Garten, auf dem Felde oder auf dem Schulweg begegneten.

Wie können wir uns das Erlebnis der Seherin vorstellen?

Es gibt für uns ein gutes Hilfsmittel aus der modernen Technologie, damit wir uns annähernd vorstellen können, wie diese Ereignisse von der Seherin empfunden worden sind. Anna Katharina Emmerich spricht immer davon, dass alle Szenenbilder »durchsichtig« gewesen und »durch alles hindurch gegangen sind«. Einen ähnlichen Vorgang können wir beobachten beim Erscheinen von Hologrammen. Das Hologramm ist ein neues, kompliziertes Fernseh-Verfahren, welches in Amerika entwickelt wurde. Es ist für die Öffentlichkeit jedoch nicht brauchbar, da es technisch noch immer zu aufwendig und zu teuer ist. Das Hologramm ist die in Lichtform erscheinende Abbildung einer Person oder eines Gegenstandes. Personen und Gegenstände erscheinen dreidimensional und können, weil sie nur aus Licht bestehen, durch alles »hindurchgehen«. Es sind Fernsehbilder, die nicht an den Bildschirm gebunden sind. Die Bilder werden in Lebensgrösse produziert. Wie sieht eine solche Szene aus? Nehmen wir ein einfaches Beispiel: Wir sitzen in unserem Wohnzimmer und schalten einen Westernfilm ein, der als Hologramm gesendet wird. Westernstar John Wayne auf seinem Pferd wird von uns so erlebt, als würde er in Lebensgrösse auf seinem Pferd mitten durch unser Wohnzimmer reiten.

Obwohl die Seherin gewiss keine Hologrammsendung erhielt, hat sie ihre Bilder aus der Welt des Geistes auf die gleiche Art erlebt. Die Bilder umgaben sie, gingen an ihr vorüber oder sogar durch sie hindurch, wie sie immer wieder mit Erstaunen feststellte.

Weltweite Spannweite und historische Genauigkeit der Visionen

Die Seherin sah zwischen 1800 und 1840 geographische Einzelheiten aus weit entfernten Ländern Asiens sowie Israels, Ägyptens und des Libanons. Anna Katharina Emmerich, das ungebildete Kind einer armen, vielköpfigen Familie, hat ihren Heimatort, Dülmen in Deutschland nie verlassen. Zu ihrer Zeit gab es bekanntlich weder Filme noch Fotobücher. Ihr Vater verfügte über kein akademisches Wissen, welches er den Kindern hätte vermitteln können. Zu jener Zeit waren ausgedehnte Reisen in ferne Länder nicht möglich, weil die Transportmittel, Eisenbahn, Auto und Flugzeug, fehlten. Wohlhabende Leute reisten damals mit der Pferdekutsche in benachbarte Städte oder, wenn es hochkam, in ein benachbartes Land. Der Reiseradius reichte also höchstens, von Deutschland aus gesehen, bis zur Schweiz, Österreich, Italien oder Frankreich. Das arme Bauernvolk vom Lande konnte sich kaum einen Ausflug ins Nachbardorf oder in eine nahegelegene Stadt leisten.

Wer die Visionsbilder der Seherin über die Völker Asiens, Indiens und des Nahen und Mittleren Ostens liest, kommt aus dem Staunen nicht mehr heraus. Archäologen, Historiker und Völkerkundler können bestätigen, dass die Angaben der Seherin in vielen Einzelheiten übereinstimmen mit den archäologischen Funden in den entsprechenden Ländern.

Die aussergewöhnliche Begabung brachte der Seherin keine Vorteile, nur Nachteile!

Anna Katharina Emmerich hatte nie nach aussergewöhnlichen Gaben verlangt. Sie nahm sie einfach hin. Die Sehergabe brachte ihr viele Schwierigkeiten ein. Als sie von ihren Mitmenschen als Lügnerin beschimpft und ausgelacht wurde, begann sie während vielen Jahren, alles für sich zu behalten. Die Bilder der Passion von Christus verursachten in ihr unerträgliche körperliche und seelische Schmerzen. Mit grosser Geduld, Demut und Bescheidenheit ertrug sie diese Last der Offenbarung. Vom Klerus der damaligen Zeit wurde ihr wenig Verständnis entgegengebracht. Auf die Schriftgelehrten ihrer Zeit musste die erweiterte Information über die Schöpfungsabläufe etwa so schockierend gewirkt haben wie die Aussage von Jesus gegenüber den Schriftgelehrten seiner Zeit, als er ihnen sagte, er sei der erwartete Messias.

Der lebendige Gott spricht zu allen Zeiten zu den Menschen

Es wäre vermessen, wenn wir glauben würden, der lebendige Gott hätte vor 2000 Jahren zum letzten Mal gesprochen. Gott ist lebendig und offenbart sich durch alle Jahrhunderte hindurch. ER spricht durch auserwählte Menschen bis auf den heutigen Tag, und ER wird in Ewigkeit weitersprechen.

Was sagt die Bibel zur Gabe der Seher?

1 Thess. 5, 16–22
Freut euch zu jeder Zeit!
Betet ohne Unterlass!
Dankt für alles; denn das will Gott von euch, die ihr Christus Jesus gehört.
Löscht den Geist nicht aus!
Verachtet prophetisches Reden nicht!
Prüft alles, und behaltet das Gute!

Der Apostel Paulus erlebt eine Vision

Der Apostel Paulus erlebt eine Vision – er ist »ausser sich« – »in den Himmel gerissen« – in Ekstase – so wie Seher, Mystiker und Heilige es immer wieder erlebten und heute noch erleben.
2. Korinther 12, 1–5
Einmal spricht Paulus im Zusammenhang seines schweren Leidenswegs

von zwei Ereignissen, die man als Visionen bezeichnen kann, als Auditionen oder Entrückungen. Es ist dabei bezeichnend, dass er diese Erweise einer besonderen Freundlichkeit Gottes nicht in Anspruch nimmt, um damit seine besondere Bedeutung für die Kirche zu beweisen.

»Es hilft ja nichts, wenn ich von mir selber rede und mich selbst herausstelle. Aber vielleicht ist es gut, wenn ihr wisst, was Gott mir geschenkt hat.

Ich kenne einen Menschen – (ich kenne ihn, weil er zu Christus gehört wie ich) –, der wurde eines Tages in Gottes Welt hinaufgerissen, so, dass er sich plötzlich im Himmel befand, in Seiner Nähe. Es sind jetzt vierzehn Jahre her. Ob man sagen soll, er sei dabei in einem »normalen« Zustand gewesen, oder er habe seinen Leib verlassen und »ausser sich« gewesen, weiss ich nicht. Gott weiss es.

Ich weiss von demselben Menschen, dass er ein anderes Mal entrückt worden ist oder hinaufgerissen in das Paradies, das Gott für uns bereit hat. Unaussprechliche Worte hörte er dort, die kein Mensch nachsprechen kann. Ob man sagen soll, er sei als ganzer, leiblicher Mensch dort gewesen, oder er habe seinen Leib dabei zurückgelassen, weiss ich nicht. Gott weiss es.

Wenn ihr an mir unbedingt etwas Besonderes sehen wollt, dann seht auf diesen Menschen und auf das Einzigartige, das Gott mit ihm getan hat. Ich selber möchte gern festhalten, dass das einzig Besondere an mir meine Schwäche ist. Dass das Besondere an mir lediglich darin besteht, dass Gott all das in ein so schwaches, zerbrechliches Gefäss wie mich gelegt hat.«

Niemand würde behaupten, Paulus habe hier irgendetwas mit Dämonen zu tun gehabt. Eben sowenig würde man sagen, Moses habe auf dem Sinai eine »Privatoffenbarung« gehabt! Abraham, Moses, Jesaja, Jeremia, Rut, Ester, Judit (Altes Testament) berichten von ihren Gotteserfahrungen. Im Neuen Testament richten Jesus und die Evangelisten ihre Botschaft an alle. Das sind keine »Privatoffenbarungen«. Erst in späteren Zeiten wurden Mystiker und Propheten einfach totgeschwiegen. Dasselbe erleben die zeitgenössischen Visionäre. Man tötet damit den Geist der Wahrheit, der uns versprochen wurde von Jesus, bis ans Ende der Zeiten.

Die richtige innere Voraussetzung für die Annäherung an das Geistige ist Bescheidenheit

Wenn wir über Geist, Intelligenz, fremde Dimensionen, Weltraumdistanzen von Billiarden von Kilometern oder über das Geheimnis Gottes nachdenken wollen, müssen wir uns in aller Bescheidenheit bewusst bleiben, dass wir überfordert sind. Wir können uns ganz einfach sehr vieles nicht vorstellen. Dies müssen wir akzeptieren lernen. Ganz verfehlt ist es aber, in einer solchen Situation, aus dem Gefühl von Hilflosigkeit heraus, plötzlich zornig und arrogant zu werden und zu behaupten: Was ich mir nicht vorstellen kann, gibt es eben nicht. Im Gegenteil, wir müssen erkennen: Es gibt sehr vieles, obwohl wir es uns nicht vorstellen können. Das ist die richtige innere Voraussetzung dafür, uns mit den göttlichen Geheimnissen zu befassen.

Wenn wir uns nach dem Bericht von Kapitel Eins bewusst bleiben, **wie wenig** der Mensch weiss über die Geheimnisse des Universums, sind wir in der richtigen geistigen Verfassung für die kommenden Kapitel. Ohne Vorurteile werden wir von Ereignissen lesen, die jenseits unseres Vorstellungsvermögens liegen.

Wir haben erfahren, dass der modernen Wissenschaft noch vieles rätselhaft ist. Auch haben wir gelacht über die Gedanken eines mittelalterlichen Menschen, der gegenüber jeder Neuerung die Grenzen seines engen Geisteshorizontes aufbaut.

Wir erkennen daraus, dass wir offen und tolerant bleiben sollen, wenn wir von Phänomenen hören, die uns physikalisch nicht erklärbar sind. Damit wir akzeptieren, was ein Mensch erfahren hat, der, im Gegensatz zu uns, viel grössere Dimensionen und Zusammenhänge gesehen hat, als Geschenk der geistigen Welt. Denken wir an die von Physikern **vermuteten 16 Dimensionen!**

Wenn man zu den Menschen von Gott sprechen will, kommt zuerst meistens diese Reaktion: »Gott? Ach weisst Du, ich kann gar nicht mehr an ihn glauben. Denn wie kann er all das zulassen? Das Böse? Das Unheil? Tod und Krankheit? Krieg, Hunger, Folter, Verbrechen und Naturkatastrophen?

Oder es kommt diese Frage, zum Beispiel von unserem Sohn gestellt: »Gott? Die Bibel? Mir scheint das alles ziemlich seltsam. In der Schule lernt man, der Mensch stamme vom Affen ab. In der Bibel steht etwas von Adam und Eva und vom Paradies. Ich blicke da nicht mehr ganz durch. Das sind doch Gegensätze. Also, ich lass es lieber bleiben und lese die Bibel gar nicht. Gott? Soll der etwa gut sein? Wenn ich mir die Natur anschaue, wie brutal Löwen und Tiger schwächere Tiere reissen, lebend auffressen! Und dann die giftigen Pflanzen, die giftigen Insekten, welche todbringende Seuchen verbreiten. Soll das ein liebender Schöpfer gemacht haben? Das bezweifle ich sehr.«

Solche Fragen stehen immer sehr krass als Gegenargumente vor uns, wenn wir über Gott sprechen wollen. Wir wollen in der Folge eingehen auf diese zentralen wichtigsten Fragen, die uns alle beschäftigen.

Wir sollten versuchen, Informationen aus der Überwelt des Geistes zu erkennen, Erscheinungsformen und Möglichkeiten geistiger Offenbarung, die unserem beschränkten Denkvermögen fremd bleiben, da wir nur eine dreidimensionale Vorstellungswelt besitzen. Was darüber liegt, entzieht sich uns.

Einleitung zur Schöpfungs-Vision der Anna Katharina Emmerich

In einer gewaltigen und langdauernden Schöpfungs-Vision erkennt die Seherin, dass Gott von Anfang an nichts mit dem Unheil zu tun hat. Sie erkennt ganz neue Zusammenhänge innerhalb des Schöpfungsgeschehens. Die Dimensionen werden erweitert, so weit, wie es modernste Naturwissenschaft heute bereits ernsthaft diskutiert. (Existenz von sechzehn Dimensionen anstatt nur drei, wie wir in den vorhergehenden Kapiteln erfahren haben.) Philosophisch und theologisch wird ebenfalls eindeutig festgestellt, dass Gott das **absolut Gute** ist und keinesfalls gut und böse, wie das in gewissen Religionen dargestellt wird. Die Seherin bringt uns einen gewaltigen, nachhaltigen Trost: Gott hat mit dem Bösen nichts zu tun. Das Böse hat nach dem Abfall der Geschöpfe seine eigene Dynamik entwickelt und sich selbständig gemacht mit der Willensfreiheit, welche gewährleistet ist vom Schöpfer für alle Wesen, von Ewigkeit her.

In diesem Zusammenhang möchte ich daran erinnern, wie schwer es den Menschen aller Epochen gefallen ist, eine neue, erweiterte Sicht ihres Weltbildes anzunehmen. Für den mittelalterlichen Menschen und die damals führenden, kirchlichen Instanzen war zum Beispiel noch folgendes Weltbild gültig: Die Erde ist der Mittelpunkt der Welt. Sie ist eine Scheibe, und über ihr wölbt sich der Himmel wie ein Dach. (Weltbild nach dem Astronomen Ptolemäus aus Alexandria, 2. Jh. n. Chr.)

Im 15. und 16. Jahrhundert kamen die Astronomen Kopernikus, Giordano Bruno und Galileo Galilei mit ganz neuen Erkenntnissen: Sie sagten, die Erde sei längst nicht der Mittelpunkt der Welt. Zudem drehe sie sich um sich selbst. Diese neuen Informationen standen im vollständigen Gegensatz zu den Ideen der damaligen Zeit. Alle drei Wissenschafter wurden von den kirchlichen Inquisitoren schwer bekämpft. Giordano Bruno wurde in Rom als Ketzer bezeichnet und zum Tod auf dem Scheiterhaufen verurteilt. Galileo Galilei entging dem gleichen Schicksal, indem er seine richtigen Erkenntnisse vor dem Inquisitionsgericht widerrief. An diese Ereignisse sollten wir uns erinnern, wenn wir die ganz neuen Dimensionen erkennen, welche aus der Schöpfungsvision der Anna Katharina Emmerich möglich werden. Wie gesagt, zu ihrer Zeit war sie noch restlos verkannt. Heute jedoch, Ende des 20. Jahrhunderts, wird es uns eher möglich, die epochalen und umwälzenden Informationen zu erfassen, die sie uns vermittelt.

Die Seherin erkennt verschiedene »Sphären«, ein Begriff, der zum Beispiel Jesus seinen Jüngern vor 2000 Jahren nicht hätte zumuten können. Denn bekanntlich wussten diese noch gar nichts vom Universum.

Viele Menschen haben mit mir zusammen diese Schöpfungs-Vision gelesen. Sie ist im Original im nächsten Kapitel aufgezeichnet. Man muss diese Vision mehrmals lesen. Die Seherin hatte oft Mühe, die ganz neuen Erkenntnisse aus der geistigen Welt in menschliche Worte zu fassen. Oft klagt sie: »Ich weiss nicht, wie ich es ausdrücken soll. Es gibt fast keine menschlichen Begriffe dafür. Worte sind zu dürr.« Wir alle, die wir immer wieder über diese Vision diskutiert haben, kamen zu dem Schluss, dass sie wirklich nur eine Interpretation zulässt. Diese Interpretation legen wir nun vor. Dabei möchten **wir klarstellen,** dass es sich hier **nicht um das Erstellen einer neuen Glaubenslehre geht, sondern um eine Anregung zum Denken!** Es ist jedem Leser überlassen, sich seine eigenen Gedanken und Urteile zu bilden. **Für Katholiken ist es wichtig zu wissen, dass die Erkenntnisse der Seherin über das Phänomen zweier Schöpfungs-Phasen nicht gegen die kirchliche Lehre verstösst. Das ist nachgeprüft und bestätigt worden.**

Zudem wird der ganze Inhalt des Buches dem Urteil der Kirche unterstellt.

Im neuen Katechismus lesen wir:

Im Laufe der Jahrhunderte gab es sogenannte »Privatoffenbarungen«, von denen einige durch die kirchliche Autorität anerkannt wurden. Sie gehören jedoch nicht zum Glaubensgut. Sie sind nicht dazu da, die endgültige Offenbarung Christi zu »vervollkommnen« oder zu »vervollständigen«, sondern sollen helfen, in einem bestimmten Zeitalter tiefer aus ihr zu leben. Unter der Leitung des Lehramtes der Kirche weiss der Glaubenssinn der Gläubigen zu unterscheiden und wahrzunehmen, was in solchen Offenbarungen ein echter Ruf Christi oder seiner Heiligen an die Kirche ist.

Warum gibt es das Böse und warum wird es nicht beseitigt?

Die Interpretation der Vision:

Gott ist Geist.

Er schafft zuerst die geistige Welt und ihre Bewohner, die Geistwesen (auch Engel genannt). Gott ist Geist und seine ersten Geschöpfe sind wie ER, sie sind Geist, anders beschaffen als wir, nicht aus dem Element, das wir Materie nennen.

Alle diese Geister sind glücklich in Gott. Sie sind strahlend schön und gut, Ebenbilder von Gott.

Plötzlich beginnen einige der Wesen, sich in die eigene Schönheit zu verlieben. Dabei vergessen sie je länger je mehr, von wem sie diese Schönheit erhalten haben.

Diese Entwicklung geschieht in zeitlichen und räumlichen Dimensionen, die uns nicht bekannt sind.

Die in sich selbst verliebten Geister entfernen sich in ihrer Ich-Bezogenheit, die zur **Ich-Sucht** wird, immer weiter von Gott.

Diese Ichsucht wird auch Egoismus genannt, aus dem der Narzissmus entsteht (die Selbstverliebtheit).

Da der Charakter der selbstverliebten Geister nicht zum Charakter Gottes passt, fallen sie immer weiter aus seinem natürlichen Umfeld heraus. Man kann auch sagen, sie entfernen sich aus der liebenden Umarmung Gottes.

Gott beobachtet diese Vorgänge.

Weil seine Geschöpfe von ihm von Anfang an den freien Willen erhalten haben, lässt er ihnen die Freiheit, das zu tun, was sie wollen. Dass sie sich von ihm entfernen in ihrer Selbstliebe, schmerzt den Schöpfer.

Was tut Gott mit den selbstverliebten Geistern?

Gott will die selbstverliebten Geister nicht zwingen, in seine Liebesgemeinschaft zurückzukehren, weil Zwang mit Liebe nicht vereinbar ist. Zwang ist Gewalt, und Gewalt ist das Gegenteil von Liebe. Gott lässt also diese Geistwesen nach ihrem freien Willen gewähren.

Die Entfernung zwischen Gott und diesen Wesen wird immer grösser, immer unüberbrückbarer. Mit der Zeit geschieht folgendes: So wie faule Äpfel irgendwann ganz abfallen von ihrem Ernährer, dem Baum, so geschah es mit den ich-süchtigen Geistern. Die Ichsucht war wie eine Fäulnis, welche sie von ihrem Schöpfer, dem Zentrum der Liebe und des Lebens, trennte. Es kam der Zeitpunkt, in welchem sie vollständig aus der göttlichen Wesensart herausfielen. Von da an empörten sie sich gegen ihren eigenen Schöpfer und nahmen den Kampf auf gegen ihn. Dieser Kampf hat Milliarden Jahre gedauert und geht bis heute weiter.

Allen voran gab es ein besonders starkes, schönes Geistwesen, Gott hatte dieses erste Geschöpf Luzifer genannt, »Engel des Lichts«.

Wir müssen uns immer im Klaren sein, wie diese ersten Geschöpfe Gottes beschaffen sind. Sie besitzen nicht nur grosse Schönheit und die Macht, Zeit und Raum zu beherrschen, da sie keine materiellen Körper haben, sie besitzen zudem hohe Intelligenz und das Wissen um den Aufbau des Kosmos. Diese Geistwesen – oder Engel – **sind viel intelligenter als der Mensch,** der viel später und in ganz anderer Art geschaffen wurde. Der **grösste Engel,** Luzifer, **war und ist dem Menschen geistig hoch überlegen.** Trotzdem wurde dieses Geschöpf zum Satan. Denn seine Selbstliebe kannte keine Grenzen. Mit ihm fielen noch einige Millionen anderer hoher Geistwesen auf die gleiche Weise von Gott ab.

Wir lesen im Neuen Testament über den Sturz der Geister an folgenden Stellen: Brief des Judas 5–7, Off. 12–13.

Wohin kamen die bösartigen Intelligenzen?

Warum hat Gott sie nicht getötet? Gott liess sie am Leben, weil sie seine Geschöpfe sind und er kein Geschöpf tötet. Er wies ihnen aber andere Lebensräume an. Auch ein menschlicher Vater tötet seine Kinder nicht, wenn diese ein Verbrechen begehen, sofern er ein liebender Vater ist. (Und Gott **ist** Liebe.) Die abgefallenen Geister erhalten also andere Räume im Universum zugewiesen. Wir dürfen uns das nicht eng begrenzt vorstellen, sondern müssen in den Dimensionen des Universums denken.

Gott gab diesen Millionen Geistwesen mit ihrem Führer Luzifer, jetzt Satan genannt, andere Galaxien, andere Welträume und Universen, andere Planeten, wo sie ihre Wirkungen ausbreiten konnten. Sie befinden sich bis heute in den Sonnensystemen, auf den Milchstrassen und anderen Sternsystemen rund um unseren Planeten.

Während all diesen unvorstellbar langen Zeitabläufen hatte Gott begonnen, die materielle Welt zu schaffen, angefangen bei den Ur-Nebeln im Universum. Auch hier sind die zeitlichen und räumlichen Dimensionen für unsere Gehirne nicht vorstellbar. Wir können nur anhand von Zahlen festhalten, worum es bei diesen Zeitabläufen und Distanzen geht. Hier ein Beispiel: Die Distanz eines Lichtjahres wird wie folgt berechnet: Das Licht legt in einer Sekunde 300 000 Kilometer zurück. Ein Lichtjahr hat also eine Distanz von 9,46 Billionen Kilometern.

Wir müssen uns immer vor Augen halten, dass es sich auch bei den Dimensionen der Geistwesen und ihrer Kräfte, ihrer Intelligenz und Fähigkeiten um viel gewaltigere Mächte handelt, als wir Menschen sie besitzen. Damit wird aber auch erklärbar, warum diese gestürzten Geistmächte derart viel Einfluss haben auf das ganze Weltsystem. Diese Geistwesen haben ein viel umfassenderes Wissen über Physik, Chemie, Biologie, Molekularbiologie als wir Menschen. Auch wissen sie alles über Astro-Physik, kosmische Strahlung und Meteorologie. Sie sind schneller als Raumschiffe, denn als Geistwesen überwinden sie Distanzen wahrscheinlich so rasch wie das Licht, könnten sich also mit Lichtgeschwindigkeit bewegen oder noch schneller, in Gedankengeschwindigkeit. Ein Hinweis, dass die von Gott abgefallenen intelligenten Wesen über grosses naturwissenschaftliches Wissen verfügen, ist die Tatsache, dass dämonische Heiler (der grösste unter ihnen – Sai Baba aus Indien) tatsächlich Materie beherrschen können. Diese dämonischen Heiler können Dinge aus dem Nichts materialisieren sowie Krankheiten heilen.

Diese überlegenen geistigen Wesen beeinflussen auch atmosphärische Ereignisse, also das Wetter. Alles, was Zerstörung in sich trägt, stammt nicht von der Kraft Gottes, sondern kommt von der Zerstörer-Energie der abgefallenen Kräfte. Sturmfluten, Erdbeben, Wirbelstürme, Erdrutsche, Vulkanausbrüche, Verschiebung von Kontinenten, sind Störaktionen dieser gigantischen, aggressiven Kräfte aus dem All.

Die Meteorologen wissen, dass unser Wetter (Wirbelstürme und Erdbeben inbegriffen) gesteuert wird von Einflüssen aus dem Weltraum. Niemand kann jedoch deren letzte Ursache aufzeigen oder beweisen, weil die Distanzen viel zu gross sind.

In einer Sendung des französischen Fernsehens der Schweiz im Juni 1990 haben Meteorologen, Mathematiker und Physiker gemeinsam diese Computer-Bilder des Mathematikers Benoit B. Mandelbrot, USA, auf einen anderen Zusammenhang hin erörtert. Die Meinung der Wissenschafter und ihre Überlegungen lege ich hier in Kurzform vor:

Wie zu erkennen ist, entwickelt der Computer aufgrund von mathematischen Formeln herrliche Bilder, die aussehen wie die Erschaffung der

Welt. Im Fernsehfilm wurde dies mit einem Zeitraffer-Trickfilm gezeigt.

Da ist die mathematische Formel, und parallel dazu entwickelt der Computer die Zeichnung. Auf dem Papier entstehen Planeten. Aus den Planeten heraus steigen die Kontinente (genau so sieht die Seherin Emmerich dieses Geschehen, siehe Seite 89).

Es entstehen die Meere, und allmählich bilden sich – immer aufgrund der mathematischen Formeln, also des Gedankens – Urpflanzen, Farne zum Beispiel, die sich über die entstehenden Kontinente ausbreiten. (Das alles sieht die Visionärin präzise, bitte lesen Sie nach.) Bei der Entstehung der Computer-Pflanzen bemerken die Forscher mit Erstaunen, dass **eine** Urform sich ständig vermehrt und ausweitet. Beispiel für eine Urform ist der Schneekristall. Ein Schneeball bildet eine neue Form, die aber in sich aus den immer gleichen Formen des Kristalls entstanden ist. Das gleiche ist bei allen anderen nun entstehenden Pflanzenformen zu bemerken: Ein **Grundmuster** – also ein mathematischer Gedanke, ein Prinzip – setzt sich in immer gleicher Art zusammen und bildet nun, in der Vermehrung, mannigfache neue Formen. Das Ergebnis: eine riesige Vielzahl verschiedener Formen, die aus einer einzigen Grundform heraus entstehen konnten. Dabei stellen die Wissenschafter fest, dass das ganze Geschehen in einer verblüffend präzisen Ordnung vor sich geht. Was nun aber die Forscher derart erstaunt, ist die Frage: Warum existiert im Universum neben dieser minutiösen mathematischen **Ordnung** gleichzeitig eine chaotische **Kraft,** die immer alles **stört**? Aus dem All, so wissen Meteorologen, kommen ständig Turbulenzen, welche unser Wetter negativ beeinflussen. Diese Störungen erzeugen Sturmfluten, Erdbeben, Wirbelstürme, Überschwemmungen, schwere Gewitter, Hagel, plötzliche Kälte- oder Hitzewellen. Die Forscher sagen nun: »Wir sehen auf der einen Seite ganz klar ein Prinzip der vollkommenen Harmonie und Ordnung. Auf der anderen Seite jedoch arbeitet ganz offenkundig und hochwirksam ein chaotisches Zerstörer-Potential. Woher kommt es? Wo liegt seine Ursache? Warum kann es existieren inmitten einer unerhört schönen Schöpfungs-Ordnung? Im Fernseh-Bericht wird ein Satelliten-Bild vom Saturn gezeigt. Die Teleskope zeigen deutlich grosse Turbulenzen auf diesem Planeten, die sich immer wieder störend auf das Wetter unseres Planeten und auf die Magnetfelder der Lebewesen auswirken. Immer wieder die Frage: Warum gibt es die Turbulenz inmitten von Ordnung? Im Film wird eine weitere Dimension des Chaos aufgezeigt, und zwar das Chaos im Denken der Menschen. Als Beispiel nehmen die Forscher einen Börsenkrach in New York. Durch ein einziges Gerücht, welches oftmals gar nicht stimmt, entsteht eine totale Verwirrung auf dem Finanzmarkt, was katastrophale wirtschaftliche Folgen hat. »Könnten wir«, so fragen die Forscher, »das Chaos, sei es im All oder in den Köpfen der Menschen, eventuell in den Griff bekommen und besiegen, wenn wir das Prinzip des Chaos erkennen und somit voraussehen könnten? Wenn wir es voraussehen könnten, wäre es auch möglich, das Chaos rechtzeitig zu verhindern!« Die Frage blieb aber unbeantwortet. Grund: In bezug auf das Wetter bleiben die Distanzen im Weltraum für den Menschen zu gross, als dass er jemals herausfinden könnte, wo und wann im Universum die chaotischen Kräfte »ihren Einsatz vorbereiten«. An diesem Punkt der Überlegungen war die Fernseh-Sendung beendet. Die Wissenschaftler verabschiedeten sich mit dem Hinweis, dass ihre Fragen leider offen bleiben müssen. Wer nun aber sein Denken von der Physik zur Metaphysik hin erweitert, erkennt leicht die Ursache für das chaotische Zerstörer-Prinzip im Weltall und im Denken der Menschen. Jesus nennt uns den Namen der Zerstörer-Intelligenz ganz klar in einem Sammelbegriff. Der Begriff trägt den Namen Satan, das haben wir schon in den ersten Kapiteln, »Wie erkennt man das Böse«, erklärt. **Die negative Intelligenz ist kein Mensch, sondern Geist. Dieser Geist kann sich in jeder beliebigen Form materialisieren:**

1. In Beeinflussung der Natur (siehe Seite 88, die Seherin erkennt: die abgefallenen Geister besetzen die Lufträume rund um die Erde!).

2. Aber auch in allen anderen möglichen Arten von Materie kann sich das Böse entwickeln. Es kann **vorübergehend** von Menschen oder Dingen Besitz ergreifen; das nennt die Bibel »Besessenheit«. Menschen können nur dann »besetzt« werden, wenn sie ungeschützt, das heisst nicht stark genug mit Gott verbunden sind. In Zürich erlebte ein bekannter Arzt folgende Materialisierung des Bösen: Jede Nacht fand er Nägel und Glasscherben in seinem Bett. Er dachte an Schelmenstreiche von irgendwem und liess das Zimmer mit einer Alarmanlage ausstatten, die er mit einem Polizeiposten der Stadt verbinden liess. Es wurde einwandfrei festgestellt, dass die Nägel und Scherben nicht von Menschenhand in das Bett des Arztes gelangen konnten. Erst als der Arzt, der nicht katholisch ist, einen Priester rufen liess, um das Zimmer auszusegnen, hörte der Spuk auf. Seither betet der Arzt täglich laut das Vaterunser und hat ein gesegnetes Kreuz aufgehängt. Jetzt hat er Ruhe. Dies ist nur ein kleines Beispiel für die Vielfalt an Möglichkeiten, welche bösartige Intelligenz als Mittel zur Manifestation wählen kann. Die Adresse des Arztes ist mir persönlich bekannt. Auf Anfrage darf ich diese auch mitteilen. Der Arzt hat mir diesen Sachverhalt berichtet, als ich ihn in einem Interview zu einer Reportage mit dem Thema »Dämonie« befragte.

Wer alle diese Prinzipien, die uns von der Bibel und von den Mystikern ganz genau erklärt werden, überdenkt, dem wird plötzlich sehr klar, wer hinter dem universellen Kampf zwischen Ordnung und Chaos steht. Gott ist absolute Ordnung und Harmonie. Satanische Einwirkung bedeutet Chaos und Zerstörung in allen ihren Variationen.

Die zweite Schöpfung

Anna Katharina Emmerich erfährt in der Schöpfungsvision, dass Gott die leeren Plätze, Milliarden mal Milliarden, welche die gestürzten Geister hinterlassen haben, wieder auffüllen will. Nur deswegen begann ER eine zweite Schöpfungsphase mit Adam und Eva.

Gott hat nach dem Abfall seiner hohen Geistgeschöpfe **eine zweite Schöpfung** begonnen. Es war das Paradies, wir nennen es Eden. Eine Schöpfung, die Gottes Ebenbild war, also ein Spiegel der Liebe: harmonisch, sanft, liebenswürdig, schön. Die abgefallenen Geister beobachteten voller Missgunst und Neid das Entstehen dieser neuen Schöpfung. Sie gönnten es den ersten schönen Wesen, Adam und Eva, nicht, dass diese in vollendeter Harmonie mit Gott leben durften. Also begannen die satanischen Kräfte damit, sich an diese neuen Geschöpfe heranzumachen. Gott hinderte sie nicht daran, weil er ihnen den freien Willen von Ewigkeit her zugesichert hatte. Deshalb durfte Satan die Menschen in Versuchung führen. In der Bibel wird diese Versuchung mit dem Symbol der Schlange beschrieben, welche Eva mit einer Frucht zum Ungehorsam gegen Gott verleitet. Der Apfel ist das Symbol für die Erkenntnis, dass es Gut und Böse gibt. – Adam und Eva sollten nicht die Frucht vom Baum der Erkenntnis essen. An dieser Stelle werde ich immer gefragt. »Aber warum sollen denn die Menschen keine Erkenntnis haben? Es ist doch gut, wenn sie Gut und Böse erkennen und damit unterscheiden können? Erst dann ist es möglich, das Böse zu meiden, wenn man es erkennt?«

Wer die Frage so stellt, hat vergessen, dass Adam und Eva vor dem Sündenfall nur das Gute gekannt haben. Das Böse aber gab es schon lange, bevor Adam und Eva geschaffen worden waren. Adam und Eva aber hatten keine Kenntnis davon – überhaupt keine Ahnung. Das müssen wir als ihren wichtigsten Wesenszug im Gedächtnis behalten. Gott wollte sie mit seinem einen Gebot, nicht vom Baum der Erkenntnis zu essen, unbedingt davor bewahren, dass sie die Bekanntschaft mit Satan machten, von dessen Existenz sie ja nichts wussten. Hätten Adam und Eva gehorcht, wären sie ewig frei geblieben vom Wissen, dass es Böses gibt. Sie wären glücklich vereint geblieben mit Gott, dem vollkommen Guten. Nachdem aber die Menschen ungehorsam waren (Eva konnte den Schmeicheleien und falschen Freundlichkeiten des »Tieres« nicht widerstehen, wie wir aus der Vision erfahren), erhielten sie Kenntnis vom Bösen. Diese Kenntnis wäre Gott allein vorbehalten gewesen. Eva aber wollte alles wissen, alles erkunden, sie war neugierig und wollte so viel wissen wie Gott.

Erst **nach** dem Sündenfall, jedoch wurde es geradezu lebenswichtig, klare Kenntnis zu haben, wo die guten und wo die schlechten Kräfte wirken. Denn der Mensch hat sich durch seinen Ungehorsam selber dem Kampf von Gut und Böse ausgesetzt, sich durch eigene Schuld in diese Verwicklung begeben, die er nun, ob es ihm passt oder nicht, während seiner ganzen Existenz auf dieser Welt aushalten muss. Zusammengefasst erkennen wir: Weil das Böse unser Gegner ist und uns immer schaden will, ist es für uns lebenswichtig geworden, Gut und Böse zu erkennen. Dies gilt für den abgefallenen Menschen. Für die ursprünglichen Menschen, im reinen Geisteszustand von Eden, wäre es das Wichtigste gewesen, vom Bösen keine Kenntnis zu erhalten, sie wären dadurch immer frei geblieben von der Verwicklung mit Satan.

Aber Adam und Eva missbrauchten ihren freien Willen, den sie von Gott als Geschenk erhalten hatten, und neigten sich den Einflüsterungen Satans zu. Damit war der Bund, der Liebesbund mit Gott, gebrochen. Die Menschen wurden Opfer der satanischen Zerstörer-Energie. Aber auch die ganze übrige Schöpfung, Pflanzen und Tiere, wurden Opfer von Satan und seinen mächtigen kosmischen Zerstörerkräften, die nur ein Ziel haben: Gottes herrliche Schöpfung zu vernichten.

Nach dem Fall der Menschen wurden diese auf einen anderen, inzwischen entstandenen Planeten »transferiert«, auf die Erde. Auf welche Art dies geschehen ist, wissen wir (noch) nicht. Die Seherin: »... ein veränderter Zustand ... ich finde keine Worte dafür.« Dieser Planet hatte sich durch Gott seit Jahrmillionen langsam gebildet. Bereits von Anfang an hatte auf ihm die bösartigen Intelligenzen gewirkt, weil sie dazu von Gott die Freiheit erhalten hatten. Was die Biologen als Evolution oder Spiel der Natur bezeichnen, ist von Anfang an der Kampf gewesen zwischen den Kräften Gottes und den Zerstörerkräften Satans. Beispiel: Gott schafft die ersten Lebewesen in den Meeren auf diesem speziellen Planeten Erde. Sofort greift die bösartige Intelligenz ein und schleust schon ganz zu Beginn den Tötungsmechanismus ein, mittels Gen-Manipulation, höchst wahrscheinlich. Während Gott die Schöpfung weiterentwickeln will, fällt immer wieder die Störungsenergie dazwischen. Was wird von der störenden Energie gebaut? Schädlinge, Schmarotzer, giftige Insekten. Dazu gefährliche Kleinstlebewesen, die sogenannten Viren, also Krankheitserreger.

Ohne den Abfall der Menschenseelen wäre kein weiteres Leben auf dem Planeten Erde entwickelt worden

In einer Totalschau fasst die Seherin zusammen:

Wenn die ersten beiden Menschenseelen, Adam und Eva, in Eden sich nicht dem gefallenen Engel Satan, früher »Luzifer« genannt (höchster »Engel des Lichts«), zugeneigt und sich für ihn entschieden hätten, wären sie ewig in Eden geblieben. Gott hätte auf dem »dunklen Planeten Erde« nichts weiterentwickelt. Die gefallenen Geister, Luzifer und seine Legionen, wären hier für viele Ewigkeiten allein geblieben. Gott hatte ihnen ja den Bereich des Planeten Erde als Aufenthaltsort zugewiesen, da er sie nicht töten wollte. Gott ist das Leben, er vernichtet kein Geschöpf, auch wenn es von ihm abgefallen ist. Er transferiert, auf seine, göttliche Art, die wir in einer **anderen Dimension** sehen sollten. Als die Menschen auf die gleich niedrige, geistige Stufe wie Satan gefallen waren, wurden diese Menschen in den niedrigen Bezirk transferiert. Sie fielen aus der vollendeten Welt Eden in die Niederungen des »dunklen« Planeten Erde. Dorthin, wo seit langem die gottfernen Geister lebten, alles durchsetzten und schon alles verdorben hatten. Adam und Eva »erwachten« in einem neuen Bewusstsein, irgendwo in einer der ersten, menschenähnlich aufrechtgehenden Rasse der weiter entwickelten Menschenaffen. Diese elende Gestalt entsprach genau ihrer geistigen Verfassung, dem Zustand der gottfernen Niedrigkeit, des tierischen, dumpfen Dahinvegetierens. Seit Jahrmillionen sind sie nun auf dem Weg, sich höher zu entwickeln, ihre verlorene geistige Vollkommenheit zurückzuerwerben. Laut neuesten Erkenntnissen (1991) gelten die bei Haifa in Israel gefundenen Spuren vom Typus »homo sapiens neanderthalensis« als eigentlicher Ursprung der Menschheit.

Ungefähr am »fünften«* Schöpfungstag muss bereits die Aktivität der zerstörerischen Energien eingesetzt haben, welche seit dem Sturz der Geister vor unendlichen Zeiten existieren. Im Gran Canyon (USA) haben Geologen in den 150 Millionen Jahre alten Gesteinsschichten Versteinerungen von Pflanzen und Tieren gefunden. Diese Lebewesen sind Jahrmillionen vor dem Erscheinen des Menschen dagewesen, wie die Geologen und Biologen anhand ihrer Berechnungen erkennen können. Schon damals befanden sich, in den Versteinerungen und Knochenfunden sichtbar, mörderische Urtiere in den Weltmeeren. Es gab bei den Einzellern im Meer Mörder-Algen, welche auf rücksichtslose, hässliche Art andere Lebewesen

* (Immer auf die Möglichkeit der zweiten Schöpfungsdimension bezogen, nicht aber auf den ersten, vollkommenen Schöpfungsakt!)

frassen. Das bedeutet also, dass das Böse, die Aggression, das Morden, lange schon existiert hatte, bevor der erste Mensch auf dem Planeten Erde aufgetreten ist. (Anna Katharinas Vision stimmt vollkommen überein mit diesen biologischen Tatsachen.) Die »zweite Schöpfungsdimension« ist nicht rückwirkend vom Bösen durchsetzt worden, sondern lange zuvor. Die **erste** Schöpfungsdimension (Eden) allerdings **war und blieb vollkommen gut.**

Immer häufiger machen sich auch Wissenschafter über diese zwei Dimensionen in der Schöpfungsgeschichte Gedanken. Alles weist daraufhin, dass es innerhalb der Schöpfung zwei Dimensionen geben muß! Ein ursprünglich vollkommenes Bild, welches der Schöpfer in einer anderen Dimension von »Sein« geschaffen hat, und diesem entgegengesetzt – wie ein beschädigtes Spiegelbild – unsere vom Negativen durchsetzte Welt in ihrer gegenwärtigen Seins-Form.

Seit im Januar 1996 die Meldung durch die Weltpresse ging, daß ein deutscher Physiker das erste Anti-Atom herstellen konnte, sind für Wissenschafter ab sofort Antimaterie-Welten möglich geworden.

Anti-materielle Welten, geistige Welten, aber auch die Bilder und Informationen daraus, z.B. die Visionen der Mystiker, rücken daher plötzlich in einen ganz neuen, realen Denkbereich; z.B. Manifestationen aus der Gegenwelt des Geistes wie Moses und Abraham sie erlebten, als sie JAHWE, Adonai, den Geist des Schöpfers hörten, andere Seher, welche Christus und seine Mutter oder Engel sehen. (In negativer Art können sich auch zerstörerische Geisteskräfte, Dämonen, sichtbar machen.)

Sowohl in den Forschungslabors als auch bei Visionen ist bei der Begegnung von Materie und Anti-Materie immer sehr viel Energie in Form von aussergewöhnlich hellem Licht feststellbar.

Nicht der Zufall hat die Welt entwickelt, sondern Gott entwickelte sein Universum! Das ist der entscheidende Unterschied zur Zufalls-Theorie von Darwin.

Evolution als zufälliges Ereignis – wie Darwin es meinte – ist falsch. Evolution hat stattgefunden, aber unter der gezielten Planung Gottes. Er, der EWIGE, LEBENDIGE, entwickelte sein Universum nach seinen Gedanken, und ER entwickelt bis heute neue Materie und neues Leben. In Sekunden schafft Gott Neues, neue Planeten, neue Sternensysteme.

Wenn Gott gewollt hätte, wäre es IHM sicher möglich gewesen, die Welt nicht nur in »sieben Tagen«, sondern auch in sieben Sekunden zu schaffen. ER nahm sich aber SEINE ZEIT. ER ist der EWIG SCHAFFENDE, LEBENDIGE GEIST DER SICH VERSTRÖMENDEN schöpferi-

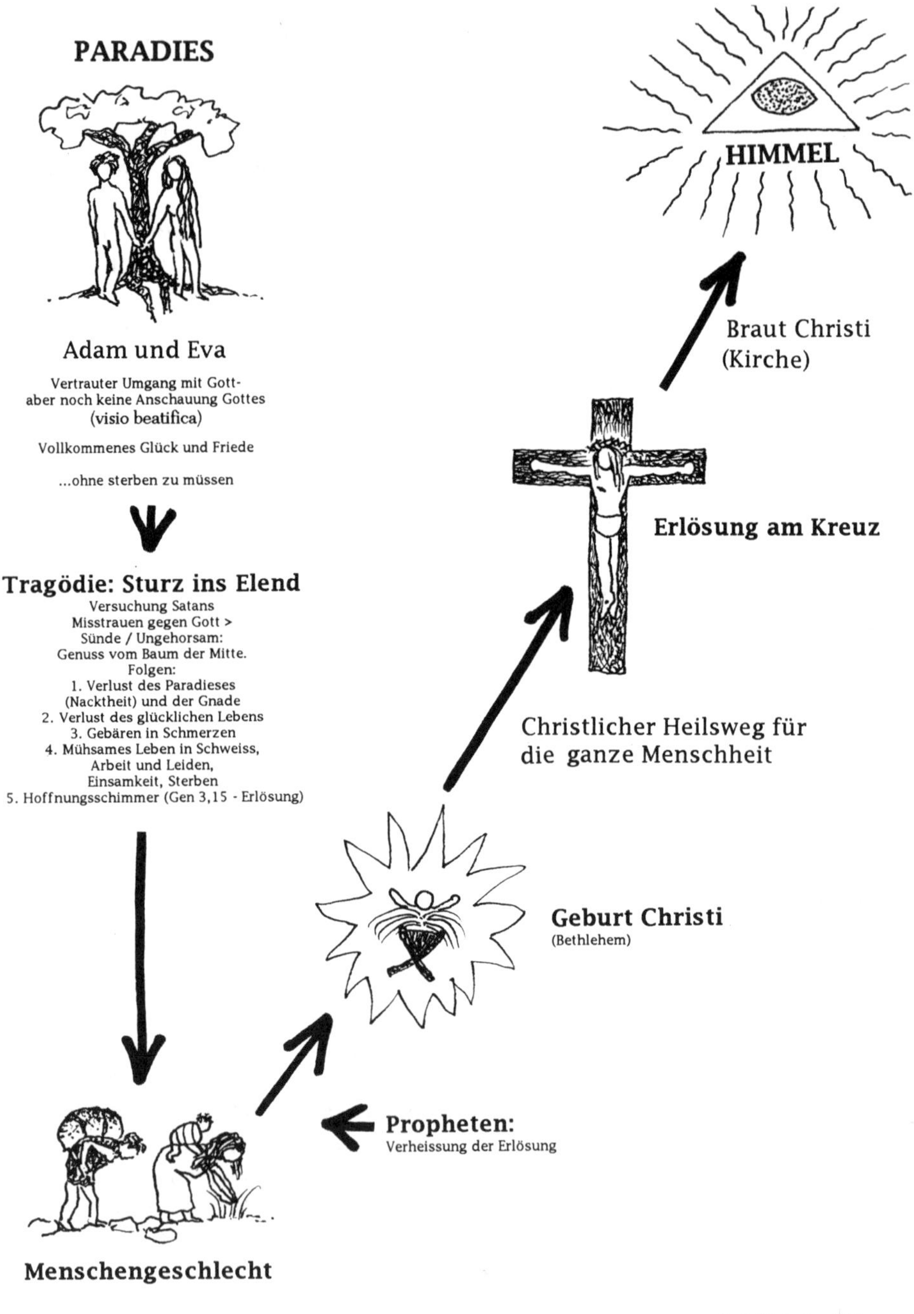

Grafik: Christa Mosele-Isler

schen LIEBE. Nur wir, in unseren irdischen Formen, wir sind endlich. Unsere Seele ist jedoch unsterblich. Sie ist der sterblichen Materie nicht verwandt. – Lesen Sie zu dieser Thematik den hervorragenden Bericht des Naturwissenschafters Dr. Karl Philbert, Priester und Physiker aus München auf den Seiten 367 bis 379.

Jesus zu Maria Valtorta:
»Als das Geschaffene, das seit Jahrtausenden ist und sein Leben in den einzelnen Formen und Naturen lebt, die **Gott in das Geschaffene legen wollte, noch nicht war,** war **jedoch schon ER, das Wort des Vaters.** Und durch Ihn sind **alle Dinge**, die nicht waren, und die somit, da sie kein Leben hatten, **wie tot** waren, gemacht worden und haben so ›Leben‹ bekommen. Das göttliche Wort zog sie aus dem Chaos, in dem sich ungeordnet und unnütz alle Elemente bewegten, zum Sein. Das göttliche Wort ordnete alle Dinge, und erfüllte alle mit Nützlichkeit und Leben, und so ist die sichtbare und wahrnehmbare Schöpfung geworden, und ist entstanden mit Gesetzen vollkommener Weisheit und mit dem Ziel der Liebe.

Denn nichts ist gemacht worden ohne den Zweck der Liebe und ohne das Gesetz der Weisheit. Von den im Becken gesammelten Wassertropfen zu den Molekülen, die zusammengehäuft die Gestirne formen, die Licht und Wärme spenden, und bis zu den pflanzlichen Lebensformen, die dazu bestimmt sind, die tierischen zu ernähren, und diese, dem Menschen zu dienen und ihn zu erfreuen, das Meisterwerk der Schöpfung, das wegen seiner animalischen und rationalen Vollkommenheit, und vor allem wegen des in ihm eingeschlossenen unsterblichen Teiles, Atem des Ewigen selbst, dazu vorherbestimmt ist, zu seinem Ursprung zurückzukehren, um über Gott zu jubeln und für Ihn Anlaß des Jubels zu sein – denn Gott jubelt beim Anblick seiner Söhne – war alles aus Liebe gemacht. Eine Liebe, die nicht zugelassen hätte, wäre sie immer treulich beantwortet worden, daß der Tod und der Schmerz den Menschen an der Liebe Gottes zu ihm zweifeln ließ.

Der Tod: Er ist unter den vielen von Gott gemachten Dingen nicht gemacht worden. Und nicht gemacht worden ist auch der Schmerz, und auch nicht die Sünde, die Ursache des Todes und des Schmerzes. Der Widersacher setzte sie da hinein in die wunderbare Schöpfung. Und für den Menschen, die Vollendung der Schöpfung, der sich vom Feind zerstören ließ, vom Haß, kam der Tod, zuerst für die Gnade, dann für das Fleisch. Und es kamen alle Schmerzen und Mühen in der Folge des Absterbens der Gnade in Adam und seiner Begleiterin und allen Nachkommen der Stammeltern.«

Die zentrale Aussage der Genesis bleibt immer gleich

In der Genesis gab Gott den Menschen jener Zeit ein einfaches, zusammenhängendes, weiträumiges Bild über die Schöpfungsgeschehnisse. Der Seherin Anna Katharina Emmerich gab Gott im Jahre 1800 die **Zusatzinformation.** Die zentrale Aussage der Genesis bleibt aber immer gleich und ist absolute Wahrheit. Sie heisst: Alle ursprünglichen Absichten und Pläne Gottes sind gut. »Und Gott sah, dass es gut war.« So steht es in den heiligen Büchern, und so ist es.

Die erweiterte Vision der Seherin über das Schöpfungsgeschehen beeinträchtigt diese absolute Wahrheit in keiner Weise, sondern ergänzt sie auf logische und sinnvolle Art.

Die Genesis als Zeitraffer-Bild zweier Schöpfungsprozesse

Die Seherin erkennt die Schöpfungsgeschichte in Form von Zeitraffer-Visionen. Sie sieht, dass der **Schöpfungs-Akt in zwei Stufen, in zwei Dimensionen stattgefunden hat:**

Die erste, absolut schöne, harmonische und vollkommene Form in Eden, in einer anderen Art von »Materie«, die uns nicht bekannt ist. (Die Seherin hat Mühe, diese Form zu beschreiben!) **Nach** dem Fall des Menschen die zweite Dimension, in der uns heute bekannten materiellen Form.

*Der zweite Schöpfungs-Prozess hätte – dem Genesis-Bericht entsprechend – wie folgt stattgefunden:

Erster »Schöpfungs-Tag« (ein »Tag« als Symbol für viele Millionen Jahre): Licht, Kosmos, Planeten

Zweiter »Tag« (Millionen Jahre):	Wasser, Weltmeere, Sauerstoff
Dritter »Tag« (Millionen Jahre):	Land, Kontinente
Vierter »Tag« (Millionen Jahre):	Pflanzen, Wälder
Fünfter »Tag« (Millionen Jahre):	Tiere. Einzeller im Meer, Algen, Korallen, Fische, Amphibien, Säugetiere
Sechster »Tag« (Millionen Jahre):	Der Mensch, welcher jetzt ein zweites Mal »erwacht«
Siebter »Tag« (Millionen Jahre):	»Ruhetag«

* (Bitte beachten Sie unbedingt, dass dies lediglich eine mögliche Interpretation der Vision ist, und lesen Sie Seite 50 und Seite 88–100 sehr genau sowie das Kapitel »Bahnbrechende Wende im Verhältnis von Glaube und Naturwissenschaft« von Or. K. Philberth, Physiker und Priester Seite 367.)

Anna Katharina Emmerich erkennt die erweiterte Schöpfungs-Geschichte 20 Jahre vor Darwin

Warum schickt Gott diese logischen und in keiner Weise die Wahrheit der Genesis beeinträchtigenden Visionen ausgerechnet 20 Jahre vor dem Auftreten Darwins? Könnte es nicht sein, dass Gott die Teil-Wahrheit Darwins berichtigen wollte, indem ER seiner Visionärin die wirklichen Zusammenhänge offenbarte? Zusammenhänge, die bei Darwin fehlen oder verfälscht dargestellt werden.

Diese zeitliche Anordnung der Vision hat mich stark beeindruckt! Ich persönlich sehe darin einen klaren Hinweis Gottes, dass wir weiterlernen sollen. Die Visionärin hat ihr ganzes Leben hingegeben für das Empfangen der Information. Es war eine schwere Aufgabe für sie, die sie in grösster Demut ausgeführt hat. Wir können doch nicht einfach an dieser Information vorbeigehen.

Ein weiterer Vorteil ergibt sich daraus. Der Streit zwischen Theologen und Wissenschaftlern müsste nicht mehr weitergeführt werden.

Weitere Auswirkungen der bösartigen Intelligenz innerhalb der Natur

Die Gott entgegengestellte böse Intelligenz baut weiterhin sinnlose Formen in der Tier- und Pflanzenwelt, z. B. Dinosaurier, die gar nicht ins Umfeld passen. Der Schöpfer muss ständig neue Abwehrmethoden, Gegengifte oder andere Formen im Kampf gegen die frei arbeitenden bösartigen Intelligenzen einsetzen. Gott muss die sinnlosen Tierarten, von Satan gebaut, ausrotten, vertilgen. Der Satan stört weiterhin mit negativen Formen, erzeugt neue Gifte in Pflanzen und Tieren, schleust den Tötungstrieb in die Tiere ein. So entsteht die hässliche Fress-Kette. Der Stärkere frisst den Schwächeren. Durch die aggressiven Kräfte Satans entstehen mörderische Verhaltensweisen, die Raubtiere werden programmiert, das heisst, ihr Verhalten wird gesteuert von den Gott entgegengesetzten Kräften. Das blutige Morden beginnt. Eine hässliche Art des Lebens, im totalen Gegensatz zu den Plänen Gottes.

Gott entwickelt ständig neue Abwehrmittel gegen die brutale Methode der satanischen Intelligenz

Dazu folgendes Beispiel: Wenn eine Gazelle von einem Löwen oder Tiger gehetzt wird, schüttet ihr Gehirn euphorisierende Stoffe aus. Die Gazelle wird angenehm »beflügelt«, sie fliegt »wie von selbst« dahin, in grösster Geschwindigkeit und Leichtigkeit. Kann sie aber tatsächlich dem jagenden Raubtier nicht entkommen, ist sie sofort betäubt, wenn das Tier sie anspringt und in den Nacken beisst. Ähnliche Reaktionen empfinden Bergsteiger in Augenblicken höchster Bedrohung, wenn sie zum Beispiel den Boden unter den Füssen verlieren und stürzen. Anstelle von Angst entsteht ein grossartiges Glücksgefühl. Das Gehirn schüttet drogenartige Betäubungsstoffe aus. Verletzte berichten, dass sie die Schmerzen nicht gespürt hatten, zum Beispiel beim Abtrennen von Gliedmassen bei Unfällen. (Kriegsverletzte berichten ebenfalls von diesem Phänomen.) Bei schweren seelischen Schocks erleben Menschen, dass sie – wie ferngesteuerte Automaten – genau das Richtige tun, ohne es eigentlich wahrzunehmen. Alle diese Schutz-, Linderungs- und Betäubungsmittel sind von Gott als Gegenmittel eingesetzt worden, um den Geschöpfen die vom Satan verursachten Qualen zu ersparen oder zu erleichtern.

Ist Gift nicht auch nützlich?

Ein Student sagte kürzlich, die Gegengifte seien doch sehr nützlich, da man daraus Schlangenserum herstellen könne. Aber das Gegengift wäre ja gar nie nötig gewesen, wenn das Gift nicht entstanden wäre zuvor. Das Gegengift ist lediglich die Reaktion des Schöpfers auf die Störung von Satan. Nachdem Satan Gift erzeugt hat, liess Gott gegen jedes dieser Gifte Gegenstoffe entstehen, damit sich die Geschöpfe wehren können. Wenn wir hier konsequent weiterdenken, erkennen wir die Logik des Ganzen. Wozu braucht es Giftspinnen? Um Mücken zu fressen! sagen die Leute. Das ist nützlich. Aber: Wozu sind Mücken überhaupt gut? (Beide Tierarten hat die Seherin nicht festgestellt im Urzustand Eden!) Die Mücken sind Krankheitsüberträger. Wir könnten gut leben ohne diese lästigen, krankheitsübertragenden Tiere (Malaria-Überträger etc.). Beachten wir das Verhalten der Giftspinnen: Auf hinterhältige, tückische Art lauern sie auf die

Fliegen, fangen sie mit List im Netz, umgarnen sie und saugen sie bei lebendigem Leibe aus. Ein total widerliches Verhalten, hinterhältig, tükkisch, brutal. Es ekelt uns davor. Aber genau so geht es in der Verbrecherwelt zu: Kriminelle verbreiten überall das Böse (wie die todbringenden Tse-Tse-Fliegen), und ihre Gegner (die Giftspinnen) lauern im Hinterhalt und bringen sie tückisch um. Das Aussaugen des Feindes gehört in der Verbrecherwelt zur Gewohnheit. Man saugt den Gegner auf alle möglichen Arten aus. Können wir das mit dem Liebesprinzip des Schöpfers vereinbaren?

Das Böse im Menschen oder »die Bestie in uns«

Es gibt immer wieder Leute, die behaupten, das Böse gebe es nicht als eigenmächtige Kraft. Alles, was in Form von Aggressionen aus dem Menschen herausbreche, sei begründet im Selbsterhaltungstrieb, in der ethischen Abstammung (Kulturkreis) oder sei auf frühkindliche Erfahrungen zurückzuführen. (Was den Arterhaltungstrieb bei Tieren betrifft, gebe ich in einem der nächsten Kapitel eine spezielle Antwort.)

Überlegen wir gemeinsam: Wenn ein Mann einen anderen Menschen auf grausame Art verstümmelt, weiss er, zumindest tief in seiner Seele ganz genau, dass dies schmerzhaft und zerstörerisch ist, egal, ob der Täter Kopfjäger ist, Menschenfresser, Folterknecht in einem Gefängnis oder ob er einfach als Privatperson Freude hat an roher oder subtiler Gewalt. Die verschiedenen Gründe für die Gewalttätigkeit stehen hier nicht zur Diskussion. Es geht allein darum, dass jeder Gewalttätige weiss, wie schmerzhaft die Folterungen für sein Opfer sein müssen. Dieses Wissen nennt man auch Ge-wissen.

Man kann keine Art von roher Gewalt als »nicht böse« bezeichnen und damit behaupten, das »Böse« gebe es nicht. Das ist eine falsche Behauptung einiger Zeitgenossen des 20. Jahrhunderts.

Der Wirkungsbereich des Bösen zeigt sich im Menschen wie folgt: Einfall von bösen Ideen in den Geist, in das Denken, des Menschen. Ich-Sucht, Betonung auf Sucht, die nichts zu tun hat mit gesundem Selbstbewusstsein und gesunder, normaler Selbstliebe.

Eitelkeit, Stolz, Hab-Sucht, Machtgier, Rach-Sucht, Zerstörungs-Sucht, Trotz, Eigensinn, Genuss-Sucht (Ersatzbefriedigung für das verlorene Glück im Paradies), Lüge. Durch diese negativen geistigen Zustände entstand alles, was wir an menschlicher Bosheit um uns erleben, Kriminalität, Korruption, Krieg, Zerstörung der Schöpfung.

Die kosmische Intelligenz des Satans und seiner Millionen Folgegeister arbeitet hochwirksam und ist der menschlichen Intelligenz weit überlegen. Diese negativen Kräfte arbeiten zielstrebig, gut getarnt, weitsichtig, raffiniert, mit überlegener Intelligenz.

Wie erkennen wir diese bösen Kräfte?

Folgende Merkmale gelten für sie:

- Behaupten von sich, sie existieren nicht.
- Behaupten, Gott existiere nicht. Dann aber, im Gegensatz dazu, behaupten sie plötzlich, Gott sei tot. Wie kann jemand tot sein, der gar nicht existiert?
- Behaupten, alles Böse komme von Gott. (Dabei sagen sie immer, Gott existiere nicht.)
- Verbreiten halbe Wahrheiten oder neue Irrlehren.
- Behaupten zudem, Gott sei gut und böse, um wiederum Gott verantwortlich zu machen für das Schlechte, das von ihnen selbst, dem Bösen, angerichtet wird.

Damit wollen sie den Menschen die Liebe und das Vertrauen zu Gott rauben. (Das gelingt den bösen Kräften sehr gut durch alle die Lügen über Gott).

- Sie stellen sich selbst als lächerliche Figuren dar, um damit unglaubwürdig zu wirken. (Mistgabelschwingende, lächerliche Teufelsfiguren mit langem Schwanz, Hörnern und Ziegenbart.) Guter Trick, um nicht ernst genommen zu werden.
- Behaupten immer wieder, satanische Intelligenz gebe es nicht. Ebenfalls gute Tarnung, um noch bessere Zerstörerarbeit leisten und immer grössere Verwirrung stiften zu können.
- Treten »im Namen von Jesus« auf, als Wölfe im Schafspelz, und verbreiten **immer neue Irrlehren.**

Der Schweizer Mystiker, Philosoph, Arzt und Psycho-Analytiker, Balthasar Staehelin, nennt die satanische Intelligenz mit folgenden Namen:

Den Bösen, den Wegzieher, Versucher, Einflüsterer, Verlocker, Vermieser, den Krankmacher, Blindhalter, Versteller, Verstocktmacher, Gefesselthalter.

Den grössten Gefallen tun wir den satanischen Intelligenzen, wenn wir behaupten, es gebe sie nicht.

Jesus hat einmal gesagt, der Satan sei der Herr der Welt, der Fürst der Materie. Satan kann die Materie auf unserem Planeten beeinflussen, denn er kennt die Gesetze des Kosmos und hat die Freiheit, sie zu manipulieren.

Jesus warnt vor den verborgenen bösen Intelligenzen

Johannes 14, 25–31

Jesus: »Solange ich bei euch war, habe ich es euch gesagt:

Dass der Vater und ich zu euch kommen werden und bei euch wohnen (V. 23). Der Beistand aber, der heilige Geist, den der Vater statt meiner zu euch senden wird, wird euch alles aufs neue deutlich machen und euch an alles erinnern, was ich gesagt habe.

Friede lasse ich bei euch zurück. Meinen Frieden gebe ich euch. Meine Gabe ist anders als alles, was die Welt geben kann. Euer Herz erschrecke nicht und fürchte sich nicht.

Ich werde nicht mehr viel mit euch reden, denn der **geheime,** gewaltige Herrscher dieser Welt kommt, der – **hinter aller Menschenmacht verborgen** – gegen Gott kämpft. Er hat zwar keine Handhabe gegen mich. Er richtet nichts gegen mich aus und tut, ohne es zu wissen und zu wollen, doch nur, was Gott will.« (Weil Gott das Böse umwandeln kann in Gutes, sofern der Mensch Gott darum bittet.)

Wie sich das Böse in der allgegenwärtigen Form auf Kino-Leinwand und am Fernseh-Bildschirm manifestiert, habe ich am Beispiel des Gewaltfilms von Stanley Kubrick »The Shining« aufgezeigt. Dieser Bericht ist in der Zürcher Zeitung »Tages-Anzeiger« publiziert worden:

Die Lust am Töten zelebriert

Es geht hier nicht darum, den zahlreichen und ausführlichen Filmkritiken eine weitere hinzuzufügen; auch nicht darum, Gericht zu halten über die Gesellschaft. Es sollen hier nur ein paar Reaktionen auf den Film beschrieben werden. Äusserlich können die Reaktionen am Verhalten der Filmbesucher beurteilt werden, innerlich an den Gedanken, die sich danach in einer Diskussionsrunde ergaben und die hier zusammengefasst wiedergegeben werden.

Kubrick wird mit seinem eigenen dämonischen Chaos nicht fertig.

Es wird uns bedenkenlos die Tür geöffnet zum Schauspiel der höllischen Zerstörungslust, die ein dämonisch inspirierter Geist in die aufnahmebereiten Gehirne von Kinobesuchern einschleusen will. Da nimmt an einem schulfreien Mittwochnachmittag eine elegant gekleidete und hochgradig gelangweilt wirkende Mutter ihren dreizehnjährigen Sohn mit in den Film, von dem man weiss, dass er zwar eine neuartige perfekte Kameratechnik zeigt, aber gleichzeitig Dämonie zum Inhalt hat. Rundherum sitzen zahlreiche andere Jugendliche im Alter von zwischen fünfzehn und zwanzig Jahren. Ihre Reaktionen während des Films waren bemerkenswert. Zu Beginn des Films wehrten sie sich noch. Immer dann, wenn die Szenen am scheusslichsten wurden, begannen sie laut zu lachen. Je länger sie aber unter Kubricks Einfluss standen, desto weniger konnten sie sich der Macht des Bösen entziehen. Ihr gesunder Widerstand zerbrach, als erstmals das Blut in Kaskaden und Fontänen die Wände hochspritzte, als zwei kleine Mädchen, von einer Axt zerhackt, blutüberströmt am Boden lagen, als ein Vater in wahnsinniger Mordlust seinen vierjährigen Sohn jagte. Da hörte die Kraft des Zuschauers zum Selbstschutz auf, und Kubricks Dämon konnte sich mit Hilfe filmtechnischer Vollendung der jetzt hilflos ausgelieferten Zuschauer so total bemächtigen, wie es schon immer in der machtgierigen Absicht des Bösen gelegen hat.

Kubrick selbst ist gewiss kein Dämon, aber er wird mit den Dämonen, die sich in seiner Seele breitmachen, nicht fertig. Denn dass dieser Film allein zur kommerziell einträglichen Unterhaltung gemacht sei, nimmt man dem Regisseur nicht ab. Mit dem Film kann Kubrick sein eigenes inneres Chaos ausleuchten. Die furchtbaren Visionen mussten alle in seinem Gehirn entstehen, bevor er sie mit so intensiver Wirkung auf die Leinwand bringen konnte. Seine persönlichsten Schwierigkeiten finden hier den Weg nach aussen und belasten nun andere Menschen. Wie die meisten seiner Filme bestätigen, beunruhigt ihn seine eigene Lust an der Gewalt. Um die Angst vor den zerstörerischen Kräften in seinem Innern zu dämpfen und zu teilen, versucht er mit Erfolg, sie dem Kinopublikum weiterzugeben. Ob ihm und den Zuschauern damit in irgendeiner Art geholfen wird, steht auf einem anderen Blatt. Kubrick hat ein geradezu leidenschaftliches Bedürfnis, das Böse so oft und so subtil wie möglich darzustellen, damit es Besitz ergreife von den Gefühlen und Gedanken anderer Menschen, damit es grösser werde und sich ausdehne nach allen Seiten, damit er selber, Kubrick, nicht daran zugrunde gehe. Es gelingt dem Regisseur zum Beispiel meisterhaft, die Wut des Ehemanns auf seine

Frau auf den Zuschauer zu übertragen und diesen genau nachempfinden zu lassen, warum der Mann zum Mörder wird und plötzlich einen völlig unbändigen, unaufhaltbaren Drang zum Töten verspürt. In solchen Momenten hat Kubrick den Zuschauer vollständig in der Hand, er manipuliert die Seele des Kinobesuchers virtuos, er lässt den Zuschauer selber zum Mörder werden. Was ein solches Erlebnis für das Unterbewusstsein des Kinobesuchers bedeutet, kann im jetzigen Moment niemand beurteilen. Die Folgen einer im Kino erlebten intensiven Mordlust können in ganz anderen Zusammenhängen und zu einem ganz anderen Zeitpunkt völlig unvermittelt wieder aus dem Unterbewusstsein auftauchen und wirksam werden.

Das Genie im Zeichen der Gewalt

Ein Beweis für die Gefährlichkeit Kubricks sind die Geständnisse seiner zwei Hauptdarsteller, welche in einem Interview mit dem deutschen Fernsehen bestätigten, dass Kubrick die dämonische Kraft habe, Menschen sich völlig zu entfremden und in ihnen die grauenvollsten Triebe aufzustacheln. Jack Nicholson hat, nach seinen eigenen Aussagen, während der Vorbereitungen auf die schlimmsten Szenen wie ein Tier zu toben begonnen. Seine Partnerin sei von Kubrick an den Rand des seelischen Zusammenbruchs getrieben worden, damit sie »reif« genug war für seine Ansprüche. Kubrick selber hat mit dem Kameramann am Boden gelegen und die Schauspieler immer wieder bis zur Raserei angetrieben. Mit den erwachsenen Schauspielern braucht allerdings niemand Mitleid zu haben. Die besitzen selbst genug Raserei in sich, sonst hätten sie sich nicht für solche Rollen hergegeben. Hingegen muss man sich fragen, welchen Schaden Kubrick bei seinem jüngsten Darsteller, dem vierjährigen Knaben, angerichtet haben mag. Wie lange hat er den kleinen Buben wohl beeinflussen müssen mit den scheusslichen Vorkommnissen seiner Mördergeschichte, bis das Kind die furchtbaren Angstzustände auf seinem kleinen, unerfahrenen Gesicht hat widerspiegeln können? Kubrick musste dem Kind eindringlich genug die Schreckensvision eines Mannes vermittelt haben, der seine Frau und sein Kind mit der Axt erschlägt, zerstückelt und in Blutbädern schwimmen lässt. Aber Kubrick ist nichts unmöglich. Er schafft es auch diesmal. Der kleine Bub hat die Angst tatsächlich echt im Gesicht.

Kubricks begabter Geist ist genial in der Fähigkeit, die Freude an Gewalt millionenfach an andere Menschen weiterzugeben. In Deutschland konnte ein ebenso begabter Taktiker die Macht des Bösen an Millionen bereitwilliger Menschen weitergeben. Warum rätselt man, auf welche Weise Hitler seine dämonische Macht ausbreiten konnte? Er fand nur eine ebenso bereitwillige wie aufmerksame Zuhörerschaft, die sich willig beeinflussen liess. Ohne uns, die willigen Filmbesucher, die weltweit die Kinokassen füllen, hätten Kubrick und seinesgleichen keine Chance. So aber geben wir ihnen immer wieder die Möglichkeit, das Hässlichste auf der Welt, die Lust am Töten, stundenlang im Detail zu zelebrieren, und niemand wehrt sich dagegen. Im Gegenteil, wir loben das Meisterwerk des Bösen, seine technische Vollkommenheit und die Stärke seiner emotionellen Wirkung. Zur gleichen Zeit aber verurteilen wir gewalttätige Regierungen und Politiker, die Mord, Krieg, Chaos und Zerstörung verursachen. Aber über die genial gewalttätigen Filmregisseure urteilt niemand.

Gewalt – eine ansteckende Krankheit

Das Böse und seine Folgen, die Gewalt, sind wie ansteckende Krankheiten, die sich mit Hilfe der Medien wie ein Virus über die ganze Welt ausbreiten lassen. Früher kämpfte die Menschheit gegen eine der schrecklichsten ansteckenden Krankheiten, den Aussatz. Mit Antibiotika wurde die Fäulnis am lebenden Menschen besiegt. Nun breitet sich eine neue antimaterielle Fäulnis aus, die Fäulnis an der lebenden Seele, die sich offenbart in der subtilen Lust an der Gewalt, am Blut und am Töten. Mit jedem Kinobillett, welches das Publikum für solche Filme bezahlt, wird ein Kubrick ermuntert, weiterhin seine speziellen Lieblingsfilme zu produzieren. Warum rufen wir Konsumenten nur zum Boykott verseuchten Fleisches auf? Warum boykottieren wir nicht auch die gewaltverseuchten Produkte einer dekadenten Kultur? Wie krank muss eine Gesellschaft sein, die dafür bezahlt, sich die Lust am Töten zelebrieren zu lassen?

Wie man das Böse überwindet

Jesus:*

»Ihr meine Nachfolger werdet eine mächtige Waffe gegen das Böse werden, da Ihr in stets steigendem Masse die Träger göttlicher Kraft werdet.

* Über die Herkunft der Offenbarung lesen Sie in Kapitel »Eine Mitteilung von grösster Wichtigkeit«, Seite 165.

Begreift Ihr nun – da dem wirklich so ist – wie völlig unrichtig Eure Erwartung sein musste, dass das Böse Euch in Ruhe lassen könnte? Es ist doch nur ein Vorteil, Euch soviel als möglich in die Quere zu kommen und Fussangeln auf den Weg zu legen.

Stellt Euch vor, wie diejenigen, welche in der unsichtbaren Welt voller Liebe für Euch sind, den Kampf beobachten, und sich danach sehnen, Euch durch Meine Stärke zu Meiner Ehre siegen zu sehen!

Die grossen Schlachten Eurer Welt **werden im Unsichtbaren ausgekämpft.** Fechtet dort Euren Streit und gewinnt ihn. Ihr werdet mehr als nur Sieger durch IHN, der Euch liebhat. Kämpft gewappnet mit der ganzen Rüstung Gottes, die ER für Euch bis in Kleinste vorbereitet hat.

Die Waffen Gottes sind Liebe, Mut, Ausdauer, Freude, Vergebung, Barmherzigkeit, Kraft, Begeisterung, Treue.«

Was geschieht in unserem Körper, wenn er von bösartigen Elementen (Krankheitserregern) angegriffen wird?

Bakterien und Viren bedrohen uns ständig. Das Immunsystem hält sie in Schach. Was sich dabei im Körper abspielt, gleicht einer Abwehrschlacht. Alarmstufe eins – feindliche Bakterien greifen an – Abwehrtruppen in Alarmbereitschaft – Feuer frei! Was hier so kriegerisch fremd anmutet, ist uns allen wohlvertraut. Jede Erkältung oder Grippe, Masern oder eine Nierenentzündung lösen im Körper eine hochkomplizierte Abwehrschlacht aus.

Von der ersten Minute unseres Lebens an patrouillieren Fahndungstruppen durch den Körper, die jeden Eindringling erkennen und unserem Immunsystem den Befehl zum Losschlagen geben. Bei dem Krieg in Adern und Zellen geht es oft sogar ums Überleben.

Eigentlich ist es ein Wunder. Denn mit jedem Bissen, jedem Atemzug gelangen nur unter dem Mikroskop sichtbare Viren, Bakterien und andere krankmachende Einzeller in den Körper. Sie wollen sich im Blut vermehren und von dem nahrhaften Körpergewebe Besitz ergreifen. Doch unser Körper ist gewappnet. Wie eine Befestigungsanlage schützt uns die Haut mit ihrem für Krankheitserreger undurchdringlichen Säureschutzmantel. Schleimhäute in Mund und Nase filtern Eindringlinge so gut es geht aus. Keime, die wir mit der Nahrung aufnehmen, macht die Magensäure unschädlich.

Ist es Viren oder Bakterien erst einmal gelungen, diese Schutzwälle zu überwinden, stehen sie der schlagkräftigen Armee unseres Immunsystems gegenüber. Die Vorhut der Abwehrtruppen bilden körnige weisse Blutkörperchen (Granulozyten). Sie stürzen sich sofort auf die Erreger, verschlingen, was sich ihnen in den Weg stellt (unspezifische Immunabwehr). Doch gehen die selbstlosen Kämpfer schon wenig später an den Giftstoffen ihrer Beute zugrunde. 100 Milliarden Granulozyten werden deshalb täglich vom Knochenmark neu gebildet.

Von dem Kampfgetümmel werden riesenhafte Fresszellen (Makrophagen) angezogen, die mit langen, klebrigen Greifarmen den Erregern nachstellen und ihre Beute unbeschadet verspeisen. Die Zellmerkmale ihrer Mahlzeit heften sie sich als Steckbrief an ihre Oberfläche. Jetzt schlägt die

Stunde der Fahndungstruppen des Immunsystems (T-Helferzellen). In der Thymusdrüse unterhalb des Brustbeins wurde diese Spezialeinheit auf ihren Einsatz vorbereitet: Für jeden der vielen Millionen Erreger gibt es massgeschneiderte T-Zellen.

Die T-Helferzellen patrouillieren unentwegt durch den Körper – immer auf der Suche nach diesem einen Feind. Finden sie eine Riesen-Fresszelle mit dessen »Steckbrief« an der Oberfläche, klinken sie sich dort ein und geben durch hormonähnliche Botenstoffe das Signal: »Eindringling entdeckt!« Damit beginnt die spezifische Immunabwehr: Die 2. Division unserer Abwehrtruppen marschiert auf. Zwei Gruppen von weissen Blutkörperchen, die auf diesen Feind spezialisiert sind, vermehren sich fieberhaft. Ihre Zahl wächst um etwa 10 Millionen pro Minute. Die eine Gruppe, die sogenannten B-Zellen, produzieren in jeder Sekunde einige tausend Y-förmige Antikörper: Eiweisse, die genau auf die Feindmerkmale passen. Die Antikörper schwärmen aus, heften sich an Viren und Bakterien und machen diese unschädlich. Die andere Gruppe, die T-Killerzellen, spürt Eindringlinge auf, die sich in Körperzellen eingenistet haben. Die gekaperten Körperzellen tragen an ihrer Oberfläche einen »Steckbrief«, an dem die Killerzellen ihren Einsatzort erkennen. Die kranken Zellen werden von aussen zerstört. Schmarotzende Viren oder Bakterien quellen hervor und werden von Antikörpern ausser Gefecht gesetzt.

Welchen Haupteindruck hinterlässt dieses Geschehen auf uns?

Erstens: Wir erkennen, dass im ganzen Körper (wie auch im ganzen Universum) eine intelligente, ordnende und gute Kraft am Werke ist. Sonst könnten die Milliarden von Körperzellen, die in sich selbst gewiss nicht intelligent sind, diese komplizierten Vorgänge gar nicht erzeugen. Pro Sekunde laufen im Körper Tausende von unabhängigen »Arbeitsaktionen« ab. Als Vergleich: Der Generaldirektor eines Konzerns kann pro Sekunde höchstens ein Geschäft abwickeln.

Zweitens erkennen wir, dass diese Intelligenz und ihre Arbeit dauernd gestört wird durch Krankheitserreger, also Viren und Bakterien. Diese Störenfriede sind ebenfalls hochintelligent gesteuert. Wenn wir zum Beispiel die Zerstörungsarbeit des Aids-Virus studieren, sind wir verblüfft über seine hinterhältige, trickreiche Art, andere Zellen mit Tarnmanövern zu überlisten, also »anzulügen«. Das Ganze wirkt wie ein spannender Krimi – mit dem einen Unterschied, dass der von diesen »kriminellen« Viren befallene Mensch das alles andere als spannend findet, da er es mit dem

Verlust seiner Gesundheit und bei Aids mit dem Leben bezahlen muss. In diesen biochemischen Kämpfen erkennen wir mit grösster Deutlichkeit das Prinzip des Kampfes zwischen Gut und Böse. Hat ein Mensch seinen Körper geschwächt durch einen ungesunden Lebensstil (was ja dem Guten entgegengesetzt ist), so funktioniert das Immunsystem nicht mehr richtig. Wir spüren das schmerzlich bei jeder Grippe, bei Husten, Malariaanfällen und anderen Infektionskrankheiten, welche uns mit Fieber und Schmerzen quälen. Ein sehr interessantes Detail: Die Stechmücken, Überträger der Malaria, sind Tierformen, welche in der ursprünglichen Schöpfung, in Eden, nicht vorhanden waren. Die Seherin erhält die Information, dass in der Urform der Schöpfung keine Tierformen mit »Waffen« vorhanden waren. Es gab keine Krallen, räuberische Vogelschnäbel, Reisszähne oder Giftstachel. Ungeziefer wie zum Beispiel Stechmücken existierte nicht, sondern trat erst nach dem Absturz der ganzen Schöpfung auf.

Auf welche Art bringen es die Krankheitserreger fertig, sich weltweit gegen Antibiotika immun zu machen?

Beispiel: Syphilis- und Malaria-Erreger sind immun geworden gegen Penicillin. Der Mensch und seine Wissenschaft steht vor einem bisher unlösbaren Rätsel, wie im Frühjahr 1990 während einer wissenschaftlichen Diskussion im Fernsehen festgestellt wurde. Warum weiss der Malaria-Erreger in Asien plötzlich, dass sein Kollege in Zentralamerika immun ist gegen die bisher wirksamen biochemischen Abwehrfaktoren? Der weltweite Reiseverkehr ist keine ausreichende Erklärung für das Phänomen. Und warum weiss er auch gleich, **wie** er sich selbst immunisieren kann? (Jeder Geheimdienst der Welt wäre unendlich dankbar, wenn er über dieses umfassende Informations-System mit der Total-Tarnung verfügen könnte.)

Eine Erkenntnis haben wir allerdings mit aller Sicherheit aus diesen Beobachtungen bekommen können:

Die Zerstörer-Kraft ist hochintelligent und allen unseren Wissenschaftlern überlegen

Das hat schon mancher Forscher kleinlaut eingestehen müssen. Und Franz Kafka hatte böse Visionen davon, wie es aussehen könnte, wenn einmal alle Mittel gegen Ungeziefer versagen. Wir wollen lieber nicht länger bei seinen diesbezüglichen Alpträumen verweilen.

Nicht jede Aggressivität in der Tierwelt entspringt dem Arterhaltungstrieb

Es gibt Biologen, die jedes Tierverhalten auf reinen Arterhaltungstrieb zurückführen wollen. Was hat es aber mit Arterhaltung zu tun, wenn Eisbärenmännchen ihre Jungen fressen? Bei genügend Platz in der Arktis und umfangreichem Nahrungsangebot? Eisbärinnen und andere Raubtiermütter müssen ihre Jungen sorgfältig vor den eigenen Vätern schützen. Hat es mit Arterhaltung zu tun, wenn eine satte Hauskatze eine Maus stundenlang quält und dann ungefressen liegenlässt? Hat es mit Arterhaltung zu tun, wenn männliche Löwen ihre Weibchen die ganze Jagd allein besorgen lassen, den ganzen Tag faul herumliegen und dafür als erste das grösste Stück der Beute fordern? Hat es mit Arterhaltung zu tun, wenn Paviane gleichrangige Kameraden erfinderisch quälen, ohne dass es Zeit für Rangordnungskämpfe ist? Auf alle diese Fragen bleiben die Biologen die Antwort schuldig. Mit der These Selbsterhaltungstrieb sind diese Vorgänge nicht zu beantworten, da sie eher art-zerstörende Wirkung haben. Da Tiere nicht vernunftbegabt sind, (soweit wir das überhaupt beurteilen können), sind sie natürlich schuldlos an ihrem Tun. Für uns zeigt sich an ihrem Verhalten lediglich das Grundprinzip der Bosheit, welches sich überall in den Geschöpfen sinnlos, zerstörerisch und hässlich breitmacht.

Und die Aggressionen beim Menschen?

Es gibt eine einseitige Art psychologischen Denkens, welches das menschliche Verhalten ausschliesslich auf den Selbsterhaltungs- und Sexualtrieb zurückführen will. Weitere Reaktionen der Seele werden begründet im sozialen Umfeld, Erziehungseinflüssen, in den verschiedenen Zwängen in Familie und Beruf, in Partnerschaftsproblemen sowie dem allgegenwärtigen Faktor Werbung, der sogar, wie viele behaupten, unsere Willensfreiheit auf ein Minimum reduziere oder weitgehend manipuliere. (Was sicher teilweise zutrifft. Hingegen kann sich ein erwachsener Mensch davon bewusst distanzieren und abschirmen.)

Die Fussball-Rowdies, die sich auf die Weltmeisterschaft 1990 rüsteten, stammten aus sozial gesicherten Verhältnissen

*Wenn sich junge Männer in Gangs wie den Chelsea Headhunters zusammenrotten, verschwimmen individuelle Charakterzüge: Sie sind grossmäulig und aggressiv, sie stehen permanent unter Alkohol oder schnellen Drogen, die die Bandenmitglieder zu »heroischen« Taten beflügeln. Ihre Sprache ist voller Zoten und Gemeinheiten; die interne Hackordnung in den Horden orientiert sich an körperlicher Stärke und der Fähigkeit zu besonders brutaler Aktion. Ihr Weltbild ist primitiv und reaktionär. Sie verstehen sich als Kämpfer für das »weisse England« und hassen alle Farbigen. Die T-Shirts sind mit martialischen Sprüchen bedruckt: »England Invasion of Italy 1990« und »We came, we saw we kicked ass«.

Gewaltakte werden oft generalstabsmässig über Monate hinweg vorbereitet. »Das Beunruhigende ist«, erklärt ein Hooligan-Experte von Scotland Yard, »dass hier eine Reihe von **Leuten von beträchtlicher Intelligenz und krimineller Energie** am Werk sind, die ganz gezielt Aufruhr anzetteln.«

Viele dieser Gangs stehen in Verbindung mit rechtsextremistischen Parteien und Gruppierungen wie British Movement und National Front, die am Rand der Fussballstadien den Nachwuchs rekrutieren, ihre Schriften verteilen und Flugblätter mit rassistischen Parolen verteilen. In Briefen der Chelsea Family, die vor einiger Zeit an Anhänger in Deutschland, Italien und den Beneluxländern gerichtet waren, heisst es: »Lasst uns gemeinsam kämpfen gegen die Juden in Prag, die Türken in München, die Nigger in Amsterdam und die Katholiken in Rom.«

Lange Zeit haben Regierung, Fussballverband und Medien die starke rechtsextremistische Komponente des Hooliganismus nicht wahrnehmen wollen und alltägliche Vorgänge in den Stadien ignoriert: unflätige, rassistische Gesänge, lautes Grunzen, wenn ein farbiger Spieler den Ball führt, Hundertschaften junger Männer, die auf den Tribünen die Hand zum Hitlergruss emporrecken.

Das hat sich mittlerweile geändert. In einer **selbstkritischen Diskussion** wird den **tieferen Ursachen für das Phänomen nachgespürt. Armut und Arbeitslosigkeit als massgebliche Ursachen gelten selbst der Linken nicht mehr als hinreichende Erklärung; viele der schlimmsten Hooligans haben einen Job, eine Eigentumswohnung und stammen aus dem Süden Englands, wo es mehr offene Arbeitsplätze als Arbeitslose gibt.** Sicher gilt, dass sich in der Fussballgewalt jener exzessive Patriotismus offenbart, der sich noch vor gar nicht allzu langer Zeit auf wirklichen Schlachtfeldern austoben konnte. »Die Rüpelelemente im Zaum zu halten«, sei, so schrieb der »Independent«, ist »in Kriegszeiten leichter, in denen das Bedürfnis, Uni-

* Text-Ausschnitt, Jürgen Krönig, Artikel »Englische Hooligans rüsten zur Fussball-WM«, Sonntags-Zeitung, Zürich, 27. Mai 1990).

form zu tragen und Ausländer zusammenzuschlagen, für eine Zeitlang achtbar wird.«

Wie ist es zu erklären, dass von fünf Kindern innerhalb der gleichen Familie vier als »sozial unauffällig« (Fachjargon) erscheinen, während eines davon höchste Aggressionen entwickelt und Raubmörder wird? Woran liegt es, dass in der gleichen Familie, in welcher der Vater Trinker ist, zwei Töchter keinerlei Betäubungsmittel brauchen, nicht einmal Zigaretten oder Alkohol, während die dritte Tochter rasch heroinabhängig wird?*

Ich kenne einen afrikanischen Chemieprofessor, der einige Zeit als wissenschaftlicher Assistent an der Universität Zürich arbeitete. Seine Geschwister blieben in der Gegend, die man als »afrikanischen Busch« bezeichnet, ein unterentwickeltes Drittweltgebiet. Seine Brüder und Schwestern leben noch heute ohne Bildung in einem einfachen Strohhütten-Dorf. Sie hätten auch nach Europa kommen können, aber sie hatten nicht den Wunsch dazu. Aus Brasilien ist mir der Fall eines zehnjährigen Buben bekannt, der als Strassendieb mit einer Bande Jugendlicher sein Leben fristete. Plötzlich trennte er sich von ihnen und begann »ehrlich« zu arbeiten, indem er Touristen die Schuhe putzte. Mit ungeheurem Fleiss und erstaunlicher Ausdauer arbeitete er weiter. Heute ist er Unternehmer in der Verkaufsbranche. Seine Geschwister haben nie verstanden, warum er »ehrlich« sein wollte und nicht einfach aus Not weiterklaute, was ja durchaus verständlich ist in der hoffnungslosen Situation der Slums.

Im Alten Testament haben wir die Geschichte von Josef und seinen Brüdern. Josef ist ein begabter junger Mann und wird von seinen boshaften Brüdern sehr gehasst, weil sie ihm die Liebe und Achtung des Vaters neiden. Sie verkaufen ihn als Sklaven nach Ägypten. Dort lebt er viele Jahre im Gefängnis eines ägyptischen Pharaos. Aber auch im Gefängnis kommt sein unverdorbener Charakter durch. Der Pharao wird aufmerksam, holt Josef aus dem Gefängnis und setzt ihn ein zum obersten Verwalter seiner Ländereien. Die Brüder von Josef erfahren Jahre später davon und sind in höchstem Masse erstaunt, dass Josef sich an ihnen nicht rächt (wie sie das im gleichen Falle getan hätten), sondern ihnen sogar alles verzeiht und ihnen Geschenke überreicht. Nach dem herkömmlichen Muster psychologischer Erklärungsversuche hätte Josef in den Jahren seiner ungerechten, von den boshaften Brüdern verursachten Kerkerhaft eine unglaublich starke Aggression gegen sie entwickeln müssen, die dann in »logischen« Racheaktionen ausgeartet wäre. Warum war dieser einzelne in der Familie ganz anders als die anderen?

Das soziale Umfeld ist sicher in einem gewissen Masse verantwortlich für unser Verhalten. Wir müssen aber trotzdem auch mit jenem Faktor

* (Alle Kinder vom gleichen Vater!)

rechnen, der nicht allein vom sozialen Umfeld oder von den Erbanlagen her begründet werden kann: dem Einfluss einer zerstörerischen Intelligenz auf unsere Seele, einer negativen Kraft, die – wie die Seherin es erkennt – in Hunderttausenden von verschiedenen Arten und aus ganz verschiedenen Dimensionen (denken wir an die von Physikern vermuteten 16 Dimensionen!) **auf** und **in** uns wirkt. Diese Kräfte haben am meisten Einflussmöglichkeit, wenn unsere Seele erschöpft ist von Stress-Faktoren. Jesus warnt in seiner Neuen Offenbarung* sehr deutlich davor, sich körperlich oder seelisch zu überfordern. Jesus: »Wenn ihr übermüdet seid, habt ihr keine Abwehrkräfte mehr und werdet zur leichten Beute der gottfeindlichen Kräfte Satans. Wenn ihr Erschöpfung fühlt, dann legt alle Arbeit sofort nieder und kommt zu mir. Ich will euch neue Energie und genug Widerstandskraft gegen alle zerstörerischen Geistelemente geben.«

Wir wissen, wie recht Jesus hat, wenn er vor Übermüdung warnt. Selbstmörder und Amokläufer begehen ihre Greueltaten im Zustand innerer und äusserer Erschöpfung. Aktuelles Beispiel für die Schweiz:

Der Chef der Baupolizei, Günter Tschanun, erschiesst einige seiner Arbeitskollegen, nachdem er monatelang überarbeitet und nervlich erschöpft war. Eine Bekannte von mir, 26 Jahre alt, erschoss sich selbst, nachdem sie wegen Schlaflosigkeit, verursacht durch Existenzängste, geschwächt war. Ich selber berichte im Kapitel »Durch Jesus von Depression geheilt«, wie ich durch Erschöpfung in grauenvolle Zustände geraten bin. Wenn die Seele und der Körper einmal einen bestimmten Ermüdungspunkt erreicht haben und dann **nicht von Gott gestärkt werden,** ist der Mensch nicht mehr fähig, sich den entsetzlichen Kräften des Bösen entgegenzustellen. Daher sind die Verzweiflungstaten – von dieser Sicht her – völlig verständlich. Die junge Frau hatte, da sie nicht an Christus glaubte, keinerlei Schutz mehr vor dem Horrorzustand, in welchem ihr eingesagt wurde, und zwar zwingend: »Töte dich. Es hat alles keinen Sinn. Du bist verloren. Niemand hilft dir.« Sie war bereits so geschwächt, dass sie eine leichte Beute wurde für diese dämonischen Zwänge.

Genau dasselbe erlebt der Drogensüchtige. Sobald er sich der Verlokkung Satans hingegeben hat, kann das Böse anfangen, Körper und Geist des Süchtigen auszuhöhlen. Satan hat schon immer versucht, Gott nachzuäffen. Mit dem dämonischen Mittel der Drogen verspricht Satan dem Menschen die Illusion von paradiesischen Zuständen, also den Himmel ohne Gott. Diese satanische Lüge wird vom verführten Menschen spätestens dann durchschaut, wenn er keinen »Stoff« mehr im Leib hat und »auf dem

---

* Siehe Kapitel »Eine neue Jesus-Offenbarung von grösster Wichtigkeit«

Aff« ist, wie die entsetzlichen Entzugserscheinungen im Drogenjargon genannt werden. Die Seherin Emmerich erkennt, dass drogenhaltige Pflanzen von den abgefallenen Irrlehrern in frühester Zeit im **Auftrag dämonischer Kräfte** angebaut wurden. Diese Pflanzen haben im Zustand von Eden nicht existiert, sondern sind, wiederum über Gen-Manipulation durch bösartige Intelligenzen, danach »umgebaut« worden. Erinnern wir uns immer wieder an Karl Rahner, bevor wir solche Gedankengänge als unmöglich bezeichnen. Wir müssen endlich wieder zu Mystikern werden und alles erkennen, **das Gesamte**, so wie die Seherin die **Totalschau** erhält über **alle Dimensionen im Universum**.

Ich kenne drogensüchtige, junge Leute, die vor der Einnahme von Heroin friedfertige Menschen waren. Sobald sie das Heroin genommen hatten, begannen sie, Gott zu lästern und Christus zu verhöhnen, was sie zuvor nie getan hatten. Ein junger drogensüchtiger Mann sagte mir, er sehe immer zwei Gestalten ganz deutlich vor sich: Die weisse Gestalt von Jesus, umgeben von starkem Licht. Jesus ruft ihn freundlich und sanft zu sich. Auf der anderen Seite steht ein schöner, eleganter Mann, Mitte Vierzig, mit aussergewöhnlich gut geschnittenem Gesicht. Er trage einen schönen Mantel, habe ein herrisches Auftreten und versuche ständig, ihn zu sich herüberzuwinken. »Das ist Satan«, erklärte mir der junge Mann, »ich weiss es, auch wenn mich alle für verrückt halten, ich weiss, dass Satan verschiedenste Gestalten annehmen kann, um uns hereinzulegen. Aber ich finde einfach die Kraft nicht mehr, zu Jesus zu gehen, obwohl ich ihn immer sehe. Ich bin so erschöpft.« Diese Aussage machte der junge Mann, als ich ihn für ein Zeitungs-Interview befragte.

Krankheit kommt nicht von Gott

Nachdem wir erfahren haben, worin die Naturkatastrophen sowie alle Verbrechen und Kriege ihre Ursache haben, nämlich in der zerstörerischen Einflussnahme der von Gott abgefallenen Intelligenzen, müssen wir uns fragen: Woher kommen unsere Krankheiten sowie die Erbkrankheiten?

Krankheiten kommen nicht von Gott. Weder Erbkrankheiten noch krank geborene Kinder sind von Gott verursacht. Krankheit und vererbte Krankheit haben folgende drei Ursachen:

- Die negativen Gedanken von uns selbst oder unserer Ahnen, Generationen vor uns, vererbtes, krankes Zellmaterial, geschädigt durch ständiges negatives Denken (Erbschuld).

- Mechanische zerstörerische Einwirkungen von aussen auf unseren Körper. (Verkehrsunfälle, andere Unfälle, die wir selber aus Unachtsamkeit oder mangelnder Vorsicht an uns oder anderen verursachen.)
- Einwirkung von Gift auf unseren Körper.
  Auch wenn wir immer nur positiv denken würden, wird der Körper krank, wenn man ihm Gift verabreicht, zum Beispiel Umweltgifte, die aus der verantwortungslosen Behandlung von Natur und Umwelt entstehen.

Wir müssen uns immer wieder überlegen, welche der drei Ursachen in Frage kommt für unsere Krankheiten. Die erste Ursache, negative Gedanken, dürfen wir nicht unterschätzen, es ist eines der wichtigsten schädlichen Elemente. Ein an und für sich gesund geborener Organismus kann durch negatives Denken in ein entweder ewig kränkelndes oder sogar schwer krankes Körpersystem verwandelt werden. Es ist aber auch das negative Denken der Umwelt, also der Mitmenschen, welches uns krank machen kann. Lieblosigkeit, Bosheit, Lüge, Aggressionen der Menschen um uns, können Seele und Körper schädigen. Umgekehrt können wir selber andere krankmachen durch unsere auf sie gerichtete Bosheit. Die zweite und dritte Ursache hingegen – mechanische Einwirkung und Gifte – ist leicht erkennbar.

Jeder von uns hat Krankheit erlebt. Der schmerzhafte Prozess kann eine seelische Entwicklung einleiten. So muss das Übel doch wieder dem Guten dienen, wie es in der Bibel geschrieben steht. Wir sollen uns in der Krankheit nicht »von Gott geschlagen« oder als »Spielball böser Kräfte« vorkommen. Es ist besser, wenn wir um Geduld bitten. Und falls unser materieller Körper zerfällt, können wir wie Paulus sagen:

Die Heimat bei Gott

Darum verliere ich nicht den Mut. Die Lebenskräfte, die ich von Natur habe, werden aufgerieben; aber das Leben, das Gott mit schenkt, erneuert sich jeden Tag. Die Leiden, die ich jetzt ertragen muß, gehen vorüber. Sie werden mir eine Herrlichkeit bringen, die alle Vorstellungen übersteigt und kein Ende hat. Ich baue nicht auf das, was man sieht, sondern auf das, was jetzt noch keiner sehen kann. Denn was wir jetzt sehen, besteht nur eine gewisse Zeit. Das Unsichtbare aber besteht ewig.

Wir wissen: Wenn das Zelt, in dem wir jetzt leben, nämlich unser Körper, abgebrochen wird, hat Gott eine andere Umhüllung für uns bereit; ein Haus, das nicht von Menschen gebaut ist und das in Ewigkeit bestehen bleibt. (Paulus, 2, Korinther 4.5)

Weder Tod noch der Zeitpunkt des Todes sind im voraus festgelegt, sonst hätten die Menschen ihr durchschnittliches Lebensalter nicht von 30 auf 70 Jahre erhöhen können

Im antiken Rom – oder im heutigen Guinea – wurde ein Mensch durchschnittlich dreissig Jahre alt. Heute darf, wer das Glück hat, in der Schweiz oder in Schweden zu leben, mit der allerhöchsten Lebenserwartung überhaupt rechnen: mit 78 Jahren.

Die massive Verlängerung hat mit Hygiene und Medizin zu tun. Besonders die fast vollständige Ausmerzung der Säuglingssterblichkeit hat die Lebenserwartung nach oben schnellen lassen. Und wenn jetzt Aids nicht einen Strich durch die optimistische Rechnung macht, wird die Zahl zweifellos noch steigen und die Achtzig- und Neunzigjährigen in jeder Familie bald selbstverständlich werden lassen.

Was macht eine alternde Zelle? Sie verliert Wasser und schrumpft. Die Brücken zwischen den Zellen brechen zusammen, und die Zelle produziert Abfallprodukte, die sie einschnüren und schliesslich zum Ersticken führen. Vor allem aber teilt sich eine alte Zelle nicht mehr, nimmt auch ihre anderen Aufgaben nicht mehr ernst. Zwei Auswirkungen, die jedermann buchstäblich an der eigenen Haut erfahren kann. Den Kampf angesagt hat man vor allem den »freien Radikalen«, den elektrisch geladenen Jonen, die sozusagen irrtümlich bei der Sauerstoffverbrennung in unseren Zellen entstehen. Sie leben zwar nicht lange, sind aber ausserordentlich giftig und zerstören alles, was ihnen in die Quere kommt. Sie, so meinen die Wissenschaftler, sind vor allem schuld am Altern der Zellen und schliesslich am Tod. Wiederum sichtbar: die »Handschrift« oder »das Programm« der Zerstörer-Intelligenz.

Gott ist ewiges Leben. Ursprünglich hat Gott seine Geschöpfe für die Ewigkeit geschaffen. Nach dem Fall des Menschen wurde der Tod notwendig als Durchgangspforte von der verweslichen Materie zurück zum ewigen Leben des Geistes. Der Mensch hat mit seiner Trennung von Gott den Tod selbst verursacht. (Lesen wir darüber in der Bibel bei Rö 6, 23, 2 Ko 7, 10, Ti 1, 10, Off 21, 4.)

Und die Erbkrankheiten?

Was in einigen Jahren wahrscheinlich klinisch möglich sein wird, ist die somatische Gentherapie. Dabei versucht man Erbkrankheiten zu beheben, indem man ein funktionstüchtiges Gen in die defekte Erbsubstanz von Körperzellen einschleust. Der von einer Erbkrankheit geplagte Patient wäre damit geheilt. Es sei ein Handicap, meinen viele Forscher, dass die menschliche Erbsubstanz noch nicht vollständig katalogisiert sei. Bis heute hat man nur einige tausend Gene und ihre Produkte klassifiziert. Das könnte sich jetzt ändern, wenn es nach dem Willen des Harvard-Professors Walter Gilbert und des Japaners Akiyoshi Wada gehen soll. Sie verkündeten im Jahre 1986, dass sie per Computer das gesamte Genmuster des Menschen aufschlüsseln wollen.

Gilbert erklärte in einem Interview: »Eine kleine Diskette wird genügen, um alles, was den Menschen ausmacht, alles biologische jedenfalls, vollständig zu beschreiben.« Dieser engen, reduktionistischen Sichtweise des Menschen, stehen viele Molekularbiologen skeptisch gegenüber. Der Basler Nobelpreisträger Werner Arber hält dem Gilbert-Projekt entgegen: »Selbst bei präziser Kenntnis aller Gene und ihrer Instruktionsanleitungen kann man das biologische Geschehen nie genau voraussagen. Die Natur räumt sich anscheinend sogar bei molekularen Reaktionen Freiräume ein, deren Nutzung wir kaum kausal erklären und rational erfassen können«. (Weil die sog. »Natur« die Kraft Gottes ist, sofern sie positiv ist. Wirkt etwas negativ, ist die Stör-Energie am Werk.)

Was die Gen-Technologen mit komplizierten Apparaten erreichen, erledigt die negative Geisteskraft auf ganz andere – für unser Denkvermögen nicht fassbare – Art. (Siehe Hinweis auf mögliche Gen-Manipulation durch bösartige Intelligenz beim Schöpfungs-Vorgang.)

Das negative Erb-Programm im Körper

Gewisse Krebsforscher sind der Meinung, dass alle Menschen an Krebs sterben würden, wenn alle 130 Jahre alt würden. Denn die Erbanlagen für das irritierte falsche Wucherverhalten der Zellen sei in uns allen vorhanden. Vererbtes Chaos also in jedem Menschen. Seit dem Abbruch der Schöpfung, vom Guten, ist die innere vererbte organische Belastung entstanden. Da wir selten 130 Jahre Lebenszeit erreichen, sterben viele von uns vorher an einem ganz anderen Leiden. Die Krebs-Veranlagung jedoch ist offenbar in uns allen.

Gott wird das bösartige Erb-Programm löschen

Am Ende der Zeiten, wenn Gottes Reich der Liebe zurückgekehrt ist, wird das aggressive Tötungsverhalten aus der Erbsubstanz der Tiere entfernt sein. Gott wird das bösartige Erb-Programm auch in unseren Genen löschen. (Die gleiche Erkenntnis vermittelt der Evangelist Johannes in seiner apokalyptischen Endzeit-Vision.)
Ebenfalls Jesaja:
Zu Gast sein wird der Wolf beim Lamm
und der Panther wird sich lagern neben dem Böckchen.
Rind und Löwe werden miteinander weiden.
Ein kleiner Knabe kann sie führen.
Die Kuh und die Bärin werden sich befreunden
und ihre Jungen miteinander spielen.
Der Löwe wird Stroh fressen wie der Ochse.
Der Säugling wird am Loch der Otter spielen
und das Kind seine Hand in das Versteck der Natter legen.

Nichts Böses wird man tun, keinen Schaden stiften
auf meinem ganzen heiligen Berge.
Denn überall im Lande ist Gott nahe,
Liebe und Glaube bedecken das Land,
wie Wasser über dem Meer liegt und über dem Meergrund.

Die Wirkung von Geist, positiv oder negativ, wird für uns immer ein Geheimnis bleiben. Eine kleine Ahnung haben wir davon, wenn wir darüber nachdenken, dass Materie nur **ein Zustand ist,** wie die Physiker sagen. Ein Zustand, messbar an Schwingungen. Denkhilfe: Die Schwingungen des Schöpfergeistes beeinflussen die Schwingungen der Materie aufbauend und positiv. Der Zerstörergeist jedoch, der **nicht schöpferisch ist,** sondern nur störend und zerstörend, könnte also die chaotischen Veränderungen in den Genen bewirkt haben, heute ebenso wie vor Jahrmillionen.

Der Gedanke an Gen-Manipulation durch bösartige Intelligenz ist möglich geworden aus der Schöpfungsvision der Anna Katharina Emmerich. Diese Vision kommt einem vor wie eine erweiterte Information über dieses Geschehen, die uns zuteil werden soll. Zur Zeit der Seherin (1800) waren die Menschen aber noch nicht reif dafür.

Es wird aber noch Jahrzehnte, wenn nicht sogar ein Jahrhundert dauern, bis alle die umwälzenden Erkenntnisse der Seherin akzeptiert werden. Noch vor vierhundert Jahren wurden die Träger neuer, fremdartiger

Ideen auf dem Scheiterhaufen verbrannt. Heute riskiert man nur noch die »verbale Verbrennung« durch Leute, welche sich ungern neuen Denk-Dimensionen öffnen.

Bevor ich dieses Buch veröffentlichen liess, verfasste ich eine Kurzfassung der interpretierten Schöpfungs-Vision und verteilte sie an hundert Menschen, im Alter zwischen 20 und 45 Jahren, Männer und Frauen, darunter Akademiker und Nichtakademiker, jedoch alle im Besitz einer höheren Schulbildung (Abitur, Maturität, kaufmännisch diplomiert). Es befanden sich auch Theologie-Studenten unter den Befragten. Ich lege hier zusammengefasst die wichtigsten Gedanken vor, welche in gemeinsamen Gesprächen geäussert wurden.

Ich widerrufe nicht

(Gespräch mit der Autorin über mögliche Reaktionen auf die Interpretation der Schöpfungs-Vision. Antworten der Autorin mit »A« bezeichnet.)

Anna (45, Übersetzerin, vier Sprachen, Mutter zweier Kinder): »Es ist natürlich im ersten Moment schon unheimlich überraschend, wenn man plötzlich erkennt, dass da eine gewaltige Intelligenz da ist, welche Gott bösartig entgegenwirkt. Und dazu noch überall in die Materie hineinpfuscht seit den Anfängen der Schöpfung. Eigentlich denkt man ja eher in der Art an Gott, wie das kürzlich bei einer Publikumsbefragung in der Schweiz siebzig Prozent der Leute sagten, nämlich dass sie schon irgendwie an eine höhere Macht glauben, eine Riesenintelligenz. Aber niemand denkt an eine bösartige Intelligenz, welche dem Guten entgegenwirkt. Dieser Gedanke ist zuerst mal ein Schock. Hast du keine Angst, von Gegnern dieser Erkenntnis in Grund und Boden gestampft zu werden?«

A: »Nein. Es gibt ja zum Glück kein Inquisitionsgericht mehr mit Verbrennung auf dem Scheiterhaufen. Ich hoffe, dass die armen verbrannten Wissenschaftler, zum Beispiel Giordano Bruno, heute aus der geistigen Welt her mit Genugtuung erkennen, dass man ein paar hundert Jahre nach ihrer Hinrichtung nun doch alles akzeptiert, was sie damals an Neuem ins Bewusstsein bringen wollten. Ob man nun Wissenschaftler, Politiker, Theologe, Schriftsteller oder sonst etwas ist, es gibt immer irgendwo Leute, die mehr oder weniger heftig eine andere Meinung vertreten.«

Markus (25, Theologie-Student, katholisch): »Dir wird es ähnlich ergehen wie Jesus, wenn ich ab und zu Kommentare von Leuten höre, die sehr versteift an ihrem bisherigen Denk-Schema festhalten. Sie reagieren auf neue Denkweisen wie die Schriftgelehrten in Jerusalem. Die haben Jesus verhöhnt, beschimpft, fortgejagt und geschrien, der Kerl habe ja nicht einmal Theologie studiert an ihrer Talmud-Schule und der wolle ihnen weismachen, er sei der Messias. Barer Unsinn, zeterten sie, er sei ja nur der Sohn eines Zimmermanns aus Nazareth und verkehre mit ungebildeten Fischern. Wenn Jesus heute das erstemal auf die Welt käme, ich glaube, einige verknöcherte Schriftgelehrte aus unserer Zeit würden ihn wieder genau so schäbig behandeln. Dir wird es eventuell gleich ergehen, wenn du die Interpretation der Schöpfunggeschichte bringst.«

A: »Du bist sehr freundlich zu mir. Aber ein direkter Vergleich mit Jesus ist nicht zulässig. Ohne ihn bin ich etwa so bedeutend wie der Staub unter seinen Schuhen. Ausserdem könnte jeder, der ein neues Denk-Modell bringt, den Vergleich mit Jesus fordern, wie es zum Beispiel der verstorbene Bhagwhan aus Poona immer tat. Allerdings stammt mein Denk-Modell nicht von mir selbst. Ich habe alle Informationen aus der Schöpfungsvision der Seherin Emmerich bezogen. (Die Vision wird dem Leser im folgenden Kapitel zur eigenen Begutachtung vorgelegt.) Von Anna Katharina Emmerich möchte ich sagen, dass sie, im Gegensatz zu mir, von allergrösster Bedeutung ist. Sie war vollständig von Christus erfüllt und trug sogar seine Wundmale (Stigmen). Ebenso wie Christus wurde sie von Schriftgelehrten und Wissenschaftlern ihrer Zeit verhöhnt und musste – wie Jesus – Spott und Verachtung der Welt ertragen, einer Welt, die nicht reif war für ihre Botschaft.

Silvia: »Mancher ist eben gelehrt, aber doch nicht erleuchtet, erkannte schon der universelle deutsche Gelehrte Gottfried Wilhelm Leibniz. Auch in unserem Jahrzehnt leben viele Gebildete, von denen man aber nicht behaupten kann, sie seien erleuchtet. Das kann ich überall feststellen, sei es im Bereich Wissenschaft oder Theologie, wenn ich an die vielen Fehler, schweren Irrtümer und Widersprüchlichkeiten denke, die auf diesen Gebieten durch alle Epochen hindurch bis heute vorgekommen sind!«

Markus: »Eigentlich ist mir der Vergleich mit Jesus nur eingefallen, weil du eine so schöne und starke Beziehung zu ihm hast. Deine Heilung aus Depression, dein Traum von Jesus, du berichtest ja darüber im nächsten Teil des Buches.«

Anna: »Es kann dir auch blühen, dass du als Ketzerin oder als Naive gebrandmarkt wirst. Als Ketzerin wie Galileo Galilei. Was machst du dann?«

A: »Ich widerrufe nicht! Mir droht auch nicht der Scheiterhaufen wie dem armen Galileo. Würde mir der Tod drohen, würde ich sicher auch widerrufen. Aber ich riskiere höchstens den Vorwurf wegen sogenannter

Unwissenschaftlichkeit. Als ob man eine geistige Wahrheit je bis ins Letzte materiell beweisen könnte!«

Anna: Aber gerade das wolltest du doch tun?»

A: »Ich habe lediglich eine materiell sichtbar gewordene, negative Geisteskraft, deren Herkunft in der Bibel festgelegt ist, als Möglichkeit in Betracht gezogen, weil ich die Information aus der Schöpfungsvision von Emmerich persönlich nicht anders interpretieren kann. Bewiesen ist damit noch gar nichts. Es ist nur ein Denkmodell, das dem Leser angeboten wird. Er kann damit machen, was er will. Ich bin nicht dabei gewesen, als Gott das Universum in der 2. Dimension geschaffen hat. Wie könnte ich so vermessen sein, zu glauben, ich könnte meine Interpretation als letztgültigen Beweis für die tiefsten Geheimnisse der Welt betrachten? Ich habe immer gesagt, dass meine Interpretation eine Möglichkeit sein könnte. Aber ich habe nie gesagt, dass es so sein muss.«

Markus: »Du wirst von den Kritikern hart angefasst werden. Wie wirst du reagieren?«

A: »Ich bin darauf vorbereitet. Ausserdem kenne ich die Charaktere, welche am stärksten angreifen. Es liegt in ihnen selbst und in ihrem persönlichen Lebenslauf ein bestimmter Widerstand gegen mein Denkmodell. Von meiner Position werde ich deshalb trotzdem nie abrücken und kein Wort von meiner Stellungnahme zurücknehmen.«

Markus: »Ich bin so begeistert von deiner Interpretation, dass ich immer wieder das Bedürfnis habe, dich zu trösten, falls die Kritiker allzu hart über dich herfallen. Denk mal an Igor Strawinsky, den haben sie seiner Lebtag ausgepfiffen wegen seiner neuen Ideen in bezug auf Musik. Faule Eier, Tomaten, alles kam geflogen. Und heute? Jetzt hat er Anerkennung und Gültigkeit und wird geliebt. Du wirst jetzt schon geliebt, von uns und von den hundert Testlesern, die dein Werk im Vorabdruck gelesen haben. Wir helfen dir, deine neue und so hoffnungsvolle Idee zu verbreiten, die Überzeugung, dass kein Unheil von Gott stammen kann. Was mich an dieser ganzen Sache mit der Vision am meisten umwirft, ist die überraschende Logik in dem Ganzen. Es stimmt einfach alles überein. Die Gifte, die Gegengifte, die Evolutionsschritte, die geologischen Funde, alles. Ich bin dir ewig dankbar, dass du mich auf diese Vision hingewiesen hast. Jetzt habe ich nicht mehr dieses ungute Gefühl, dass Religion und Wissenschaft unvereinbare Gegensätze bilden.«

Dominik (22, Student der Ökonomie): »Aber darf man eine solche Vision ganz so wörtlich nehmen?«

Markus: »Ich glaube schon. Jesus hat von der Sintflut auch als von einer Tatsache gesprochen und nicht nur von einem Symbol.«

Dominik: »Was mich auch sehr beeindruckt, ist die Tatsache, dass ein bekannter Biologe wie Professor Hoimar von Ditfurth ebenfalls zwei Schöpfungsdimensionen erkannt hat. Leider ist dieser hervorragende Wissenschaftler 1989 gestorben. Er hätte sicher noch viel zu sagen gehabt zu dieser Schöpfungs-Vision. Er hat immer den Mut gehabt, sich auch gegen betoniertes, einseitiges Denken gewisser Naturwissenschaftskollegen zu wehren.«

Ulla (24, Germanistik-Studentin): »Ich stelle in Gesprächen immer wieder fest, dass gewisse Leute viel skeptischer sind gegenüber neuem Gedankengut. Vielleicht ist da auch eine gewisse Angst oder ein Trotz. Einige wollen auch nicht akzeptieren, dass Geist auf irgend eine Art Materie beeinflussen kann.

Lilly (23, Buchhändlerin): »Man sagt dem Trotz der Leute auch mauern. Sie bauen Mauern auf gegen das Neue, roh gesagt, nenne ich das »Brett vor dem Kopf«. Aber das darf man nicht offen sagen, mit Kränkungen oder frechen Bemerkungen kommt man auch nicht weiter. Mir ist nur gerade der Kragen geplatzt. Wenn ich etwas nicht ertrage, ist es Sturheit.«

A: »Du wirst schon wieder ausfällig.«

Lilly: »Ach ja. Aber es ist schon so. Da rätseln die Menschen seit Jahrtausenden darüber nach, woher das Böse kommen möge. Und wenn dann eine so gewaltige, umfassende Information kommt, wollen sie es gar nicht wissen. Es muss einen doch nachdenklich stimmen, dass zum Beispiel die meisten Berichte aus der Welt des Geistes, welche durch die Mutter von Jesus, Maria, mitgeteilt werden, an junge Menschen gerichtet sind. Ich erinnere an Fatima, Lourdes und seit 1981 auch Medjugorje. Junge Menschen sind noch nicht **zugemauert** von eigenen Ideen und Vorurteilen. «

Claudia (35, kaufmännische Angestellte): »Mich hat das Wissen um diese Schöpfungs-Vision und die damit verbundenen logischen Erkenntnisse enorm gefreut. Es ist eigentlich das wertvollste Wissen, das ich je bekommen habe. Seither habe ich meinen Groll gegen Gott verloren, den ich heimlich immer für all mein Unheil in meinem Lebenslauf verantwortlich gemacht habe. Ich begann Gott zu verdrängen, weil ich verbittert war gegen ihn, immer im Irrtum, er wolle mich bestrafen. Heute habe ich zu Gott zurückgefunden und kann ihn in vollstem Vertrauen lieben. Ich habe keine Furcht mehr vor ihm, sondern Ehrfurcht. Ich sehe jetzt klar, wo die wirklichen Gründe liegen für das Unheil in meinem privaten Leben wie auch öffentlich und weltweit. Ich bin ausserordentlich dankbar für diese Erkenntnisse.«

Erika (45, Sozialarbeiterin, Mutter zweier erwachsener Söhne): »Es sind noch viele Leute froh darum. Ich habe die Kurzfassung der Schöpfungs-Vision und der Interpretation in die Ferien mitgenommen und sie am Strand kursieren lassen. Was meinst du, was da plötzlich los war! Die Leute stürzten sich auf das Thema. Vorbei die Gespräche über Sex, Abmagerungskuren oder den billigen Klatsch. Zwei Wochen lang diskutierten sich die Leute die Köpfe heiss. Es war der geistig anregendste Urlaub meines Lebens. Mein Sohn hat die Rechnung des Mathematikers, in der bewiesen wird, dass die Welt nicht durch Zufall hat entstehen können, sogar mit in die Disco genommen. Die Leute vergassen darob das Tanzen. Und weil es drinnen zu laut war, gingen sie in die Nacht hinaus, um diese Rechnung zu diskutieren. Das hätte ich von unserer Disco-Jugend gar nicht erwartet. Aber gefreut hat es mich. Die Jungen denken sehr gern, sie sind offen und spontan bereit, neue Gedanken anzunehmen und durchzustudieren. «

Dominik: »Es gibt verschiedene Arten menschlicher Denkbegabung. Das intuitive Erfassen einer grossen, allumfassenden Wirklichkeit und das detaillierte Ausarbeiten einzelner Gedankenschritte, welche für das Ganze ebenso notwendig sind. Diese Denkarten sollten sich nicht bekämpfen, sondern vermehrt die Zusammenarbeit suchen. Die Seherin Anna Katharina Emmerich zum Beispiel erkennt intuitiv das Ganze über einen Informationsweg, der für uns wissenschaftlich nicht erklärbar ist. Und du, liebe Jutta, befindest dich möglicherweise auf einer ähnlichen Wellenlänge wie sie, sonst wärst du nicht seit Jahren so stark beeindruckt von dieser Vision. Du hast nun aus dem gewaltigen Schöpfungsbild der Seherin die der Evolutionstheorie entsprechenden Abläufe herauskristallisiert und sie ebenfalls in einem weitausholenden Bogen zu einem Ganzen geführt, das, wie ich es sehe, einen vernünftigen Sinn ergibt. Darum bin ich selber davon begeistert. Einen wissenschaftlichen Beweis dafür zu erbringen, dürfte noch lange unmöglich sein. Wir haben gehört, dass die Wissenschaftler versuchen, die Wirkung von Neutrinos festzustellen, diesen »Geisterteilchen«, welche im Zwischen- oder Schattenbereich von Geist und Materie vermutet werden. Aber: Im letzten Jahrzehnt des Jahres 2000 gibt es ja noch immer Leute, die nicht glauben können, dass Geist Materie beeinflusst, obwohl wir die Aufklärungszeit mit ihrem einseitigen materialistischen Weltbild längst hinter uns haben. Mein einziger Trost sind wirklich jene Physiker, welche den engen Raum des dreidimensionalen Denkens sprengen und uns sagen, dass wir mit mindestens sechzehn, uns noch völlig unbekannten Dimensionen rechnen müssen.«

Die Leser möchten nun gewiss den Original-Text der Seherin selber lesen.

Ich lege die Vision der Anna-Katharina Emmerich nun vor. Dabei müssen wir uns im klaren sein, dass **solche gewaltigen Bilder aus der Überwelt des Geistes schwer umzusetzen sind in unsere normale Alltagssprache.**

Es ist also notwendig, sich **innerlich auf eine ganz andere Ausdrucksweise einzustellen** und diese mehrmals und langsam auf sich wirken zu lassen.

Die **unterstrichenen Textstellen nehmen direkt bezug** auf die **im Kapitel der Interpretation aufgezeigten Zusammenhänge**. Der Leser wird die entsprechenden Verbindungen selber herstellen und sich seine eigene Meinung bilden können.

Dem Inhalt der biblischen Offenbarung wird dabei nichts hinzugefügt oder weggenommen, das Verständnis wird lediglich v e r t i e f t.

DIE SCHÖPFUNG

(Original-Text)

Der Sturz der Engel

Zuerst sah ich einen unbegrenzten Raum voll Licht vor mir aufgehen und hoch in demselben wie eine lichtere Kugel gleich einer Sonne und in derselben, fühlte ich, sei die **Einigkeit von Dreien.** *Ich nannte es in mir die Einstimmung und sah aus ihr wie eine Wirkung; da entstanden unter der Kugel wie einander liegende leuchtende Kreise, Ringe, Chöre von Geistern, unendlich leuchtend und kräftig und schön. Diese Lichtwelt stand wie eine Sonne unter jener höheren Sonne. Erst bewegten sich diese Chöre alle wie in Liebe aus der höheren Sonne. Auf einmal sah ich einen Teil aus allen Kreisen stillstehen in sich, versenkt in eigene Schönheit. Sie empfanden* **eigene Lust,** *sahen alle Schönheit* **in sich;** *sie besannen sich,* **sie waren bei sich.**

Erst waren sie alle in höherer Bewegung ausser sich; nun stand ein Teil still in sich. Und in demselben Augenblick sah ich diesen ganzen Teil der leuchtenden Chöre **niederstürzen** *und sich* **verfinstern** *und die anderen gegen sie hindringen und ihre Räume ausfüllen, die nun kleiner waren; doch sah ich nicht, als ob sie dieselben aus der Figur des Bildes ausschweifend verfolgten. Jene standen still in sich, stürzten ab und die nicht stillgestandenen drangen in ihren Raum und alles dieses war zugleich.*

Da sie niedergestürzt waren, sah ich unten eine Schattenscheibe entstehen, als sei dies ihr Aufenthalt; und ich wusste, sie seien in eine **ungeduldige Form** *gefallen. Der* **Raum** *aber, welchen sie jetzt unten einnahmen, war weit kleiner, als der, den sie oben eingenommen hatten, so dass sie mir viel enger zusammengedrängt erschienen.*

Seit ich diese als Kind hatte niederfallen sehen, war ich bei Tag und bei Nacht bange vor ihrem **Wirken** *und dachte immer, sie müssten* **der Erde viel schaden. Sie sind immer rund um sie her;** *gut, dass sie keine* **Körper** *haben, sie würden sonst die* **Sonne** *verfinstern und man würde sie immer wie Schatten vor derselben schweben sehen; das wäre entsetzlich.*

Gleich nach dem Sturze sah ich, dass die Geister der leuchtenden Ringe sich vor dem Gotteskreise demütigten, untertänig wurden und flehten, das Niedergestürzte möge wieder hergestellt werden.

Hierauf sah ich ein Bewegen und Wirken in dem Gottes-Lichtkreis, der bis dahin stille gestanden, und, wie ich gefühlt, auf dieses Bitten gewartet hatte.

Nach dieser Handlung der Geisterchöre ward ich inne, nun sollten sie fest bleiben und nicht mehr zerfallen können. Es wurde mir aber bewusst, dass dies Gottes Erklärung und ewiger Anspruch gegen sie war: bis diese gefallenen Chöre wiederhergestellt seien, so lange solle Streit sein. Und ich sah diese Länge für meine Seele ganz unendlich lang, ja wie unmöglich. Der Kampf aber solle auf **Erden** *sein und dort oben solle kein Kampf mehr sein, das befestige Er.*

Nach diesem Innewerden konnte ich kein Mitleid mehr mit dem Teufel haben; denn ich habe ihn aus freiem bösem Willen sich mit Gewalt niederstürzen sehen. Gleich nach dem Flehen der gebliebenen Geisterchöre und nach der Bewegung in der Gottheit sah ich neben der Schattenscheibe, die unten entstanden war, zur Rechten nicht weit von einander getrennt, eine **dunkle Kugel** *entstehen.*

Nun heftete ich meine Augen mehr auf diese dunkle Kugel rechts von der Schattenscheibe und sah eine Bewegung in derselben, als würde sie **grösser und grösser und sah lichtere Punkte aus der Masse hervordringen** *und sie wie* **helle Bänder** *umziehen und hie und da in breitere* **helle Flächen** *austreten; und zugleich sah ich die Gestalt des* **hervortretenden Landes** *sich gegen das* **Wasser** *abgrenzen. Dann sah ich in den* **lichten Stellen eine Bewegung,** *als würde in ihnen was lebendig. Und auf den* **Landflächen sah ich Gewächse hervordringen** *und zwischen diesen auch lebendiges* **Gewimmel** *entstehen. Ich dachte noch als Kind,* **die Pflanzen bewegten sich.**

Bisher war alles grau gewesen, nun wurde alles lichter, und ich sah es wie Sonnenaufgang. Es war, als wie es am frühen Morgen ist auf der Erde, und als erwache alles aus dem Schlafe. Alles andere von dem Bilde verschwand mir. Der Himmel war blau, die Sonne zog an ihm hervor. Ich sah einen Teil der Erde allein von ihr beschienen und erleuchtet und diesen ganz herrlich und lustig und dachte, dies ist das Paradies.

Alles aber, wie es sich auf der dunklen Kugel veränderte, sah ich gleich einem Ausströmen aus jenem höchsten Gotteskreise. Es war, als die Sonne höher stieg, alles wie morgens im Erwachen; aber es war der erste Morgen; und doch wusste dies kein Wesen. Sie waren, als seien sie ewig da gewesen, sie waren in Unschuld.

Wie die Sonne stieg, sah ich auch die Bäume und Pflanzen grösser geworden und immer grösser werdend. Das Wasser war **heller** *und* **heiliger,** *alle Farben waren reiner und leuchtender, alles war unaussprechlich* **angenehm;** *es war auch keine Spur da, wie jetzt die Geschöpfe sind.* **Alle Pflanzen, alle Blumen und Bäume hatten andere Figuren;** *jetzt* **sieht alles ganz wüst und verkrüppelt dagegen** *aus, es ist jetzt alles wie ganz ausgeartet.*

Oft wenn ich in unserem Garten Pflanzen oder Früchte sah, welche ich in südlichen Ländern ganz anders, gross, edel und schmackhafter gesehen, wie z. B. Aprikosen, dachte ich, was diese unsere Früchte gegen die Südfrüchte, das sind die Südfrüchte und noch viel schlechter gegen die Früchte des Paradieses. Rosen sah ich darin, weisse und rote, und dachte dabei, sie bedeuten das Leiden Christi und die Erlösung. Auch sah ich Palmbäume und grosse breite Bäume, welche einen weiten Schatten warfen, wie ein Dach.

Ehe ich die Sonne sah, war alles ganz klein an der Erde, nachher grösser und endlich ganz gross. Die Bäume standen nicht dicht. Ich sah von jeder Art der Gewächse, der grösseren wenigstens, nur eines, und sah sie getrennt stehen, wie man auf Gartenbeeten die Gattungen erst aussetzt. Alles war übrigens ganz grün und auf eine Art rein, unzerstört und unzerrissen, die gar nicht an menschliches Aufräumen und Reinigen erinnerte. Ich dachte noch, wie ist alles so schön, da noch keine Menschen da sind! Es ist noch keine Sünde, **keine Zerstörung,** *kein* **Zerreissen** *da gewesen. Hier ist alles* **heil** *und* **heilig;** *hier ist noch nichts geheilt und* **geflickt;** *hier ist alles* **rein** *und* **nicht gereinigt.**

Die Fläche, die ich sah, war sanft und hügelig und durchaus mit Gewächsen überzogen; in der Mitte aber war eine Quelle, aus welcher sich Flüsse nach allen Seiten ergossen, deren einige wieder ineinander flossen. In diesen Gewässern bemerkte ich zuerst Bewegung und lebendige Tiere; dann aber sah ich die Tiere hie und da zwischen den Büschen und Sträuchern, wie aus dem Schlafe sich erheben und hervorgucken. Sie waren nicht scheu und ganz anders als jetzt; ja sie waren gegen die jetzigen Tiere schier wie Menschen; sie waren rein, **edel,** *schnell,* **freudig** *und* **sanft.** *Es ist nicht auszusprechen, wie sie waren. Die meisten Tiere waren mir fremd. Ich sah schier keine wie jetzt. Den Elefanten, Hirsch, das Kamel sah ich und besonders das Einhorn, welches ich auch in der Arche gesehen habe, wo es besonders liebevoll und sanft war. Es war kürzer als ein Pferd und hatte einen runderen Kopf.* **Ich sah keine Affen, keine Insekten** *und* **elende hässliche Tiere;** *ich dachte immer, diese seien eine Sündenstrafe. Ich sah viele Vögel und hörte den lieblichsten Gesang, wie am Morgen; aber ich hörte* **keine Tiere brüllen** *und sah* **keinen Raubvogel.** *(Keine mörderischen Aktionen.)*

Das Paradies besteht noch immer. Es ist aber den Menschen ganz unmöglich, dahin zu gelangen. Ich habe gesehen, wie es noch in seinem Glanze besteht, hoch droben, schräg von der Erde abgesondert, wie die finstere Scheibe des Engelsturzes vom Himmel.

Adam und Eva

Ich sah **Adam nicht im Paradies erschaffen,** *sondern in der Gegend vom nachmaligen Jerusalem. Ich sah ihn* **glänzend und weiss** *aus einem* **gelben Erdhügel** *hervorgehen, wie aus einer Form. Die Sonne schien, und ich dachte, da ich als Kind dies sah, die Sonne scheint den Adam aus dem Berge heraus. Er wurde wie von der* **Erde geboren,** *die eine Jungfrau war. Gott segnete sie und sie ward seine Mutter. Er trat nicht plötzlich aus der Erde, es währte einige Zeit, bis er hervortrat. Er lag in dem Hügel auf seiner Linken, den Arm über den Kopf geschlungen, und war mit leichtem Nebel wie mit Flor bedeckt. Ich sah eine Figur in seiner Rechten und ward inne, dass es Eva sei,* **welche im Paradiese von Gott aus ihm hervorgezogen** *wurde. Gott rief ihn, und es war, als tue der Erdhügel sich auseinander, und Adam trat allmählich hervor. Es waren keine Bäume, sondern nur kleine Blumen umher. Auch die Tiere hatte ich in lauter Einheiten aus der Erde hervorkommen sehen und die weiblichen sich daraus absondern.*

Ich sah, dass Adam **weit hinweg nach einem hochliegenden Garten, dem Paradiese, getragen wurde.*** *Gott führte ihm im Paradiese die Tiere vor. Adam nannte sie und sie folgten ihm und spielten um ihn. Alles war vor der Sünde ihm dienend. Eva war noch nicht aus ihm herausgebildet. Alle Tiere, die er benannt, folgten ihm später auf die Erde nach.*

Ich sah den Adam im Paradiese, nicht weit vom Quell in der Mitte des Gartens, sich wie aus dem Schlafe zwischen Blumen und Kräutern emporheben. Er war weiss schimmernd; sein Leib aber hatte doch mehr dem Fleische, als einem Geiste ähnliches. Er wunderte sich über nichts, auch über sich selbst nicht, und ging, als sei er an alles gewöhnt, zwischen den Bäumen und Tieren umher, wie jemand, der seine Felder besieht.

Ich sah Adam an dem Hügel bei dem Baume am Wasser auf der linken Seite mit der Linken unter der Wange liegend. Gott senkte Schlaf auf ihn und er war entzückt in Gesichten.

Da zog Gott aus Adams rechter Seite Eva an der Stelle hervor, wo die Seite Jesu durch die Lanze eröffnet wurde. Ich sah Eva fein und klein. Sie war schnell grösser, bis sie vollkommen gross und schön war. Ohne den Sündenfall würden alle Menschen so in sanftem Schlafe geboren worden sein. Der Hügel wich auseinander, und ich sah an Adams Seite einen Fels wie von

---

* Über die Möglichkeit von Transferierung in andere Sphären und Bewusstseinszustände sagt Professor Ditfurth, dass innerhalb der ganzen Schöpfung die Möglichkeit des Wechsels zwischen völlig neuen, uns noch unbekannten Dimensionen durchaus denkbar ist. (Siehe Kapitel Interpretation der Vision.)

kristallförmigen Edelsteinen entstehen; an der Seite Evas aber ein weisses Tal wie mit feinem, weissem Fruchtstaube bedeckt.

Als Eva gebildet war, sah ich, dass Gott Adam etwas gab oder zufliessen liess. Es war, als flössen von Gott, in Menschenform erscheinend, aus Stirne, Mund und Brust und Händen Lichtströme und einigten sich zu einem Lichtballen, der in die rechte Seite Adams einging, aus welcher Eva genommen war. Adam empfing dies allein. Es war dies der Keim des Segens Gottes. In diesem Segen war eine Dreiheit; der Segen, den Abraham von dem Engel empfing, war eines, das in gleicher Form, doch nicht so leuchtend erschien.

Eva stand aufgerichtet vor Adam, und dieser gab ihr die Hand. Sie waren wie zwei Kinder, unaussprechlich schön und edel. Sie waren ganz leuchtend, mit Strahlen bekleidet wie mit einem Flor. Aus dem Munde Adams sah ich einen breiten Lichtstrom leuchten und auf seiner Stirne wie ein ernstes Antlitz. Um seinen Mund war eine Strahlensonne; um Evas Mund war dieses nicht. Das Herz sah ich ziemlich wie jetzt im Menschen, die Brust aber war mit Strahlen umgeben und mitten im Herzen sah ich eine leuchtende Glorie und darin ein kleines Bild, als halte es etwas in der Hand. Ich meine, es sei die dritte Person in der Gottheit dadurch bedeutet gewesen. Auch aus ihren Händen und Füssen sah ich Lichtstrahlen fliessen. Ihre Haare fielen in fünf leuchtenden Strahlenbündeln vom Haupte nieder, zwei von den Schläfen, zwei hinter der Ohrengegend, einer am Hinterhaupte.

Ich habe immer die Empfindung gehabt, durch die Wunden Jesu seien Pforten des menschlichen Leibes geöffnet worden, welche durch den Sündenfall verschlossen worden waren, und dass Longinus an der Seite Jesu die Pforte der Wiedergeburt zum ewigen Leben geöffnet habe. Darum ist keiner in den Himmel eingegangen, ehe diese Pforte geöffnet war.

Die leuchtenden Strahlenbündel auf dem Haupte Adams sah ich als seinen Überfluss, seine Glorie, seinen Bezug auf andere Ausstrahlungen. Und diese Glorie stellt sich an den verklärten Seelen und Leibern wieder her. Unsere Haare sind die gefallene, erloschene, erstarrte Glorie, und wie unser jetziges Haar zum Strahle, so verhält sich unser jetziges Fleisch zum Fleische Adams vor dem Falle. Die Strahlensonne um Adams Mund hatte Beziehung auf den Segen heiliger Nachkommenschaft aus Gott, welcher ohne den Sündenfall durch das Wort gewirkt haben würde.

Adam reichte Eva die Hand; sie gingen von dem schönen Orte der Entstehung Evas durch das Paradies, alles betrachtend und Freude daran habend. Jener Ort war der höchste im Paradiese, alles war Glanz und Licht, daselbst mehr als irgendwo.

Der Baum des Lebens und der Baum der Erkenntnis

Mitten in dem leuchtenden Garten sah ich ein Wasser und in demselben eine Insel, die auf einer Seite mit dem Lande durch einen Damm zusammenhing. Diese Insel und auch der Damm waren voll schöner Bäume; aber in der Mitte der Insel stand ein schöner Baum, der alle anderen überragte und gleichsam beschützte. Seine Wurzel war der Boden der Insel. Er überdeckte die Insel und nahm von grosser Breite leise bis zu einer feinen Spitze ab. Seine Äste streckten sich gerade aus, und von diesen stiegen wieder Zweige wie kleine ähnliche Bäume in die Höhe. Die Blätter waren fein, die Früchte waren gelb und sassen in einer Blätterhülse wie eine aufgehende Rose. Der Baum hatte etwas wie die Zedern. Ich erinnere mich nicht, jemals Adam oder Eva oder ein Tier auf dieser Insel bei dem Baume gesehen zu haben, wohl aber sehr schöne, edle, weisse Vögel, welche ich in seinen Zweigen singen hörte. Dieser Baum war der Baum des Lebens.

Gerade vor dem Damm, der auf die Insel führte, stand der Baum der Erkenntnis. *Der Stamm war geschuppt wie bei Palmen; die Blätter wuchsen unmittelbar vom Stamme aus, waren sehr gross und breit und von der Form wie Schuhsohlen. Vorne in den Blättern verborgen hingen die Früchte zu fünf in einer Traube beisammen, eine voraus und vier um ihren Stiel. Die gelbe Frucht hatte weniger die Gestalt von einem Apfel, sie war mehr birnen- oder feigenartig gebildet, hatte fünf Rippen und ihr Butzen glich einem Nabel. Das Innere der Frucht war weich wie bei den Feigen, von der Farbe braunen Zuckers, mit blutroten Adern durchzogen. Der Baum war oben breiter als unten, die Zweige senkten sich tief zur Erde nieder. Ich sehe die Gattung dieses Baumes noch in den heissen Ländern. Er senkt Schösslinge seiner Zweige zur Erde nieder, wo sie Wurzel fassen und zu neuen Stämmen emporschiessen, welche wieder so fortwuchern, so dass ein solcher Baum oft grosse Strecken mit dichten Lauben bedeckt, unter welchen grosse Familien leben.*

Eine Strecke zur Rechten des Baumes der Erkenntnis sah ich einen kleinen eirunden, sanft abhängigen Hügel von schimmernden roten Körnern und allerlei farbigen Edelsteinen. Er war gestuft mit Kristallformen. Um ihn her waren feine Bäume gerade hoch genug, dass man ungesehen auf dem Hügel sein konnte; auch Kräuter und andere Gewächse waren darum her. Diese Bäume und Gewächse hatten Blüten und Früchte, die kräftig und farbig waren.

Eine Strecke zur Linken des Baumes der Erkenntnis sah ich eine Vertiefung, ein kleines Tal. Es war wie von weisser, zarter Erde oder von Nebel, mit weissen Blümchen und Fruchtstaub bedeckt. Auch an dieser Seite waren mancherlei Gewächse, sie waren aber farbloser und hatten mehr wie Staub als Frucht.

Es war, als hätten die beiden Orte einen Bezug aufeinander, als sei der Hügel aus dem Tal genommen, oder als solle von ihm in das Tal gelegt werden. Sie waren wie Saat und Acker. Die beiden Orte erschienen mir heilig. Ich sah sie beide, besonders aber den Hügel leuchtend. Zwischen ihnen und dem Baume der Erkenntnis waren mancherlei kleine Bäumchen und Büsche. Alles dieses, wie **überhaupt die ganze Natur,** *war wie* **durchsichtig und von Licht.** *Diese beiden Orte waren die Aufenthaltsstellen der ersten Eltern. Der Baum der Erkenntnis war wie eine Absonderung zwischen ihnen. Ich meine, Gott hat nach der Schöpfung Evas ihnen diese Orte angewiesen. Ich sah sie anfangs auch wenig zusammen gehen. Ich sah sie ganz* **ohne Begierde,** *und jedes an seiner Stelle sich ergehen. Die Tiere waren* **unbeschreiblich edel und leuchtend** *und dienten ihnen. Die Tiere hatten alle nach ihren Arten bestimmte Aufenthaltskreise, Wohnungen, Wege und Absonderungen, und alle diese Kreise hatten ein grosses Geheimnis des göttlichen Gesetzes und Zusammenhanges in sich.*

Der Sündenfall

Ich sah, wie Adam und Eva zum erstenmal durch das Paradies wandelten. **Die Tiere traten ihnen entgegen und begleiteten sie;** *sie hatten mehr mit Eva zu tun als mit Adam. Eva hatte überhaupt mehr mit der Erde und den Geschöpfen zu tun, sie schaute mehr nieder und um sich her und schien neugieriger. Adam war stiller und mehr zu Gott emporgerichtet. Unter allen Tieren aber war eines, das sich mehr an Eva anschloss, als alle; es war ein ungemein freundliches, schmeichelndes, geschmeidiges Tier; ich kenne keines, mit dem ich es vergleichen könnte*. Es war ganz glatt und dünn und als habe es gar keine Knochen, seine Hinterfüsse waren kurz und es lief aufrecht auf denselben. Es hatte einen spitzen Schweif an die Erde hängend; hoch oben nah am Kopfe hatte es kurze kleine Pfoten. Der Kopf war rund und* **ungemein klug;** *es hatte eine feine bewegliche Zunge. Die Farbe seines Bauches, der Brust und des Halses war weissgelb, und den ganzen Rücken*

---

* Nach Gen 3, 1ff. wird die Schlange als das listigste Tier von allen Tieren des Feldes beschrieben. Sie gilt aber hier nicht als Tier, sondern als dämonisches Wesen, das den Sündenfall der Stammeltern listig herbeiführt . . . Die Schlange spricht gegen Gott, indem sie ihn der Lüge bezichtigt und ist gleichzeitig menschenfeindlich, weil sie durch ihre Rede Eva und Adam gegen den Willen Gottes aufwiegelt.

hinauf war es braun gewolkt, fast wie ein Aal. Seine Höhe war etwa die eines zehnjährigen Kindes. Es war immer um Eva herum und so **schmeichelnd** *und zierlich, so beweglich und hin und her zeigend, dass Eva grosses Vergnügen an ihm hatte. Dieses Tier hatte aber für mich doch etwas* **Schreckliches,** *und ich sehe es immer noch deutlich vor Augen. Ich sah nicht, dass es Adam und Eva berührten. Es war vor dem Falle zwischen Menschen und Tieren ein grosser Abstand. Ich sah die ersten Menschen kein Tier berühren; waren die Tiere auch vertrauter zu den Menschen, so waren sie doch getrennter.*

Als Adam und Eva wieder auf den glänzenden Ort zurückkehrten, trat eine **leuchtende Gestalt,** *wie die eines ernsten Mannes mit weissglänzenden Haaren zu ihnen und schien ihnen, mit kurzen Worten umherzeigend, alles zu übergeben und etwas zu befehlen. Sie waren nicht scheu, sondern hörten ihn unbefangen an. Als er verschwand, schienen sie zufriedener, glücklicher, sie schienen mehr zu verstehen und mehr Ordnung in allem zu finden; denn sie fühlten nun Dank; Adam aber mehr als Eva, welche mehr an das Glück und die Dinge dachte, als an den Dank. Sie war nicht so in Gott, wie Adam, sie war mehr in der Natur mit ihrer Seele. Ich meine, sie sind dreimal durch das Paradies gewandelt.*

Nun sah ich Adam dankend und bewundernd wieder auf dem leuchtenden Hügel, an dem er im Schlafe entrückt war, als Gott das Weib aus seiner Seite bildete. Adam stand allein unter den Bäumen. Eva sah ich dem Baume der Erkenntnis sich nahen, als wolle sie vorübergehen. Das Tier war wieder bei ihr und noch schmeichelnder und bewegter, und sie ward ganz eingenommen von der Schlange und hatte grosses Wohlgefallen an ihr. Die Schlange stieg nun an dem Baume so hoch, dass ihr Kopf dem der Eva gleich kam, sie hielt sich mit den Füssen an dem Stamme, wendete den Kopf gegen Evas Haupt sprechend: wenn sie von der Frucht des Baumes essen würden, würden sie frei und keine Sklaven mehr sein und wissen, welches die Art ihrer Vermehrung sei. Sie hatten das Wort ihrer Vermehrung schon empfangen; aber ich vernahm, dass sie noch nicht erkannten, wie Gott es wolle, und dass, wenn sie es gewusst hätten und doch in die Sünde gefallen wären, die Erlösung nicht möglich sein würde. Eva ward immer nachdenkender und begieriger nach dem, was das Tier sagte; es ging in ihr etwas vor, was sie niedriger machte; es ward mir bange. Nun schaute sie nach Adam, der noch ganz ruhig unter den Bäumen stand, und rief ihn, und er kam. Eva ging ihm entgegen und wieder zurück; es war ein Zögern, eine Unruhe in ihr. Sie ging wieder, als wolle sie an dem Baume vorüber; aber sie näherte sich ihm von der linken Seite und stand hinter ihm, von seinen langen, niederhängenden Blättern bedeckt. Der Baum war oben breiter als unten und die breiten Blattzweige hingen tief gegen die Erde nieder. Es hing, wo Eva stand, eine besonders schöne Frucht.

Als Adam kam, fasste ihn Eva an dem Arme und zeigte nach dem sprechenden Tiere, und Adam hörte auch zu. Da sie ihn am Arme fasste, berührte sie ihn zum ersten Male; er berührte sie nicht, aber es ward finsterer um sie.

Ich sah, dass das Tier die Frucht zeigte, aber nicht wagte, sie der Eva zu brechen. Als aber Eva nach der Frucht gelüstete, brach sie das Tier und reichte sie ihr. Es war die mittelste schönste Frucht von fünf zusammenhängenden Früchten.

Ich sah, dass Eva nun Adam mit der Frucht nahte und sie ihm gab, und dass ohne dessen Einwilligung die Sünde nicht geschehen sein würde. Ich sah, als zerbreche die Frucht in der Hand Adams und als sehe er Bilder in derselben. Es war, als würden sie inne, was sie nicht wissen sollten. Das Innere der Frucht war **blutfarben mit Adern durchzogen.** *Ich sah, dass sie sich* **verfinsterten und in ihrer Gestalt sanken.** *Es war, als* **weiche auch die Sonne.** *Das Tier stieg vom Baume nieder, ich sah es auf allen Vieren weglaufen. Ein Essen der Frucht mit dem Munde wie jetzt, habe ich nicht gesehen; aber die Frucht verschwand zwischen ihnen.*

Ich sah, dass **Eva schon sündigte,** *indem die Schlange auf dem Baume sass, denn ihr Wille war bei ihr. Ich erfuhr dabei, was ich nicht vollkommen wiederzugeben vermag. Es war, als sei die* **Schlange die Gestalt** *und* **Figur ihres Willens,** *wie eines Wesens, womit sie alles machen und erreichen konnten. Hier hinein fuhr der Satan.*

Durch das Geniessen der verbotenen Frucht war die Sünde nicht vollendet; aber die Frucht von dem Baume, der seine Zweige in die Erde senkt und immer wieder auf solche Weise neue Pflanzen auftreibt, die ebenso tun, auch nach dem Falle, enthielt den Begriff eigenmächtiger Fortpflanzung, eines sinnlichen, von Gott trennenden Einpflanzens in sich. So ging aus ihrem Genusse mit dem Ungehorsam das Trennen der Kreatur von Gott und das Pflanzen in sich und durch sich und die **selbstische Begierde** *in die menschliche* **Natur.** *Das hatte die* **Erniedrigung der Natur** *und die* **Sünde** *und den* **Tod** *zur Folge.*

Der Segen heiliger und reiner Mehrung aus Gott und durch Gott, den Adam nach der Bildung Evas empfangen hatte, war wegen dieses Genusses ihm wieder entzogen worden; denn ich sah, als Adam seinen Hügel verliess, um zu Eva zu gehen, als greife der Herr hinter ihm her und als nehme Er ihm etwas hinweg; und es war mir, als werde das Heil der Welt daraus kommen.

Als ich einmal am Feste der heiligen unbefleckten Empfängnis ein Bild dieses Geheimnisses von Gott erhielt, sah ich in Adam und Eva das leibliche und seelische Leben aller Menschen miteingeschlossen und wie es durch den Fall verderbt und mit **Bösem vermischt** *wurde, und die* **gefallenen Engel darüber Gewalt** *bekamen. Ich sah aber die* **zweite Person der Gottheit wie** *mit einer krummen Schneide herabkommen und dem Adam, bevor er in die Sünde willigte, den Segen nehmen. In demselben Augenblicke sah ich aus Adams Seite die Jungfrau wie ein lichtes Wölklein zu Gott in die Herrlichkeit emporschweben.*

Durch den Genuss der Frucht wurden Adam und Eva wie berauscht, und in der Einwilligung in die **Sünde** *ging eine grosse Veränderung mit ihnen vor. Es war aber die Schlange bei ihnen, sie waren von ihrem Wesen* **durchdrungen,** *und es kam das* **Unkraut unter den Weizen.**

Es wurde die Beschneidung als Strafe und Sühne eingesetzt. Wie aus dem Weinstock der erste Zweig geschnitten wird, auf dass der Wein nicht wild, sauer und unfruchtbar werde, so musste es ähnlich am Menschen geschehen, als er wieder veredelt werden sollte. Als mir einmal die Heilung des Falles in Bildern gezeigt wurde, da sah ich Eva, aus Adams Seite hervorsteigend, schon den Hals nach der verbotenen Frucht hin verlängern und schnell nach dem Baume hineilen und ihn umfassen. Ich sah aber in einem Gegenbilde Jesus, von der unbefleckten Jungfrau geboren, gleich nach dem Kreuze laufen und seinen Stamm umfassen und sah, wie die durch Eva verfinsterte und sich zersplitternde Nachkommenschaft durch das Leiden Jesu gereiniget wurde, und dass mit den Schmerzen der Busse die finstere Eigenlust aus dem Fleische herausgearbeitet werden muss. Die Worte der Epistel (Sonntag Lätare aus Gal. 4, 30.31), dass der Sohn der Magd nicht Miterbe sein solle, habe ich immer so verstanden, dass unter der Magd das Fleisch und die knechtische Unterwürfigkeit darunter gemeint ist. Die Ehe ist ein Stand der Busse und fordert Entsagung, Beten, Fasten, Almosengeben und die Absicht, das Reich Gottes zu mehren.

Vor der Sünde waren Adam und Eva ganz anders beschaffen, als wir elenden Menschen *es jetzt sind. Mit der verbotenen Frucht aber nahmen sie eine Form- und Sache-Werden in sich auf, und was geistig war, ward Fleisch, Sache, Werkzeug, Gefäss. Sonst waren sie* **Eins in Gott,** *sie wollten sich in Gott; jetzt sind sie* **getrennt im eigenen Willen,** *und dieser* **Eigenwille ist Eigenlust, Sündenlust, Unreinheit.** *Durch den* **Genuss** *der verbotenen Frucht wendete sich der Mensch von seinem Schöpfer, und es war,* **als nehme er die Schöpfung in sich selber auf.** *Alle Kräfte und Wirkungen und Eigenschaften und deren Verkehr miteinander und mit der ganzen Natur wurden im Menschen zu körperlichen Sachen von allerlei Gestalten und Verrichtungen. Zuvor war er aus Gott Herr der ganzen Natur; jetzt war in*

ihm alles zur Natur geworden, er war ein von seinem Diener unterjochter und gefesselter Herr und muss nun mit ihm ringen und kämpfen. Ich kann es nicht recht aussprechen: es war, als hätte der Mensch den Grund und den Mittelpunkt aller Dinge vorher in Gott gehabt und nun in sich selbst hineingebracht, und das sei nun Meister über ihn geworden.
Ich sah das Innere, alle Organe des Menschen als in **das Fleisch, ins Körperliche und Verwesliche gefallene** *Ebenbild der Geschöpfe und ihres Verkehres miteinander von den Gestirnen bis zum kleinsten Tierchen. Und alles dieses wirkte in ihm, von allem diesem hing er ab und hatte damit zu tun und zu kämpfen und zu leiden. Ich kann es nicht klar sagen, eben weil ich auch ein Glied der gefallenen Menschheit bin.*

Der Mensch ist erschaffen, um die Reihen der gefallenen Engel auszufüllen. **Ohne den Sündenfall hätte** *er sich nur bis zur* **Vollzahl der gefallenen Engel vermehrt** *und dann* **würde die Schöpfung vollendet gewesen sein.** *Hätten* **Adam und Eva nur eine Generation ohne Sünde erlebt,** *so* **wären sie nie mehr gefallen.** *Es ist mir gewiss, dass die Welt nicht eher untergehen wird, bis nicht die Zahl der gefallenen Engel erfüllt und aller Weizen aus der Spreu geerntet sein wird.*

Ich hatte einmal ein unermessliches, zusammenhängendes Bild von aller Sünde *und allem* Heil. *Ich sah alle Geheimnisse klar und deutlich und verstand sie, aber es ist mir unmöglich, das Ganze mit Worten wiederzugeben. Ich sah die Sünde vom Sturz der Engel und von Adams Fall an bis auf heute in ihren unzähligen Verzweigungen und sah alle Vorbereitungen der Heilung und Erlösung bis auf Jesu Ankunft und Tod. Jesus zeigte mir die ungemeine Vermischtheit und innere Unlauterkeit aller Dinge und alles, was Er von Anbeginn zur Reinigung und Wiederherstellung getan.*

Im **Sturze der Engel** *kamen* **viele böse Geister auf** *die* **Erde** *und* **in die Luft;** *ich sah vieles von ihrem* **Grimme verschiedener Art gesättigt und besessen.**

Der erste Mensch war ein Ebenbild Gottes, er war wie der Himmel. Alles war eins mit ihm und in ihm; seine Form war ein Abdruck göttlicher Form. Er sollte die Erde und Geschöpfe haben und geniessen, aber aus Gott und dankend. Er war aber frei und darum der Prüfung ausgesetzt, weshalb ihm verboten ward, von dem Baume zu essen. Anfangs war alles gleich und eben; als das Berglein, der schimmernde Hügel, auf dem Adam stand, aufstieg und sich erhöhte, und als das weisse, blütenstaubige Tal, an dem ich Eva stehen sah, sich senkte, nahte schon der Verderber.

Nach dem Fall war alles anders. *Alle Formen des* **Schaffens** *waren erschaffen und* **zerstreuend** *in ihnen, alles* **Einige** *war* **uneins,** *aus eins ward viel, und sie nahmen nichts mehr aus Gott allein, sondern nur aus sich. Nun* *waren sie erst recht zwei und wurden drei und endlich eine Unzahl. Ebenbilder Gottes waren sie, und wurden nun* **Eigenbilder,** *welche* **Ebenbilder ihrer Sünde** *hervorbrachten. Sie waren nun mit dem Kreise* **der gefallenen Engel in bezug.** *Sie empfingen aus sich und aus der Erde, mit denen beiden die gefallenen Engel Bezug hatten, und es entstand in der unendlichen Vermischung und Zerstreuung der Menschen mit sich und der gefallenen Natur eine* **unendliche Mannigfaltigkeit der Sünde, der Schuld und des Elends.**

Mein Bräutigam zeigte mir alles das ganz klar, deutlich und verständlich, klarer, als man das tägliche Leben sieht, und ich meinte damals, es könne das ein Kind verstehen, und kann jetzt nichts mehr davon vorbringen. Er zeigte mir den Plan und die Wege der Erlösung von Anfang an, und alles, was Er getan. Ich erkannte auch, es sei unrichtig zu sagen, Gott habe nicht Mensch zu werden brauchen und nicht zu sterben für uns am Kreuze, Er habe es durch seine Allmacht anders machen können. Ich sah, dass Er aus unendlicher Vollkommenheit und Barmherzigkeit und Gerechtigkeit tat; dass zwar kein Muss in Gott ist, aber dass Er tut, was Er tut, und ist, der Er ist.

Ich sah **Melchisedech*** *als* **einen Engel und Vorbild Jesu als Priester auf Erden;** *insofern das Priestertum in Gott ist, war er ein Priester der ewigen Ordnung als Engel. Ich sah sein Vorbereiten, Gründen, Bauen, Sondern der Menschenstämme, sein Einleiten. Auch Henoch und Noe habe ich in ihrer Bedeutung und Wirkung gesehen; und neben allen diesen das wirkende* **Reich der Hölle** *und die* **tausendförmigen Erscheinungen und Wirkungen** *eines* **irdischen, fleischlichen, teuflischen Götzendienstes,** *und in allem dem gewisse ähnliche, aber* **verpestete,** *zur fortgesetzten Zerstreuung und* **Sünde** *führende und verführende, weil aus geheimer, innerer Notwendigkeit ähnliche Formen. So sah ich alle Sünden und alle Einleitungen und Vorbilder der Herstellung, welche ihrer Art nach den Gotteskräften ebenso ebenbildlich waren, als der Mensch selbst Gottes Ebenbild war. So wurde mir* **von Abraham auf Moses, von Moses auf die Propheten alles gezeigt, und immer mit Bezug und Ebenbildern von allem in unserer nächsten Mitwelt.** *Hier trat zum Beispiel die Unterweisung ein, warum die Priester nicht mehr helfen und heilen, und warum es ihnen nicht mehr oder so verschieden gelingt. Es wurde mir diese Gabe des Priestertums unter den Propheten gezeigt und die Ursache ihrer Form. Ich sah z. B. die Geschichte, wie*

Melchisedech (hebr. malki-sedek) war König von Salem (Jerusalem) und Priester des allerhöchsten Gottes. Im Neuen Testament verweist der Apostel Paulus in Hebr. 5, 6.10; 7, 1 ff.) auf Melchisedech als Vorbild Jesu.

Eliseus den Giezi seinen Stab gibt, ihn auf das tote Kind der Frau aus Sunam zu legen. In diesem Stabe aber war des Eliseus Kraft und Sendung geistlicher Weise inliegend. Er war sein Arm, die Fortsetzung seines Armes. Ich sah hier die* **innere Ursache des Stabes der Bischöfe, des Zepters der Könige und ihre Macht,** *so sie der Glaube trägt, der sie gewissermassen mit dem Aussendenden verbindet und von allem andern trennt. Giezi aber glaubte nicht fest genug, und die Mutter glaubte, nur durch Eliseus selbst Hilfe erhalten zu können, und so waren zwischen des Eliseus Kraft aus Gott und dessen Stab* **Zweifel** *aus* **menschlichem Eigendünkel** *unterbrechend getreten, und der Stab heilte nicht. Ich sah aber Eliseus sich Hand auf Hand, Mund auf Mund, Brust auf Brust über den Knaben strecken und beten, und die Seele des Knaben in den Leib zurückkehren. Ich hatte auch die Erklärung dieser Form der Heilung, ihren Bezug und ihre Vorbildlichkeit auf Jesu Tod. In Eliseus waren durch den Glauben und die Gabe Gottes alle Pforten der Gnade und Sühnung am Menschen eröffnet, die nach der Sünde verschlossen wurden: Haupt, Brust, Hände, Füsse. Und er legte sich wie ein lebendiges, vorbildliches Kreuz über das tote, verschlossene Kreuz der Gestalt des Knaben und strömte durch sein Gebet und seinen Glauben das Leben, die Heilung wieder in ihn ein und sühnte und büsste für die Sünden der Eltern, welche sie mit Haupt, Herz, Hand und Fuss begangen und dadurch dem Knaben den Tod zugezogen hatten. Ich sah bei allem dem immer Gegenbilder vom Kreuzestod und den Wunden Jesu, und wie in allem eine Harmonie ist. Seit Jesu Kreuzestod aber sah ich im Priestertum seiner Kirche im vollem Masse und überhauptet im glaubenden Christen diese Gabe der Herstellung und Heilung; denn insofern wir in Ihm leben und mit Ihm gekreuzigt sind, sind die Gnadenpforten seiner heiligen Wunden in uns eröffnet. Ich hatte vieles über Handauflegung und auch über Segenwirkung und Wirkung der Hand in die Ferne, und zwar wurde mir dieses mit dem Beispiel des Stabes (des Repräsentanten der Hand) von Eliseus erklärt. Dass die heutigen Priester so selten heilen und segnen, wurde mir in einem Beispiel gezeigt, das auch aus der Ebenbildlichkeit, auf welcher alle solche Wirkungen mitbegründet sind, hergenommen war. Ich sah dreierlei Maler, welche Figuren auf Wachs eindrückten. Einer hatte schönes, weisses Wachs und war selbst sehr klug und geschickt; aber er hatte den* **Kopf voll von sich selbst** *und hatte das* **Bild Christi nicht in sich;** *und sein Bild ward nichts. Der andere hatte bleiches Wachs, aber er war lau und eigensinnig und*

* Elisäus (Gott hat geholfen), war der Sohn des Saphat aus Abel-Mechola. Er lebte als Nachfolger des Propheten Elias um 850–800 vor Chr. Er soll viele Wunder gewirkt haben. Giezi oder Gechasi war sein Diener (siehe 2 Kg 4, 29–37).

machte gar nichts. Ein anderer war ungeschickt und arbeitete mit grossem Ungeschick, aber mit Fleiss und Einfalt an ganz gelbem gemeinem Wachs, und seine Arbeit war ganz gut und ein redliches Ebenbild, wenn gleich mit rohen Zügen. So sah ich auch die vornehm redenden, **mit Weltweisheit prahlenden Priester nichts wirken** *und manche arme Einfalt allein noch die Macht des Priestertums in Segnung und Heilung fortpflanzen.*

Ich ging in diesem allem **wie in die Schule, und** *mein Bräutigam zeigte mir, wie Er von seiner Empfängnis an bis zu seinem Tod gelitten und immer gesühnt und genuggetan habe, und ich sah dieses in lauter Bildern seines Lebens. Ich sah auch, wie durch Gebet und Aufopferung von Schmerzen für andere manche Seele, welche auf Erde gar nicht gearbeitet, noch in der Todesstunde zur Bekehrung gebracht und gerettet wird. (Sühneleiden)*

Ich sah auch, dass **die Apostel über den grössten Teil der Erde verbreitet wurden, um die Macht des Satans in derselben zu brechen und Segen hinzubringen,** *und dass jene Gegenden am heftigsten vom Feinde vergiftet waren, dass aber Jesus mit seiner vollkommenen Genugtuung den Menschen, die seinen Heiligen Geist empfingen und noch empfangen, diese Gewalt erworben und ewig gegründet hat. Und es wurde mir gezeigt, dass diese Gabe, die Erde und Gegenden der Macht des Satans zu entziehen durch Segnung, in dem Ausdruck: »Ihr seid das Salz der Erde«, bezeichnet ist, und dass eben deswegen auch das Salz eine Ingredienz des geweihten Wassers ist.*

Ich sah in diesem Bilde auch, wie der Zeremoniendienst des **fleischlichen Weltlebens höchst skrupulös ausgeübt** *wird, dass der* **Fluch der umgekehrte Segen,** *und dass die* **Wunder im Reiche des Satans, dass Naturdienst, Aberglauben, Zauberei, Magnetismus, weltliche Wissenschaft und Kunst und alle Mittel,** *den Tod* **zu schminken, die Sünde zu schmücken** *und das* **Gewissen einzuschläfern,** *mit strenger, abergläubischer Gewissenhaftigkeit selbst von jenen ausgeübt werden, welche in den Mysterien der katholischen Kirche lauter Formen des Aberglaubens finden wollen, die auf jede andere Weise ebensogut gefeiert würden, während diese Leute doch ihr ganzes weltliches Treiben und Leben in ähnlichen Formen höchst gewissenhaft feiern, so dass nur das Reich des Mensch gewordenen Gottes vernachlässigt werden soll. Und ich sah auch den Dienst der Welt vollkommen geübt, den Dienst Gottes aber ärgerlich verstehen.*

Die Verheissung des Heiles

Nach dem Falle des Menschen **zeigte Gott den Engeln,** *wie Er das Menschengeschlecht* **wiederherstellen** *werde.*

Ich sah den **Thron Gottes, die Heiligste Dreifaltigkeit,** *eine Bewegung in* **ihren Personen.** *Ich sah die neun Chöre der Engel und wie Gott ihnen verkündigte, auf welche Art* **Er das gefallene Menschengeschlecht** *wiederherstellen wolle; und sah eine ganz* **unbeschreibliche Freude und Jubel in den Engeln darüber.**

Ich sah den leuchtenden Edelsteinfels des Adam vor dem Throne Gottes erscheinen, als werde er durch Engel dahin getragen; er war gestuft, er wuchs, er wurde ein Thron, ein Turm, er breitete sich aus, bis er alles umfasste. Die neun Chöre der Engel sah ich um ihn, und über den Engeln im Himmel sah ich das Bild der Jungfrau. **Sie war Maria nicht in der Zeit,** *sie war* **es in der Ewigkeit in Gott. Sie war etwas, das aus Gott ausging.** *Die Jungfrau ging in den Turm, der sich öffnete, und sie verschmolz wie mit ihm. Ich sah auch aus der* **Heiligsten Dreifaltigkeit** *eine Erscheinung gegen den Turm ausgehen und in ihn eingehen. Zwischen den Engeln erblickte ich eine Art von Monstranz, an der sie alle mit erbauten und wirkten. Sie glich einem Turme mit mancherlei geheimnisvollem Bildwerk. Es standen zwei Figuren daran, welche sich auf der anderen Seite die Hände reichten. Sie wuchs und ward immer herrlicher. Ich sah etwas aus Gott durch alle Chöre der Engel hindurch in die Monstranz eingehen, ein leuchtendes Heiligtum, das immer bestimmter wurde, je näher es derselben kam. Es erschien mir als der Keim des göttlichen Segens zur reinen Mehrung, welcher von Gott dem Adam gegeben, ihm aber wieder entzogen ward, da er im Begriffe stand, auf Eva zu hören und in den Genuss der verbotenen Frucht einzuwilligen; es war der Segen, den Abraham wieder erhielt, der dem Jakob genommen und durch Moses wieder in die Bundeslade gegeben wurde, den zuletzt Joachim, der Vater Mariä empfing, auf dass Maria so rein und unbefleckt empfangen würde, wie Eva aus der Seite des schlafenden Adam hervorgekommen. Die Monstranz aber ging in den Turm über.*

Ich sah von den Engeln auch einen Kelch bereiten von der Gestalt des Abendmahlkelches, der auch in den Turm einging. An der äusseren rechten Seite des Turmes sah ich wie auf goldenem Wolkenrande Wein und Weizen, wie die Finger gefalteter Hände sich durcheinander senkend.

Daraus sprosste ein Zweig, ein ganzer Stammbaum, auf dessen Ästen in kleinen Figuren Männer und Frauen sich die Hände reichten. Seine letzte Blüte war die Krippe mit dem Kinde.

Ich sah nun in Bildern das Geheimnis der Erlösung als Verheissung bis herab zur Fülle der Zeit und sah auch Bilder der Gegenwirkung. Zuletzt sah ich über dem leuchtenden Felsen eine grosse herrliche Kirche, die Heilige Kirche, welche das Heil aller Welt lebendig in sich trägt. In allen diesen Bildern war ein wunderbarer Zusammenhang und Übergang. Selbst das

Feindliche und das, was vom Übel war und durch die Engel hinweggeschoben wurde, musste zur Entfaltung des Heiles dienen. So sah ich den alten Tempel von unten aufsteigen; er glich der heiligen Kirche, hatte aber keinen Turm. Er war sehr gross, wurde aber von den Engeln beiseite geschoben und stand schief. Ich sah eine grosse Muschelschaale erscheinen, die in den alten Tempel eindringen wollte; aber sie wurde beiseite gedrängt.*

Ich sah einen breiten, stumpfen Turm (eine ägyptische Pyramide) erscheinen, durch dessen zahlreiche Tore Gestalten wie Abraham und die Kinder Israel durchzogen. Er deutete auf deren Sklaverei in Ägypten. Diese Pyramide wurde weggeschoben, wie der andere treppenförmige ägyptische Turm, der die Sterndeuterei und Wahrsagerei bedeutete. Dann sah ich einen ägyptischen Tempel, der auch zurückgeschoben wurde und schief zu stehen kam.

Endlich sah ich ein Bild auf Erden, wie Gott dem **Adam zu erkennen** *gab, dass* **eine Jungfrau erscheinen** *und das verlorene Heil ihm wieder bringen werde. Adam aber wusste nicht, wann dies geschehen werde; darum sah ich ihn später sehr traurig, als Eva ihm nur Söhne gebar, bis sie endlich eine Tochter erhielt.*

Ich sah Noe und sein Opfer, bei dem er von Gott den Segen empfing. Dann hatte ich Bilder von **Abraham,** *von seinem Segen und der Verheissung* **Isaaks.** *Ich sah diesen Segen von dem Erstgebornen auf den Erstgebornen übergehen und dies immer in einer sakramentalischen Handlung. Ich sah* **Moses** *und wie er in der Nacht vor dem Auszuge aus Ägypten das Geheimnis erhielt, und wie nur* **Aaron** *davon wusste. Ich sah das Geheimnis in der* **Lade des Bundes,** *und dass nur die* **Hohenpriester und einzelne Heilige** *durch Offenbarung Gottes davon eine Kenntnis hatten. So sah ich den Lauf des Geheimnisses herab durch die ganze Stammlinie Jesu Christi bis auf Joachim und* **Anna,** *dieses reinste und heiligste Ehepaar aller Zeiten,* **aus dem Maria als die unbefleckte Jungfrau geboren ward.** *Nun war Maria die Bundeslade des Geheimnisses.*

Verweisung aus dem Paradiese

Nach einer Weile sah ich Adam und Eva in grosser **Traurigkeit umherirren.** *Sie waren* **finster,** *gingen* **getrennt,** *als* **suchten sie etwas,** *das sie verloren hatten.* **Sie schämten** *sich voreinander. Mit jedem Schritte kamen sie tiefer abwärts; es war, als weiche der Boden, und wo sie gingen, ward es trüb, die Gewächse verloren ihren Glanz, wurden wie grau, und die Tiere*

* Das Sinnbild der heidnischen Götterfabeln und des Greueldienstes.

flohen. Sie suchten aber **grosse Blätter** *und machten sich einen Kranz um die Lenden und irrten immer getrennt.*

Als sie ziemlich lange so geflohen, war der glänzende Ort ihres Ausgangs schon wie eine ferne Bergeshöhe, und sie verbargen sich getrennt unter Büschen einer dunkleren Ebene. Da rief sie eine Stimme aus der Höhe; sie kamen aber nicht zum Vorschein, wurden noch banger, flohen noch ferner, sich tiefer versteckend. Das tat mir sehr leid. Die Stimme aber war strenger; sie hätten sich gerne noch tiefer versteckt, aber sie wurden gezwungen, hervorzutreten.

Die ernste, glänzende Gestalt erschien; sie traten hervor mit gesenktem Haupte und sahen den Herrn nicht an; sie sahen aber einander an und beschuldigten sich. Nun wies Er ihnen noch tiefer eine Ebene an, wo Büsche und Bäume waren, und da wurden sie demütig und erkannten erst recht ihren **elenden Stand.** *Als sie allein waren, sah ich sie beten. Sie sonderten sich voneinander ab, warfen sich auf die Knie, hoben die Hände empor, schrien und weinten. Da ich dies sah, fühlte ich, wie wohltätig die Absonderung im Gebete ist.*

Sie waren nun mit einem Gewande bedeckt. Es verhüllte den Leib bis über die Schultern und reichte bis zu den Knien. Um den Leib gürteten sie sich mit einem **Streifen Bast.** *Während sie wieder flohen, schien das Paradies hinter ihnen wegzuziehen, wie eine Wolke. Es kam aber ein feuriger Ring vom Himmel, so wie man den Hof um die Sonne oder den Mond sieht, und legte sich um die Höhe, wo das Paradies gewesen.*

Sie waren nur »einen Tag« im Paradiese *gewesen. Das Paradies sehe ich jetzt von fern wie eine Bank unter der Sonne, wenn sie aufgeht. Sie geht, wenn ich es sehe, am Ende der Bank rechts auf. Es liegt östlich vom Prophetenberg, ganz wo die Sonne aufgeht, und erscheint mir immer wie ein Ei schwebend über unbeschreiblich hellem Wasser, durch welches von der Erde getrennt ist; und es ist, als sei der Prophetenberg ein Vorgebirge davon. Man sieht auf diesem wunderbar grüne Gegenden und dazwischen tiefe Abgründe und Schluchten voll Wasser. Ich habe schon Leute gesehen, die am Prophetenberg hinangestiegen; sie sind aber nicht weit gekommen.*

Ich sah Adam und Eva auf der **Buss-Erde ankommen.** *Es war ein unbeschreiblich rührender Anblick die beiden büssenden Menschen auf der nackten Erde. Adam hatte einen Ölzweig aus dem Paradiese mitnehmen dürfen, den er da pflanzte. Ich sah, dass nachher das Kreuz aus diesem Holze gezimmert wurde. Sie waren* **unbeschreiblich betrübt.** *Wie ich sie da sah, konnten sie das Paradies kaum mehr sehen. Sie waren immer abwärts gezogen, und es war auch, als wende sich was um, und sie kamen durch* **Nacht und Dunkel an dem traurigen Orte der Busse an.** (Ende der Vision)

Im Prinzip brauchen wir das Böse nicht, um das Gute zu erkennen – nur unser gebrochener Geist benötigt diese Erfahrung

Stellen wir uns vor, wir möchten zehn verschiedene Früchte und deren herrliches Aroma geniessen: Erdbeere, Aprikose, Himbeere, Brombeere, Banane, Kiwi, Ananas, Birne, Apfel, Kokosnuss. Benötigen wir für diesen Genuss ein stinkendes, faules Ei? Nein, wir können gut auskommen ohne den Gestank. Im Gegenteil, ohne Gestank können wir die herrlichen Aromen viel intensiver geniessen, nämlich ungestört. Auch wird es uns keineswegs langweilig dabei. Denn die Aromen sind herrlich abwechslungsreich und führen uns zu immer neuen, köstlichen Gaumenfreuden.

Die grosse spanische Mystikerin Teresa von Avila berichtet uns, wie sie den Zustand im absolut Guten, frei von allem Bösen, das heisst in der Ewigkeit Gottes erfahren durfte. Teresa: »Wir werden Ewigkeiten brauchen, um die Schönheit Gottes kennenzulernen. Wir werden eintauchen in immer neue, noch herrlichere Erfahrungen mit dem Ewigen, der die vollkommene und unendliche Schönheit und Liebe ist.« Teresa geriet jedesmal in Ekstase, wenn sie eine Vision von der Ewigkeit erleben durfte. Und wie viele andere Mystiker seufzte sie: »Es gibt keine menschlichen Worte noch Begriffe für diese Herrlichkeit.«

Merken wir uns:

Nur der gebrochene Geist des Menschen braucht zuerst den Schaden, um nachher klug zu werden.

Erst seit wir Menschen von Gott, dem vollkommen Guten, abgebrochen sind, durch die vererbte Last des Bösen, und unseren freien Willen zum Bösen, müssen wir aus Fehlern lernen. Da wir selber nicht mehr gut sind, benötigen wir die Erfahrung, dass uns das Böse immer nur schadet. Wären wir von Ewigkeit her gut geblieben, hätten wir das Böse nie gebraucht, weder zum Leben noch zum Erreichen von Weisheit und Erkenntnis.

Denken wir daran: Gott ist Liebe und absolut gut. Der Mensch hingegen ist ein Gemisch von Gut und Böse.

Jesus bestätigt in einer Offenbarung aus dem 20. Jahrhundert die Erkenntnisse der Seherin Anna Katharina Emmerich

Aus der Jesus-Offenbarung geht klar hervor: Gott hat mit dem Bösen nichts zu tun. Diese Feststellung steht zum Beispiel im Gegensatz zu den asiatischen und semitischen Religionen, in denen Gott als gut und böse im Wesen dargestellt wird. (Herkunft der Offenbarung siehe Seite 165.)

In der Neuen Offenbarung bestätigt Jesus einen weiteren, sehr wichtigen Punkt, nämlich die erste Aussage des Johannes-Evangeliums: »Am Anfang war das Wort. Und das Wort war Gott. Nichts ist geworden ohne das Wort.« Der Begriff das »Wort« bedeutet »Jesus Christus«. Durch das Wort ist alles geworden. Das heisst: Jesus Christus hat im Auftrag des Vaters die Welt nach den Gedanken des Vaters materialisiert. (Siehe die Kapitel im Inhaltsverzeichnis mit den Titeln: »Eine neue Jesus-Offenbarung von grösster Wichtigkeit« sowie »Die Göttlichkeit von Jesus« und »Dreifaltiger Gott«).

Jesus in der Offenbarung aus dem 20. Jahrhundert:

»Ich schuf die Finsternis (das Böse) nicht. Es war auch nicht der berechnende Gedanke eines Künstlers, düsteres Dunkel zu erschaffen, damit Mein Licht mit um so grösserer Helligkeit zu strahlen scheine.

Eigenwille und Sünde haben der Erde Schatten verursacht, aber – Ich bin bereit, Euch auf den dunklen Pfaden zu begleiten, so dass sogar der Ort der schwärzesten Finsternis durch Mein Licht der Sonne der Gerechtigkeit erleuchtet werde.«

Die wichtige Frage, die jeden denkenden Menschen beschäftigt, müssen wir im Zusammenhang mit dem Unheil auf der Welt eingehend berücksichtigen.

Die Frage lautet:

Gott, der allmächtig und allwissend ist, muss doch gewusst haben, dass das Böse entsteht. Warum hat ER dann überhaupt angefangen mit der Erschaffung der Welt?

Während ich nachdachte über die Anwort, wurde mir immer bewusst, wie unendlich klein, begrenzt, ja armselig unser Denkvermögen ist gegenüber dem Allmächtigen Gott. Ich spürte in mir eine Hemmung, ein Zaudern, auf diese Frage einzugehen. Es schien mir, als ob ich nicht das Recht hätte,

Gott so nahe zu treten, vor allem, da ich IHN doch nie richtig interpretieren könnte, da kein menschliches Geschöpf IHN je erfassen kann. Aber dann sagte ich mir: ER hat uns den Verstand gegeben. Dieser Verstand fragt nun eben. Aber ist es vielleicht nur überheblicher Menschenstolz, der uns fragen lässt? Oder ist es natürlicher Wissensdrang? Wenn wir von überheblicher Seite her fragen, dann schweigen wir besser und beklagen unsere Arroganz. Sind wir aber schmerzlich beunruhigt wegen dieser Frage, die uns keine Ruhe lässt, erlaubt uns Gott wahrscheinlich, sie zu stellen und nach einer Antwort zu suchen. Bevor wir über das Wesen Gottes nachdenken, bitten wir IHN zuerst um liebevolles Verständnis und Barmherzigkeit für unsere Schwachheit, die während unseres irdischen Daseins nur einen winzigen Bruchteil von IHM erfassen kann, aber trotzdem immer auf der Suche ist nach IHM.

Die Antwort kann nicht in einem Satz gegeben werden, wir benötigen dafür etwas mehr Zeit sowie ein symbolisches Bild. Ausserdem gehen wir von den gültigen Aussagen von Jesus aus. Jesus hatte in aller Klarheit gesagt: »Nur **ich** kenne den Vater, niemand ausser mir hat den Vater gesehen. Wer **mich sieht**, sieht den **Vater**. Ich bin aus dem Vater geboren.

Gott, Euer Vater, liebt Euch. Gott ist Geist, Gott ist die Liebe. Ich, Jesus bin der Sohn des Vaters. Ich bin gekommen, um Euch dem Vater zurückzugeben. Dafür werde ich mich opfern. Ich werde mich dem Bösen ausliefern und das Böse durch die Liebe besiegen.« Jesus lieferte sich freiwillig dem Bösen aus und überwand das Böse mit dem Charakter Gottes: Mit Liebe, die keine Vergeltung, keine Rache kennt, konsequent bis zum letzten bittersten Atemzug. Jesus hat bewiesen, was Liebe heisst. Es gibt kein grösseres Geschenk, als sein Leben hinzugeben für seine Freunde.

Das Symbolbild für Gott und seine Schöpfüng können wir am besten aufzeigen mit folgendem Vergleich:

Gott ist der Vater. **Sein Charakter ist die absolute Liebe.** Liebe bleibt nicht für sich, Liebe **muss** schöpferisch sein. Liebe kann nicht egozentrisch auf sich bezogen bleiben. Liebe verschenkt sich dauernd. Aus dieser Wesensart heraus schafft Gott die ersten Wesen.

Gott hat beim Schöpfungsakt gewusst, daß sich seine Geschöpfe einmal von ihm abwenden werden.* Gott ist aber Liebe, und Liebe ist immer schöpferisch, unabhängig davon, wie die Geschaffenen sich verhalten.

Der Vater hat – im Symbolbild – also eine Tochter geschaffen, die Welt. Der Vater liebt die Tochter sehr. Er schaut sie an und möchte in einer

* Diese Erklärung gibt Jesus der ital. Seherin Maria Valtorta. Er fragt, ob der Mensch denn lieber das Leben überhaupt nie hätte bekommen wollen? weitere tiefste Antworten auf die Sinnfragen der Menschheit gibt Jesus in dem Gesamtwerk »Der Gottmensch« (Parvis-Verlag).

liebevollen Vater-Kind-Beziehung mit ihr sein. Die Tochter jedoch, die vom Vater wunderschön geschaffen wurde, beginnt plötzlich, an sich selbst Gefallen zu finden, viel mehr Gefallen als an ihrem Vater. Sie schaut sich an, ist entzückt über sich selbst, nimmt einen Spiegel und versinkt in den Anblick ihrer eigenen Schönheit. Die Visionärin Anna Katharina Emmerich beschrieb das so: Die ersten Geister sahen plötzlich sich selbst, **sie »krümmten sich in sich selbst«**, sie sahen **sich,** sie waren **bei sich** – also nicht mehr beim Schöpfer. Der Vater beobachtet seine geliebte Tochter (die Welt) und bemerkt mit Traurigkeit und Schmerz, dass die Tochter weiterhin nur mit ihrem eigenen Spiegelbild beschäftigt ist. Immer mehr vergisst sie den Vater. Der Vater aber, der die Liebe ist, spürt, wie sehr sich das Wesen seiner Tochter von seinem Wesen entfremdet. Er liebt sie weiterhin gleich stark und schaut sie immerzu an. Aber die Tochter hat von ihrem Schöpfer, dem Vater, den freien Willen bekommen. Mit diesem freien Willen entscheidet sie sich für die Selbstliebe. **Ihr eigenes Spiegelbild wird ihr das Wichtigste.** (Emmerich) Sie vergisst den Vater immer mehr. Es kommt so weit, dass die Tochter so wesensfremd geworden ist vom Vater, dass zwischen ihr und ihm ein unüberbrückbarer, seelischer Trennungszustand entstanden ist. Gott, der Vater, ruft seine Tochter, seine Schöpfung, immer wieder. Die Tochter antwortet bereits nicht mehr. Und nun geschieht etwas ganz Natürliches. Die Tochter fällt ab aus dem Bereich des Vaters, weil ihre Seele in der Wesensart nicht mehr zur Liebe passt, denn sie, die Tochter, besteht nur noch aus Selbstliebe, also Ich-Sucht und Egoismus. Nun ist das Böse geboren, weil die Ich-Sucht die Liebe hasst! Jetzt erhebt sich das selbstverliebte Geschöpf gegen Gott und sagt: »Ich bin gleich schön, gleich vollkommen wie Du, ich bin selber Gott, und Dich brauche ich nicht!« Damit ist die erste und einzige Sünde im Universum geboren: Die Ablehnung der Liebe des Vaters. Die Tochter (die Schöpfung) ist abgefallen von Gott. Der Hass ist geboren, das Böse beginnt zu wirken!

Jesus gibt uns ein weiteres Bild als Gleichnis in seiner Offenbarung an die Französin Gabrielle Bossis (1935): »Mit Gott ist es so:

Ein Mann hatte viele Kinder, die er verwöhnte, jedes nach seiner Eigenart. Er sah jede Kleinigkeit voraus und suchte nur ihr Glück. Einige wurden einer solchen Liebe überdrüssig und verliessen ihn auf anmassende Weise. Andere folgten diesem Beispiel und gingen, zwar mit weniger Aufsehen, jedoch ebenso undankbar fort. Einige erlagen der Versuchung, die Selbständigkeit zu geniessen, und entflohen voll Stolz.

Dieser Mann blieb mit den letzten seiner Töchter allein, jenen Engeln und Menschen, die treu blieben, die ihm eine so treue Ergebenheit bezeugten, einen solchen Willen, die zugefügten Wunden zu heilen, dass dieser Mann durch die blosse Anwesenheit dieser Kinder, durch den reinen Klang ihrer Stimmen und ihrer Gesten, die nur dem Vater zu gefallen suchten, diesen die beleidigenden Vergehen und das Gefühl des Schmerzes vergessen liessen.«

»Der Liebe überdrüssig!!« Im Volksmund sagt man: »Wenn's dem Esel zu gut geht, geht er auf's Glatteis.« Nun fragen aber die Denker unter uns:

Warum gab es zu Beginn Geister, die der Liebe Gottes überdrüssig wurden und andere, die das nicht empfanden? Warum krümmten sich die einen in Selbstliebe von Gott ab und die anderen nicht? **Willensfreiheit, Eigendynamik des Geistes** können Antworten sein. Sowie die unendlich langen Zeitspannen, in denen sich dieses »Abwenden vom Vater« abspielte. Aber unser Geist stösst doch auf Grenzen. Wenn Jesus uns zum Beispiel sagt: »Gott ist ohne Anfang und ohne Ende.« Wie könnte unser Geist das jemals fassen? Unser Denken ist auf »Anfang und Ende« ausgerichtet. Alle anderen Möglichkeiten liegen ausserhalb unseres Fassungsvermögens.

Es gibt einen Punkt, wo wir uns nur noch an Christus orientieren können, der uns sagt: »Glaubt, was ich euch sage. Ich habe den Vater gesehen. Niemand ausser mir kennt den Vater. Ich und der Vater sind eins.

Gott ist Liebe.«

Kein Leid stammt von Gott, sondern allein vom Übel, welches die Welt befallen hat, seit sie von Gott abgefallen ist. Damit hat sich die Welt selbst bestraft.

Das Übel kann aber nicht mit Hass überwunden werden. Darum soll man es mit Geduld hinnehmen und mit Liebe überwinden. Böses mit Bösem vergelten ergibt eine neue Spirale von Übel. Christus wurde vom Bösen geschlagen und hat es mit übermenschlicher Geduld und Liebe ertragen und überwunden. Diese unerhörte Liebestat von Christus ist der Beweis für den Liebes-Charakter Gottes. In Christus hat Gott das Böse mit Liebe besiegt.

Christus empfiehlt uns, Krankheit und Leid **mit Geduld** zu ertragen. Warum? Wir spüren selber: Wenn wir als Patienten in Hass und Verbitterung steckenbleiben, verdoppeln wir unser Leiden. Gehorchen wir aber Christus, fühlen wir uns erleichtert. Zudem sagt ER uns, dass wir so an seiner Erlösungstat mitwirken, indem wir auch in unserem persönlichen Schicksal die göttliche Wesensart verwirklichen: Das Übel mit Liebe besiegen.

Warum steht im Alten Testament so viel von Gewalttaten und Strafen Gottes?

Vor den führenden Männern des Volkes Israel und seinen Propheten habe ich tiefe Hochachtung. Diese Männer machten starke Gotteserfahrungen, von denen sie sogar äusserlich geprägt wurden. Die Haare von Moses wurden weiss, nachdem er Gott begegnet war. Glühende Liebe und tiefer Respekt, aber auch Erschrockenheit über die Grösse und Macht des Herrn müssen die Empfindungen dieser Menschen gewesen sein. Sie wurden durch die Wirkung Gottes erschüttert und überwältigt.

Der Ewige Geist offenbarte sich in ihrer Seele als Inspiration mit schöpferischer, konstruktiver Wirkung. Die Zehn Gebote Gottes sind aufbauende Gesetze, welche das Volk schützen. Gottesliebe und Menschenliebe verhindern, dass Satan seine zerstörerische Tätigkeit ausbreiten kann. Moses war lange auf dem Berg, er rang mit Gott. Das bedeutet, seine Seele brauchte viel Zeit, um die ganze Inspiration aufnehmen und verkraften zu können.

Viele Propheten zogen sich für lange Zeit in die Wüste zurück und waren jahrelang damit beschäftigt, die Gotteserfahrungen zu verarbeiten, bevor sie die Erkenntnisse ihren Volksgenossen mitteilen konnten. Diese prophetischen Männer und Frauen Israels mussten unter der Grösse Gottes das Gefühl äusserster Winzigkeit empfunden haben. Sie warfen sich in Demut vor Gott in den Staub, bedeckten das Gesicht, wagten kaum, sich zu bewegen, wenn sie spürten, wie der Gottesgeist sie aufwühlte, veränderte, durchglühte.

Nach einem solch gewaltigen Gotteserlebnis gingen die Männer und Frauen voller Tatendrang zum Volk und berichteten, was sie erfahren hatten. Wie sehr muss sie jeweils das mangelnde Interesse ihrer Landsleute enttäuscht und erzürnt haben. Als Moses vom Berg herunterkam, fand er sein Volk beim Tanz ums goldene Kalb und anderen gotteslästerlichen Greueln.

Die Empörung der Gottesmänner muss in ihnen eine grosse Erschütterung verursacht haben. In gewaltigem Zorn riefen sie ihr Volk zur Ordnung zurück.

Das Volk war so wie wir Durchschnittsmenschen: Gleichgültig in religiösen Belangen, wenig inspiriert, lau und immer geneigt, sich irgendwelchen Lastern hinzugeben. Die Laster sind bis heute gleich geblieben. Wir kennen sie gut: Masslosigkeit in allen Bereichen, z.B. sexuelle Zügellosigkeit, Trunksucht, Fressgier, verbunden mit all den dazugehörigen Übeln und Krankeiten, Vergötterung materiellen Besitzes, Übersättigung, Langeweile, Trägheit oder Unruhe bis hin zur Depression.

Die Propheten des Alten Bundes hatten genaue Visionen über Katastrophen, die alle eintrafen. (Siehe Seite 37 bis 38.) Folgenden zentralen Gedanken müssen wir im Zusammenhang mit Prophetie und Strafgerichten immer wieder ganz klar überdenken: Gott ist Gerechtigkeit. Jesus sagt von sich, dass Er die menschgewordene göttliche Barmherzigkeit sei. (Siehe 5. 129 »Wer ist Jesus?«) Was heisst das konkret? Stellen Sie sich einmal vor, lieber Leser, Gott würde Sie nach Ihrem Erscheinen vor IHM **einzig aufgrund seiner Gerechtigkeit einstufen**. Da hätten wir alle keinerlei Chancen. Denn wenn Gott jeden bösen Gedanken und jede böse Tat von uns während unseres ganzen Lebens mit einer gerechten Strafe vergelten würde, kämen wir aus den Strafgerichten gar nicht mehr heraus. Jesus sagt, dass durch sein Opfer, das Opfer des schuldlosen Messias, Gott seine Barmherzigkeit anstelle seiner Gerechtigkeit anwenden könne. Denn es wäre für uns alle schrecklich, wenn wir ohne Barmherzigkeit in die Hände des lebendigen, gerechten Gottes fallen würden. Jesus bewahrt uns durch sein Kreuzes-Opfer davor, sofern wir es annehmen. Die Propheten sahen aber **jene** Zustände, die herrschten, **bevor** Jesus das Sühneopfer* geleistet hatte. Also mussten die Visionen zwangsläufig schreckenerregend sein.

Die Bibel lehrt, dass die absolute Gerechtigkeit Gottes Zorn empfindet angesichts der furchtbaren Uebeltaten des Menschengeschlechtes. Diesen Zorn Gottes haben die Propheten sprachlich in höchster Autoritätsstufe verfasst. **Wenn sie dabei mit ihrem menschlichen Zorn übertrieben haben, wurden sie von Gott zurechtgewiesen. Siehe Jona 1–4, Altes Testament.**

Eine Frage, die den Leser nun sicher beschäftigt: Wo befinden sich nun aber alle jene Menschen, die vor dem Erscheinen von Christus gestorben sind? Jesus sagt zur Seherin Maria Valtorta, dass sich die Gerechten des Alten Bundes in der Ewigkeit an einem Ort des Friedens im Wartezustand befinden, bis zur Wiederkunft Christi, durch die sie seelisch und körperlich auferstehen werden (siehe auch Seite 333 und Quellenverzeichnis).

Das Alte Testament enthält viele furchterregende Berichte (abgesehen von den freudvollen Psalmen und anderen Schilderungen von Liebe zu Gott und zu den Menschen). In langen und blutrünstigen Schilderungen erhalten wir Kenntnis von den vielen gewonnenen oder verlorenen

* Lesen sie dazu auch das Kapitel Seite 223 »Ist es nicht fehlender Mut, wenn man einfach einen Erlöser braucht?«.

Schlachten Israels. Oder davon, wie das Volk seine eigenen Propheten auf schreckliche Art umbrachte. Am Beispiel dieses kleinen Volkes wird immer wieder gezeigt, was in unserem eigenen Leben als Prinzip gilt:

Wenn wir uns nicht mehr an die göttlichen Gesetze der Liebe halten, werden wir sofort in Streit und Kämpfe verwickelt, die uns zutiefst schwächen. Das können wir in unserem eigenen Alltag erleben. Umgekehrt greifen uns andere Leute an, die sich ebenso wenig an göttliche Prinzipien halten. Solange wir aber fest verbunden bleiben mit Gott, werden wir siegen über unsere Feinde. Das wird im Alten Testament immer wieder sehr klar aufgezeigt. Sobald sich Israel jedoch dem Götzendienst, der Hurerei und anderen Lastern hingab, war es so geschwächt, dass es keinem Feind mehr Widerstand leisten konnte. Eine Ausnahme waren fremde Heerführer, die in Wirklichkeit Dämonen waren. Die Seherin Anna Katharina erkennt zum Beispiel, dass der Hohe Priester Melchisedech kein Mensch, sondern ein Engel war. Ebenso sieht sie, dass gewisse Angreifer Israels von Dämonen beherrscht waren. In diesen Fällen hören wir im Alten Testament, dass Gott sich seinem Widersacher, Satan, persönlich entgegenstellte und auf der Seite Israels den Feind vernichten half. Diese Dämonen waren aber nach dem Tod ihres »Besitzers« (dem von ihnen besetzten menschlichen Körper) keineswegs endgültig vernichtet. Wie wir im Kapitel »Warum wird das Böse nicht vernichtet?« erfahren haben, ist es nicht möglich, Geschöpfe, ob sie nun zu den guten oder negativen Geistwesen gehören, einfach zu beseitigen. Wie wir am Beispiel Israels erkennen, haben sich denn auch die Träger bösartiger Geistesmächte immer wieder auf dieses Volk gestürzt. Abwehrfähig war Israel aber immer nur dann, wenn es Gott treu blieb. Sobald es untreu war, wurde es von Schwäche befallen, von innen her ausgehöhlt und damit zur leichten Beute für den Feind.

Was versteht man unter dem Begriff »Sündenstrafen«?

Auch der häufig verwendete Begriff »Sündenstrafen« muss richtig interpretiert werden. **Jede Sünde enthält die Strafe bereits in sich.** Einfachstes Beispiel: Ich esse zu viel, begehe also die Sünde der Masslosigkeit. Kurz darauf muss ich – unter Schmerzen und dem Gefühl des Sterbenselendseins erbrechen.

Wer hat mich nun gestraft? Etwa Gott? Nein, gewiss nicht. Die Strafe besorgte mir meine eigene Masslosigkeit.

Das gleiche Prinzip spielt sich täglich auf der ganzen Welt ab, in allen Variationen menschlichen Handelns. Hinter allen Werken der Vernichtung stehen **Menschen,** die sich vom bösen Geiste leiten lassen. Rachsucht, Besitzgier, Lust an Zerstörung, Gesetzlosigkeit, Verantwortungslosigkeit, oder auch nur Gedankenlosigkeit sind Ursachen von privaten und öffentlichen Katastrophen. Es wäre tatsächlich Gotteslästerung, wenn wir diese Untaten Gott anlasten würden.

Aber unser menschliches Rachedenken, welches wir alle in uns tragen, bringt uns immer wieder in Versuchung, die vom Bösen verursachten Schäden als »Strafe Gottes« darzustellen, am liebsten dann, wenn der Schaden einen persönlichen Gegner oder politischen Feind betrifft.

Andererseits gibt es Menschen, die alles Leid, welches ihnen von bösen Kräften ausserhalb ihrer selbst oder von ihrem eigenen verkehrten Denken eingebrockt worden ist, als »persönliche Strafe Gottes« empfinden. Diese Menschen fühlen sich ständig »von Gott geschlagen«. Es ist verständlich, dass sie durch diese Denkweise innerlich hoffnungslos, bitter, aggressiv, unbarmherzig oder einfach resigniert geworden sind. In diesem Zustand fällt es ihnen schwer, für sich selbst oder für andere Menschen Milde, Barmherzigkeit oder gar Verzeihen ausüben zu können.

Es gibt aber nur eine einzige »Strafe Gottes«

Die einzige »Strafe Gottes« besteht darin – wie wir nun erkannt haben –, dass es IHN GIBT. Denn **weil** es Gott gibt, das absolut GUTE, sind wir automatisch die »Bestraften«, weil wir uns von ihm getrennt haben. Diese **Trennung an sich** ist die Strafe. Weil wir uns nie wirklich wohl und glücklich fühlen in dieser Trennung. Das ist die von uns selbst erzeugte Strafe. Erst wenn wir wieder ganz in Gott zurückgekehrt sind, können wir glücklich sein. Jede, auch die winzigste Trennung von IHM, macht uns innerlich friedlos und unglücklich. Gott muss nichts gegen uns in Gang setzen – die Strafe ist bereits gegeben durch die Tatsache, dass wir nicht mehr in IHM leben.

Wenn wir dereinst unseren Körper verlassen und in die andere Dimension des Geistes hinüberwechseln, werden wir in einer einzigen Sekunde erkennen, wie armselig wir sind vor Gott. Vor seiner absoluten Liebe werden wir schrumpfen zu einem Häufchen reuevoller Asche (um dieses Bild zu verwenden). Unsere Seele wird sofort erfassen, dass sie – als Symbol gemeint – in ihrem Zustand von »rostigem Eisen« nicht einfach problemlos in die vollkommene Harmonie der »Goldlegierung« Gottes einschmelzen kann. Diese Einsicht wird uns **brennend** zum Bewusstsein kommen und in uns **glühende Sehnsucht** nach Vollkommenheit erzeugen. Das verstehe ich als »Strafe«, weil die Reue schmerzhaft ist. Von daher kann ich auch das Bild vom »Fegefeuer« viel besser verstehen.

Es ist ein Zeichen von Gottes absoluter Gerechtigkeit, dass ER Satan (bösartige Intelligenz) die Freiheit gibt, in der Schöpfung weiterhin existieren zu können.

Wenn es nach uns Menschen ginge, würden wir Satan einfach zerstören, damit wir endlich Ruhe haben vor ihm. Aber Gott zerstört nichts und niemanden. Weil Satan ein Geschöpf ist von Gott und von Gott ursprünglich das Leben als Engel bekam, wird er von Gott nicht getötet.

Am Ende der Zeiten wird das Böse vorerst nur gebunden sein. Nach diesem Zeitablauf wird Satan noch einmal freigelassen für eine gewisse Zeit, damit der Gerechtigkeit Genüge getan ist, das heisst: auch Satan hat die gleichen Chancen für seine Existenz bekommen wie die in Gott verbliebenen Geistwesen (Engel).

Die Bibelkundigen unter uns werden jetzt fragen:

Welches war der Grund für die berühmte Sintflut, bei der nur Noah überlebte? Und warum wurden die Städte Sodom und Gomorrha zerstört?

Eine Gegenfrage: Wer ist der Besitzer der Welt? **Gott** ist der Besitzer der ganzen Schöpfung! Die Menschen um Noah hatten sich aber mit ihrem freien Willen den Kräften Satans unterworfen. Der **überwiegende** Teil von ihnen war also in Gefahr, vollständig in den Besitz des Bösen zu fallen. Gott überlässt aber seinen Besitz nicht einfach vollständig dem Zerstörergeist. Bevor Satan alles an sich reisst, greift Gott ein. So hat ER es auch im Falle Noahs und in den Städten Sodom und Gomorrha getan, wo sich ebenfalls die überwiegende Mehrheit der Menschen für das Böse entschieden hatte. Gott hätte sie alle an Satan verloren. Kann Gott jemals seine Schöpfung dem Zerstörergeist überlassen? Niemals. Das sieht sogar unser begrenzter Verstand ein.

Auch heute, im 21. Jahrhundert, gilt das gleiche Prinzip. Wenn die Schöpfung Gefahr läuft, **hundertprozentig** in die Macht Satans zu fallen, wird Gott eingreifen. Wie ER das tut, lesen wir in der Apokalypse.

Der Irrtum des Hiob

In der Geschichte von Hiob, die stellvertretend dasteht für unser eigenes Leben, begibt sich Satan zu Gott und behauptet, Hiob sei nur deshalb treu und gottesfürchtig, weil er noch nicht einen Schicksalsschlag erlitten habe. Er versichert Gott, dass dieser Mensch abtrünnig würde, wenn er, Satan, ihn wirkungsvoll angreifen könnte. Gott liess dem Satan den freien Willen. Satan tat das , was er auch heute besonders oft mit religiösen Menschen macht: Er quält sie ganz besonders heftig, um sie von Gott abzubringen. So befiel der Satan den Hiob mit allen Schicksalsschlägen, die man sich vorstellen kann: Plünderung seines Besitzes durch menschliche Feinde, Ermordung seiner Kinder, schwere Krankheit, die seinen Leib verunstaltete. Hiobs »Freunde« zeigen mit dem Finger auf Hiob und sagen hämisch:

»Das ist die Strafe Gottes für alle deine Sünden.« Hiob ist sich jedoch keiner so schweren Sünde bewusst, ausser jenen zahlreichen Unzulänglichkeiten, die auch ein im Glauben treuer Mann manchmal hat, zum Beispiel zu wenig Dankbarkeit, Ungeduld oder kleine Anflüge von Hochmut. Zu wenig liebevolle Anteilnahme für Probleme der Nächsten.

Schwere Sünden wie Mord, Totschlag, Raub, Ehebruch, Lüge, Gotteslästerung jedoch hatte Hiob nie begangen. So klagte er: »Herr, warum tust du mir das alles an? Ich habe mich doch nie schwer versündigt gegen dich?«

Dabei unterliegt Hiob bereits erstmals dem grossen Irrtum: Nicht Gott hat ihn geschlagen, sondern der frei lebende Satan und dessen böse Kräfte. Hiobs Frau rät ihrem Mann: »Verfluche deinen Gott.« Empört wendet sich Hiob von ihr ab. Auch wenn er Gott irrtümlicherweise die Schuld an seinem Unheil gibt (anstatt den Satan dahinter zu erkennen), bringt es Hiob doch nicht fertig, Gott zu lästern. Er begibt sich lediglich in trübe Resignation und fleht: »Herr, warum tust du mir das an? Sag endlich, warum du das tust! Offenbare dich!« Und der Herr offenbarte sich Hiob und sprach: »Wo warst du, als ich die ganze Welt schuf?« Oder mit anderen Worten: warst du dabei, als vor Ewigkeiten die ersten Geschöpfe sich gegen mich erhoben? Warst du dabei, als das Böse begann, meine Schöpfung zu zerstören?

Nachdem Gott sich Hiob offenbart hatte, belohnte ER ihn zudem für seine Treue. Alles, was Satan Hiob angetan hatte, wurde von Gott durch doppelt so viel Gutes ersetzt. Hiob wurde mit Wohlstand und reichem Nachwuchs gesegnet und lebte friedlich bis zu seinem sanften Tod.

So ergeht es auch uns. Wenn Satan anfängt, uns anzugreifen, weil wir Gott treu sein wollen, dürfen wir nicht Gott anklagen. Was wir tun müssen, ist Gott um mehr Überlebenskraft bitten, um grössere Energie-Reserven, damit wir das von Satan erzeugte Unglück überdauern und besiegen können. Unser Lohn für die Treue zu Gott wird Friede sein. (Gottlose Menschen haben zwar oft viel Geld und Ruhm, aber innerlich fehlt ihnen der wirkliche Friede. Am bekanntesten dafür sind wahrscheinlich die Selbstmorde der friedlosen Hollywood-Stars, um ein anschauliches Beispiel zu nennen.) Die göttlichen Geschenke sind: innerer Friede, echte Freude, unerschütterliche Treue, Ausdauer, Durchhaltekraft, Stehvermögen, innere Unabhängigkeit von weltlichen Suchtmitteln, Liebe zu Gott und den Menschen. Das ist keine Theorie, sondern ein von mir, meiner Familie und vielen anderen Menschen durch alle Angriffe Satans hindurch gemachte Erfahrung, die sich immer verwirklicht hat. (Siehe auch Kapitel »Die Wirkung von Gebet«.)

Wir alle wissen, was es heisst, eine »Hiobs«-Botschaft zu bekommen. Beispiel: Ein Familienvater erleidet frühzeitig einen Herzinfarkt. Hätte ihm Gott zwanzig Jahre lang die Zigaretten aus der Hand schlagen sollen, mit denen der Mann sein Herz ruinierte?

Ein schläfriger Autolenker fährt übermüdet frontal in einen Personenwagen. Der Lenker, seine Frau und eines der mitfahrenden Kinder sind sofort tot. Hat Gott die sinnlose Übermüdung des fehlbaren Lenkers zu verantworten?

Ein Schiffskapitän trinkt verbotenerweise Schnaps während der Arbeitszeit und rammt einen Eisberg. Hunderte von Passagieren ertrinken. Hätte Gott dem Kapitän das Whisky-Glas aus der Hand schlagen sollen?

Ist es Gott, der auf der ganzen Welt Kriege erklärt? Ist es Gott, der die Luft, Gewässer und den Boden mit gefährlichen Stoffen vergiftet? Hat Gott das Ozonloch erzeugt? Wir können die Beispiele für Hiobs-Botschaften beliebig vermehren. Unser gesunder Menschenverstand sieht aber ein, dass alle diese Schläge keine von Gott gewollten Strafen sind, sondern dem freien Willen des Menschen unterliegen.

Diesem klaren Sachverhalt steht eine andere Lehre entgegen. Sie stammt aus Asien und findet durch viele Bücher in Europa und Amerika weite Verbreitung. Es ist die Lehre vom Karma und der Wiedergeburt. Nach dieser Idee kommt der Mensch viele tausend Male zur Welt und muss im gegenwärtigen Leben eine alte Schuld aus dem vorherigen Dasein in Form von Krankheit und Schicksalsschlägen büssen. Jeder Mensch werde vom Karma, diesem Vergeltungsprinzip, willenlos in den eigenen Tod getrieben, willenlos auch in alle möglichen schlimmen Unglücke hineingezogen. Danach ist sogar ein Mörder gar nicht wirklich verantwortlich für seine Tat. Denn das Opfer habe ja, vom Karma her gezwungen, den Tod gesucht, und der Mörder hat nur das getan, was er tun musste. Wenn wir das genauer überdenken, wären ab sofort alle Gerichtshöfe der Welt zu schliessen, denn es gäbe ja keine Täter mehr zu verurteilen. Nach dieser Lehre sind wir alle willenlose Puppen, die nicht den geringsten Einfluss haben, weil das Karma ja alles vorausbestimmt. Völlig unlogisch tönt dann aber die Forderung dieser Lehre, man dürfe keine Schuld auf sich laden, um im nächsten Leben nicht wieder doppelt so viel büssen zu müssen. Aber wenn doch der Mörder nur seine Pflicht tut an seinem todsuchenden, vom Karma ferngesteuerten Opfer? Na ja, sagen die asiatischen Lehrmeister, der Mörder war eben noch nicht auf der erleuchteten Stufe, und in seinem Zustand war er gerade geeignet für die Erledigung dieser Tat. Ich persönlich kann mit dieser Lehre überhaupt nichts anfangen. Es wundert mich auch, dass Leute, die sogenannte vorgeburtliche Hypnose-Erlebnisse haben, meistens behaupten, sie seien einstmals Kleopatra oder Julius Cäsar oder sonst eine Berühmtheit gewesen. Knecht, Magd, leibeigener Bauer sind weniger populär. Hexen hingegen haben Konjunktur oder berühmte Revolutionäre wie Robin Hood.

Die Lehre vom Karma bedeutet für mich Hoffnungslosigkeit oder gefährlicher Fatalismus, den ich bei manchem Karma-Anhänger festgestellt habe. Ich möchte auf keinen Fall wiedergeboren werden. Auch ist es schrecklich, immer nur von kosmischen unpersönlichen Mächten zu hören, die uns wie Puppen an ihren Fäden tanzen lassen. Über die östlichen Lehren werden wir in weiteren Kapiteln eingehende Informationen erhalten.

Titel: »Warum gibt es so viele Religionen?« »Führen nicht alle Religionen zu Gott?«; »Merkmale der Irrlehren«; »Der Unterschied zum Christentum«.

Es ist für einen invalid geborenen Menschen sicher keine Befreiung, zu erfahren, dass sich alle Karma-Gläubigen im stillen fragen, was für ein verbrecherisches Leben er wohl in seinem früheren Dasein geführt haben möge, dass er jetzt so viel leiden müsse. Es ist besser für ihn, zu wissen, was es mit chaotischen Erbanlagen auf sich hat. (Siehe Kapitel »Auch Krankheit ist nicht von Gott gewollt«.)

Warum hat Gott von Abraham das Opfer seines Sohnes verlangt?

Für jene, welche die Bibelstelle im Alten Testament nicht kennen, folgende Kurzfassung: Gott befahl Abraham, seinen Sohn Isaak auf einem Scheiterhaufen zu opfern. Abraham gehorchte schweren Herzens. Als er aber das Feuer anzünden wollte, sagte Gott, er solle aufhören. Das Opfer werde von ihm nicht verlangt. Gott habe nur prüfen wollen, ob Abraham dem Herrn vorbehaltlos gehorchen würde.

Gott hatte zu Abraham eine besonders starke Beziehung. Abraham war Stammvater und Lehrer seines Volkes. An ihm zeigte Gott in einem starken Beispiel, wie der Gehorsam zum Schöpfer sein muss. Der Mensch soll, so verlangt es Gott, blind gehorchen, wenn der Schöpfer ruft. Warum? Weil wir Menschen eine Absicht Gottes mit unserem begrenzten Horizont oft als »sinnlos« einstufen und die damit verbundene Aufgabe ablehnen. Eines der besten Beispiele ist Mutter Teresa. Als sie vor bald 40 Jahren begann, ganz allein in den Strassen Kalkuttas Aussätzige vom Boden aufzuheben, zu sich zu nehmen und zu pflegen, sagten alle Leute, sie sei verrückt, so etwas könne nie zum Erfolg führen. Mutter Teresa besass nichts anderes als ihr Ordenskleid und eine provisorische Unterkunft bei einem Ehepaar. Sie war aus dem Kloster ausgetreten, um der inneren Stimme zu gehorchen, die sie in die Elendsviertel Kalkuttas trieb. Heute ist Mutter Teresa Friedensnobelpreisträgerin und hat einen Orden gegründet, der in der ganzen Welt arbeitet. Mutter Teresa zeigt uns, was **Abraham-Gehorsam** heisst. Gegen die Argumente der menschlichen Vernunft hat sie in blindem Gottvertrauen der inneren Stimme gehorcht, alle Konsequenzen gezogen und in Treue zu Gott ein für menschliche Überlegungen anfänglich unmöglich scheinendes Riesenwerk vollbracht.

Alles Unheil, die sogenannten Schicksalsschläge, haben ihren Ursprung im Bösen, welches in uns selbst arbeitet oder in den Menschen unserer Umgebung. Wenn also das Böse uns geschlagen hat, dann besteht die Prüfung darin, ob wir nun **trotz allen Schwierigkeiten**, welche vom Bösen angerichtet wurden, weiterhin Gott die Treue halten. Das heisst, ob wir tapfer bleiben, mutig, stark und treu im Gebet, ob wir, auch wenn das Böse uns tiefe Wunden geschlagen hat, weiterhin zu Gott stehen und als Zeugen für ihn arbeiten. Gott hat für uns nur gute Pläne. **Jesus betont** das in seinen Offenbarungen:* **»Gott hat für jeden Menschen einen guten Plan. Aber dieser Plan wird durch das Böse und den freien Willen des Menschen zum Bösen immer wieder durchkreuzt!«** (Siehe Kapitel »Der Irrtum des Hiob«, *siehe Seite 165.)

Der Mensch verhindert also selber, dass Gott an ihm seine guten Pläne verwirklichen kann. Wenn eine korrupte Regierung Geld und Nahrungsmittel für das Volk veruntreut, dann hindert sie Gott daran, den Hungernden Gerechtigkeit zukommen zu lassen. Das gleiche Prinzip gilt für unser privates Leben. Überlegen wir: Wann und warum habe ich verhindert, dass das Gute wirksam werden konnte bei mir und bei anderen Menschen?

Wer aus meiner Umgebung verhindert es, dass ich zu meinem Guten komme? Der Spruch »Gottes Mühlen mahlen langsam« ist falsch. Es müsste heissen: Der Mensch durchkreuzt mit seinem freien Willen solange die guten Absichten Gottes, so dass deren Verwirklichung unendlich lange verzögert wird.

Gleichheit, Gerechtigkeit, Brüderlichkeit – wie lange schon verhindert der Mensch diese Grundsätze der Liebe Gottes? Diese Prinzipien können ohne tiefen, echten Glauben an Gott gar nie verwirklicht werden. Weder die französischen Revolutionäre noch die Marxisten im Ostblock konnten diese Rechte verwirklichen. Solange sich nicht **jeder einzelne Mensch tief in seiner Seele Gott gegenüber verantwortlich fühlt,** solange wird persönlicher Egoismus immer wieder das Scheitern der Gerechtigkeit verursachen.

Fakten der **WHO** (Weltgesundheitsorganisation): »Die Erde verfügt über **genug** Nahrungsmittel, sogar für viel mehr Menschen. Aber dieser natürliche Wohlstand der Erde wird einseitig verteilt«. Es gibt heute über **447 Dollar-Milliardäre** auf der Welt. Ihr **Nettovermögen** ist so hoch wie das Jahreseinkommen der ärmsten **50 Prozent der Menschheit**. Aus ökologischer Sicht ist nicht der Süden, sondern der Norden überbevölkert. Die **Kosten für die Ausrottung der Armut**, 80 Milliarden Dollar pro Jahr während des nächsten Jahrzehnts, entspricht dem Nettovermögen der **sieben reichsten Personen auf der Welt**.

Eine spürbare Schuldenerleichterung für die 20 am stärksten verschuldeten Länder würde nicht mehr kosten als der Bau des Vergnügungsparks Eurodisney in Frankreich.

»Die Erde bringt genug hervor, um den Bedarf eines jeden Menschen zu decken – nicht aber jedermanns Gier.« *(Mahatma Gandhi)*

Sind die Wehe-Rufe von Jesus keine Drohung für uns?

Nein. Jesus droht nicht, er informiert lediglich, was der Mensch selber an unheilvollen Ereignissen riskiert, wenn er sich vom Guten abwendet. Jesus hat den Gesamtüberblick (siehe Kapitel »Warum können Propheten Jahrtausende zuvor Katastrophen voraussagen?«), darum kann er den Schriftgelehrten in Jerusalem auch sagen, dass 70 Jahre nach seinem Tod kein Stein mehr auf dem anderen stehen wird in dieser Stadt. Aber nicht, weil Gott rachsüchtig auf Israel einschlägt, sondern weil sich Israel mit eigenem negativem Verhalten in Sackgassen und Niederlagen hineinmanövriert.

Die verkehrte Sicht vom Wesen Gottes hat eine jahrtausendealte Geschichte und ist zäh verhaftet im Denken der Menschen. Es wird wohl noch ein Jahrhundert brauchen, um den Charakter Gottes im Denken der Gläubigen von allen Verzerrungen zu befreien. Trotzdem wird es die Willensfreiheit, die Gott immer gewährt, wiederum zulassen, dass die gottfeindlichen Kräfte ständig von neuem versuchen werden, die Irrtümer über Gott zu verbreiten. Halten wir uns fest an der Lehre von Christus: »Gott hat die Finsternis nicht geschaffen und hat mit dem Bösen nichts zu tun.« (Siehe Jesus-Wort S. 106)

In manchen christlichen Publikationen aus früherer oder heutiger Zeit hat man stark den Eindruck, dass die Verfasser, seien es nun Schriftsteller, Philosophen, Theologen, Redaktoren, Herausgeber oder Verleger, sehr wohl ihr eigenes Gottes- und Weltbild haben darlegen wollen, ein Bild, welches von den alten falschen Ideen des »rächenden Gottes« geprägt ist. Ob dies bewusst oder unbewusst beim Redigieren der Texte geschehen ist, kann ebenfalls nie mit letzter Sicherheit nachgewiesen werden.

So ehrlich wie Hildegard von Bingen oder Anna Katharina Emmerich sind die Herausgeber solcher Bücher und Schriften allerdings nicht. Wie bereits erwähnt, hat Hildegard von Bingen offen zugegeben, dass jene »Strafandrohung Gottes«, die sie gelegentlich erwähnt, ihre **eigene** Idee sei und nicht von Gott stamme! Sie habe diese »Drohungen« einfach als taktisches Druckmittel angewandt, um die Gleichgültigen aufzurütteln. Auch Anna Katharina Emmerich ist immer ehrlich, wenn sie sagt: »Ich habe Offenbarungsbilder gesehen, verstehe sie aber nicht. Nun denke **ich** mir, es könnte vielleicht dieses oder jenes bedeuten ...« Solche eigenen Überlegungen stellt sie allerdings in ihrem grossen Visionserleben selten an und **unterscheidet** immer klar, welches ihre **eigenen** Überlegungen sind und betont, dass diese möglicherweise mit der göttlichen Idee gar nicht übereinstimmen.

»Warum können die Propheten Jahrtausende vorher Katastrophen voraussagen, wenn Gott sie nicht geplant hat?«

So fragt mich der Jugendliche, Franz R. (Gymnasiast, Zürich).

Die Antwort:

Stell dir vor, du stehst auf einem Wolkenkratzer in New York. Da bist du ja tatsächlich schon gewesen und hast gestaunt über die grossartige Aussicht. Von allen Seiten her siehst du die zahlreichen Strassenzüge und Kreuzungen. Winzig klein fahren Tausende von Autos im Spielzeugformat in langen glitzernden Schlangen vorbei. Plötzlich siehst du eine gefährliche Situation:

Von einer Seite nähert sich ein feuerrotes Fahrzeug mit grosser Geschwindigkeit. Im rechten Winkel von dessen Fahrtrichtung nähert sich ein Motorrad. Du siehst es gut, weil der Fahrer einen knallgelben Overall trägt. Entsetzt wird dir klar: Wenn diese beiden Verkehrsteilnehmer nicht innerhalb der nächsten dreissig Sekunden ihre Geschwindigkeit drastisch verringern, prallen sie auf katastrophale Art zusammen. Du stehst nun auf deinem Wolkenkratzer und kannst nichts anderes machen als hoffen, dass sich die beiden Menschen an die Verkehrsregeln halten und die Stopsignale beachten werden. Wenn sie es nicht tun, kannst Du genau prophezeien, dass eine Katastrophe eintreten wird.

Den beiden Verkehrsteilnehmern ist es dabei völlig freigestellt, was sie tun wollen. Was **du** voraussiehst, ist nur die **Möglichkeit** einer Katastrophe. Weil du an einem anderen Standort bist, eben auf diesem Turm mit der gewaltigen Übersicht. Du weisst genau dreissig Sekunden früher als die beiden Verkehrsteilnehmer – was geschehen wird.

Die Propheten wussten dreitausend oder mehr Jahre früher, was geschehen wird, wenn die Völker sich nicht an die »Verkehrsregeln«, sprich göttlichen Gesetze der Liebe, halten. Gott hatte den Propheten für einen kurzen Augenblick einen »Platz auf dem sehr hohen Turm« gewährt. Das heisst, sie bekamen einen Überblick auf viel grössere Zeitdimensionen, als wir Menschen sie uns je vorstellen können. Gott weiss nicht nur 30 Sekunden früher, was passieren kann, sondern ER hat über Jahrmilliarden hinweg den universellen Überblick in bezug auf das, was die Menschen mit ihrem freien Willen tun oder nicht tun. Und die Frage, warum Gott denn die Welt erschaffen hat, obwohl ER doch voraus wusste, wieviele »Verkehrszusammenbrüche« stattfinden werden, haben wir in einem Kapitel zuvor bereits beantwortet. Sind jetzt die beiden Fahrzeuge, die du beobachtet hast, aufeinandergeprallt oder nicht? Lassen wir es offen. Es hat im freien Willensbereich der beiden Verkehrsteilnehmer gelegen.

Und wie steht es heute? Ich glaube, wir brauchen nicht einmal einen besonders erhöhten Standort, um zu erkennen, dass wir uns auf dem Weg in ein gewaltiges »Verkehrsdebakel« befinden, weil verschiedene Teilnehmer im globalen und weltpolitischen Verkehrsnetz sich wieder einmal nicht an die Verkehrsregeln halten. Um das zu erkennen, benötigen wir nur den gesunden Menschenverstand.

Blick von einem Wolkenkratzer auf den Verkehr

Für Bibelkenner: ***»Vorher gesehen«*** bringt besseres Verstehen der Stellen bei Römer 9–11 oder bei Jakob/Esau Altes Testament (***vorher gesehen***, dass der eine aus egoistischen Motiven opferte) oder beim Verrat des Judas, der nicht vorbestimmt war, sondern ***vorher gesehen*** wurde.

Gott führt uns nicht in Versuchung

Gott ist nicht die Ursache von Unheil, **und er führt uns auch nicht in Versuchung!**

Das aramäische Vaterunser, wie **Jesus** es gesprochen hat, lautet so:

Unser Vater im Himmel!
Dein Name werde geheiligt.
Dein Reich komme.
Dein Wille geschehe wie im Himmel so auf Erden.
Gib uns Tag um Tag das benötigte Brot.
Und vergib uns unsere Schulden,
wie wir vergeben haben unsern Schuldnern.
Führe uns, auf dass wir nicht in Versuchung fallen,
Und erlöse uns von dem Bösen.
Denn Dein ist das Reich und die Kraft
und die Herrlichkeit in Ewigkeit. Amen.

Mt. 6:9–13.

Gott zwingt den Menschen nicht zur Bekehrung

Hören wir, was Mutter Teresa, die echteste Botin des Himmels in unserem Jahrhundert, dazu zu sagen hat:

»Oh, ich hoffe, dass ich auf dem Weg der Bekehrung bin. Ich meine nicht das, was Sie denken. Ich hoffe auf die Bekehrung der Herzen. Nicht einmal Gott, der Allmächtige, kann jemand bekehren, der nicht will. Wir alle versuchen, mit unserem Dienst am Menschen Gott näherzukommen. Wenn wir Gott in unser Leben aufnehmen, indem wir ihm von Angesicht zu Angesicht gegenübertreten, dann bekehren wir uns. Wir werden ein besserer Jude, ein besserer Hindu, ein besserer Moslem, ein besserer Katholik, besser, was auch immer wir sein mögen, und indem wir besser werden, kommen wir ihm immer näher. Wenn wir ihn voll in unser Leben aufnehmen, dann ist das Bekehrung. Auf welche Weise ich den Zugang zu Gott suche? Nun, ich versuche es natürlich als Katholikin, Sie vielleicht als Hindu, jemand anderer als Buddhist, jeder nach dem eigenen Gewissen. Was Gott in Ihrem Herzen ist, das müssen Sie annehmen. Aber ich kann es nicht verhindern, dass ich versuche, Ihnen zu geben, was ich habe.

Ich scheue mich nicht, zu sagen, dass ich Jesus liebe, denn er ist mir alles. Sie aber haben vielleicht ein anderes Bild in Ihrem Leben. Und so muss Bekehrung verstanden werden – die Leute glauben, Bekehrung sei einfach ein Wandel über Nacht. So ist es nicht. Niemand, nicht einmal Ihr Vater oder Ihre Mutter, kann Sie dazu bringen. **Nicht einmal der allmächtige Gott kann jemand zwingen. Sogar Jesus, obwohl er Gott selbst war, konnte die Herzen der Menschen nicht bekehren, wenn sie es ihm nicht erlaubten.** Ich möchte, dass möglichst viele Menschen Gott kennen, ihn lieben, ihm dienen lernen, denn das ist wahres Glück. Und was ich habe, das, möchte ich, soll alle Welt haben. Aber es liegt an den Menschen. Wenn sie das Licht sehen, können sie ihm folgen. Ich kann ihnen das Licht nicht geben, ich kann nur den Weg zeigen. Wenn ich nach Kalighat komme und dort arbeite und den Leuten wirklich mit Liebe und Aufopferung diene, dann werden sie natürlich anfangen, an Gott zu denken. Wenn sie einmal denken, werden sie zur Erkenntnis kommen; und wenn sie erkennen, werden sie lieben wollen; und wenn sie lieben, werden sie dienen wollen.«

Jesus (Offenbarung an Gabrielle Bossis, Frankreich 1940):

»Ich bitte dich, lebe ohne Unterlass in meiner Liebe!

Ich zwinge dich nicht. Ich zwinge niemals, nicht einmal zu meinen Gaben. Ihr seid frei. Wie viele Male hat mich eure Freiheit gekreuzigt!...

Nun, ich warte... Ich warte durch die Jahrhunderte... Findest du nicht, dass ich schon sehr lange warte?...«

Es ist unendlich viel Schaden angerichtet worden auf der Welt, in Völkern und einzelnen Familien, durch die Meinung der Leute, den Glauben an Gott mit Drohung, Strafe und Züchtigung erzwingen zu wollen bei ihren Mitmenschen. Sektenführer schlugen »Sünderinnen« tot, auf den christlichen Kreuzzügen wurde unsäglich viel Blut vergossen mit der Idee, Völker zu Christus zwingen zu müssen. Ich kenne einen jähzornigen Katholiken, der seine drei Töchter während ihrer ganzen Jugend mit der Rute zum Bekennen der Sünden gezwungen hat, jeden Abend, vor ihm auf den Knien. Und dann züchtigte er sie. Alle drei Mädchen sind noch vor dem 18. Lebensjahr aus dem Elternhaus geflüchtet und vollständig vom Glauben abgefallen.

Sind Marien-Erscheinungen möglich?

1. Reformierte Christen bekunden oft Mühe mit den leider besonders in südlichen Ländern noch immer fragwürdigen Formen der Marienverehrung. Marienverehrung darf nie etwas zu tun haben mit Anbetung. Maria bezeichnet sich selbst immer nur als Mutter und Botin von Christus, welcher das Zentrum des christlichen Glaubens sein müsse. Der reformierte Schweizer Theologe Walter J. Hollenweger, der an der staatlichen Universität Birmingham (Grossbritannien) Missionswissenschaft und interkulturelle Theologie lehrt, hat in einem Monodrama mit dem Titel »Mirjam, Mutter« ein Plädoyer für eine evangelische Marienfrömmigkeit geschaffen. Hollenweger betont, dass Luther, Calvin und Zwingli grosse Marienverehrer waren.

2. Physiker bezweifeln keineswegs, dass Erscheinungen möglich sind, da es die verschiedensten Formen und Dimensionen geben muss zwischen sichtbarer Materie und jenem Bereich zwischen Geist und Materie, den wir nicht mit Messgeräten erfassen können.

3. Die Botschaften von Maria sind immer gleich: Sie mahnt die Welt zur Umkehr, zur Busse, zum Gebet, zur echten Bekehrung. Gott könne die Welt nur durch die **freiwilligen Gebete der Mehrheit unserer Weltbevölkerung** von Krieg, Zusammenbruch, Chaos und Zerstörung retten. Der Grund ist immer der gleiche. Gott zwingt der Welt den Frieden nicht auf. Gott lässt den Menschen die Freiheit, sich mit ihrem freien Willen zu Ihm, dem GUTEN, oder zu seinem Gegner, dem Zerstörer, zu wenden. Maria bittet seit 1981 am Erscheinungsort Medjugorje (Jugoslawien) mit der grössten Dringlichkeit um Bekehrung. Sie tut dies in Demut vor Gott, Geduld, Freundlichkeit, Güte und **ohne jede Drohung**. Vielmehr sind ihre Ausrufe immer eine Einladung zum freiwilligen Entscheid, sich zu bekehren. Dabei betont sie, dass Friede und Rettung der Schöpfung nur möglich sei, wenn jeder Mensch sich zuerst und zutiefst in seinem Herzen zu Gott und zu Christus bekehre. Von daher werden Familien, Freunde, Dorfgemeinschaften, Behörden, Wirtschaftsführer und die Landesregierungen die Umkehr zum Gott des Friedens, der Liebe und der Gerechtigkeit vollbringen. Nur so sei die Welt zu retten.

Die bekanntesten Marienerscheinungsorte (nebst Medjugorje) sind Lourdes (Erscheinungsjahr 1858) und Fatima (1917). In Fatima hat Maria den Hirtenkindern das Datum angegeben, wann der zweite Weltkrieg ausbrechen werde, sofern die Welt sich nicht mehrheitlich zu Gott bekehre.

Naturwissenschaftlich unerklärbare Vorkommnisse an den Erscheinungsorten

Das Mädchen, welches Maria in der Grotte von Lourdes gesehen hat, heisst Bernadette Soubirous und war Tochter eines verarmten, kinderreichen Mühlenbesitzers. Bernadette starb vor mehr als 100 Jahren. Ihr Körper liegt aufgebahrt im Kloster der Barmherzigen Schwestern in Nevers. Durch die undichten Ritzen des Sarges dringt Sauerstoff, aber die Leiche ist unversehrt, frisch, nicht einmal ein Hauch von Totengeruch umgibt sie. Der Glasschrein ist mehrmals von Wissenschaftlern geöffnet worden. Durch die damit verbundene stärkere Sauerstoffzufuhr oxidierte die Haut an Gesicht und Händen und verfärbte sich etwas dunkler. Da die Tote weiterhin zur Betrachtung ausgestellt ist, hat man die oxidierte Haut an Gesicht und Händen mit einer dünnen Wachsschicht überzogen, welche die ursprüngliche Hautfarbe zeigt.

Von den Tausenden von Heilungen in Lourdes werden von der katholischen Kirche lediglich 60 als Wunder anerkannt. Ein internationales Ärztegremium, welches aus Angehörigen verschiedener Konfessionen zusammengesetzt ist, und zu welchem auch ungläubige Ärzte gehören, hat diese Heilungen bestätigt. Die gültige wissenschaftliche Dokumentation der 60 medizinisch nicht erklärbaren Heilungen kann im Archiv von Lourdes öffentlich eingesehen werden.

Auch aus Fatima und seit 1981 auch aus Medjugorje werden immer wieder medizinisch nicht erklärbare Heilungen gemeldet. So konnte in Medjugorje 1987 eine querschnittgelähmte junge Frau nach dem Betreten des Erscheinungsraumes, wo sie zusammen mit anderen Gläubigen betete, plötzlich aufstehen und gehen. Dies wurde von einem Journalistenteam gefilmt. Der Film ist erhältlich als Video-Kassette (Adresse im Quellenverzeichnis, siehe Anhang). Bisher sind Millionen Menschen durch die Missionsarbeit von Maria zur Bekehrung geführt worden. In dem erwähnten Video-Film bezeugen Jugendliche aus aller Welt, aber auch Männer und Frauen jeden Alters, dass ihr Glaube an Gott, der bei vielen jahrelang verschüttet war, durch Medjugorje eine ganz neue Dimension und Tiefe erfahren habe. (Eine negative Auswirkung, die leider bei allen Wallfahrtsorten zu verzeichnen ist. Gewissenlose Händler wollen den Pilgerstrom finanziell ausnützen. Sie bieten geschmacklose »religiöse« Gegenstände an, welche zum Teil geradezu ekelerregende Formen annehmen. Dazu hat Maria den Seherkindern gesagt: »Satan versucht überall, die Ergebnisse meiner Arbeit zu verderben. Er will meinen Sohn Jesus Christus und mich lächerlich machen.

Kümmert Euch nicht darum. Haltet trotz allen Anfechtungen Gott die Treue!«

Der Himmel offenbart sich einfachen Menschen

Maria wählt die gleiche Art der Verkündigung wie Jesus. Er richtete seine Botschaft zuerst an einfache Menschen, Handwerker und Fischer. Von den Schriftgelehrten (den damaligen Theologen) wurde Jesus bekämpft und abgelehnt. Maria wählt an allen ihren Erscheinungsorten einfache Menschen aus. Es sind Hirten- oder Bauernkinder (auch die Geburt von Jesus wurde zuerst den Hirten offenbart).

Ein jugoslawischer Bischof, der den Erscheinungen von Medjugorje zuerst sehr skeptisch gegenüber gestanden hatte, sagte in einem Fernsehinterview: »Ich war 30 Jahre lang Theologieprofessor für Dogmatik, aber im Grunde genommen habe ich nichts verstanden. Erst seit ich hier in Medjugorje angefangen habe, die Botschaft von Maria ernst zu nehmen, und wirklich demütig vor Gott und von Herzen bete, beginne ich zu begreifen, was Gott von uns will.«

Teil II

Wer ist Jesus? Und was habt ihr gegen ihn?

Die Menschen wissen alle Einzelheiten über Sportereignisse, Lieblings-TV-Serien und Unterhaltungs-Idole, aber über Jesus wissen sie entweder wenig, nichts oder Widersprüchliches. Trotzdem fragen die Menschen immer wieder:
Wer ist Jesus?
Kann er heilen?
Ist er Gott?

Immer verwirrender werden in der heutigen Zeit die Aussagen über Jesus. Viele der Theorien widersprechen sich. Was aber sagt JESUS von sich?

Es gibt Leute, die behaupten, Jesus habe nie gelebt

Die Existenz von Jesus wird von nichtchristlichen Zeugen im ersten Jahrhundert belegt. Der jüdische Historiker Flavius Josephus schreibt um 90:

»Der Hohepriester Annas rief den Hohen Rat zu einer Gerichtsverhandlung zusammen und stellte vor dieses Gericht Jakobus, Verwandter von **Jesus, der Christus genannt wird**, und einige andere und liess sie zur Steinigung verurteilen.«

Auch römische Schriftsteller erwähnen ihn, so z.B. der römische Kaiserbiograph Sueton (um 120), dem historisches Aktenmaterial zur Verfügung stand. Er berichtet:

»Die Juden, welche aufgehetzt von Chrestos, fortwährend Unruhen anzettelten, vertrieb er aus Rom.«

Tatsächlich wird eine Judenverfolgung unter dem Kaiser Claudius (41–54 n. Chr.) auch in der Apostelgeschichte erwähnt (Apg 18, 2). Chrestos ist identisch mit Christus und die Christen wurden häufig Chrestianer genannt. Sueton erwähnt in der Darstellung des Kaisers Nero nochmals die Christen:

»Todesstrafen trafen die Chrestianer, eine Sekte von einem neuen schädlichen Aberglauben. «

Ein anderer Römer, Tacitus (gestorben 120 n. Chr.) berichtet in seinen Annalen über die Christenverfolgung unter Kaiser Nero in Rom, dass Nero als Brandstifter Roms »diejenigen mit den ausgesuchtesten Martern bestrafte, die – durch Schandtaten verhasst – das Volk Chrestianer nannte. **Der Begründer dieses Namens, Christus, war unter der Regierung des Tiberius durch den Prokurator Pontius Pilatus hingerichtet worden.**« (Annalen XV., 44). Eine weitere Erwähnung stammt vom Statthalter Plinius, der erstmals die religiöse Verehrung des Christus »wie ein Gott« bezeugt.

Aus diesen Quellen wird die historische Existenz Jesu klar bezeugt. Sein Tod am Kreuz wird genau datiert und die Auswirkung seiner Bewegung auf das römische Reich vermerkt.

Die prophetischen Voraussagen auf Jesus Christus

Ca. 400 Jahre vor Christi Geburt war das AT abgeschlossen. Darin finden sich über 300 prophetische Voraussagen auf Jesus Christus, den jüdischen »Messias«, die sich ausnahmslos im Leben Jesu erfüllten.

Hierzu einige Beispiele (links Prophetie, rechts Erfüllung):

Prophetie	vorhergesagt in:	erfüllt in:
Die Jungfrauengeburt	Jesaja 7, 14	Matth. 1, 18–25
Geburtsort Bethlehem	Micha 5, 1	Matth. 2,1
Wegbereiter Johannes der Täufer	Jesaja 40, 3	Matth. 3, 1–3
Verraten für 30 Silberlinge	Sach. 11, 12	Matth. 26, 15
Verräterlohn für Töpfersacker	Sach. 11, 13	Matth. 27, 5–7
Anspeien Jesu	Jesaja 50, 6	Matth. 27, 30
Von Schriftgelehrten abgelehnt	Jesaja 53, 3	Markus 15, 14
Hände und Füsse durchbohrt	Psalm 22, 17	Joh. 19, 18.37
Los über sein Gewand	Psalm 22, 19	Joh. 19, 24
Galle und Essig trinken	Psalm 69, 22	Matth. 27, 34
Kein Bein zerbrochen	Psalm 34, 21	Joh. 19, 33
In die Seite gestochen	Sach. 12, 10	Joh. 19, 34
Grab bei Gottlosen und Reichen	Jesaja 53, 9	Matth. 27, 55–60

Schon die Wahrscheinlichkeit, dass nur diese 13 Prophetien sich im Leben eines einzigen Mannes erfüllen, ist astronomisch klein. Aber es gibt ja weit mehr Voraussagen auf Christus, allein ca.. 50 Hauptprophetien! Wie kann es geschehen, dass 500–1000 Jahre alle Voraussagen so genau eintreffen? Wer mag da noch an »Zufall« glauben?!

Ich wurde einmal gefragt, warum Jesus denn erst vor 2000 Jahren und nicht schon lange vorher gekommen sei. Darauf können wir Menschen keine Antwort geben, weil nur Gott die Zeiten und Ewigkeiten kennt, den Anfang, die Fülle der Zeiten, das Ende der Zeiten oder der Neubeginn aller Zeiten. Jesus sagt zu seinen Jüngern: »Es ist nicht eure Sache, Gottes Pläne zu kennen und die Zeit oder die Stunde, die Gott bestimmt. Gott ist frei.« Johannes 1, 1–9

Wie hat Jesus gelebt und warum ist er gekommen?

fragt Dennis, ein 16jähriger Jugendlicher

(Bevor wir auf alle wichtigen Einzelfragen eingehen, die im Inhaltsverzeichnis genau aufgeführt sind, möchte ich zuerst in stark konzentrierter Form den Sinn der Geburt, des Lebens, Sterbens und der Auferstehung von Jesus darlegen, so wie ein Christ es versteht. Damit von Anfang an klar wird, welches die Grundlagen sind, auf denen wir die Existenz von Jesus Christus verstehen sollen.)

Lieber Dennis,

kein Mensch hat in all den Jahrmillionen der menschlichen Geschichte so gelebt und gewirkt wie Jesus. Du kannst seinen Lebenslauf nachlesen in den Berichten der Evangelisten Johannes, Matthäus, Lukas und Markus. Unabhängig voneinander haben sie Leben, Sterben und Auferstehung von Jesus dokumentiert.

Ich will Dir nun den Lebenslauf von Jesus berichten:

Jesus ist vor zweitausend Jahren im israelischen Dörflein Bethlehem zur Welt gekommen. Die herausragende Bedeutung seiner Geburt zeigt sich bereits hier. Du weisst ja, man sagt, heute ist der 2. Oktober 1988 nach Christus. Unsere Zeitrechnung wird aufgeteilt in die Zeit vor der Geburt von Jesus Christus und die Zeit nach seiner Geburt. Jesus war sein Vorname und bedeutet: »Ich bin« oder »der Seiende«, Christus heisst: Erlöser.

Jesus lebte ungefähr 30 Jahre zurückgezogen bei seinen Eltern in Nazaret. Danach begann er, während drei Jahren durch das Land zu wandern und den Menschen zu sagen, wer er sei und wie sein Auftrag laute.

Folgendes musst Du wissen:

Das jüdische Volk sehnte sich seit Tausenden von Jahren sehr stark nach einem Erlöser, nach Christus, dem Messias. Dabei stellte sich das Volk Israel den Erlöser immer vor als einen grossen Kriegshelden, der das Land endlich von der verhassten römischen Unterdrückung befreien würde. In ihren Vorstellungen musste also dieser Erlöser – der Messias – als Königssohn geboren werden, mit aller Pracht und Gepränge, so wie man sich einen Königssohn und Besieger von Tyrannen auf menschliche Art vorstellt.

Warum ist Jesus gekommen?

Jesus hat von sich gesagt, dass ER dieser Messias sei, der Sohn Gottes und von Gott geschickt, um die Sünden der ganzen Menschheit auf sich zu nehmen. Er heilte Lahme, Blinde, Aussätzige und erweckte Tote zum Leben. Jesus wurde auch gesehen, wie er über das Wasser des Sees Genezareth ging und wie er dem Sturm auf dem See Einhalt gebot. Jesus zeigt damit, dass er göttliche Gewalt hatte über die Naturkräfte. Die Gelehrten jener Zeit hatten Angst um ihre eigene Machtposition und wünschten, Jesus zum Schweigen zu bringen.

Sie waren sehr zornig auf Jesus, weil er sie in aller Öffentlichkeit blossgestellt hatte. Jesus sagte in der Synagoge (so hiess das Gebäude, wo man zu Gott betete), die Schriftgelehrten, man nannte sie auch Pharisäer, seien Heuchler, denn sie seien nur zum Scheine gottesfürchtig. Innerlich aber, zutiefst in ihrer Seele, seien sie gottlos. Sie unterdrückten das Volk, betrogen es und heuchelten bloss grosse Frömmigkeit. In Wirklichkeit aber seien sie, so sagte Jesus öffentlich, Priester des Satans. Du kannst Dir vorstellen, was für eine Wut diese Gelehrten auf Jesus hatten. Das jüdische Volk allerdings liebte Jesus. Zu Tausenden folgten ihm die jüdischen Männer und Frauen. Sie liebten und verehrten Jesus und beteten ihn an, denn er hatte ihre Kranken geheilt und Tote auferweckt. Aber die Theologen, so nennt man heute die Schriftgelehrten, sannen auf Rache, denn sie waren in ihrem Stolz verletzt. Es gelang ihnen, Jesus gefangen zu nehmen und vor ein römisches Gericht zu stellen.

Es war also eine Gruppe von hasserfüllten, eigensinnigen Schriftgelehrten, welche Jesus töten wollten. Sie allein besassen Einsicht in die Schriften. Das Volk war weder belesen, noch gebildet und der grösste Teil Analphabeten. Es gab keine Druckereien und keine Massenmedien, welche das Volk hätten aufklären können. Jesus stritt sich gezwungenermassen ausschliesslich mit den Theologen, die eine verschwindende Minderheit des jüdischen Volkes darstellten. Diese Theologen hatten alle Fäden und alle Macht in den Händen. Wer ihnen widersprach, wurde brutal verfolgt.

Jesus scheiterte nicht an »den Juden«, sondern an einer Minderheit von starrköpfigen Theologen.

Diese Minderheit von Theologen liess Jesus in einer feigen Nacht- und Nebelaktion töten. Dazu wollten sie den Eindruck eines »Volksentscheides« erwecken, indem sie gekauften Pöbel aufhetzten für das Geschrei vom Karfreitag: »ans Kreuz mit ihm«. Solche Methoden wenden auch Diktatoren der heutigen Zeit an. Es gibt noch andere Arten von Mörderpöbel. (Denk nur an die FC-Liverpool-Fans, welche mit ihrer Hetzerei gegen andere Clubs Blutbäder in Fussballstadien anrichteten.)

Am Karfreitag waren zudem viele Fremde in Jerusalem, die gar nicht wussten, worum es ging. Der verärgerte Pilatus wollte sich die Sache möglichst rasch vom Halse schaffen und kam damit den Wünschen der Theologen entgegen, die alles schnell erledigen wollten, bevor das Volk zuviel davon merkte. Zuvor hatte folgendes stattgefunden: Beim jüdischen Gerichtshof, dem Sanhedrin, hatten die Theologen Jesus gefragt, ob er Gottes Sohn sei, der Messias, auf den das jüdische Volk seit langer Zeit wartete. Als Jesus dies bestätigte, bezichtigten sie ihn der Gotteslästerung. Den Beweis für seine Göttlichkeit, den er mit seinen Wundern erbracht hatte, **Tote auferweckt, Lahme, Blinde und Aussätzige geheilt,** lehnten sie ab, indem sie behaupteten, sie seien bei den Wundern nicht dabei gewesen. Dies, obwohl ihnen die Geheilten selber von seinen unerhörten Taten berichtet hatten.

Jesus Christus ist daraufhin im Jahre 33 unter dem römischen Statthalter, Pontius Pilatus, offiziell zum Tod am Kreuze verurteilt worden.

Jesus starb nach mehrstündigem Todeskampf. Er wurde zu Grabe gelegt. Am dritten Tage ist er vom Tode auferstanden. Das wurde bezeugt von mehreren hundert Juden, unter anderen seinen elf Aposteln und von vielen Jüngern, denen er nach dem Tode erschienen ist. Sein zwölfter Apostel, Judas, hatte ihn für 30 Silberlinge und mit einem Kuss an die römischen Soldaten verraten. Danach packte Judas schreckliche Reue. Als Jesus am Kreuz hing, ging Judas hinaus und erhängte sich an einem Baum.

Nach seiner Auferstehung vom Tode hat Jesus noch 40 Tage mit seinen Jüngern gelebt. Sie durften seinen auferstandenen Leib berühren, um ganz sicher zu sein, dass er es war. In Gegenwart seiner Jünger wurde Jesus in den Himmel entrückt. Eine Wolke deckte ihn zu, und er wurde ihren Blicken entzogen.

Wenn man noch nie etwas Genaueres über Jesus gehört hat, kommt einem das alles sehr seltsam vor. Darum wollen wir jetzt über das Wesen Gottes nachdenken.

Wenn wir wissen, wer Jesus in Wirklichkeit ist, wird uns beim Lesen seines Lebensberichtes alles in ganz anderem Lichte erscheinen und viel klarer werden. Wir werden aufhören, an Jesus herumzurätseln. Wir werden Jesus und das, was er tat, richtig auffassen und verstehen lernen. Aus diesem Grunde betrachten wir jetzt zuerst das Wesen des Dreifaltigen Gottes.

Das Geheimnis des Dreifaltigen Gottes

Im Schöpfungsbericht der Bibel, dem Buch Genesis, offenbart sich Gott in der Mehrzahl. Höre, was Gott sagt:

Dann sprach Gott: Lasst uns Menschen machen als unser Abbild, uns ähnlich. Sie sollen herrschen über die Fische des Meeres, über die Vögel des Himmels, über das Vieh, über die ganze Erde und über alle Kriechtiere auf dem Land.

Gott schuf also den Menschen als sein Abbild. Als Mann und Frau schuf er sie. Gott segnete sie, und Gott sprach zu ihnen: Seid fruchtbar und vermehrt euch, bevölkert die Erde, unterwerft sie euch und herrscht über die Fische des Meeres, über die Vögel des Himmels und über alle Tiere, die sich auf dem Lande regen. Dann sprach Gott: Hiermit übergebe ich euch alle Pflanzen auf der ganzen Erde, die Samen tragen, und alle Bäume mit samenhaltigen Früchten. Euch sollen sie zur Nahrung dienen. Allen Tieren des Feldes, allen Vögeln des Himmels und allem, was sich auf der Erde regt, was Lebensatem in sich hat, gebe ich alle grünen Pflanzen zur Nahrung. So geschah es. Gott sah alles an, was er gemacht hatte. Es war sehr gut. Es wurde Abend, und es wurde Morgen: der sechste Tag.

Genesis 1, 24–31

Der Erzvater Abraham hat Gott erfahren in der Erscheinung von drei Männern. Sie strahlten in überirdischem Licht und sprachen zu Abraham in Dreiheit.

Du hast in der Sekundarschule gehört vom kleinsten Teilchen der Materie, das bisher von den Physikern gefunden worden ist. Es heisst: das Atom. Das Atom ist Eins, zerfällt aber in sich in verschiedene Teile, zum Beispiel kreisen innerhalb des Atoms die Neutronen, Protonen und Elektronen sowie noch andere kleine Teilchen, die erst nach und nach entdeckt worden sind. **Wir haben hier also ein Grundprinzip im Aufbau des Kosmos gefunden: Eins gleich nicht eins, sondern eins gleich Mehreres.**

Folgenden Gedanken könnte man prüfen:

Der kleinste Baustein der Welt, das Atom, ist auch ein Ebenbild des göttlichen Prinzips: Innerhalb einer Einheit besteht Vielheit.

Für uns Menschen des 20. Jahrhunderts, in welchem die Physiker lernten, das Atom zu teilen, ist es nicht mehr so schwierig, sich »Eins gleich Mehreres« vorzustellen. Die Menschen früherer Jahrhunderte hatten diese Denkhilfe noch nicht.

Gott hat seine DREIFALTIGE EINHEIT mit folgendem Namen dem Volke Israel offenbart:

ICH BIN DER ICH BIN

Das israelische Volk wagte nicht, diesen Namen überhaupt auch nur auszusprechen, so gross war seine Ehrfurcht vor Gott. Die Israeliten wählten eine Umschreibung des göttlichen Namens und wählten dafür die Worte JAHWE oder Adonai.

Über den Charakter Gottes haben uns die Propheten, Mystiker und Seher aller Zeiten Informationen vermittelt. Das Geheimnis Gottes können wir niemals erklären, wir können es nur entfernt ahnen. Bevor wir weiter denken, will ich Dir die Erfahrung mitteilen, welche Augustinus, ein grosser Theologe und Religionslehrer, gemacht hat, als er ständig versuchte, das Geheimnis des Dreifaltigen Gottes zu ergründen. Augustinus kämpfte darum, Gott zu verstehen, die Dreieinigkeit, die Herrlichkeit von Gottes Schöpfung. Sein menschlicher Geist konnte es nicht fassen. Er suchte hier und suchte dort, bis er einmal am Meer auf einen kleinen Jungen stiess, der Wasser in ein Loch im Boden schüttete. Augustinus fragte ihn, was er da täte, und er antwortete: »Ich versuche, das Meer in dieses Loch zu schöpfen!« Und als Augustinus meinte, das sei unmöglich, sagte das Kind, das in Wahrheit ein Engel war: »Es ist immer noch einfacher, das Meer in dieses Loch zu schöpfen, als für dich, das Geheimnis Gottes zu verstehen.«

Daraus lernen wir, dass wir uns nur in grosser Demut dem Geheimnis Gottes nähern können, immer im klaren Bewusstsein, dass wir den Allerhöchsten niemals begreifen können. Aber er hat uns, über die Visionen der begnadeten Seher, doch einiges mitgeteilt über sich und seinen Charakter, das wir auch mit unserem winzigen, begrenzten Verständchen fassen können, einem armen Verstand, der nur drei Dimensionen denken kann, während die Physiker heute bereits die Existenz von 16 Dimensionen vermuten. Unser Verständchen hat sich inzwischen doch immerhin daran gewöhnt, dass es unsichtbare Dinge gibt, die trotzdem existieren, obwohl wir sie mit unsern groben Sinnen, Augen, Ohren, Fingern, nicht erfassen können. Wir haben uns gewöhnt daran, dass Luft unsichtbar ist, aber trotzdem da ist. Auch Radar, Röntgenstrahlen, Laserstrahlen, Fernseh- und Radiowellen, Satelliten im Weltraum, Elektrizität, Atomkraft, alles ist da, aber wir können diese Vorkommnisse weder riechen, berühren noch mit den Augen sehen. Auch unsere eigene Seele können wir nicht sehen.

Gott ist die Ewige Geistige Form von Liebe. Gott ist DER GEDANKE. Weil Gott Liebe ist, kann er nicht für sich leben. Er verschenkt sich ständig. So sprach er das WORT DU. Damit war, in Gott selbst, Jesus, sein Sohn genannt. DU, das ist die Ausdrucksform der göttlichen Liebe. DU, das Wort, das ist Jesus. Er ist eingeboren, innerhalb des VATERS. So wie DU als Embryo untrennbar innerhalb Deiner Mutter gelebt hast, verbunden durch das Blut, so lebt der Sohn innerhalb vom Vater, untrennbar verbunden durch den ständig zwischen ihnen fliessenden Geist, genannt Heiliger Geist, das dritte Prinzip der Dreifaltigkeit: Vater, Sohn, Heiliger Geist.

Zwischen dem Vater und dem Sohn und dem Geiste besteht ein unablässiger Austausch von stärkster, herrlichster Liebe, die sich in Form von unfassbarer Schönheit und Liebe zwischen ihnen ständig ereignet. Ein ewiges Geben und Nehmen, ein ewiges Beschenken und Beglücken, eine herrliche, ewige Freude und allergrösstes Entzücken, Harmonie, Glück und Schönheit, in einem für uns Menschen unvorstellbaren Ausmass innerhalb des Dreifaltigen Gottes. Diese Liebe ist das Wesen Gottes: ewig und immer sich verschenkende Liebe.

Die Visionärin Hildegard von Bingen (12. Jahrhundert) hat einmal ein anderes herrliches Bild von Gott erfahren: Sie sah einen leuchtenden Feuerball. Darin flossen goldene Ströme, und ganz in der Mitte, tiefrot, fast violett, erschien das Zeichen des Sohnes, in der Form eines dunkelroten, fast violetten Kreuzes. Die rotgoldenen Feuerströme kreisten und durchdrangen das Kreuz. Hildegard sah eine glühende, strömende, wunderbare Einigkeit von Vater, Sohn und Heiligem Geist.

Die Mystikerin Mechthild von Hackeborn (13. Jahrhundert) sah Gott in unaussprechlicher Klarheit. Da sprach sie zu ihm: »O Herrlichster, worin soll ich mich üben, dass es dir am angenehmsten sei?« ER erwiderte: »Im Lobpreis.« Und sie: »O so sag mir, wie ich dich würdig zu loben vermag.« Da lehrte sie der Herr drei Arten des Lobes, und gleichsam drei Anläufe: »Lobe zuerst die Allmacht des Vaters, durch die ER im Sohn und im Heiligen Geiste seinem Wollen gemäss wirkt, und deren Unermesslichkeit kein Geschöpf im Himmel und auf Erden begreift. Lobe dann des Sohnes unerforschliche Weisheit, die ER vollkommen mit dem Vater und dem Heiligen Geiste teilt, gemäss seinem Willen, die keinem Hindernis begegnet und die keine Kreatur zu ergründen vermag. Lobe endlich des Heiligen Geistes Güte, die ER überschwenglich mit dem Vater und dem Sohne teilt, gemäss all seinem Wollen, und an der gleichfalls keine Kreatur je erschöpfend teilnehmen kann.«

Am Fest der Dreieinigkeit war sie im Gebet und fühlte den Wunsch, dass alle Heiligen, ja alle Kreatur die ehr- und lobwürdigste Dreieinigkeit für alle ihnen erwiesenen Wohltaten priesen und lobten. Da wurde sie plötzlich entrückt und bis zum Thron der Herrlichkeit geführt. Und sie sah die seligste Dreifaltigkeit selbst, in Gestalt eines lebendigen Quells, der anfangslos in sich selber strömte und alle Dinge in sich enthielt, der mit unendlicher Schönheit ausfliessend dennoch in sich selber nicht gemindert wird, sondern unwandelbar verbleibend das All bewässert und zum Fruchttragen bringt. Die Seele aber, ganz aufgelöst in Liebe, ergoss sich in die Gottheit selbst hinein, diese aber strömte wiederum, unter unsäglichen Wonneschauern, in die Seele zurück.

Wie aktuell und geradezu »ultramodern« die Informationen an Mechthild sind, zeigt folgende Aussage Gottes in einer Vision an sie:

»Ich schaue den Menschen immer an, ob er isst, schläft oder arbeitet, immer schaue ich in den Menschen und meine ganze Schöpfung an.«

Im Mai 1990 erklärte der junge russische Physiker Andrei Linde an einer Konferenz in Genf, **dass das Universum gar nicht existieren könnte, wenn es nicht beobachtet würde.** In einem langen, komplizierten Vortrag versuchte Linde, diese Erkenntnis den anderen Physikern zu erklären:

»Manchmal ist es sehr seltsam. Wir teilen das Universum in zwei Teile. Wir sind die Beobachter, und es gibt den Rest des Universums. Bevor man **diesen Schritt tut, ist alles tot.** Das Universum existiert in einem gewissen Sinne nicht. Erst wenn man es in zwei Teile trennt, macht man es lebendig.«

»So dass, wer es beobachtet, es auch erschafft – **also Gott ist?** fragte der Interviewer.

»Wenn Sie so wollen – ja.« (Zitat-Ende) (Aus Tages-Anzeiger-Magazin, Mai 1990)

Linde sagte, die anderen Physiker hätten seine Erklärung fasziniert und verblüfft aufgenommen. Andrei Lindes Beweisführung ist hervorragend, doch würde es zu weit führen, seine mathematischen Überlegungen hier anzubringen. Der Physiker hat Recht mit dem, was er erkannt hat. Nur: Die **Mystikerin Mechthild von Hackeborn** hat die **gleiche Information bereits vor 700 Jahren erhalten,** aus direktester Quelle! Es wäre für alle, welche Wahrheit suchen, Wissenschaftler und Theologen, Gläubige und Ungläubige, von grösstem Nutzen, wenn wir vermehrt die Aussagen und Erkenntnisse der Mystiker studieren und ernsthaft überdenken würden.

Wenn ich Andrei Linde und den Physikern zuhöre, welche im ersten Kapitel des Buches sprechen, wundert es mich nicht, dass Physiker oft viel näher an mystischen Erkenntnissen sind als manche gelehrten, aber unerleuchteten Theologen.

Zur Dreifaltigkeit will ich Dir, lieber Dennis, noch ein Vergleichsbild aus unserm menschlichen Dasein geben: Es ist das Bild einer schwangeren Frau. Als Du im Bauch Deiner Mutter lagst, da warst Du zusammen mit deiner Mutter zwei Personen. Aber man sah nur eine Person, die Mutter. Innerhalb von ihr aber hast Du gelebt als eigenständige Persönlichkeit. Du warst untrennbar mit Deiner Mutter verbunden durch die Nabelschnur und den Blutkreislauf. Du hast gleichzeitig mit ihr geatmet, im selben Rhythmus. Du warst mit ihr **eines Wesens.** Aber trotzdem hattest Du ein separates kleines Herz, das im eigenen Takt schlug. Wieviele Personen waren nun da? Eine – die Mutter, aber trotzdem zwei, denn in ihr warst

Du. Neun Monate lang warst Du in ihrem Bauch untrennbar mit ihr verbunden. Eine schwangere Frau ist immer auch eine kleine Dreifaltigkeit. Untrennbar mit Gott verbunden, absolut wesensgleich, trotzdem aber eine eigene Persönlichkeit, ist Jesus Christus, den man auch den »eingeborenen« Sohn Gottes nennt, denn er ist innerhalb von Gott lebend, so wie das werdende Kind innerhalb der Mutter als zweite Person lebt. Verbunden ist Christus mit dem Vater durch die lebendigen Ströme des Heiligen Geistes, sowie das Kind mit der Nabelschnur und dem Blutkreislauf ständig mit der Mutter verbunden ist. Der lebendige Geist Gottes ist ständig im Vater und im Sohne, verbindet sie, fliesst ständig durch sie hindurch, macht sie untrennbar und bildet die dreifaltige Wesenheit.

Warum musste Jesus aus Gott herausgeboren werden?

Ganz zu Beginn der Schöpfung ist etwas unfassbar Schreckliches passiert. Damals, als Gott aus seiner Liebe heraus die geistige Welt schuf, da verfielen die ersten, schönsten Geister plötzlich durch eigenen, freien Wissensentscheid in Selbstverliebtheit und entfernten sich von Gott. Seither ist die ganze Welt verdorben durch das Böse.

Der Schmerz Gottes darüber war unermesslich, denn er liebte seine Schöpfung und wollte sie zu sich zurückholen. Aber er wollte diese Schöpfung nicht mit Gewalt an sich ziehen! Er wollte ihr den freien Entscheid lassen, sich für ihn zu entscheiden. Aber die Schöpfung kehrte nicht zurück. Es vergingen Jahrmilliarden. Innerhalb der ganzen Schöpfung war immer mehr Chaos und schweres Leid entstanden durch den verderbenden Einfluss des Bösen. Wie konnte Gott diese gespaltene Schöpfung wieder zu sich holen? Innerhalb von Gott entschied der Sohn, der Ewige Christus, er wolle aus Gott heraustreten, die Gestalt eines Menschen annehmen und stellvertretend für alle Menschen, die geborenen und ungeborenen, alle Sünde und Schuld auf sich nehmen und ein Opfer der Sühne bringen. Gott nahm das Opfer an von seinem Sohn. Und nun trat der EWIGE Christus, aus der Gottheit heraus, und begab sich in den Leib einer kleinen Menschenfrau. Dieser Leib gehörte der Jüdin Mirjam. Sie wohnte in Israel und gebar bald darauf den vom Volke Israel seit Urzeiten erhofften Erlöser der Welt. Der EWIGE Christus hatte den Namen Jesus während seiner Anwesenheit in einem menschlichen Körper. Jesus lebte ungefähr 33 Jahre in Israel, wie wir bereits erfahren haben.

Ein Gedankenbild als Hilfe, dieses Geschehen ein wenig zu begreifen, ist folgender Vergleich:

Du bist der Gärtner in einem grossen Garten. Zu Deinen Füssen siehst Du winzige Ameisen herumrennen. Sie sehen nur Deine Schuhspitzen, den Rest von Dir bleibt ihnen verborgen. Sie haben keine Ahnung von Deinen Zehen, Füssen, Beinen, von Deinem Herzen, geschweige denn von Deinen Gedanken. Du aber möchtest mit den Ameisen sprechen. Was musst Du tun? Sie haben ja keine Vorstellung von Dir. Natürlich, Du musst die Gestalt der Ameise annehmen und in ihrer Ameisensprache zu ihnen reden. Nur so können die Ameisen erfahren, was du bist und dass es Dich gibt, sie können erfahren, was Du ihnen schenken willst. Da Du aber ein liebevoller Gärtner bist und daher die Ameisen nicht zwingen willst, Dir zuzuhören oder Dir zu folgen, lässt Du ihnen ganz den freien Willen. Du nimmst nun also die Gestalt einer Ameise an, ganz von Anfang an. Du gehst in eines der Eier, welches eine Ameisenkönigin gelegt hat, und wartest als winzig kleine Ameise darauf, bis Du eine erwachsene Ameise geworden bist. Dann gehst Du zum Ameisenvolk und sprichst zu ihm über Deine Sendung, über Deine Ziele und Beweggründe. Nun haben die Ameisen die Freiheit – diese Willensfreiheit hast Du ihnen ja schon immer zugesichert – Dich anzunehmen oder abzulehnen. Die Ameisen können sagen: Wer ist denn diese Ameise da? Das ist ja nur eine von uns. Was meint sie? Was? Sie sagt, sie sei der Gärtner? So etwas Verrücktes. Noch nie hat eine Ameise den Gärtner gesehen. Und diese Ameise will uns weismachen, sie sei der Gärtner selbst – lächerlich. Diese Ameise ist uns lästig, wir wollen sie beseitigen. So beschliessen die uneinsichtigen Ameisen, Dich, Dennis, der Du als Gärtner aus Liebe die ärmliche, begrenzte Gestalt einer winzigen Ameise angenommen hast, umzubringen.

Das gleiche taten die Menschen mit Jesus. Als er sagte, er sei gekommen von Gott als der Messias, der Erlöser, da glaubten es die Menschen nicht, und sie kreuzigten ihn.

Der Gärtner (Gott), hatte sich aus übergrosser Liebe dazu herabgelassen, die Gestalt einer Ameise (Menschengestalt von Jesus) anzunehmen, das mühsame Leben einer Ameise durchzustehen und sich freiwillig den Ameisen und ihren Willensentscheiden auszuliefern.

Es steht in der Bibel: So sehr hat Gott die Welt geliebt, dass er seinen einzigen Sohn, den sündenlosen Christus, hingegeben hat, zur Vergebung der Schuld, welche die Menschen durch ihre freiwillige Hinwendung zum Bösen auf sich geladen hatten.

Diese unfassbare Liebestat des Dreifaltigen Gottes ist so gewaltig, dass sie niemals in unsere kleinen Köpfe hineingeht. Unsere Natur ist nicht von Liebe geprägt, sondern von Egoismus. Darum verstehen wir diesen Gott nie richtig.

Zu Zeiten von Jesus hatten die Menschen noch eine weitere grosse Hürde zu überwinden. Für sie war eine solche ungeheure Liebe von Gott fast nicht vorstellbar. Denn sie hatten seit Jahrtausenden immer die irrtümliche Meinung von Hiob und Joseph oder auch von den Propheten gehört, wonach Gott sehr zornig sei und die Menschen strafen wolle für ihren Trotz und ihre Sünden.

Das stimmt allerdings nicht. Denn die sogenannten »Strafen Gottes« sind nur die Folgen unserer freien Willensentscheide. Wenn wir uns freiwillig für das Böse, das Gottferne, entscheiden, erleben wir die Auswirkung: Das Böse kommt auf uns zurück. Wenn ich lüge, betrüge, stehle und morde, wird mich die Rache der Betroffenen strafen oder die Unruhe und Friedlosigkeit meines Gewissens. (Siehe Kapitel »Das Unheil kommt nicht von Gott«, »Woher kommt das Böse?«)

im Sommer 1989

Lieber Dennis,

heute will ich nun die Korrespondenz mit dir vorläufig beenden. So wie ich Deinem Bruder David zu Beginn des Buches Antwort gegeben habe auf seine Frage nach der Existenz von Gott, so habe ich Dir Antwort gegeben auf deine ersten Fragen nach Jesus. In der Folge schenke ich Dir den zweiten Buchteil und verfasse ihn so, dass er für alle Leser eine gültige Form bekommt. Lies weiter und denke gut über alles nach. Über die Gebetserhörungen werde ich im letzten Buchteil berichten. Diese Ereignisse hast du selber miterlebt, und es wird dich bestimmt freuen, wenn wir unsere kostbaren Erfahrungen anderen Menschen weitergeben.

Jutta

Zusammenfassung der Aussagen Jesu über sich selber

Was sagte Jesus von sich selber?

Jesus beanspruchte, viele alttestamentliche Prophezeiungen zu erfüllen und der verheissene Messias zu sein (Luk. 24, 27, 44) / Joh. 5, 39/ Mark. 14, 61+62).*

Er gab vor, schon lange vor seiner irdischen Geburt existiert zu haben (Joh. 8, 58/ Joh. 17, 5).

Er behauptete, in einzigartiger und absoluter Weise der Sohn Gottes zu sein (Luk. 22, 70/ Matth. 11, 27/ Joh. 8, 46).

Er setzte sich Gott in unmissverständlicher Weise gleich und wurde deswegen verfolgt (Joh. 5, 17+18/ Joh. 10, 30–33/ Joh. 14, 10+11).

Er akzeptierte göttliche Anbetung (Joh. 5, 23/ Joh. 20, 28).

Er nahm sich die Autorität heraus, Sünden zu vergeben (Mark. 2, 5–10) und Massstab für die Menschen zu sein (Matth. 7, 24/ Matth. 5, 22.28.32.34.39.44).

Er sagte zum voraus, dass er sein Leben für die Rettung der Menschen hingeben werde (Mark. 10, 45/ Joh. 10, 15).

Er beanspruchte, als einziger ewiges Leben zu geben (Joh. 14, 6/ Joh. 6, 40/ Joh. 10, 28).

Er sprach von sich als dem endgültigen Richter, der die Menschen am jüngsten Tage auferwecken werde (Joh. 5, 22.25.30).

Er behauptete, Macht über die Naturgesetze, über Krankheit, Dämonen und sogar den Tod zu haben, und seine Taten bestätigten dies (Matth. 28, 19/ Mark. 4, 39–41/ Mark. 5, 2–13/ Joh. 11, 25.43.44/ Joh. 20, 30).

Er glaubte, dass seine Worte nie vergehen werden (Mark. 13, 31).

Angesichts der Selbstdarstellung Jesu sagt der Cambridger Philologe C. S. Lewis:

»Ich versuche, jedermann vor dem wirklich unsinnigen Einwand zu bewahren, er sei zwar bereit, Jesus als grossen Morallehrer anzuerkennen, aber nicht seinen Anspruch, Gott zu sein. Gerade das können wir nicht sagen. Ein Mensch, der solche Dinge wie Jesus sagt, wäre kein

---

* Für ungeübte Bibelleser: Die erste Zahl numeriert das Kapitel, die zweite die Zeilenzahl, Abkürzungen: Mark/Mk für Markus, Lk für Lukas, Joh für Johannes oder Jh, Matth/Mt für Matthäus (die vier Evangelisten)

grosser Morallehrer. Er wäre entweder ein Irrer – oder der Satan in Person. Wir müssen uns deshalb entscheiden: Entweder war dieser Mensch Gottes Sohn, oder er war ein Narr oder Schlimmeres. Man kann ihn als Geisteskranken einsperren, man kann ihn verachten oder als Dämon töten. Oder man kann ihm zu Füssen fallen und ihn Herr und Gott nennen. Aber man kann ihn nicht mit gönnerhafter Herablassung als einen grossen Lehrer der Menschheit bezeichnen. Das war nie seine Absicht. Diese Möglichkeit hat Er uns nicht offengelassen.«

Was sagt Jesus von sich selbst?

Seine Aussagen aus dem Neuen Testament (»Die Gute Nachricht«, Deutsche Bibelgesellschaft)

Die Zahlen im Text bedeuten die Stellen, wo man die entsprechende Aussage in der Bibel finden kann. Johannes, Matthäus, Markus, Lukas, entsprechend abgekürzt mit Joh, Mt, Mk, Lk, Kapitelzahl und Zeilen.

Johannes 14, 1–10

Die Abschiedsrede Christi am Tag vor seinem Tod:

Und Jesus fuhr fort in seinem Gespräche mit seinen Freunden: Seid ohne Angst! Lasst euch durch nichts erschrecken! Haltet an Gott fest und an mir. Im Hause meines Vaters sind viele Wohnungen. Wenn es nicht so wäre, würde ich hingehen und euch für eine Wohnung sorgen. Und wenn ich nun hingehe, um euch Schutz und Geborgenheit bei Gott zu schaffen, dann werde ich auch wiederkommen und euch holen, damit ihr dort seid, wo auch ich bin. Der Weg, den ich gehe, ist euch vertraut.

Da entgegnete Thomas:

Herr, wir wissen nicht, wohin du gehen willst. Woher sollen wir etwas über den Weg wissen? Der Weg, sagte Jesus zu ihm, bin **ich. Ich bin der Zugang zum Geheimnis Gottes. Ich bin der, der das Leben hat und ewiges Leben gibt. Nur der findet den Vater, der ihn über mich sucht. Wer mich begriffen hat, der hat auch meinen Vater kennen gelernt.** Von jetzt an kennt ihr **ihn** und habt **ihn** gesehen.

Herr, bat Philippus, zeige uns den Vater, dann wollen wir zufrieden sein.

Da antwortete Jesus:

Eine so lange Zeit bin ich nun schon bei euch, Philippus, und du hast mich immer noch nicht verstanden.

Wer mich sieht, hat den Vater vor Augen. Glaubst du nicht, dass der Vater um mich und in mir ist? Was ich rede, rede ich nicht aus mir selber.

Was ich tue, tue nicht ich. Der Vater, der in mir ist, wirkt durch mich und tut, was er will.

Jesus ist das Licht der Welt

Jesus sprach weiter zu den Leuten: »Ich bin das Licht der Welt. Wer mir folgt, hat das Licht, das zum Leben führt, und wird nicht mehr im Dunkeln tappen.«

Die Pharisäer sagten zu ihm: »Jetzt trittst du als Zeuge in eigener Sache auf. Was du sagst, ist kein rechtskräftiger Beweis!« 14 »Was ich sage, ist wahr« entgegnete Jesus, »selbst wenn ich mein eigener Zeuge bin. Ich weiss nämlich, woher ich komme und wohin ich gehe. 15 Ihr urteilt nach menschlichen Massstäben; ich aber urteile über niemand. 16 Und wenn ich ein Urteil fällen würde, so wäre es gerecht, denn ich stehe in dieser Sache nicht allein da. Der Vater, der mich gesandt hat, steht auf meiner Seite. 17 In eurem Gesetz heisst es: ›Wenn zwei Zeugen in ihrer Aussage übereinstimmen, wird dadurch die Wahrheit bewiesen‹. 18 Ich bin mein eigener Zeuge, und auch der Vater, der mich gesandt hat, tritt für mich als Zeuge auf.« 19 »Wo ist denn dein Vater?« fragten sie ihn. Jesus antwortete: »Ihr kennt weder mich noch meinen Vater. Wüsstet ihr, wer ich bin, so wüsstet ihr auch, wer mein Vater ist.«

20 Das alles sagte Jesus, während er im Tempel redete. Er sprach in den Raum, wo die Kästen für die Geldspenden aufgestellt waren. Und keiner konnte ihn festnehmen, denn seine Zeit war noch nicht gekommen.

Wohin ich gehe, dorthin könnt ihr mir nicht folgen

21 Jesus sagte noch einmal zu ihnen: »Ich werde fortgehen. Dann werdet ihr vergeblich nach mir suchen und an eurer Schuld zugrunde gehen. Wohin ich gehe, dorthin könnt ihr mir nicht folgen.«

22 Die Pharisäer meinten: »Wenn er sagt: ›Wohin ich gehe, dorthin könnt ihr mir nicht folgen‹ – heisst das, dass er Selbstmord begehen will?« 23 Jesus antwortete: »Ihr seid von hier unten, aber ich komme von oben. Ihr gehört zu dieser Welt, aber ich bin nicht von dieser Welt. 24 Deshalb habe ich zu euch gesagt, dass ihr an eurer Schuld zugrunde gehen werdet.

Ich bin, der ich bin, wenn ihr mir das nicht glaubt, werdet ihr an eurer Schuld zugrunde gehen.« 25 »Wer bist du denn?« fragten sie ihn. Jesus antwortete: »Wozu rede ich überhaupt noch mit euch? 26 Ich hätte vieles über euch zu sagen und zu urteilen. Der Eine, der mich gesandt hat, verdient Vertrauen; und ich sage der Welt nur, was ich von ihm gehört habe.«

27 Sie verstanden nicht, dass Jesus über den Vater sprach. 28 Deshalb sagte er zu ihnen: »Wenn ihr den Menschensohn erhöht habt, werdet ihr es wissen; Ich bin, der ich bin. Dann werdet ihr verstehen, dass ich nichts von mir aus tue, sondern nur weitergebe, was der Vater mir gesagt hat. 29 Er, der mich gesandt hat, ist bei mir und lässt mich nicht allein; denn ich tue nur das, was IHM gefällt.« Als Jesus das sagte, fassten viele Vertrauen zu IHM.

Jesus sagt »Ich bin, der ich bin.« So hat Gott sich selber genannt, als ER zu Moses gesprochen hat im Alten Bunde. Jesus zeigt damit klar, dass ER, der Sohn, eins ist mit Gott und daher selber göttlich ist.

»Ich bin das Brot, das vom Himmel gekommen ist.« Sie sagten: »Wir kennen doch seine Eltern! Er ist doch Jesus, der Sohn Josefs! Wie kann er behaupten, er komme vom Himmel?« 43 Jesus trat auf sie zu und sagte: »Worüber haltet ihr euch auf? 44 Nur der kann zu mir kommen, den der Vater, der mich gesandt hat, **zu mir führt.** (Nur jener Mensch, der sich freiwillig der Führung Gottes überlassen hat.) Und ich werde jeden, der zu mir kommt, am letzten Tag vom Tod erwecken. 45 Die Propheten haben geschrieben: ›Gott selbst wird sie alle unterweisen.‹ Wer den Vater hört und von ihm lernt, der kommt zu mir. 46 Das heisst aber nicht, dass je ein Mensch den Vater gesehen hat. Nur der Eine, der von Gott kommt, hat den Vater gesehen.«

47 Ich versichere euch: »Wer mir vertraut, wird ewig leben. 48 Ich bin das Brot, das Leben schenkt. 49 Eure Vorfahren assen das Manna in der Wüste und sind trotzdem gestorben. 50 Wer aber von dem Brot isst, das vom Himmel kommt, wird nicht sterben. 51 Ich bin das lebendige Brot, das vom Himmel gekommen ist. Jeder, der von diesem Brot isst, wird ewig leben. Das Brot, das ich ihm geben werde, ist mein Leib. Ich gebe ihn hin, damit die Welt lebt.«

52 Das löste unter den Theologen einen heftigen Streit aus. »Wie kann dieser Mensch uns seinen Leib zu essen geben?« fragten sie. 53 Jesus sagte zu ihnen: »Täuscht euch nicht! Ihr habt keinen Anteil am Leben, wenn ihr den Leib des Menschensohns nicht esst und sein Blut nicht trinkt. 54 Wer meinen Leib isst und mein Blut trinkt, der hat das Leben für immer und ich werde ihn am letzten Tag wieder zum Leben erwecken. 55 Denn mein Leib ist die wahre Nahrung, und mein Blut ist der wahre Trank. 56 Wer meinen Leib isst und mein Blut trinkt, der bleibt mit mir verbunden und ich mit ihm. 57 Der Vater, von dem alles Leben kommt, hat mich gesandt,

und ich lebe durch ihn. So wird auch der, der mich isst, durch mich leben.
58 Das also ist das Brot, das vom Himmel gekommen ist. Es ist etwas ganz anderes, als das Brot, das eure Vorfahren gegessen haben. Sie sind danach trotzdem gestorben. Wer aber dieses Brot isst, wird ewig leben.«
59 Diese Rede hielt Jesus in der Synagoge von Kafarnaum.

Worte, die zum ewigen Leben führen

60 Viele seiner Anhänger hörten das und sagten: »Was er da redet, geht zu weit! So etwas kann man nicht mitanhören!« 61 Jesus merkte, dass sie sich entrüsteten. Deshalb sagte er zu ihnen: »Ist euch das schon zu viel? 62 Was werdet ihr erst sagen, wenn ihr den Menschensohn dorthin zurückkehren seht, wo er vorher war? 63 Der Geist Gottes macht lebendig. Alles Menschliche ist dazu unbrauchbar. Die Worte, die ich zu euch gesprochen habe, sind Geist und Leben. 64 Aber einige von euch haben kein Vertrauen.« Jesus kannte nämlich von Anfang an alle, die nicht zu ihm halten würden, und wusste auch, wer ihn verraten würde. 65 Er fügte hinzu: »Aus diesem Grund habe ich zu euch gesagt: Nur der kann zu mir kommen, den Gott dazu fähig gemacht hat.«

Das heisst jene Menschen, die ihren freien Willen dafür gebraucht haben, Gott zuzuhören, mit ihm verbunden zu sein. Dadurch wird man fähig, IHN zu verstehen. Wer diese Fähigkeit entwickelt hat – aus freiem Willen – versteht auch Jesus.

Das Volk sucht Jesus

22 Die Volksmenge, die am anderen Ufer geblieben war, sah am nächsten Tag, dass nur ein einziges Boot am Ufer lag. Die Leute wussten, dass Jesus nicht ins Boot gestiegen war und seine Jünger ohne ihn abgefahren waren. 23 Es legten aber andere Boote, die von Tiberias kamen, nahe bei dem Ort an, wo der Herr das Dankgebet gesprochen und die Menge das Brot gegessen hatte. 24 Als die Leute nun sahen, dass Jesus nicht mehr da war und seine Jünger auch nicht, stiegen sie in diese Boote. Sie fuhren nach Kafarnaum und wollten Jesus dort suchen.

Jesus ist das Brot, das Leben gibt

25 Sie fanden Jesus tatsächlich auf der anderen Seite des Sees, und die
Pharisäer fragten ihn:* »Wann bist du hierhergekommen?« 26 Jesus ant-
wortete: »Ich weiss genau, ihr sucht mich nur, weil ihr von dem Brot
gegessen habt und satt geworden seid. Doch ihr habt nicht verstanden,
dass meine Taten Zeichen sind. 27 Bemüht euch nicht um Nahrung, die
verdirbt, sondern um Nahrung, die für das ewige Leben vorhält. Diese
Nahrung wird euch der Menschensohn geben, denn Gott, der Vater, hat
ihn dazu ermächtigt.«

28 Da fragten sie ihn: »Was müssen wir tun, um Gottes Willen zu erfül-
len?« 29 Jesus antwortete: »Gott verlangt nur eins von euch: Ihr sollt dem
vertrauen, den er gesandt hat.« 30 Sie erwiderten: »Welches besondere
Zeichen deiner Macht lässt du uns sehen, damit wir dir glauben? Was wirst
du tun? Unsere Vorfahren assen Manna in der Wüste, wie es auch in den
heiligen Schriften steht: ›Er gab ihnen Brot vom Himmel zu essen.‹«

32 »Täuscht euch nicht«, entgegnete Jesus, »nicht Mose hat euch das
Brot vom Himmel gegeben, sondern mein Vater gibt euch das wahre Brot
vom Himmel. 33 Das Brot, das Gott gibt, ist kein anderer als der, der vom
Himmel kommt und der Welt das Leben schenkt.« 34 Sie sagten: »Gib uns
immer von diesem Brot!« 35 »Ich selbst bin das Brot, das Leben schenkt«,
sagte Jesus zu ihnen. »Wer zu mir kommt, wird nie mehr hungrig sein.
Wer sich auf mich verlässt, wird keinen Durst mehr haben.

36 Ich habe euch schon gesagt, dass ihr mir nicht glauben wollt, obwohl
ihr mich seht. 37 Alle, die mein Vater mir gibt, werden zu mir kommen,
und ich werde keinen abweisen, der zu mir kommt. 38 Ich bin vom Him-
mel gekommen, um dem zu gehorchen, der mich gesandt hat. Meine
eigenen Wünsche sind nicht massgebend. 39 Der mich gesandt hat, ver-
langt von mir, dass ich keinen von denen, die er mir gegeben hat, verliere.
Vielmehr soll ich sie alle am letzten Tag zum Leben erwecken. 40 Mein
Vater will, dass alle, die den Sohn sehen und sich auf ihn verlassen, ewig
leben. Ich werde sie am letzten Tag vom Tod erwecken.«

Johannes 14, 25–31

Solange ich bei euch war, habe ich es euch gesagt: Dass der Vater und ich zu euch kommen werden und bei euch wohnen. Der Beistand aber, der heilige Geist, den der Vater statt meiner zu euch senden wird, wird

---

* Die argwöhnischen Schriftgelehrten waren überall dabei, um Jesus zu überwachen und zu bespitzeln.

euch alles aufs neue deutlich machen und euch an alles erinnern, was ich gesagt habe.

Frieden lasse ich bei euch zurück. Meinen Frieden gebe ich euch. Meine Gabe ist anders als alles, was die Welt geben kann. Euer Herz erschrecke nicht und fürchte sich nicht.

Ihr habt gehört, dass ich gesagt habe: Ich gehe weg und komme wieder zu euch. Je mehr ihr mich liebt, um so mehr freut ihr euch, dass ich gesagt habe: Ich gehe zum Vater! Und nicht nur für mich, auch für euch ist es gut, denn der Vater ist gewaltiger und herrlicher als ich und seine Nähe ist für euch der stärkste Schutz. Ich habe es euch gesagt, ehe es soweit ist, damit ihr nicht euren Halt verliert, wenn es geschieht.

Ich werde nicht mehr viel mit euch reden, denn der geheime, gewaltige Herrscher* dieser Welt kommt, der – hinter aller Menschenmacht verborgen – gegen Gott kämpft. Er hat zwar keine Handhabe gegen mich. Er richtet nichts gegen mich aus und tut, ohne es zu wissen und zu wollen doch nur, was Gott will. (Weil Gott alles, was Satan Böses tut, wieder in Gutes verwandeln kann, wenn man Gott darum bittet.)

Johannes 17

Die Menschen erkennen Dich als den einzigen wahren Gott, und sie erkennen den, den Du gesandt hast, Jesus Christus. 4 Ich habe Deine Herrlichkeit auf der Erde sichtbar gemacht; denn Ich habe die Aufgabe erfüllt, die Du mir übertragen hast. 5 Vater, gib mir nun wieder die Herrlichkeit, die Ich bei Dir hatte, bevor die Welt geschaffen wurde!

6 Ich habe Dich den Menschen bekanntgemacht, die Du mir in der Welt anvertraut hast. Sie gehörten Dir, und Du hast sie mir gegeben. Sie haben Dein Wort ernst genommen 7 und wissen jetzt, dass alles, was Du mir geschenkt hast, von Dir gekommen ist. 8 Ich habe ihnen die Worte mitgeteilt, die Ich von Dir erhalten hatte, sie haben sie aufgenommen. Sie haben klar erkannt, dass Ich wirklich von Dir gekommen bin, und zweifeln nicht daran, dass Du mich gesandt hast.

9 Für sie bete Ich. Ich bete nicht für die Welt, sondern für die Menschen, die Du mir gegeben hast. Sie gehören Dir. 10 Alles, was Ich besitze, gehört dir, so wie mir alles gehört, was Du hast. Durch sie wird Meine Herrlichkeit sichtbar. 11 Ich bin jetzt auf dem Weg zu Dir. Ich bleibe nicht länger in der Welt, aber sie bleiben in der Welt. Heiliger Vater, Du hast mir die Macht Deines Namens enthüllt. Beschütze sie durch diese Macht, damit sie eins werden so wie Wir. 12 Solange Ich bei ihnen war, habe Ich sie beschützt und bewahrt durch die Macht Deines Namens. Keiner von ihnen

* Herrscher der Welt bedeutet Herrscher über alles Materielle. Gemeint ist Satan.

ist verlorengegangen, abgesehen von dem einen, der verlorenging und die Voraussage der heiligen Schriften** erfüllte.

13 Und jetzt bin Ich auf dem Weg zu Dir. Ich sage dies alles, solange ich noch auf der Erde bin, damit meine ganze Freude sie erfüllt. 14 Ich habe ihnen Deine Botschaft mitgeteilt. Die Welt hasst sie, weil sie nicht zu Dir gehört, ebenso wie Ich nicht zu ihr gehöre. 15 Ich bitte dich nicht, sie aus der Welt wegzunehmen. Aber Ich möchte, dass Du sie vor dem Bösen in Schutz nimmst. 16 Sie gehören nicht zur Welt, so wie Ich nicht zu dieser Welt gehöre. 17 Mache sie durch die Wahrheit zu Deinem Eigentum. Dein Wort ist diese Wahrheit. 18 Ich sende sie in die Welt, wie Du mich in die Welt gesandt hast. 19 Ich opfere mein Leben für sie, damit sie Dir in Wahrheit gehören.

Johannes 17

20 Ich bete nicht nur für sie, sondern für alle, die durch ihr Wort von Mir hören und Mir vertrauen. 21 Ich bete darum, dass sie alle eins seien. So wie Du in Mir bist und Ich in Dir, Vater, so sollen auch sie durch Uns eins werden! Dann wird die Welt glauben, dass Du Mich gesandt hast. 22 Ich habe ihnen die gleiche Herrlichkeit gegeben, die Du Mir gegeben hast, damit sie so untrennbar eins sind, wie Du und Ich. 23 Ich wirke in ihnen, und Du wirkst in Mir: so werden sie zu einer vollkommenen Einheit. Dann erkennt die Welt, dass Du Mich gesandt hast und dass Du sie ebenso liebst wie Mich.

24 Vater! Du hast sie Mir gegeben, und ich will, dass sie dort sind, wo Ich bin, damit sie Meine Herrlichkeit sehen können. Diese Herrlichkeit hast Du Mir gegeben, weil Du Mich liebtest, bevor die Welt geschaffen wurde. 25 Vater, Du hältst Dein Versprechen.

Johannes 17, 1–10

Nach allen diesen Worten hob Jesus den Blick zum Himmel und betete: Vater, die Stunde ist da. Tu Du nun Dein Werk an Deinem Sohn, so dass es die Menschen sehen, damit auch Ich Dich den Menschen zeigen kann. Denn Mein Auftrag umfasst alle Menschen. Ich soll all denen ewiges Leben geben, *denen Du das Ohr aufgetan hast und die Mir zugehören. Ewiges Leben! – Worin soll es bestehen, wenn nicht darin, dass sie Dich erkennen, Dich, den einen, wirklichen Gott, und den, der Dein Bote ist: Jesus Christus.

Ich habe von Dir geredet und habe gewirkt und gearbeitet, um Dich

** die Schriften der Propheten Jesaja und Jeremia aus dem Alten Bund Israels

* Gott tut jenen die Ohren auf für göttliche Botschaften, die mit ihrem freien Willen und ehrlichem Herzen danach suchen.

und Deine Macht und Herrlichkeit bekannt zu machen. Das war der Auftrag, den Ich erfüllen sollte und den Ich nun abgeschlossen habe. Gib Mir, nun den Lichtglanz wieder, die Macht und die Herrschaft in Deinem Reich, die Ich hatte, ehe die Welt entstand.

Jesus und Abraham

48 Die Pharisäer (Theologen) erwiderten: »Wir hatten doch recht! Du bist ein Samaritaner und bist von einem bösen Geist besessen.« 49 »Ich bin nicht besessen«, sagte Jesus, »ich erweise nur meinem Vater Ehre; aber ihr verachtet mich. 50 Ich suche keine Ehre für mich selbst. Ein anderer sucht sie, und ER ist der Richter. 51 Ich versichere euch: Wer sich nach Meinem Wort richtet, wird in Ewigkeit nicht sterben.«

52 Die Theologen sagten: »Jetzt sind wir sicher, dass ein böser Geist aus dir spricht. Abraham starb, die Propheten starben, und du sagst: ›Wer sich nach meinem Wort richtet, wird in Ewigkeit nicht sterben‹. 53 Unser Vater Abraham ist tot. Du willst doch nicht etwa behaupten, dass du mehr bist als Abraham? Auch die Propheten sind gestorben. Für wen hältst du dich eigentlich?«

54 Jesus antwortete: »Wenn ich Mich selbst ehren wollte, hätte diese Ehre keinen Wert. Mein Vater ehrt Mich, von dem ihr sagt, ER sei euer Gott. 55 Ihr habt IHN niemals gekannt, Ich aber kenne IHN. Ich wäre ein Lügner wie ihr, wenn ich behauptete, dass ich IHN nicht kenne. Ich kenne IHN und gehorche Seinem Wort. 56 Euer Vater Abraham freute sich darüber, dass Er mein Kommen erleben sollte. Er erlebte es und war glücklich!«

57 Die Theologen sagten zu ihm: »Du bis noch keine fünfzig Jahre alt und willst Abraham gesehen haben?« 58 Jesus erwiderte: »Ich versichere Euch, bevor Abraham geboren wurde, war ICH schon der, der ICH bin.« Da hoben sie Steine auf und wollten IHN töten. Aber Jesus verbarg sich vor ihnen und verliess den Tempel.

Der Evangelist Johannes über Jesus:

(Es ist für Gott kein Problem, einem Evangelisten, auch Jahrzehnte später, die richtigen Sätze einzugeben durch den göttlichen Geist. Was Johannes sagt, ist nicht Theologie von Johannes, sondern direkte Information von Gott.)

Johannes 1, 1–12

Ehe es eine Welt gab, war Gott. Alles, was wir von Gott wissen, alles, was wir an Jesus Christus gesehen und erfahren haben, war in Gott.

Gott war Liebe und schaffende Kraft und Christus, unser Herr, war bei IHM. Alles entstand durch Christus, der Gottes Mund war. Ohne IHN ist nichts entstanden, nicht das kleinste Ding dieser Welt.

In IHM war Gottes lebendige Kraft. Und Gottes Lebendigkeit schuf den Menschen, sein Herz und Gewissen, seinen Leib und seinen Geist. Der Mensch konnte sehen und wissen, wer Gott war.

Christus, das Licht von Gott, leuchtete in der Finsternis und die Finsternis verstand nicht, dass hier Gott war. ER war wirkliches Licht. Licht aus dem ewigen, liebenden Herzen Gottes, das für jeden Menschen da ist, der in diese Welt kommt, Licht, das ihm zeigen will, woher er kommt und wohin er geht.

Er war in der Welt und die Welt ist durch IHN gemacht, der von sich sagte: Ich bin das Licht! ER war der Hausherr und kam in sein eigenes Haus, aber die darin wohnten, nahmen IHN nicht auf. Doch die, die IHN aufnahmen, die IHN kennen und lieben, machte ER zu Kindern Gottes, ihres Vaters im Himmel.

Kol 1, 15–16.19; 2, 3.8–10 GN)

Jesus ist das Bild des unsichtbaren Gottes, der erstgeborene Sohn des Vaters; ER ist der Anfang aller Schöpfung. Durch IHN ist alles geschaffen worden, was im Himmel und auf der Erde lebt, alles, was man sehen kann und auch die unsichtbaren Mächte und Gewalten. Es gefiel Gott, in IHM Wohnung zu nehmen mit der ganzen Fülle seiner Macht; in IHM sind alle Schätze der göttlichen Weisheit verborgen. Gebt acht, dass euch keiner durch die Vorspiegelung höherer Erkenntnis betrügt. Das alles ist nur von Menschen erdacht. Es handelt nur von den kosmischen Mächten; mit Christus hat es nichts zu tun. Christus ist Herr über alle Mächte und Gewalten. In IHM wohnt Gott mit der ganzen Fülle seines Wesens und nur durch IHN habt ihr Anteil an dieser Fülle.«

»Am Anfang, bevor die Welt geschaffen wurde, war ER, der das Wort ist: Jesus. ER war bei Gott und in allem Gott gleich. Von Anfang an war ER bei Gott. Durch IHN wurde alles geschaffen; nichts ist entstanden ohne IHN. In allem Geschaffenen war ER das Leben, und für die Menschen war ER das Licht. Das Licht strahlt in der Finsternis, und die Finsternis hat es nicht auslöschen können.

Ein Mann wurde von Gott gesandt, er hiess Johannes. Er sollte die Menschen auf das Licht hinweisen, damit alle es erkennen und annehmen. Er selbst war nicht das Licht; er sollte nur auf das Licht hinweisen.

Das wahre Licht ist ER, das Wort Jesus. ER kam in die Welt und war in der Welt, um allen Menschen Licht zu geben. Die Welt war durch IHN geschaffen worden, und doch erkannte sie IHN nicht. ER kam in sein eigenes Land, doch sein eigenes Volk wies IHN ab. Manche aber nahmen IHN auf und schenkten IHM ihr Vertrauen. Ihnen gab er das Recht, Kinder Gottes zu werden. Das wurden sie nicht durch natürliche Geburt oder weil Menschen es so wollten, sondern weil Gott ihnen ein neues Leben gab.

ER, das Wort, wurde ein Mensch, ein wirklicher Mensch von Fleisch und Blut, und nahm Wohnung unter uns, Wir sahen seine Macht und Hoheit, die göttliche Hoheit des einzigen Sohnes, die ihm der Vater gegeben hat. Gottes ganze Güte und Treue ist uns in IHM begegnet« (Joh 1, 1–14 GN).

»In der Vergangenheit hat Gott oft und auf verschiedene Weise durch die Propheten zu unseren Vorfahren gesprochen. Aber jetzt, am Ende der Zeit, hat er zu uns gesprochen durch den Sohn. Durch IHN hat Gott die Welt geschaffen. Darum hat Gott auch bestimmt, dass IHM am Ende alle Dinge gehören sollen. In dem Sohn Gottes leuchtet die Herrlichkeit Gottes auf, denn ER entspricht dem Wesen Gottes vollkommen. Durch Sein starkes Wort hält ER das Weltall zusammen. ER hat die Menschen von ihrer Schuld befreit und sich im Himmel an die rechte Seite dessen gesetzt, der die höchste Macht hat«.
(Hebr. 1, 1–3 GN).

Der amerikanische Evangelist Billy Graham schreibt dazu in seinem Buch »Friede mit Gott«:

»Die Bibel lehrt, dass Jesus Christus keinen Anfang hat. Er wurde niemals geschaffen. Die Bibel lehrt, dass alle Himmel durch ihn geschaffen wurden. Alle die unzähligen Myriaden von Sternen und leuchtenden Sonnen wurden von ihm geschaffen. Die Geburt Jesu Christi, die wir an Weihnachten feiern, war nicht sein Anfang. Sein Ursprung ist in das gleiche Geheimnis gehüllt, das uns immer verwirren wird, wenn wir über den Anfang Gottes nachdenken. Die Bibel sagt uns nur: ›Am Anfang war das Wort, und das Wort war bei Gott, und Gott war das Wort‹ (Joh. 1, 1).

Die Bibel lehrt uns: ›Er ist das Ebenbild des unsichtbaren Gottes, der Erstgeborene der ganzen Schöpfung. Durch ihn ist alles im Himmel und auf Erden erschaffen, das Sichtbare und das Unsichtbare, alle Throne im Himmel, Herrschaften, Mächte und Gewalten: alles ist durch IHN und zu IHM geschaffen‹ (Kol. 1, 15. 16).

Jener letzte Satz zeigt, dass ER alle Dinge zusammenhält. Mit anderen Worten, die ganze Welt würde in Billionen von Atomen auseinanderbrechen, wenn sie nicht durch die Kraft Jesu Christi zusammengehalten würde.

An anderer Stelle sagt Jesus von sich selbst: ›Ich bin das A und das O, der Anfang und das Ende‹ – ER, und ER allein, hatte die Macht und Fähigkeit, den Menschen zu Gott zurückzubringen. Aber würde ER es wollen? Wenn ER es tun wollte, dann müsste ER auf die Erde kommen. ER müsste die Gestalt eines Dieners annehmen. ER müsste den Menschen gleich werden. ER hätte sich zu demütigen und gehorsam zu werden bis zum Tode. ER würde mit der Sünde kämpfen müssen. ER hätte dem Satan zu begegnen und diesen Feind der Menschenseele zu überwinden. ER hätte die Sünder von dem Sklavenmarkt der Sünde loszukaufen. ER hätte die Fesseln zu lösen und die Gefangenen zu befreien, indem ER für sie einen Preis zahlte – und dieser Preis musste sein eigenes Blut sein. ER müsste von den Menschen verachtet und verworfen werden, ein Mann der Leiden und mit Schmerzen vertraut. ER müsste von Gott verworfen und getrennt werden. ER müsste für die Übertretungen der Menschen verwundet und für ihre Missetaten geschlagen werden. ER würde die Aufgabe haben, Gott und den Menschen wieder miteinander zu versöhnen. ER würde der grosse Mittler in der Geschichte werden. ER müsste eine Stellvertretung übernehmen. ER müsste an Stelle des sündigen Menschen den Tod erleiden. Und alles dieses müsste freiwillig geschehen.«

Jesus weist im kommenden Absatz bereits auf sein Opfer hin mit den Worten: »Niemand liebt mehr als der, der sein Leben für seine Freunde opfert.« Jesus hat freiwillig den Tod auf sich genommen.
(Johannes 15)

Jesus: »Ich bin der wahre Weinstock, und mein Vater ist der Weinbauer.
2 ER entfernt jede Rebe an mir, die keine Frucht bringt; aber die frucht-
tragenden Reben reinigt ER, damit sie noch mehr Frucht bringen. 3 Ihr
seid schon rein geworden durch das Wort, das Ich zu euch gesagt habe. 4
Bleibt mit mir vereint, dann werde auch Ich mit euch vereint bleiben. Nur
wenn ihr mit Mir vereint bleibt, könnt ihr Frucht bringen, genauso wie
eine Rebe nur Frucht bringen kann, wenn sie am Weinstock bleibt.

5 Ich bin der Weinstock, und ihr seid die Reben. Wer mit Mir verbun-
den bleibt wie Ich mit ihm, der wird reiche Frucht bringen. Aber ohne
Mich könnt ihr nichts vollbringen. 6 Wer nicht mit Mir vereint bleibt, der
wird wie eine abgeschnittene Rebe fortgeworfen und vertrocknet. Solche
Reben werden gesammelt und ins Feuer geworfen, wo sie verbrennen. 7
Wenn ihr mit Mir vereint bleibt und Meine Worte in euch lebendig sind,
könnt ihr den Vater um alles bitten, was ihr wollt, und ihr werdet es
bekommen. 8 Wenn ihr reiche Frucht bringt, erweist ihr euch als meine
Jünger, und so wird die Herrlichkeit meines Vaters sichtbar. 9 Ich liebe
euch so, wie der Vater micht liebt. Bleibt in dieser Liebe! 10 Wenn ihr mir
gehorcht, dann bleibt ihr in meiner Liebe, so wie ich meinem Vater ge-

horcht habe und mich nicht von seiner Liebe löse. 11 Ich habe euch dies gesagt, damit euch Meine Freude erfüllt und eure Freude vollkommen wird.

12 Dies ist mein Gebot: Ihr sollt einander so lieben, wie Ich Euch geliebt habe. 13 Niemand liebt mehr als der, der sein Leben für seine Freunde opfert. 14 Ihr seid Meine Freunde, wenn ihr tut, was Ich euch auftrage. 15 Ich werde euch nicht mehr Diener nennen, denn ein Diener weiss nicht, was sein Herr tut. Vielmehr nenne Ich euch Freunde; denn Ich habe euch alles mitgeteilt, was Ich von meinem Vater gehört habe. 16 Nicht ihr habt Mich ausgewählt, sondern Ich habe euch ausgewählt. Ich habe euch dazu bestimmt, reiche Frucht zu bringen. Es soll Frucht sein, die Bestand hat. Was ihr vom Vater unter Berufung auf Mich erbittet, wird ER euch geben. 17 Ich gebe euch nur dieses eine Gebot: Ihr sollt einander lieben!«

Johannes 15

Der Hass der Welt

18 »Wenn die Welt euch hasst, dann denkt daran, dass sie Mich zuerst gehasst hat. 19 Die Welt würde euch als ihre Kinder lieben, wenn ihr zu ihr gehörtet. Aber ICH habe euch aus der Welt herausgerufen, und ihr gehört nicht zu ihr. Aus diesem Grund hasst euch die Welt. 20 Denkt an das, was Ich euch gesagt habe: Kein Diener ist grösser als sein Herr. Wie sie, die Pharisäer, Mich verfolgt haben, werden sie auch euch verfolgen. So wenig sie Meinem Wort geglaubt haben, werden sie dem euren glauben. 21 Das alles werden sie euch antun, weil ihr euch zu Mir bekennt. Sie kennen nämlich den nicht, der Mich gesandt hat. 22 Sie hätten keine Schuld, wenn ICH nicht gekommen wäre und zu ihnen gesprochen hätte. So aber haben sie keine Entschuldigung mehr. 23 Wer Mich hasst, der hasst auch Meinen Vater. 24 Sie hätten keine Schuld, wenn Ich nicht Taten unter ihnen vollbracht hätte, die noch kein Mensch getan hat. Es steht fest, dass sie Meine Taten gesehen haben, und trotzdem hassen sie Mich und Meinen Vater. 25 Aber das muss so sein, damit in Erfüllung geht, was in ihrem Gesetz steht: ›Sie hassten mich ohne jeden Grund‹. 26 Der Stellvertreter wird kommen. Es ist der Geist der Wahrheit, der vom Vater kommt. Ich werde IHN zu euch senden, wenn Ich beim Vater bin, und Er wird als Zeuge für Mich eintreten. 27 Und auch ihr werdet Meine Zeugen sein, denn ihr seid von Anfang an mit Mir zusammengewesen.

Johannes 16

Ich habe euch dies gesagt, damit ihr nicht an Mir irre werdet. 2 Die Schriftgelehrten (Theologen) werden euch aus ihren Gemeinden ausschliessen. Es wird sogar soweit kommen, dass jeder, der euch tötet, mit dieser Tat Gott zu dienen meint. 3 Das alles werden sie euch antun, weil sie weder Mich noch den Vater erkannt haben. 4 Aber Ich habe es euch gesagt. Wenn es eintrifft, werdet ihr an Meine Worte denken.«

Ist Jesus göttlich?

Für mich persönlich gibt es gar keinen Zweifel an der Göttlichkeit von Jesus. Warum?

Es sind nicht nur die Geschehnisse um seine Geburt und seine Fähigkeit, die Naturkräfte zu beherrschen sowie seine Auferstehung, die mich vollständig überzeugten. Es sind auch noch die Worte, welche Jesus in seinen letzten Minuten am Kreuz gesprochen hat: »Herr vergib ihnen, denn sie wissen nicht, was sie tun.« So etwas kann ein Mensch nicht sagen, nach all dem, was der Kreuzigung vorausgegangen ist.

Warum? Betrachten wir doch einmal die konkreten Ereignisse in der Nacht vor der Kreuzigung. Jesus wurde vor Pilatus gebracht. Dieser sollte Jesus im Auftrag der wütenden Theologen verurteilen, weil Jesus behauptet hatte, er sei der Messias und die Theologen damit nicht einverstanden waren. Pilatus aber fand keine Schuld an Jesus und versuchte, den Zorn der von den Theologen aufgehetzten Menge zu besänftigen, indem er Jesus zuerst geisseln liess. Pilatus hoffte, dass danach niemand mehr den Tod von Jesus fordern würde.

Wie man aus der römischen Geschichte weiss, ist die Geisselung eine grauenhafte Folter. Es wurde dabei eine Peitsche mit neun einzelnen Geisseln benutzt. An diesen Geisseln waren vorne Widerhaken befestigt, welche Jesus die ganze Haut zerfetzten. Allein schon der **Blutverlust** nach dieser Folter hätte genügt, einen normalen Menschen zu töten. Jesus wurde aber nicht nur gegeisselt. Die römischen Folterknechte schlugen ihm, ohne Auftrag von Pilatus, nur zu ihrem persönlichen Vergnügen, noch eine Dornenkrone auf den Kopf. Die Verletzungen aus dieser Folter sowie das zerfetzte Fleisch am ganzen Körper, in welches unablässig Schmutz eindrang, hätten in kurzer Zeit zu Blutvergiftung, Starrkrampf und Tod führen müssen. Dies geschah ebenfalls nicht. Jesus wurde nochmals vor Pilatus geführt.

Inzwischen war eine Nacht vergangen voll grauenvollster Qual. Nicht nur körperlich, auch seelisch wurde Jesus misshandelt. Die römischen Folterknechte spuckten ihm ins Gesicht, schlugen ihn, traten ihm mit Füssen in den Leib, verhöhnten und beschimpften ihn und lästerten Gott. Nach all diesen unsäglichen Qualen kam Jesus im Morgengrauen wiederum vor Pilatus. Pilatus sah den entsetzlich zugerichteten Jesus und riet ihm dringend, er solle widerrufen, dass er der von Gott gesandte Messias sei. Dann könne er wenigstens der Kreuzigung entrinnen. Aber Jesus blieb standhaft und weigerte sich, seine Aussage zu widerrufen. (Wie z. Bsp. Galileo Galilei es getan hatte!) Pilatus versuchte, das aufgehetzte Publikum zu beruhigen, indem er, anstelle von Jesus, den Mörder, Barabbas, hinrichten lassen wollte. Die Leute konnten wählen, welcher hingerichtet werden sollte. Da riefen sie: »Barabbas soll leben und Jesus ans Kreuz. Sein Blut komme über uns und unsere Kinder.« Dieser Fluch, den die aufgehetzte Menge ausgesprochen hatte, ist 37 Jahre nach dem Tod von Jesus in Erfüllung gegangen. Er hatte dieses Ereignis mit den Worten vorausgesagt: »Kein Stein von dieser Stadt wird auf dem anderen bleiben!« Jerusalem wurde 70 nach Christus unter Kaiser Titus vollständig zerstört.

Nach dem Todesurteil musste Jesus in dem furchtbaren Zustand auch noch den langen, steilen Weg gehen durch die schmalen Gassen Jerusalems hinauf nach Golgatha, dem Hinrichtungsort. Dazu musste Jesus den zentnerschweren Kreuzbalken schleppen, eine übernatürliche Leistung für diesen bereits zu Tode erschöpften Körper. Wenn Jesus ein normaler Mensch gewesen wäre, hätten Blutverlust und Kopfverletzungen bei weitem gereicht, seinen Körper zu töten. Er aber trug jetzt auch noch diesen Kreuzesbalken zur Hinrichtungsstätte. Dreimal ist ER unter dem Kreuz gefallen, dreimal peitschten ihn die römischen Soldaten wieder hoch. Darauf folgte eine weitere Folter: Man hat ihn nicht, wie bei Kreuzigungen sonst üblich, nur mit Stricken am Kreuz festgebunden. Um ihn noch mehr zu quälen, wurde er mit langen Nägeln am Holz festgeschlagen. Die Schmerzen müssen unvorstellbar gewesen sein, als die Eisenbolzen durch Hände und Füsse getrieben wurden. In diesem grauenhaften, für uns gar nicht vorstellbaren Schmerzenszustand, hing ER nun also am Kreuz. Dazu wurde ER unablässig verhöhnt von den Passanten, die sich über ihn lustig machten und schrien: »Komm doch herab, wenn du Gottes Sohn bist. Anderen hast du geholfen. Warum hilfst du dir nicht selbst?« Was sagt nun Jesus in dieser qualvollsten Situation? Er sagt: »Vater vergib ihnen, denn sie wissen nicht, was sie tun.« Das sagt kein **Mensch** – das kann nur der göttliche Sohn des Schöpfers sagen, der eine **ebenso unfassbar grosse Liebe** zu den Menschen hat wie sein **göttlicher Vater.**

Für mich sind diese Worte am Kreuz allein schon Beweis genug, dass Jesus die Zweite Person der Dreifaltigen Gottheit ist.

Als ER in den letzten Minuten vor seinem Tode rief: »Mein Gott, mein Gott, warum hast Du mich verlassen?« da zeigte ER, dass ER jede Art von Leid für uns Menschen ausgehalten hat, indem ER sich freiwillig für ein paar Augenblicke von seinem göttlichen Vater trennen liess, um auch diese Schuld der Menschen auf sich zu nehmen und mit seinem Ruf allen Menschen in Zukunft zu erlauben, Gott ebenfalls ihre Verlassenheit zu klagen. Eine Verlassenheit, welche die Menschen durch eigenen Willen verursacht haben. Auch diese Schuld hat Jesus am Kreuz auf sich genommen.

Von Gott getrennt zu sein, ist die grösste Qual für die Seele. Das kann jeder Depressive bestätigen. Ein Depressiver fühlt sich immer »von Gott verlassen«. Dieser Zustand ist die Hölle. Ich habe das selber erlebt, darum weiss ich, wovon ich rede. Jesus hat auch diese Bitterkeit der Sünde freiwillig erlitten. Erst als ER dieses äusserste Leid ertragen hatte, sagte ER: »Es ist vollbracht!« Dann starb ER. ER lag drei Tage im Grabe und ist vom Tode auferstanden.

Jesus hat seine Gottnatur bis zum 30. Lebensjahr nicht gezeigt. Darum meinten die Menschen, ER habe »zugenommen an Alter und Weisheit«

Es gibt eine Frage, die immer gestellt wird im Zusammenhang mit der Göttlichkeit von Jesus:

Wie kann ER, wenn ER doch Gott ist, »zunehmen an Alter und Weisheit« wie es in den Evangelien steht?

Diese Frage ist wie folgt zu beantworten: Jesus ist aus dem Vater herausgetreten und hat materielle Form angenommen im Leib der Maria. Wir wissen aus Berichten der Seherin Anna Katharina, dass dieser Vorgang geprägt war von nichtmateriellen Vorgängen wie zum Beispiel Entrükkung von Maria während der Geburt. Natürlich war Jesus von der ersten Sekunde seines irdischen Daseins immer Gott, so wie ER es von Ewigkeit her in der geistigen Welt ist. Aber ER hat dies nicht gezeigt. Die Menschen seiner Zeit sahen nur, was ER sie wissen lassen wollte. Jesus hielt seine göttliche Weisheit in dem Masse zurück, als es seine Umgebung, Eltern, Verwandte und Landsleute ertragen konnten. ER liess sie vorläufig noch nicht wissen, wer ER war. Es war lediglich die Wahrnehmung ihrer fünf Sinne, der die Menschen sagen liess: »ER nahm zu an Alter und Weisheit«. Einmal, als Jesus zwölf Jahre alt geworden war, zeigte ER etwas von seiner Gottnatur, indem ER sämtliche Schriftgelehrten in der Synagoge verblüffte mit seinem viel grösseren, umfassenderen Wissen, als sie es je bei einem Menschen erfahren hatten.

Dann zog sich Jesus wieder zurück bis zum 30. Lebensjahr. Auch auf der Hochzeit zu Kanaan, als ER zum erstenmal zeigte, dass ER Macht hatte über die Materie, sagte ER anfänglich zu Maria: »Meine Zeit ist noch nicht gekommen.« Dann aber liess ER sich dazu herbei, doch ein Zeichen zu setzen. Auf ihre Bitte hin verwandelte ER Wasser in Wein.

Noch ein Grund, warum ER seine Gottnatur lange Zeit verborgen hielt: ER wollte das Menschsein so leben, wie ein Mensch es lebt. Dreissig Jahre lang benutzte ER seine göttlichen Kräfte nicht. In Zurückhaltung lebte ER bescheiden als Zimmermannssohn und leistete alltägliche Arbeit als Handwerker in seines Pflegevaters Werkstatt. Jesus wollte konsequent alles durchmachen, was ein Mensch in seiner irdischen Hülle ertragen muss, während Kindheit, Jugend, Erwachsenenalter.

Er teilte mit den Menschen ihr Menschendasein. Er litt Hunger und Durst, Kälte und Hitze. Er wanderte durch das heisse Galiläa, ohne von seinen göttlichen Kräften zu seiner persönlichen Erleichterung Gebrauch zu machen. Er hätte sich ja alles sehr leicht machen können, zum Beispiel Distanzen auf übernatürliche Weise überwinden, indem ER sich entmaterialisiert und an einem anderen Ort wieder rematerialisiert hätte, etwas, das für Gott ebenso wenig ein Problem ist, wie aus dem Nichts das ganze Universum zu erdenken und zu schaffen. Aber Jesus hat seine göttliche Kraft nie dazu verwendet, sich selber Erleichterungen zu verschaffen. ER benutzte die Kraft nur, um anderen zu helfen, um Kranke zu heilen und Tote zu erwecken. Weil seine Feinde es nicht besser wussten, sagten sie: »Anderen hast du geholfen, warum hilfst du dir nicht selbst und steigst vom Kreuz herab?«

Eben das hatte Jesus nicht gewollt. Natürlich hätte ER ohne weiteres herabsteigen und sämtliche Gegner vernichten können. Aber ER wollte es nicht. Ein grosses Zeichen wurde erst gesetzt, als Jesus starb. Der Tempelvorhang riss entzwei, und ein starkes Erdbeben erschütterte Jerusalem und die ganze Gegend.

Nur während drei Jahren zeigte ER diese Göttlichkeit sehr stark und vollendete den Beweis, dass ER Gott ist, mit dem Satz am Kreuz: »Vater vergib ihnen, denn sie wissen nicht, was sie tun.« Zur letzten Beweisführung seiner Göttlichkeit kam Jesus, als ER das Grab verliess, vom materiell leiblichen Tode auferstand und zuletzt vor den Augen seiner Jünger in den Himmel einging.

Eine zweite Frage im Zusammenhang mit der Göttlichkeit von Jesus:

Warum konnte Jesus, wenn ER doch Gott war, von Satan überhaupt in Versuchung gebracht werden?

Hier die Antwort der Seherin Anna Katharina, welche die Situation sah, als Jesus in der Wüste vom Satan versucht wurde:

Der Satan kannte nicht die Gottheit Christi. Er hielt ihn für einen Gottessohn, einen Propheten! Er hatte seine Heiligkeit von Jugend auf gesehen und auch die Heiligkeit seiner Mutter, die gar nicht auf den Satan merkte. Sie nahm keine Versuchung auf. Es war kein Stoff in ihr, woran er anknüpfen konnte. Ich tat da die innere Frage, wie es denn ihm so ganz verborgen sei, dass Christus Gott sei? Und ich erhielt darüber Weisung und erkannte nun ganz deutlich den unbegreiflichen Nutzen für die Menschen, dass der Satan und sie selber es nicht wussten, und dass sie es mussten glauben lernen. Ein Wort sagte mir der Herr, das ich behalten, nämlich:

»Der Mensch hat nicht gewusst, dass die Schlange, die ihn verführt, der Satan war, darum darf auch der Satan nicht wissen, dass es Gott ist, der den Menschen erlöst.« Ich sah auch, dass der Satan die Gottheit Christi nicht eher erfuhr, als da er die Seelen aus der Vorhölle befreite.*

Jesus litt Hunger und Durst. Ich sah ihn mehrmals vor der Höhle. Gegen Abend kam der Satan wie ein grosser kräftiger Mann den Berg herauf. Er hatte unten zwei Steine aufgehoben, von der Länge kleiner Brote, aber eckig, denen er aufsteigend in seinen Händen die volle Gestalt der Brote gab. Er hatte etwas ungemein Grimmiges, da er zu Jesus in die Höhle trat. Er hatte in jeder Hand einen der Steine und sagte zu ihm etwa so viel wie:

»Du hast recht, dass du keine Früchte assest, sie reizen nur die Esslust. Wenn du aber Gottes geliebter Sohn bist, über den der Geist der Taufe gekommen, siehe! ich habe gemacht, dass sie wie Brote aussehen, so mache du Brot aus diesen Steinen.« Jesus sah nicht nach dem Satan; ich hörte ihn nur die Worte sagen: »Der Mensch lebt nicht vom Brote.« Diese Worte habe ich allein deutlich behalten. Nun wurde der Satan ganz grimmig, streckte seine Krallen gegen Jesus aus, wobei ich die beiden Steine auf seinen Armen liegen sah, und entfloh. Ich musste lachen, dass er seine Steine wieder mitnehmen musste.

Gegen Abend des folgenden Tages sah ich den Satan in der Gestalt eines mächtigen Engels zu Jesus mit grossem Gebrause heranschweben. Er war in der Art kriegerischer Bekleidung, wie ich den heiligen Michael erscheinen sehe; doch immer kann man durch seinen grossen Glanz etwas

* Als ER 3 Tage im Grab war und von da aus in der Vorhölle den von Gott getrennten Geistern erschien.

Finsteres und Grimmiges durchsehen. Er prahlte gegen Jesus und sagte ungefähr: »Ich will dir zeigen, wer ich bin und was ich vermag und wie mich die Engel auf Händen tragen. Siehe dort Jerusalem! sieh den Tempel! Ich will dich auf seine höchste Spitze stellen; da zeige, was du vermagst und ob Engel dich heruntertragen.« Indem er so hinzeigte, war es, als sähe ich Jerusalem und den Tempel dicht vor dem Berge liegend; ich glaube aber, dass dies nur eine Vorstellung war. Jesus gab ihm keine Antwort. Der Satan fasste ihn bei den Schultern und trug ihn durch die Luft, aber niedrig schwebend, nach Jerusalem und stellte ihn auf die Spitze eines Turmes, deren vier auf den vier Ecken des Tempelumfanges standen, die ich sonst nicht beachtet hatte. Dieser Turm stand an der Abendseite** gegen Sion zu, der Burg Antonia gegenüber. Der Tempelberg ging da sehr steil hinab. Diese Türme waren wie Gefängnisse; in einem derselben wurden die kostbaren Kleider des Hohenpriesters bewacht. Sie waren oben platt, dass man darauf herumgehen konnte. Es erhob sich aber noch ein hohler Kegel in der Mitte dieser Fläche, der oben mit einer grossen Kugel endete, auf der wohl für zwei Menschen zum Stehen Raum war. Man hatte da den ganzen Tempel unter sich zu überschauen.

Auf diesen höchsten Punkt des Turmes stellte der Satan Jesus, der nichts sagte. Der Satan aber flog hinab auf den Grund und sagte: »Wenn du Gottes Sohn* bist, so zeige deine Macht und lasse dich auch herab; denn es steht geschrieben: ER wird seinen Engeln Befehl geben, dass sie dich auf den Händen tragen, dass du an keinen Stein stossest.« Da sprach Jesus: »Es steht auch geschrieben, du sollst deinen Herrn nicht in Versuchung führen.« Da kam der Satan ganz ergrimmt wieder zu ihm, und Jesus sagte: »Brauche deine Gewalt, die dir gegeben ist.«

Da fasste ihn der Satan sehr grimmig wieder an den Schultern und flog mit ihm über die Wüste hin gegen Jericho zu. Auf dem Turm sah ich gegen Abend Dämmerlicht am Himmel. Er schien mir diesmal langsamer zu fliegen. Ich sah ihn in Zorn und Grimm mit Jesus bald hoch, bald niedrig und schwankend schweben wie einer, der seine Wut auslassen will und des Gegenstandes nicht mächtig wird. Er trug Jesus auf denselben Berg, sieben Stunden von Jerusalem, auf welchem ER die Fasten begonnen hatte.

Ich sah, dass er ihn dicht über einen alten Terebinthenbaum wegtrug, der gross und mächtig in dem ehemaligen Garten eines der Essener stand die vor Zeiten hier gewohnt; auch Elias hatte sich dort aufgehalten. Er stand hinter der Höhle nicht weit von dem schroffen Abhang. Solche

** Gemeint ist die Westseite

* der Satan meinte damit Gottes **Prophet**

Bäume werden dreimal im Jahre angezapft und geben jedesmal einen etwas geringeren Balsam.

Der Satan stellte den Herrn auf der höchsten Spitze des Berges an einer überhängenden unzulänglichen Klippe hin, viel höher als die Höhle. Es war Nacht; aber indem der Satan um sich her zeigte, war es hell, und man sah die wunderbarsten Gegenden nach allen Richtungen der Welt. Der Teufel sagte ungefähr zu Jesus: »Ich weiss, du bist ein grosser Lehrer und willst jetzt Schüler berufen und deine Lehre ausbreiten. Sieh! hier alle diese herrlichen Länder, diese mächtigen Völker! und sieh hier das kleine Judäa dagegen! Dorthin gehe! ich will dir alle diese Länder übergeben, wenn du niederkniest und mich anbetest.« Mit diesem Anbeten meinte der Teufel eine Erniedrigung, welche damals oft unter den Juden und besonders den Pharisäern vor hohen Personen und Königen üblich war, wenn sie etwas von ihnen erlangen wollten. Der Teufel hatte hier eine ähnliche, nur erweiterte Versuchung vor wie damals, als er in Gestalt eines Beamten des Herodes aus Jerusalem zu Jesus kam und ihn nach Jerusalem in das Schloss forderte, ihn dort zu unterstützen in einer Sache. Als der Satan so umherzeigte, sah man grosse Länder und Meere, dann ihre Städte, dann ihre Könige in Pracht und Triumph und mit vielen Kriegsvölkern und Aufzügen umgeben einherziehen. Man sah dies alles ganz deutlich, als sei man nahe dabei, und noch deutlicher; man war wirklich überall darin, und jedes Bild, jedes Volk war verschieden in Glanz und Pracht, Sitten und Gebräuchen.

Der Satan strich auch die einzelnen Vorzüge der Völker heraus und zeigte besonders nach einem Lande, wo sehr grosse und prächtige Leute, schier wie Riesen, waren, ich meine, es war Persien, und riet ihm vor allem, dahin lehren zu gehen. Palästina zeigte er ihm aber ganz klein und unbedeutend. Es war dies ein ganz wunderbares Bild. Man sah so viel und so klar! und alles war so glänzend und prächtig!

Jesus sprach nichts als die Worte: »Du sollst Gott, deinen Herrn, anbeten und ihm allein dienen. Weiche von mir, Satanas!« Da sah ich den Satan in einer unbeschreiblich gräulichen Gestalt sich von dem Felsen wegheben und in die Tiefe niederstürzen und verschwinden, als verschlinge ihn die Erde. Gleich hierauf sah ich eine Schar von Engeln sich Jesus nahen, vor ihm sich beugen und ihn, wie auf Händen, sanft mit ihm an den Felsen niederschwebend, in die Höhle tragen, in welcher Jesus die vierzigtägige Fasten begonnen hatte. Es waren zwölf Engel und dienende Scharen, welche auch eine bestimmte Zahl hatten. Ich weiss nicht mehr gewiss, ob 72; aber ich bin geneigt es zu glauben, denn ich hatte während des ganzen Bildes eine Erinnerung an Apostel und Jünger. Es ward nun in der

Höhle ein Dank- und Siegesfest und ein Mahl gefeiert. Ich sah die Höhle von den Engeln inwendig mit einer Weinlaube überzogen, von der herab eine Siegeskrone von Laub über Jesus schwebte. Alles dieses geschah in wunderbarer Ordnung und Feierlichkeit und war sinnbildlich und leuchtend und bald vollendet; denn das in einer Intention Hingepflanzte oder Gebrachte folgte der Intention ganz lebendig nach und breitete sich nach seiner Bestimmung aus.

Die Engel brachten auch eine anfangs kleine Tafel heran mit himmlischen Speisen besetzt, welche sich schnell wachsend vergrösserte. Die Speisen und Gefässe waren solche, wie ich sie immer an Himmelstafeln sehe, und ich sah Jesus und die zwölf Engel und auch die andern ihrer teilhaftig werden. Denn es war kein Essen durch Mund und durch ein Zusichnehmen, sondern ein Uebergehen der Fruchtgestalten in die Geniessenden und ein Erquickt- und Teilhaftigwerden derselben. Es war, als wenn die **innere Bedeutung der Speisen** nun in den **Geniessenden überginge. Es ist das nicht auszusprechen!**«*

»Es ist nicht auszusprechen«, sagt die Seherin. So ist es. Die überirdischen, himmlischen und geistigen Sphären sind schwer in unsere Sprache zu übertragen.

Jesus zeigt uns, **wie konsequent Gott den Geschöpfen den freien Willen lässt.** Sonst hätte Jesus dem Satan nicht erlaubt, sich herumtragen zu lassen. Aber Jesus lässt dem Satan den freien Willen und lässt sich herumzerren. Genau so wie der Satan Jesus quälen durfte vor und bei der Kreuzigung. Obwohl Satan nicht wusste, wen er quälte. Er glaubte ja, Jesus sei »nur« ein Prophet. Satan hat alle Propheten gehasst, denn diese waren immer auf der Seite Gottes, also wollte er sie quälen, töten und beseitigen.

Auch wir Menschen werden von Satan gequält, herumgezerrt, verfolgt, geängstigt. Er will uns von Gott wegbringen, versuchen, verführen. Und wenn wir nicht wollen, dann hackt er auf uns herum. Das ist der freie Wille des Bösen.

So hat Jesus auch dieses menschliche Elend ausgestanden und freiwillig die Versuchung über sich ergehen lassen, obwohl er das – als Gott – gar nicht hätte aushalten müssen. Konsequent und treu hat Jesus den Weg der Menschen bis in die bitterste Einzelheit durchgestanden.

---

* Erinnern wir uns an die Aussagen des Physikers Foster über den Kosmos und seine innerste **Bedeutung** (Kapitel 1)

Hatte Jesus Brüder?

Viele sagen, Jesus war gar kein Einzelkind; in der Bibel stehe es ja geschrieben. Und sie führen die Texte von Matthäus und Markus ins Feld, in denen von »Brüdern und Schwestern Jesu« die Rede ist (Mt 13,55–56a/Mk 6,3). Somit wäre die katholische Lehre falsch, wonach Maria, die Mutter Jesu, jungfräulich geboren hat und Jungfrau geblieben ist.

In der Tat sind Jakobus und Josef, die im Matthäusevangelium als »Brüder Jesu« genannt werden (Mt 13,55), die Söhne einer Maria, welche Jüngerin Jesu war (Mt 27,56), die aber an anderer Stelle bezeichnenderweise »die andere Maria« genannt wird (Mt 28,1).

Gemäss einer bekannten Ausdrucksweise, welche schon im Alten Testament üblich war, handelt es sich dabei um nahe Verwandte Jesu. Denn in der hebräischen Sprache gab es damals nur sehr wenige verschiedene Bezeichnungen für Verwandtschaftsformen. »Bruder« konnte vieles bedeuten: z. B. Onkel, Neffe oder auch Cousin.

Auch die Stelle im Lukasevangelium, in der Jesus als der Erstgeborene erwähnt wird (Lk 2,7), kann nicht darauf hindeuten, dass Maria noch andere Kinder nach Jesus gehabt haben muss, weil in Hebräisch, wie auch in anderen Sprachen, z. B. Italienisch, »Erstgeborener« nicht nur erster Sohn, sondern auch »Einzelkind« bedeutet.

Hätte Maria neben Jesus noch andere Söhne und Töchter gehabt, wie wäre dann die Begebenheit beim Kreuz zu deuten, wo Jesus seine Mutter dem Jünger, den er liebte, anvertraute (Joh 19,26)? Warum übergab er die Verantwortung, für seine Mutter zu sorgen, einem »Fremden«, wenn er noch andere (leibliche) Geschwister gehabt hätte, deren erste Aufgabe es nach jüdischem Gesetz gewesen wäre, für die Mutter dazusein?

Im Hinblick der Übersetzungsmöglichkeit und Gebrauchsweise der hebräischen Sprache sowie dem Handeln Jesu selber, sehen wir, dass die Lehre der Kirche von der Jungfräulichkeit Mariens, keineswegs im Widerspruch zum Bibeltext steht.
(Beitrag von Flavio Lampis, bearbeitet von Andreas Schnyder, Priester.)*

* Siehe auch Quellenverzeichnis, S. 389,
Hinweis auf spezielle Literatur in bezug auf familiäre Verhältnisse im alten Israel.

Eine Mitteilung von grösster Wichtigkeit – anerkannt von allen christlichen Denominationen

Wir werden in diesem Buch an einigen Stellen von einer Jesus-Offenbarung hören, welche von **evangelischen**, **protestantischen**, **katholischen**, **anglikanischen**, **baptistischen** und **methodistischen Theologen** als echt anerkannt worden ist, **darum ist sie so besonders wichtig.**

Im Jahre 1935 erhielten zwei schlichte englische Mütter in England Botschaften von Jesus, die er in Ich-Form während zwei Jahren täglich an sie richtete. Es handelt sich **nicht um spiritistische Vorkommnisse.** Jesus warnt innerhalb seiner Botschaften ausdrücklich vor dem Spiritismus. Die beiden, aus Bescheidenheit ungenannt sein wollenden Frauen vernahmen innerlich eine Stimme, deren Worte sie aufschrieben.

Die Texte sind in zwei kleinen Büchern zusammengefasst mit den Titeln »Ich rufe Euch« und »Ich rufe Euch noch einmal«. An jedem Tag des Jahres gibt Jesus einen seelsorgerischen Rat, Vertiefung des Evangeliums, Trost, Ermutigung. Diese inhaltlich sehr wertvollen Bücher sind in der Schweiz und in England erhältlich. (Bezugsmöglichkeiten siehe Quellen-Verzeichnis.)

Wichtiger Hinweis für Katholiken:

Seit Aufhebung von can 1399 und 2318 des kirchlichen Rechtsbuches durch Papst Paul VI. in AAS (1966) 1186, **können Schriften über neue Erscheinungen, Prophezeiungen, Wunder** usw. auch **ohne ausdrückliche kirchliche Druckerlaubnis unter Beachtung der allgemeinen christlichen Moral von den Gläubigen verbreitet und gelesen werden.**

Es gibt immer Leute, die sagen: »In diesen Offenbarungen steht ja das Gleiche wie in der Bibel. Warum benötigen wir sie also?«

In den Grundwahrheiten stimmen die Neuen Offenbarungen mit der Bibel tatsächlich genau überein. Damit ist auch ihre Echtheit garantiert. Der Unterschied ist nur, dass Jesus die Sprache und Bildsymbolik des 20. Jahrhunderts wählt und viele seiner vor 2000 Jahren gemachten Äusserungen erklärend vertieft und mit liebevollen Hinweisen versieht, wie man seine Wünsche noch besser in den Alltag unserer Epoche umsetzen kann.

Das Verhältnis zwischen Gott und Menschen ist ein Liebesverhältnis. Liebende schreiben nicht nur einen Liebesbrief. Sofern sie tief lieben, wiederholen sie ihre Liebeskundgebungen das ganze Leben lang. Gott liebt die Welt und spricht immer wieder auf liebevollste Art zu ihr. Nur Tote sprechen nicht. Wir aber haben es mit dem **Lebendigen Gott** zu tun.

Jesus
Der auferstandene, lebendige Jesus sagt: »Ich lebe. Und ich spreche auch heute noch. Ich bin ewig. Ich bin das Geschenk Gottes an die Menschen. Ich bin vollkommener Gott und vollkommener Mensch. Ich, Gott und Mensch, habe den Vorhang weggerissen, welcher Gott, den Vater, vom Menschen, meinem Bruder, getrennt hatte.«

Offenbarung von Jesus aus dem Neuen Testament: »Ich bin eins mit dem Vater. Wer mich sieht, sieht den Vater.«

Offenbarung von Jesus aus dem 13. Jahrhundert an Mechthild v. Hackeborn: »Gott hat sich in mir an die Menschen verschenkt. Die Menschen können sich nicht vorstellen, wie unendlich stark Gott sie liebt. Die Menschen können auch die Demut Gottes nicht verstehen, da ER allmächtig ist und sich trotzdem den schwachen Menschenhänden ausgeliefert hat.«

Was Jesus empfunden hat, als Satan sich ihm näherte

Jesus: »Gott hat Mich dem Menschen zum Geschenk gemacht. Nur dadurch wurde es dem Menschen möglich, Gott als Vater kennenzulernen. Nur dadurch konnte der Mensch wissen, dass er stets einen Fürsprecher bei Gott hat; den **sündenlosen Christus.**

Es gibt daher immer Einen, der Euren Fall versteht und dessen dringende Bitte nicht überhört werden kann. Denn Er hat das Recht der Sohnschaft, und Er ist's, der das Recht besitzt, für Euch zu sprechen.

Wenn Er für den sündigen Menschen auftreten darf und volle Verantwortung für ihn übernimmt, welch besseren Anwalt könntet Ihr Euch wünschen? Er weiss und versteht Alles. Er hat Schmerzenstränen, Herzeleid und jede Versuchung überwunden. Er kann Euch verteidigen wie kein Anderer.

Seine eigenen Versuchungen waren so gross und wirklich, dass Er, der Sieger über alle blieb, das liebevollste Erbarmen für den Unterlegenen fühlen kann. Er weiss, wie täuschend rein und redlich das Üble sich vorzutun vermag und weiss auch die zusätzliche Belastung durch das verdorbene Blut und die ererbte Schwäche und Sünde richtig zu werten.

Gott gab Seinen einzigen, Ihm je geborenen Sohn hin. **DIESES GROSSE GESCHENK BIN ICH,** Euer Freund, Euer Begleiter. Überlasst alles Mir, Eurem Fürsprecher, der Ich Mich während Meiner Erdenjahre im Verteidigen geübt habe, wenn Ich auch nie für Mich selbst kämpfte, sondern immer nur für Andere, für jeden, der seine Angelegenheit ganz in Meine Hände legte.«

Jesus warnt vor Spiritismus

In England ist Spiritismus weit verbreitet. Im Buche »Ich rufe Euch«, in welchem Jesus mit zwei Engländerinnen spricht, weist Jesus klar daraufhin, dass man sich nicht den Medien anvertrauen darf und von ihnen keine Botschaften annehmen soll. Der Grund: Wenn ein Medium in willenloser Trance liegt, können sich unerwünschte Fremdgeister, also Dämonen, einschleichen und sich zu Worte melden. Die Dämonen verbreiten immer wieder Irrtümer über Gott und seine Ewige Wahrheit. Da diese Geister intelligent vorgehen, sagen sie oft 90 Prozent Wahrheit, verstecken darin jedoch geschickt 10 Prozent Lüge. Damit stiften sie Verwirrung unter den Gläubigen.

Worte des Geistes Jesus
»Die Worte, die ich rede, sind Geist und sind Leben. Dies waren die Worte, die ich einstmals zu meinen Jüngern sprach. Dies ist mein Dank an Euch dafür, dass Ihr die Verbindung mit mir nicht durch ein Medium

sucht. Diejenigen, welche solches tun, werden nie die Verzückung und das Wunder der Gemeinschaft mit dem Geiste kennen lernen, so wie Ihr sie kennt.

Leben, Freude, Friede und Heilung werden Euch in vollstem Masse zuteil. Ihr werdet dies besser erkennen, je mehr Fortschritte Ihr macht. Anfänglich werdet Ihr die Kräfte, die ich Euch schenke, kaum richtig einschätzen können.

Ich sandte meine Jünger aus, zwei und zwei, und gab ihnen die Macht über die unreinen Geister, und um Krankheit aller Art zu heilen. Wunderbar muss es für Petrus gewesen sein, plötzlich zu fühlen, dass er über die Kraft seines Meisters verfügen konnte.«

Spiritismus

Jesus: »Vertraut auf mich, atmet ruhig in meinem Geiste. Wenn Ihr diesen Geist frei bei Euch zulasst, und nicht durch Euer eigenes ›Ich‹ ausschliesst, dann wird er es Euch ermöglichen, dieselben Taten zu vollbringen, die ich vollbrachte, oder anders gesagt: Er wird es mir möglich machen, dieselben Taten oder sogar noch grössere als damals, da ich auf Erden war – durch Euch zu vollbringen.

Spiritismus ist falsch; kein Mensch sollte sich je einem andern Geist zur Verfügung stellen, als meinem Geist.«

Warnung vor falschen Offenbarungen

In der Schweiz – aber auch in anderen Ländern – sind Fälle von falschen Offenbarungen bekannt. In Zürich handelt es sich um die »Botschaften« des Mediums Beatrice B., welche jahrelang innerhalb einer spiritistischen Vereinigung sogenannte »Offenbarungen« vermittelte. In diesen Botschaften wird jedoch die Göttlichkeit von Jesus geleugnet.

Typisches Beispiel für eine falsche Offenbarung
(Aus dem Buch »New Age aus christlicher Sicht« – Okkultismus und Seelsorge, von Johannes Mischo)

Anfangs 1969 fand vor dem Schwurgericht in Zürich der Prozess gegen die »heiligen Eltern des heiligen Werkes« und mehrere Gläubigen statt, die angeklagt waren, die 17jährige Bernadette Hassler durch Stockschläge zu Tode geprügelt zu haben. Zu diesem Kreis gehörte auch Olga Endriss, Schwester der Borromäerinnen mit dem Namen Stella. Diese Schwester Stella hat seit ihrem 25. Lebensjahr dann und wann die Stimme des »Heilands« vernommen. Er habe gesagt, dass Gott sich rächen werde. Die Erde werde für alle Ewigkeit in einen dröhnenden Abgrund gestürzt.

Dazu äusserte sich der »Heiland« auf dem Weg über Schwester Stella sehr präzis: Wieviele und welche Art von Vorräten angelegt werden müssten, wobei auch die Sorte der Sossenwürfel diskutiert wurde.

Wenn wir solche »Botschaften« lesen, ist uns klar, warum sie nicht von Gott stammen können. Die hässlichen Taten entlarven den Satan. Es ist jedoch wirklich beunruhigend, mit welcher Raffiniertheit der dämonische Geist die echten Offenbarungen nachahmt. Von dieser Nachmacherei berichten uns alle echten Mystiker und Seher. Anna Katharina Emmerich sah den Satan oft in einer strahlenden Engelsgestalt, die sich »Erzengel Michael« nannte. Sie erkannte jedoch immer den Verführer an seiner unechten Freundlichkeit.

Immer häufiger treten in der Schweiz und anderen Teilen Europas »Privatoffenbarungen« auf, von denen behauptet wird, sie stammten direkt von »Jesus« oder von »Maria«. In der Schweiz, Deutschland und Frankreich sammelte eine »Mystikerin« Tausende von Gläubigen um sich. In spiritistischen Trancen (vor denen Jesus in den echten Offenbarungen ausdrücklich warnt), spreche, so behauptet sie, »Jesus und Maria« zu ihr.

Der »Führungsgeist« heisst »Uriella« und veranlasste, dass um das Medium ein »Orden« gegründet werde. Satan ahmt, wie gewohnt, die wirklichen Ordensgemeinschaften nach, nennt sich aber offen beim Namen: Engel des Lichts. So hiess Satan vor seinem Abfall von Gott. In den Texten an die Anhängerschaft wird drohend betont, dass jedes Wort oder Gefühl von Anschuldigung die Seele sofort in niedrigere Sphären sinken lasse. Damit soll Kritik von seiten des Publikums im vornherein ausgeschaltet werden. Das Medium kann hellsehen sowie an verschiedenen Orten gleichzeitig erscheinen (Bilokation), so wird jedenfalls behauptet.

Es kann sogar sein, dass das Medium gutgläubig in diese satanischen Einflüsse hineingeraten ist und wirklich nicht weiss, dass es der falschen Seite dient.

Meistens werden die falschen Informationen in Sekten verbreitet. Z. B. der »Weissen Bruderschaft«, deren Führerin und Führer Anfang 1996 in Deutschland zu hohen Gefängnisstrafen verurteilt worden sind. Sekten versuchen immer, Menschen von sich abhängig zu machen, sei es mit Drohungen, Isolierung oder fanatischen Vorschriften der Lebensführung. Die falschen Propheten verraten sich oft durch Machthunger und Geldgier, oder lächerliche Aufmachung (Uriella).

1995 wurde die Welt Zeuge der dämonischen Zerstörungskraft von Sekten. In Japan starben durch den Giftgasangriff eines »göttlichen« Meisters Hunderte von Menschen. In der Schweiz wurden ganze Familien in den Selbstmord getrieben.

Drei Hinweise sind nützlich für die Erkennung falscher Offenbarungen

Es handelt sich mit Sicherheit um falsche Offenbarungen, wenn folgende Behauptungen auftauchen:

1. Christus sei nicht die Zweite Person des Dreifaltigen Gottes, sondern nur »das höchste Geistwesen im Kosmos.«
2. Offene oder versteckte Drohreden, die über ein spiritistisches Medium in Trance angeblich von »Jesus« oder »Maria« ausgesprochen werden.

   In den echten Offenbarungen weist uns Christus gütig, aber ernst darauf hin, **wir sollten wachsam bleiben.** Wir sollten uns stark mit Gott verbinden und seine Gebote der Liebe einhalten. Wer mit Gott eng verbunden sei, habe nichts zu befürchten. **Wir sollten dies auch allen unseren Mitmenschen mitteilen, und die Priester sollten es öffentlich predigen,** aber ohne Ärgernis zu erregen, also ohne jeden Fanatismus, der nicht von Gott komme. Christus betont, dass der Mensch immer frei bleibe in seinen Entscheidungen. Wer aber aus freiem Willen und freiem Entschluss, Gott bewusst ablehne, der habe sich bereits selber gerichtet und werde zum Zeitpunkt, wenn Christus wiederkommt, nicht zum Weizen, dem Guten, sondern zur Spreu, dem Bösen, gehören. Das Böse wird vernichtet, wie es in der Apokalypse steht.
3. Falsche Offenbarungen sind jene, in welchen genaue Daten für den Jüngsten Tag oder einen sogenannten »Weltuntergang« angegeben werden, also Tage, Monate, Jahre.

Gott und Mensch

(Quelle siehe S. 165)

Jesus: »Ich bin Gott, wurde aber Mensch.

Vollkommener Gott und vollkommener Mensch.

So menschlich und doch auch so göttlich.

Weil Ich Ewig bin – Dass Ich immerdar sein muss.

So erkennt in Mir alles, was Ich Meinen Schülern stets zu sein und zu tun auferlegt habe. Sollte Ich die Vergebung vorenthalten können? Unbeschreiblicher Schmerz und tiefstes Herzeleid, Pein, Kummer und Verlassenheit, wie sie kein menschliches Wesen je gekannt hat, waren der Preis für Euren Loskauf.

Wirklich, Ihr gehört nicht Euch selbst.

Ihr seid für einen teuren Preis gekauft. Ihr gehört Mir.

Ihr seid Mein zu Meiner Verfügung; Mein, damit Ich Euch liebe; Mein, dass Ich für Euch sorge.

Der Mensch versteht die unbegrenzte Liebe der Gottheit nicht. Ein Mensch lehrt den andern, er habe Mir zu dienen, Mir zu gehorchen und für Mich zu leben, weil Ich ihn gekauft hätte.

Er kann es nicht begreifen, dass ICH – weil er ja durch Mich losgekauft wurde und daher Mir gehört – die Verantwortung auf Mich genommen habe, für alles, was er je benötigt, zu sorgen. Ihm hingegen fällt als sein Teil zu, Mein Eigentumsrecht anzuerkennen und auf Meine Liebe und Meine Macht Anspruch zu erheben. Und siehe da, der Vorhang im Tempel zerriss in zwei Stücke, von oben an bis unten aus.

Der Vorhang, der Gott vor dem Menschen verborgen gehalten hatte, so dass er ihn nicht kennen und nicht sehen konnte, war endlich entfernt worden.

ICH, GOTT UND MENSCH, habe den Vorhang weggerissen, der Gott den Vater vom Menschen, Meinem Bruder getrennt hatte. Ich bin gekommen, um dem Menschen Den VATER zu enthüllen, und Ich lebe, lebe bis ans Ende aller Zeiten, um beim Vater Fürsprache für den Menschen einzulegen.

Ich bin der Grosse Mittler zwischen Gott und Mensch, der Mensch Christus JESUS.«

* 1984 wurden diese Mitteilungen dem inzwischen in die Ewigkeit hinübergegangenen Bischof Johannes zur Prüfung vorgelegt. Er freute sich darüber und empfahl sie jedem Menschen. Damals war gar keine Buchveröffentlichung geplant und daher versäumt, die Empfehlung des Bischofs schriftlich zu verlangen.)

Jesus: »Ruhe für Eure Seelen findet Ihr zu meinen Füssen. Der Ort der Ruhe ist auch der Ort der Demut.

Wenn Ihr Freude daran habt, demütig zu dienen, wenn es Euch nichts ausmacht, dass Menschen übel von euch denken, wenn Ihr Schmach und Schande, Spott und Hohn gelassen ertragen könnt, – sagt Mir: Was kann dann noch die Freude Eurer Seele, ihre Ruhe stören?

Keine Unruhe kann die Seele anfallen oder verletzen, die ihren Ursprung nicht in der eigenen Persönlichkeit hat. Dieses ›Selbst‹ muss auf mein Kreuz genagelt werden; dieses ›Selbst‹, die Persönlichkeit muss sterben, bevor Ihr in Wahrheit sagen könnt: Ich lebe; doch nun nicht ich, sondern Christus lebt in mir.«

Jesus: »›Und sie sahen dahin und wurden gewahr, dass der Stein abgewälzt war.‹

Wie unnötig war die Frage gewesen, welche die drei Frauen einander besorgt gestellt hatten: ›Wer wälzt uns den Stein von des Grabes Tür?‹

Wo Meine Nachfolger im vollen Verlangen Mir liebend zu dienen, sich auch hinwenden mögen, überall werden sie die Steine, welche ihnen Schwierigkeiten bereiten oder hinderlich sein könnten, bereits weggewälzt finden.

Jene gläubigen Frauen wanderten zum Grabe mit den Spezereien und Salben, die sie vorbereitet hatten.

Kommt auch Ihr mit Euren würzigen Gaben der Liebe, um Mir zu dienen, und Ihr werdet sehen, dass Ich Euch schon zuvorgekommen bin. Denn Ich bin von jeher eifrig voll Liebe darauf bedacht, Euch Dienste zu erweisen.«

Jesus: »Wo ihr aber durch den Geist des Fleisches Geschäfte tötet, so werdet ihr leben.

Dies ist eine weitere Stufe des Fortschrittes in Meinem Reich. Das Fleisch darf für Euch keine Verlockungen besitzen, die nicht im Zügel gehalten werden und nicht stets unter der Herrschaft des Geistes stehen.

Es war die vollständige Unterwerfung des Fleisches unter den Geist, die durch Mein Schweigen am Pfeiler auf die Frage des Pilatus und angesichts all der Verhöhnungen, Beschimpfungen und Faustschläge geoffenbart wurde. Es war diese vollständige Beherrschung durch den Geist, welche die Auferstehung des Körpers bedeutete.

Der Auferstehungsglaube ist nicht so sehr eine Angelegenheit des Glaubens an Mich und an Meine Macht Wunder zu wirken. Er ist vielmehr das Vertrauen auf Mich und Meine Macht, die völlige Unterwerfung des Körpers herbeiführen zu können. Wenn ein Körper vollkommen unter der Kontrolle des Geistes steht, dann ist er ein auferstandener Körper.

Seht Ihr nun die Wichtigkeit der Selbstzucht ein?«

Jesus: »Ich sandte keinen Meiner Jünger aus, um Meine heilende Kraft zur kranken Tochter des griechischen Weibes aus Syrophönizien zu bringen, noch zum Knecht des Hauptmanns von Kapernaum. Mein Wort allein genügte vollkommen.

Alles, was ich benötigte, war der Glaube des Bittstellers. Könnt Ihr das nicht erfassen?

Lernt mehr von Meinem Wesen zu begreifen und Mich um mehr zu fragen. Wenn Ihr das nicht tut, dann trifft Euch die Verantwortung, dass Andere in Fesseln gefangen werden.

Macht Euren eigenen Körper von allen hemmenden Banden frei. Erinnert Euch an ›den Balken und den Splitter‹.

Genau so, wie Ihr nach Überwindung Eurer eigenen Fehler (Entfernung des Balkens) die Kraft erhaltet, den Splitter aus des Bruders Auge zu ziehen, genau so werdet Ihr, sobald Ihr Euren Körper Euch völlig untertan gemacht habt und ihn vollständig in Zucht haltet, in der Lage sein, Euren Bruder von den Fesseln zu befreien, die ihn an Krankheit ketten.«

Jesus: »Liebt und lacht. Traurige Gesichter und gedrückte Gemüter zeugen der Welt von einem begrabenen Christus. Wenn Ihr Menschen von Meiner Auferstehung überzeugen wollt, müsst Ihr in steter Osterfreude durch das Leben gehen. Ihr müsst durch Eure Lebenshaltung beweisen, dass ihr mit Mir zusammen auferstanden seid.

Die Menschen werden sich von Meinem Sieg über den Tod nicht durch scharfsinniges Disputieren der Theologen überzeugen lassen, sondern nur durch die Art der Lebensführung Meiner Anhänger, Meiner auferstandenen Nachfolger. Wenn Ihr stets die Begräbniskleider der Schwermut und Niedergeschlagenheit, der Furcht und Schäbigkeit tragt, werden die Menschen von uns denken, wir ständen immer noch unter dem Eindruck des Grabes.

Tut das aber nicht! Sondern lebt im Geist des sonnenbeschienenen Gartens jenes Ostermorgens! Auch für Euch werde Ich den Stein vom Eingang des Grabes wegwälzen. Wandelt ungebunden mit Mir im Garten; im Garten der Liebe und Freude, des kindlichen, grenzenlosen Vertrauens und Glaubens; im Garten von Lust und Wonne.«

Jesus: »Es ist Mir eine Freude, dass Ihr Mir dient.

Die Zeit der Gesellschaft mit Mir, die der Seele Erquickung bringt, wird nur allzu oft für das Äussern von Bittgesuchen geopfert.

Seid damit zufrieden, in Meiner Gegenwart eine Weile still zu sein. Nehmt die geistige Kraft in Euch auf, welche Euch die Stärke verleihen wird, Eure Schwächen zu überwinden, die Ihr so sehr bedauert.

Leben in Mir bedeutet strahlendes Leben.

Ewiges Leben ist Leben, das durch Ströme lebendigen Wassers erfrischt wird.«

Meine Anhänger weigern sich, daran zu glauben, dass ich heute noch spreche, sagt Jesus in der Neuen Offenbarung!

Jesus: »Nehmt Mich als Lehrer an. Wie oft hätte ich schon zu einem Herzen gesprochen, – aber die Stimme eines Menschen, der zu eifrig mit seinen Erklärungen über Mich beschäftigt war, drängte Mich zur Seite.

Als Andreas Simon zu Mir brachte, schwieg er still, um es seinem Bruder zu ermöglichen, von Mir unterrichtet zu werden.

Der Grund für dieses Verdrängen Meiner Stimme durch die Meiner Anhänger liegt in ihrer Weigerung daran glauben zu wollen, dass Ich auch heute noch spreche.«

»Ich, Jesus, bin das grösste Geschenk Gottes an die Menschen«

Jesus: »Gott hat Mich dem Menschen zum Geschenk gemacht. Nur dadurch wurde es dem Menschen möglich, Gott als Vater kennenzulernen. Nur dadurch konnte der Mensch wissen, dass er stets einen Fürsprecher bei Gott hat: den sündenlosen Christus.

Es gibt daher immer Einen, der Euren Fall versteht, und dessen dringende Bitte nicht überhört werden kann. Denn Er hat das Recht der Sohnschaft, und Er ist's, der das Recht besitzt, für Euch zu sprechen.

Wenn Er für den sündigen Menschen auftreten darf und volle Verantwortung für ihn übernimmt, welch besseren Anwalt könntet Ihr Euch wünschen? Er weiss und versteht Alles. Er hat Schmerzenstränen, Herzeleid und jede Versuchung überwunden. Er kann Euch verteidigen wie kein anderer.«

Jesus: »Mein Name: Ich BIN – Vor allen Zeiten war ich da«

Jesus: »Mein Name: ICH BIN. Vor allen Welten war Ich da; unveränderlich durch alle Ewigkeit hin; unveränderlich in der Zeit

ICH BIN, was Ich je durch alle Zeiten hin war.

ICH BIN, was Ihr immer fleht, dass ich es Euch sein möge.

In einer ständig wechselnden Welt ist es für Euch nötig, viel über Mich nachzusinnen, über Euren Meister, den Jesus Christus, von dem gesagt wurde: ›Jesus Christus gestern, und heute und derselbe auch in Ewigkeit.‹

Hieraus folgt, dass auch am heutigen Tag der Herr der Schöpfung, der Jesus von Nazareth, der Christus des Kreuzes, der auferstandene Erlöser, der zum Himmel aufgefahrene Herr bei Euch ist.

Welche Begleitung auf den unsicheren Wegen einer stets wechselnden Welt!«

Jesus: »Wollt Ihr Mich dann aber auch als lebendige, hell-strahlende Wirklichkeit zeigen?

Ich starb, auf dass ich in Euch, Meinen Nachfolgern lebe! Und Ihr stellt Mich der Welt als einen toten Christus dar.

Ich bin lebendig von Ewigkeit zu Ewigkeit.«

Jesus: »Ich habe als Mensch unter Menschen gelebt. Ich bin der offenbarte Gott«

Jesus: »›Wer sagen die Leute, dass des Menschen Sohn sei?‹ Das ist die erste Frage, die Ich jedem Menschen stelle. Mein Anspruch, die weltliche Auslegung Meiner Sendung und ihr Höhepunkt müssen sorgfältig betrachtet und erwogen werden.

Danach folgt Meine zweite Frage, von deren Beantwortung die ganze Zukunft des betreffenden Menschen abhängt. Hiermit haben wir den Bereich des nüchternen Verstandes verlassen. Überzeugung muss aus dem Herzen kommen: ›Wer sagt denn ihr, dass ich sei?‹

›Du bist Christus, des lebendigen Gottes Sohn‹ lautete die Antwort des Simon Petrus. Erst hiernach, und nicht vorher, war es möglich, ohne in des Menschen Recht auf den **Freien Willen einzubrechen**, diesem Glaubensbekenntnis die Bestätigung Meines Vaters beizufügen: ›Dies ist mein lieber Sohn.‹

Ich habe Mein irdisches Leben ganz natürlich, als Mensch unter Menschen gelebt. Immer aber sehnte Ich Mich danach, dass Meine Auserwählten Augen zum Sehen und den Glauben zum Durchdringen des Geheimnisses der Inkarnation haben möchten und **Mich als den offenbarten Gott sehen könnten.**

Der Glaube einer persönlichen Überzeugung wird immer durch die Bestätigung Meines Vaters gleichsam festgemauert. Sie ist es, die den Glauben Meiner wahren Nachfolger so unerschütterlich macht.«

In einer Zeit des grossen Priestermangels kommt Jesus und hilft

Zwei Jahre lang nimmt ER sich die Mühe und spricht jeden Tag zu den Menschen. Er wählt zwei Frauen aus. »Da wo zwei oder drei von euch in Meinem Namen versammelt sind, da bin ich mitten unter ihnen.« Dieses Versprechen hat Jesus vor 2000 Jahren seinen Jüngern gegeben. Und ER hat es gehalten. Wir glauben ja an einen auferstandenen Jesus. Und ein auferstandener Jesus lebt. Und Lebende können sprechen. Der lebende Christus spricht zu Menschen **Seiner** Wahl. Wiederum wählt Gott – wie schon zu allen Zeiten – einfache Menschen mit offener, gläubiger und vertrauensvoller Seele.

Gott kommt mit seiner Botschaft zum richtigen Zeitpunkt:

Denn die satanischen Kräfte setzen im 20. Jahrhundert zum Generalangriff gegen Christus an. Ueberall tauchen, mit viel stärkerer Wucht als auch schon, jene Theorien auf, wonach Jesus nicht göttlich sei. Die Irrlehren der Selbsterlösung überschwemmen von Asien und Amerika her Europa. Dazu tauchen immer stärker die alten Ideen des Pantheismus auf.* Sehr gut getarnt arbeiten die satanischen Kräfte gegen Jesus. Kaum merkbar filtrieren sie überall die Zweifel gegen die Gottheit von Jesus ein. Manchmal offen, manchmal sehr geschickt verborgen, unter vielerlei theologischen, psychologischen und philosophischen Mäntelchen.

Jesus bestätigt das Johannes-Evangelium

Jesus tritt den Irrlehren und Verwirrungstaktiken der alten Schlange klar entgegen. Der Lügner Satan wird von den Worten von Jesus entwaffnet. In den Offenbarungen an die beiden Frauen, die in ihrer Bescheidenheit nicht einmal ihre Namen auf den Offenbarungsbüchern lesen wollten, sagt Jesus in unmissverständlicher Klarheit, dass ER der untrennbar eingeborene und nicht geschaffene Gott ist, die Zweite Person der Gottheit. Das ganze Johannes-Evangelium wird klar bestätigt von Christus selbst. Jesus spricht zu den Frauen in der »Ich-Form«. Man kann also nicht mehr sagen, die Aussagen aus dem ersten Teil des Johannes-Evangelium sei »nur« Theologie. Immer wieder weist Jesus klar auf seine Göttlichkeit hin: »Ich bin der Meister des Weltalls. Der Vater ist der Gedanke, die schöpferische Idee. Ich bin der Ausführende. Im Auftrag des Vaters schuf ich die Welt.«

Jesus benützt oftmals Gleichnisse, wie er es schon immer getan hat. Nur benutzt er im 20. Jahrhundert nicht mehr so oft die Bilder von Weinbauern und Pächtern von Gutsbetrieben, sondern er vergleicht zum Beispiel die Wirkung göttlicher Inspiration so: »Ihr seid wie die Kanäle einer elektrischen Leitung. Ich, Jesus, bin der Strom, der durch euch hindurchfliesst. Wenn nun aber der Kanal, die Leitung, verstopft ist, durch Euer Ich, den Egoismus, dann kann meine göttliche Eingebung nicht ungehindert fliessen.«

In einem anderen Vergleich spricht Jesus vom Universum. Diesen Ver-

*Glaube an eine unpersönliche allgemeine göttliche Kraft

gleich hätte er vor zweitausend Jahren nicht benutzen können, da seine Jünger ja nicht wussten, dass die Erde rund ist und dass sie ein Planet ist unter Milliarden von Planeten.

An einer anderen Stelle sagt Jesus:

»Wenn die Menschen gleich viel Zeit für die Pflege ihrer Seele und für mich, ihren Herrn Jesus Christus, aufbringen würden wie für ihre sportlichen Tätigkeiten und ihren Körperkult, so wäre die Welt längst gerettet. Jesus verwendet also, wie damals am See Genezareth, die Begriffe der entsprechenden Zeitepoche.

Jesus sagt, der Mensch schaffe sich sein Kreuz selber

Jesus sagt in seiner Offenbarung, dass Gott für jeden Menschen einen Plan habe. Dieser Plan enthalte **ausschliesslich Gutes.** Der Mensch jedoch bringe durch seinen Eigenwillen und durch die Sünde der Ich-Sucht und Lieblosigkeit all das Negative in sein Schicksal und in jenes der anderen Menschen. Der Mensch **durch-kreuze** also selber die guten Pläne Gottes. Damit schaffe er sich selber und allen Mitbewohnern der Erde ständig neue Schwierigkeiten. Die eigenen Charakterschwächen seien das persönliche Kreuz des Menschen.

Jesus hat sich durch alle Jahrhunderte immer wieder offenbart.

Im 13. Jahrhundert spricht Jesus in Visionen zu einer Ordensfrau, Mechthild von Hackeborn.

Als sie, Mechthild, überlegte, worin wohl die Verherrlichung der Menschheit Christi bestehe, die Gott der Vater seinem Sohn zuteil werden liess, erwiderte er voller Güte: »Meines Herzens Verherrlichung war dies, dass Gott der Vater mir alle Gewalt im Himmel und auf Erden verlieh, damit ich in der Menschheit allmächtig sei so wie in der Gottheit, und belohnen, ehren, erhöhen und jegliche Liebe erweisen könnte meinen Freunden nach der gesamten Freiheit meines Willens. Die Verherrlichung meiner Augen und Ohren ist dies, dass ich alle Bedürftigkeit und Bedrängnis meiner Getreuen zu erschauen vermag bis zur letzten Tiefe, und all ihr Stöhnen und ihr Begehren und Bitten hören und erhören kann. Auch ist meinem ganzen Leib diese Herrlichkeit gegeben, dass ich, wie ich in der Gottheit allgegenwärtig bin, es auch nach der Menschheit sein kann, bei der Gesamtheit meiner Freunde und bei jedem Einzelnen von ihnen, wo immer ich sein will, was kein anderer, wie mächtig er auch sei, in Ewigkeit je vermögen wird.«

Sie fragte ihn: »Mein Herr, welcher ist dieser erhabenste Name, den der Vater dir verliehen hat?« Der Herr darauf: »Es ist der Name Salvator omnium saeculorum, Erlöser aller Weltzeiten. Denn ich bin der Erretter und Erlöser all dessen, was ist, was war und was sein wird. Ich bin der Erlöser derer, die waren, bevor ich Mensch wurde, ich bin der Erlöser derer zur Zeit, da ich als Mensch unter Menschen weilte, ich bin der Erlöser aller, die meiner Lehre gefolgt sind, und aller, die noch in meine Fussstapfen treten wollen bis ans Ende der Zeiten. Das ist mein erhabenster Name, der mir als einzigem seit Anbeginn vom Vater vorausbestimmt ward, und der über alle anderen Namen hinaus ist« ...

In einer Offenbarung an die Französin Gabrielle Bossis, welche von 1936 bis 1949 Botschaften empfangen hat, finden wir kostbarste Hinweise auf die Natur des Gottessohnes.

Jesus sagt: »Ich bin immer noch der Schöpfer wie in den Tagen, da ich die Welt* erschuf, Dein Vertrauen wird mich ehren. Oh! Diese Vertrauensfrage... Warum tut ihr so schwer zu glauben? Lest die Geschichte meines Lebens wieder. So viele Wunder, soviel Liebe... Soviel Schlichtheit im Verkehr mit euch! Die Einsetzung meines Abendmahles, die dauernde Gegenwart inmitten eures Seins, verdient sie nicht, dass ihr kommt, mir alles anzuvertrauen, was euch beschäftigt? Mit einer zarten Offenheit des Herzens? Würdest du einen Freund nicht bedauern, der niemals Vertrauen empfängt? Oder einen liebenden Vater, den man nie um Rat fragt?

Jesus:

Ich bin das dauernde, unveränderliche Sein.
Ich bin die Gegenwart.
Ich bin der Blick.
Ich bin es, der alles zusammenhält.**
Ich bin der Augenblick, wie ich auch die Ewigkeit bin.
Ich bin die Fülle der Liebe.
Ich bin der Rufende, damit ihr furchtlos kommt und euch an mein Herz werft.
Ich rufe.

Jesus:

»Betrachte meine Geburten: Die Geburt aus dem Schosse des Vaters

* (Bestätigung des Johannes-Evangeliums: »... nichts ist geworden ohne das Wort«)
** (Siehe auch Kapitel »Kosmischer Christus«, Seite 248)

ins Unbekannte. Die Geburt aus dem Schoss einer Jungfrau: in die Armut. Die Geburt aus dem Schosse des Grabes, in der Dunkelheit.

Geburt in der Eucharistie:
in Unterwerfung auf das Wort eines Menschen.

Im Falle von Zweifeln:
Jesus:

»Du gibst doch zu, dass in deinem Körper eine Seele lebt? Und doch siehst du deine Seele nicht. Also, warum hast du soviel Schwierigkeiten zuzugeben, dass ich in dir wohne in der Gestalt der Gnade, obwohl du mich nicht siehst?

Ich bin da.
Lasse mich nicht allein.
Sprich mit mir!«

Hat Jesus Wunder wirken können?

Viele, wenn nicht alle neutestamentlichen Bücher sind von Zeitgenossen Jesu geschrieben, die ihn persönlich kannten oder mit seinen Jüngern in engem Kontakt standen. Einige, wie der Arzt Lukas, gaben sich besonders Mühe, durch genaue Nachforschungen und Interviews die ganze Wahrheit zu erfassen, so dass bekannte Historiker wie Sir William Ramsey das Lukasevangelium als bis ins Detail geschichtstreu halten.

Früher glaubte man, dass es nur noch eine Frage der Zeit wäre, bis die Wissenschaft die letzten Geheimnisse ergründet und damit dem Glauben an Übernatürliches den Boden unter den Füssen weggezogen hätte. Heute sind es gerade die Naturwissenschaftler, die sich neu übernatürlichen Dingen (z. B. Psi-Forschung) und auch dem christlichen Glauben zuwenden. Viele hervorragende Naturwissenschaftler (z. B. Wernher von Braun, Friedrich von Weizsäcker, Werner Heitler) sind überzeugte Christen. Sie haben im Gegensatz zu manchen Geisteswissenschaftlern erkannt, dass das rein materialistische Weltbild, das aus dem Zeitalter der Aufklärung stammt, für die Erklärung vieler Phänomene unbrauchbar ist.

Wenn wir alles gelesen haben über die besonderen Umstände der Geburt von Jesus, sein Leiden, seine Kreuzigung, seinen Tod, die Auferstehung, das Zeugnis seiner Jünger, wie können wir noch bezweifeln, dass ER Macht hatte über die Natur? Selbstverständlich hat ER alle die Wunder gewirkt, von denen berichtet wird. **Der grosse Kirchenlehrer Augustinus sagt: Wunder geschehen nicht im Gegensatz zur Natur, sondern im Gegensatz zu dem, was wir von der Natur wissen.**

Richtig. Jesus hat alles über die Natur gewusst. Jesus ist der in Gott befindliche Gottessohn und damit mitbeteiligter Schöpfer des Universums. Jesus hat im Auftrag des Vaters alles geschaffen, was wir an materiellen Dingen sehen. Jesus beherrscht die Materie. Er sagte: »Ich bin es, der alles zusammenhält.«

Lesen wir die Berichte der Augenzeugen:

Markus 4, 35–41

An einem Abend, als die Dämmerung hereinbrach – nachdem Jesus von einem Schiff aus zu den Leuten geredet hatte, am westlichen Ufer des Galiläischen Meeres –, befahl ER: Auf! Wir fahren hinüber!

Sie schickten das Volk nach Hause und fuhren mit dem Schiff, in dem ER gerade sass, in Begleitung anderer Schiffe auf den See hinaus. Da kam plötzlich ein Sturm auf. Die Wellen schlugen ins Schiff, so dass es anfing, vollzulaufen. ER selbst aber lag am Heck und schlief auf einem Kissen. Da weckten sie ihn und riefen: Meister, ist es dir gleichgültig, dass wir untergehen? ER aber stand auf, beschwor den Wind und schrie das Meer an: Still! Kein Laut mehr! Da legte sich der Wind und eine tiefe Stille breitete sich über dem Meer aus.

An seine Begleiter aber gewandt, sprach ER: Warum seid ihr so feige? Ist euer Glaube verlorengegangen? Da fürchteten sie sich und fragten – und es lag ein Grauen darin –: Was für einer ist das, dass ihm Wind und Meer gehorchen?

Matthäus 14, 22–33

An einem anderen Tage geschah folgendes: Jesus trieb seine Jünger ins Schiff und befahl, sie sollten vor ihm her ans andere Ufer fahren, während ER das Volk entliess. Danach ging ER allein ins Gebirge, um zu beten, und war dort bis tief in die Nacht.

Das Schiff war inzwischen weit vom Lande und kämpfte mit den Wellen, denn der Wind stand ihm entgegen. Kurz vor Tag aber kam Jesus zu ihnen, indem ER über das Meer ging.

Die Jünger sahen, wie ER auf dem Meer daherkam, erschraken und meinten, es sei ein Gespenst, und schrien vor Angst.

Habt keine Angst, redete Jesus sie an, ich bin's, fürchtet euch nicht. Petrus aber antwortete ihm: Herr, wenn du es bist, dann gib mir den Befehl, über das Wasser zu dir zu kommen! Und Jesus befahl: Komm!

Da stieg Petrus über die Bordwand, trat auf das Wasser und schritt auf Jesus zu. Er sah aber plötzlich auf den Sturm und die Wellen und erschrak, fing an zu sinken und schrie: Herr, halt mich fest! Jesus griff mit der Hand zu, fasste ihn und sagte: Warum lässt du dich irre machen? Ist dein Glaube so schwach? Als ER mit Petrus ins Schiff trat, legte sich der Wind.

Die im Schiff aber fielen vor ihm nieder und bekannten: Du bist wirklich Gottes Sohn!

Matthäus 14, 13–21; Johannes 6, 14–15

Eines Tages zog Jesus sich auf einem Schiff in die Wüste zurück, ganz allein. Aber man erfuhr es und die Leute gingen ihm auf dem Landweg aus ihren Dörfern nach, am Ufer entlang.

Jesus aber kam aus seiner Verborgenheit hervor ihnen entgegen und sah die ungezählten Menschen. Da fasste ihn das Erbarmen über sie und ER heilte die Kranken, die sie mitbrachten.

Als es aber Abend war, gingen seine Jünger zu ihm und sagten: Wir sind in der Wüste, es ist zu spät für den Heimweg. Lass die Leute gehen, dass sie sich in den nächsten Dörfern etwas zu essen kaufen.

Sie brauchen nicht wegzugehen, antwortete Jesus. Gebt ihr ihnen zu essen! Sie antworteten: Wir haben nichts hier ausser fünf Broten und zwei Fischen.

Bringt sie her! befahl ER, und wies das Volk an, sich im Grase niederzulassen. ER nahm die fünf Brote und zwei Fische, sah zum Himmel auf und sprach den Lobgesang. Dann brach ER die Brote und gab sie den Jüngern, und die Jünger gaben sie dem Volk.

Da assen sie alle und wurden satt. Man sammelte die Brocken ein, die übrig blieben: zwölf Körbe voll.

Es hatten aber etwa fünftausend Männer mitgegessen, die Frauen und Kinder nicht miteingerechnet. Als sie nun das wunderbare Zeichen sahen, das Jesus tat, sagten sie: Das ist in Wahrheit der Prophet, der von Gott in diese Welt kommen sollte!

Aber Jesus, der sah, dass sie ihn suchten, um ihn zu ergreifen und ihn zum König zu machen, zog sich wieder ins Gebirge zurück, ganz allein.

Johannes 11, 1–27

(Ein Zeichen für das, was Ostern ist, war schon in den Tagen vor dem Tod Jesu in Bethanien geschehen.)

Ein Freund Jesu, Lazarus, der in Bethanien wohnte, wo auch Maria und ihre Schwester Martha lebten, wurde in jenen Tagen vor Ostern krank. Da liessen die beiden Schwestern, Maria und Martha, ihm sagen: Dein Freund, den du liebhast, liegt krank.

Als Jesus das hörte, sagte ER: Diese Krankheit führt nicht zum Tod. Sie soll vielmehr die Macht Gottes zeigen und dem Sohn Gottes zur Ehre dienen. Zunächst aber blieb ER zwei Tage, wo ER war. Erst dann sagte ER zu seinen Jüngern: Auf, wir gehen wieder nach Judäa (wo Bethanien lag). Die Jünger hielten ihm entgegen: Meister, das letzte Mal wollten die Juden dich mit Steinen totschlagen, und du willst wieder dorthin?

Jesus antwortete: Ich muss die Zeit nützen. Der Tag hat zwölf Stunden. Wer bei Tage geht, kommt nicht zu Fall, denn die Sonne leuchtet ihm. Wer bei Nacht geht, stösst sich, denn er hat kein Licht. Lazarus, unser Freund, schläft. Ich muss hingehen und ihn wecken.

Die Jünger meinten, ER rede vom einfachen Schlaf und sagten: Herr, wenn er schläft, wird er gesund. Da redete Jesus deutlicher: Lazarus ist gestorben. Ich bin aber froh für euch, dass ich nicht dort war, denn an Lazarus sollt ihr glauben lernen. Auf, lasst uns hingehen!

Als Jesus kam, war Lazarus schon vier Tage begraben. Als nun Martha hörte, Jesus sei unterwegs zu ihr, lief sie ihm entgegen, während Maria zu Hause blieb.

Herr, rief sie Jesus entgegen, wenn du dagewesen wärst, wäre mein Bruder nicht gestorben. Aber ich weiss auch jetzt noch, dass Gott dir alles gibt, worum du bittest. Jesus antwortete: Dein Bruder soll lebendig werden. Ja, ich weiss, war Marthas Antwort, er wird am letzten Tag der Welt auferstehen, wenn alle Toten lebendig werden.

Nein heute! Die Auferstehung bin ich! Das Leben bin ich! Wer an mir festhält, wird leben, auch wenn er gestorben ist, und wer lebt und an mich glaubt, wird in alle Ewigkeit nicht sterben. Glaubst du das? Da antwortete Martha: Ja, Herr. Ich glaube, dass du der Christus bist, der Erwählte Gottes, der Sohn Gottes, der in die Welt kam.

Johannes 11, 32–36. 41–46

Später kam auch Maria zu Jesus, fiel ihm zu Füssen und klagte: Herr, wärest du dagewesen, mein Bruder hätte nicht zu sterben brauchen.

Als Jesus sie und die Trauergäste, die zusammengekommen waren, weinen sah, fasste ihn der Zorn über den **alten Feind der Menschen, den Tod.** Bebend vor Erschütterung fragte ER: Wo habt ihr ihn hingelegt? Herr, komm und sieh, antworteten sie ihm. Als sie ihn weinen sahen, sagten sie zueinander: ER muss ihn sehr lieb gehabt haben!

Am Grab hoben sie den Stein ab. Da wandte Jesus das Gesicht zum Himmel und sprach: Vater, ich danke dir, dass du mich erhört hast. Dann schrie ER mit gewaltiger Stimme in das Grab: »Lazarus! Komm heraus!«

Und der Tote kam heraus, mit Totenbinden an Füssen und Händen umwickelt und das Gesicht mit einem Schweisstuch verdeckt. Macht die Binden los, wies Jesus die Umstehenden an, und lasst ihn gehen!

Viele Juden, die zu Maria gekommen waren und das miterlebt hatten, glaubten an ihn. – Einige aber gingen zu den Pharisäern und berichteten, was Jesus getan hatte.

Auch heidnische Priester konnten heilen, damals wie heute, aber Tote auferwecken konnte nur Jesus

Es gibt eine Anzahl hellenistischer Texte aus der Zeit des Neuen Testaments, die an biblische Wundergeschichten erinnern. Man fand sie meist an heidnischen Wallfahrtsorten, in denen eine griechische Gottheit verehrt wurde. Es waren gleichsam Kurorte, in denen eine hochspezialisierte Medizin ausgeübt wurde.

Es ist uns bekannt, dass dämonische Geister, die in heidnischen Priestern wirksam waren, alle möglichen Krankheiten heilen konnten.

Auch die Juden wussten, dass es den Dämonen möglich ist, mit magischen Kräften Heilungen zu bewirken. Darum fragten sie Jesus misstrauisch, ob er etwa zusammen mit Beelezub, dem obersten der Dämonen, zusammenarbeite. Jesus berichtigte ihre unlogische Überlegung: Es wäre wohl nicht gut möglich, Teufel auszutreiben im Namen des Teufels! Schliesslich arbeitet der Satan nicht gegen sich selbst.

Seit die Menschheit besteht, hat sie von den guten, göttlichen Kräften, aber auch von den satanischen Intelligenzen die Möglichkeit erhalten, gewisse Krankheiten zu heilen. Die heilenden Kräfte von Jesus sind also nicht als absolut herausragend zu bezeichnen. Bis in unsere Zeit ist bekannt, dass Dämonen erstaunliche Heilungen bewerkstelligen (weisse Magie). Nicht einmal übers Wasser gehen oder den Sturm auf dem Meer zum Schweigen bringen, ist ein Privileg von Jesus. Wir wissen, dass die Dämonen ebenfalls Einfluss nehmen können auf die Naturkräfte, wie es die Visionärin Anna Katharina Emmerich erkennt: Negative Kräfte können geologische und meteorologische Ereignisse steuern.

Was die Wundertaten betrifft, müssen wir uns zwei wichtige Tatsachen merken:

1. Im Gegensatz zu den heidnischen Heilern hat Jesus keine materielle Bezahlung angenommen und hat seine Heilungen immer davon abhängig gemacht, dass sich der Kranke zuerst innerlich bekehrte, also Gott zuwandte.
   Heidnische Götzenpriester verlangten materielle Bezahlung und forderten keine Umkehr zum Guten. Moderne Magier unserer Zeit verlangen ebenfalls viel Geld für ihre Heilkünste und weisen die Patienten nicht darauf hin, dass sie sich Gott zuwenden sollen.
2. Einzig und allein Jesus ist imstande gewesen, Tote aufzuwecken. Und nur Jesus ist selber auferstanden vom Tode. Das unterscheidet ihn von allen Geschöpfen der Erde. Nur Jesus Christus hat Macht über Leben und Tod. Das ist der endgültige und absolute Beweis seiner Gottheit.

Jesus spricht über etwas, das er nicht bewirken konnte, nämlich einen Menschen zur Gottesliebe zu zwingen!

Welch ein Nachdruck wurde doch auf die Wunder gelegt, dass Ich **»auf dem Meer ging«** und dass Ich die grossen Menschenmengen mit genügend Speise versah. In den Augen des Himmels sind diese Wunder jedoch nur von geringer Bedeutung.

Die Natur war Mein Diener, die Schöpfung des Vaters; und der Vater und Ich sind eins. Über sie und über die ganze materielle Welt hatte Ich vollständige Macht. Meine Handlungen waren ganz natürlich, **selbstverständlich** und benötigten keine vorsätzliche Überlegung, ausser der Wahl eines für ihre Ausführung geeigneten Augenblicks.

Aber Meine wirklichen Wunder wirkte Ich in den Herzen der Menschen, denn dort waren **Mir Beschränkungen auferlegt, weil der Vater den Menschen den Freien Willen geschenkt hatte.** Dadurch waren die Menschen Mir nicht untertan und konnte Ich ihnen nicht befehlen, wie Ich den Wellen befahl. Ich war den Begrenzungen unterworfen, die der Vater gezogen hatte. Kein Mensch durfte gezwungen werden, in Mein Reich einzutreten.

Stellt Euch nun vor, was Meine Zurückhaltung Mich gekostet hat! **Ich hätte** die Welt **natürlich zwingen können,** Mich anzunehmen; dann hätte Ich aber das Vertrauen und den Glauben der ganzen Menschheit vernichtet.

An einer anderen Stelle **sagt Jesus, dass seine Wunder im Grunde nicht »übernatürlich seien,** sondern der Mensch dies nur so betrachte. **Wunder seien natürliche Kräfte, welche der Mensch aber noch nicht kenne.** (»Vieles hätte ich euch noch zu sagen, aber ihr würdet es nicht begreifen«, sagte Jesus vor 2000 Jahren zu seinen Jüngern.) Damit war sicher auch die fehlende Kenntnis der damaligen wie auch der heutigen Menschen in bezug auf Naturwissenschaften gemeint. Auch heute, Ende des 20. Jahrhunderts, sind noch viele Fragen offen, welche die Wissenschaft nicht beantworten kann.

Warum hat Jesus vor Angst Blut geschwitzt?

Christus hatte sich von allem Anfang an freiwillig dafür entschlossen, die ganze Menschen-Natur auf sich zu nehmen. Innerhalb der Gottmenschlichkeit, der Vereinigung von göttlicher und menschlicher Natur also, wusste seine, dem Menschen überlegene göttliche Weisheit in viel klareren Dimensionen, als wir es uns vorstellen können, was für Qualen auf ihn

zukommen würden. Dagegen sträubte sich sein menschlich-leibliches Nervensystem. Seine Haut reagierte entsprechend: Blutiger Schweiss trat aus den Poren.
Warum sagte Jesus:

Mein Vater, warum hast Du mich verlassen?

Gott hat in Jesus gelebt, in Jesus die Krankheiten der Menschen geheilt, in Jesus den toten Lazarus auferweckt. Gott hat in Jesus mit dem Erzfeind Gottes, dem von Satan verursachten Tod, gerungen. Aber Gott, der EWIGE UNSTERBLICHE, konnte sich auch nicht für einen einzigen Augenblick dem Todesschlag von Satan aussetzen. So musste sich der Vater für einen Augenblick vom Sohne trennen. In dieser Minute war Jesus allein. Diese Trennung muss für ihn viel qualvoller gewesen sein als alle körperlichen Schmerzen zuvor. Ausdruck dieses ungeheuren Trennungsschmerzes war der Aufschrei, den die Menschen unter dem Kreuze hörten. Jesus lieferte sich freiwillig, bis zur letzten Konsequenz, den Schlägen Satans aus und erlitt, stellvertretend für alle Menschen, die äusserste Qual der Gottverlassenheit. Nach dem Verlassen der irdischen Hülle war er wieder beim Vater, vereint mit dem Geiste. In dieser dreifaltigen Kraft und Autorität begab er sich in die Unterwelt, zu den Seelen, welche noch nicht in die Herrlichkeit Gottes hatten eingehen können, sowie zu den abgefallenen Geistern, den Dämonen des gottlosen Bereichs (Hölle). Als Jesus Christus in der Unterwelt erschien, erzitterten die Dämonen, denn sie wussten, dass Christus ihre Macht für immer überwunden hatte. Von jetzt an, das wusste Satan, hatte er keine Macht mehr über eine Seele, wenn diese das Erlösungswerk von Jesus angenommen hatte.

Darum sind alle Aktionen in unserer Welt, welche Christus als Erlöser verneinen, direkt von Satan beeinflusst. **Christus ist der einzige wirkliche Feind des Satans. Satan kann den Erlöser nicht dulden!** (Ein Richter sagte zu einem in Rumänien gefangenen Priester: »Am liebsten lasse ich katholische Priester foltern, weil ich sie am meisten hasse.«) In vielen offenen und getarnten Manövern versucht Satan, die göttliche Erlösertat von Jesus zu bekämpfen, zu verleugnen, zu vertuschen oder – lächerlich zu machen.

Wenn Jesus von sich sagt, er sei Gott, warum wies er daraufhin, dass der Vater grösser sei als er?

Dies hat Jesus während seines **Daseins als Mensch** in der **Gestalt eines Menschen gesagt!**

In dieser Daseinsart war er gewiss weniger machtvoll als der Vater, denn Jesus hatte sich ja selber der Beschränkung eines menschlichen Körpers unterworfen.*

Nach seiner Auferstehung jedoch ist Jesus wiederum die Zweite Person der Gottheit, die wie alle Personen der Gottheit – wie der Vater und der Geist – gleich stark ist. Die Einheit des Vaters, des Sohnes und des Heiligen Geistes war, ist und bleibt immer diesselbe.

Nur einmal, während der 33 Jahre irdischen Daseins, hatte sich eine Person der Gottheit, vorübergehend in eine weniger mächtige Existenzform begeben.

Die Dreifaltigkeit offenbart sich immer neu

Jesus sagte zu seinen Jüngern: »Ich hätte euch noch vieles zu sagen. Aber ihr würdet es nicht verstehen.«

Wenn ich diese Aussage überlege, muss ich an die Erkenntnisse der Physiker in den letzten 50 Jahren denken. Wenn Jesus auch nur einen Bruchteil davon verraten hätte, was wir heute aus der modernen Physik wissen, die Menschen hätten sich kopfschüttelnd von ihm abgewandt. Wie hätte ein Petrus oder Johannes oder ein Schriftgelehrter jener Zeit etwas über den Atomkern, die Quantenphysik, über Lichtgeschwindigkeit oder Relativitätstheorie erfassen können? Jesus aber, der die Naturgesetze des Vaters in Materie umgesetzt hat, weiss alles. Jesus sagt in seinen Neuen Offenbarungen des 20. Jahrhunderts: »Der Vater ist der Gedanke. Im Auftrag des Vaters habe ich seine Gedanken sichtbar werden lassen.«

In einer Ausstellung an der Universität Zürich zeigten Mathematiker im Dezember 1988 Zeichnungen, welche von Computern erstellt wurden. Die Computer haben dabei mathematische Formeln, also Rechnungsprinzipien, umgewandelt und sichtbar gemacht in Form von Wellen, Linien und Farben. Was für Bilder entstanden aus den Formeln? Es entstanden Bilder, welche die Form von Blumen, Pflanzen und Organen haben, aber auch die Formen von Planeten, Bergen, Gebirgszügen, Seen, Meeren und ganzen Kontinenten.

Wir erkennen mit Erstaunen:

---

* (In diesem Zusammenhang wies JESUS auch daraufhin, dass allein der VATER den Zeitpunkt des Jüngsten Tages kenne.)

Aus mathematischen **Gedanken,** den Formeln, entstehen unerwartet **Formen** von grosser Schönheit und Vielfalt.

So muss die Schöpfung entstanden sein. Der Vater ist der Gedanke. ER hat die Formel für alle mathematischen, physikalischen, biologischen und chemischen Gesetze gedacht. Sein IHM eingeborener Sohn Jesus Christus hat im Auftrag des Vaters alle Gedanken des Vaters **sichtbar** werden lassen. Jesus hat die geistige Schöpfung des Vaters umgesetzt in die sichtbar-materielle Schöpfung.

So steht es auch im Johannes-Evangelium!

»Nichts ist geworden ohne das Wort.«

(Das »Wort« ist Jesus.)

Die Dreifaltigkeit offenbart sich

Die Dreifaltigkeit zeigt sich uns so:
Der **Vater** ist der **GEDANKE.**
Der eingeborene **Sohn materialisiert** den Gedanken,
ER baut die Welt.
Der **Heilige Geist** ist der lebenspendende Fluss,
der Odem, der Atemhauch des Vaters,
der Pulsschlag des Universums und
der Pulsschlag des Herzens im Leib der Geschöpfe.

Die unfassbare Demut Gottes

Der dreifaltige Gott hat sich in seinem Sohne Jesus offenbart.

Die Seherin Anna Katharina Emmerich sieht in der Schöpfungsvision, dass **Jesus** das **»Geheimnis Gottes«** war, welches die Israeliten in der Bundeslade ständig mit sich trugen, begleitet von einer Feuersäule, dem Zeichen des Vaters.

Jesus hat schon immer unter den Menschen geweilt, indem er sich in ihre Hände begab.

Die Israeliten bewahrten »das Geheimnis Gottes« später in ihrem Tempel auf.

Als die Zeiten sich erfüllt hatten, verliess Jesus das Heiligtum des Tempels und begab sich durch den Geist Gottes in den Körper der jüdischen Frau Mirjam, Maria. Nun wurde **sie** das Gefäss, welches Gott mit sich trug. Sie heisst auch oft »die Lade des Bundes«. Oder »Das reine Gefäss, das makellose Gefäss«. Denn Gott hatte Maria, welche seinen Sohn tragen sollte, von Anfang an von der Erbschuld befreit. (Maria, ohne Erbschuld empfangen, von ihrer Mutter Anna. Früher hiess dieser Vorgang »unbefleckte Empfängnis«. Der Begriff wurde abgeändert, da er zu oft missverstanden wurde und irrtümlich auf die menschliche Fortpflanzungsart bezogen wurde.)

Jesus verliess bei seiner Geburt den Körper Marias und begab sich wiederum in tiefster Demut in die Hände der Menschen. In seiner Offenbarung an die Ordensfrau Mechthild von Hackeborn, 13. Jahrhundert, sagt Jesus:

»Da ich zur Welt geboren ward, wurde ich sogleich in Tücher und Binden eingewickelt, so dass ich mich nicht regen konnte, zum Zeichen dafür, dass ich mitsamt allen Gütern, die ich mit mir vom Himmel brachte, in die Gewalt des Menschen mich gab und in seine restlose Verwendung. Denn wer gefesselt ist, hat keine Macht; er kann sich in keiner Weise verteidigen und man kann ihm alles wegnehmen, was er hat. Und als ich die Welt verliess, wurde ich wiederum dem Kreuz so angeheftet, dass ich mich gar nicht rühren konnte, zum Zeichen, dass ich alles Gute, was ich als Mensch vollbrachte, dem Menschen überliess. Und wirklich habe ich meinen ganzen Erdenwandel und alle meine menschlichen und göttlichen Güter und meine Leiden restlos dem Menschen anheimgestellt. So mag er denn getrost mir das Meine wegnehmen; ja ich wünsche nichts anderes, als dass er meine Güter nützlich verwende.«

Die Last der Gnade

Und wiederum sprach der Herr: »Solange der Sünder sündigt, fesselt er mich gleichsam ausgespannt ans Kreuz. Sobald er aber durch Busse sich zu mir bekehrt, löst er mich alsobald los; und ich, vom Kreuze gleichsam abgelöst, falle mitsamt meiner Gnade und Erbarmung, mit meiner ganzen Last auf ihn, wie ich einst auf Joseph, der mich vom Kreuz losband, herabsank, und gebe mich gänzlich in seine Gewalt, **so dass er mit mir machen kann, was er will.** Verharrt er jedoch bis zum Tod in der Sünde, so wird meine Gerechtigkeit mit Macht auf ihm lasten und ihn richten, wie er es verdient hat. (Der Mensch richtet sich also selbst.)

Richten bedeutet: Der gottferne Geist wird von Gott **getrennt,** weil Böses nicht beim Guten (Gott) bleiben kann. So wie man rostiges Eisen nicht mit Gold legieren kann.

Nachdem Jesus sich den bösen Kräften, seinen Henkern, freiwillig übergeben hatte und den Tod erlitten hatte, kehrte er zurück zum Vater.

Vom Himmel aus, aber auch in seiner geheimnisvollen Gegenwart in jedem lebenden, menschlichen Körper, gibt sich Jesus wiederum in tiefster Demut den Menschen hin.

In seinem Vermächtnis, dem Abendmahl, begibt er sich in ein winziges Brot. Mit diesem Brot liegt er **wiederum** in den **Händen der Menschen,** die mit ihm machen können, was sie wollen. Sie können ihn lieben, anbeten, ihm nachfolgen, aber sie können ihn auch lästern, ablehnen, verleugnen, verspotten oder sogar schänden.

Immer lässt die unfassbare Liebe Gottes in ihrer ebenso unbegreiflichen Demut dem Menschen den freien Willensentscheid.

In dem Brot, welches Jesus uns als seinen Leib essen heisst, begibt er sich in unseren Körper, in unseren Mund. Das ist wie der **innigste Kuss Gottes**. Er verabscheut nicht den Mund des Menschen. Dabei, so sagt uns Jesus in seinen neuen Offenbarungen, heiligt er durch seine Gegenwart den ganzen Leib des Menschen.

Die Visionärin Anna Katharina Emmerich erkennt auch in herrlichen Bildern, dass die Gegenwart von Jesus im Leib der Maria **alle Körperteile der Frau heiligt,** die zuvor durch **die Sünde des Stolzes und der Eigensucht** verletzt und geschändet worden sind.

Jesus sagt der Visionärin, dass er **absichtlich den Weg durch den Körper einer Frau** gewählt habe, damit dieser Körper für immer geadelt sei.

Die Gegenwart Gottes gibt dem Menschen die Würde und den Adel zurück, den er im Paradies hatte, aber sich selber genommen hatte durch seine Hinwendung zur Sünde des Stolzes und der Ichsucht.

»Die Menschen können sich nicht vorstellen, wie sehr Gott sie liebt«, sagt Jesus immer wieder, »sie können auch die Demut Gottes nicht erfassen«.

Es ist uns sicher klar, warum wir die Liebe und die Demut des Schöpfers nicht fassen und nie begreifen können: Weil wir selber zu stolz und zu wenig liebesfähig sind.

Gott ist allmächtig in der liebevollen Erschaffung des Guten. Mit dem Bösen hat er nichts zu tun, erklärt uns Jesus deutlich. Gottes Liebe und Demut sind das einzige Ziel, welches wir in unserem Leben anstreben und in uns selbst nachvollziehen sollen. **Das ist der Sinn unseres Lebens.** In Liebe den Menschen und Gott dienen. Wenn einmal die Zeit gekommen ist, da alle Menschen das tun, ist der Urzustand des Paradieses wiederhergestellt.

»Das aber«, so erkennen die Seher aller Zeiten, »dauert fast unbegreiflich lange, sogar Ewigkeiten lang, weil der freie Wille des Menschen ihn immer wieder von diesem Ziele abbringt.«

Das tiefste aller geistigen und körperlichen Leiden ist die Unwissenheit darüber, was der wirkliche Sinn unseres Daseins ist.

Wir haben diesen Sinn nun erfahren. Wenn wir von diesem Augenblick an nur noch das von Gott gegebene Ziel anstreben würden, könnten wir glücklich sein. Die uns vom Bösen in den Weg gelegten Hindernisse, Hürden und Versuchungen würden uns nie so stark schädigen, dass wir deshalb den inneren Frieden verlieren.

Diesen Frieden finden wir im Gebet und im totalen Vertrauen auf die Liebe Gottes. »Taucht ein in den Ozean meiner Barmherzigkeit und meiner Güte, sagt Jesus 1930 zur polnischen Ordensfrau Schwester Faustine. In dem Ozean meiner Liebe findet ihr die Vergebung von eurer Schuld, die Ruhe für eure Seele, die Stärke, die Kraft und die Freude.«

Die grosse Liebe und Bedeutung des Heiligen Abendmahles, Eucharistie genannt, bekennt Papst Johannes Paul II. an Ostern 2003 in seiner innigsten Enzyklika, die er je veröffentlicht hat. (In jeder Buchhandlung erhältlich unter dem deutschen Titel: »Die Kirche lebt von der Eucharistie«, 1. Auflage 2003, ISBN-Nr. 3-7171-1110-8.)

Warum ist Jesus arm geboren worden?

Warum ist Jesus arm geboren worden? Warum hat er sich keine materiellen Schätze geholt in seinen späteren Lebensjahren? Warum liess er sich freiwillig demütigen und töten von seinen Feinden?

Ein alter Italiener weiss die Antwort. Kürzlich sass ich in einem Vorortszug nach Zürich, als ich mit einem älteren Italiener ins Gespräch kam. Ohne es eigentlich zu beabsichtigen, kamen wir auf das Thema Glaube an Gott. Der Italiener sagte: »Ich glaube an Gott. Zur Kirche gehe ich selten, weil mich viele Leute, die dorthin gehen und auch viele Geistliche enttäuscht haben, da sie so lieblos sind. Aber Jesus liebe ich sehr. Er ist mein Liebstes, was ich habe. Ohne meinen Jesus, ach, was wäre ich? Wissen Sie, als ich vor dreissig Jahren in die Schweiz kam, da war ich der Verachtetste im Dorf. Auch am Arbeitsplatz wurde ich oft zu Unrecht beschuldigt für Dinge, die andere falsch gemacht hatten. Immer wieder erlebte ich in der Schweiz Demütigungen. Auch habe ich nie wirklich soviel verdient, als meine Arbeitsleistung wert gewesen ist. Ich bin immer übervorteilt worden und deshalb arm an Geld geblieben. In Italien hätte ich vielleicht dasselbe erlebt. Das alles konnte ich nur aushalten, ohne in Depressionen und Verzweiflung zu fallen, weil mein Herr, Jesus Christus, alles mit mir geteilt hat. Jesus wurde auch verachtet, gedemütigt, zu Unrecht beschuldigt. Jesus hat das Los der Armen geteilt. Er war mittellos. Wäre er ein Prinz aus reichem Hause gewesen, ich könnte ihn nicht als meinen Freund betrachten. Da wäre er zu weit von mir entfernt. Auch könnte ich bei ihm keinen Trost finden, wenn er nicht auch gedemütigt und verachtet worden wäre. Ein Mann, der auf der Welt von allen hoch geachtet ist und überall nur Ruhm und Ehre erfährt, wie könnte er die anderen, die Verachteten, verstehen? Wie könnte er ihnen Trost geben? Jesus ist mein Freund, weil er alles geteilt hat mit mir, auch den Tod, den er freiwillig auf sich genommen hat.

Er hat sich in die Hände der Feinde gegeben, sich ihnen überlassen, ohne sich an ihnen zu rächen. Er hat mir vorgelebt, was es heisst, aufzuhören mit der Vergeltungssucht. »Sehen Sie«, sagte der Italiener und in seinem Gesicht war tiefe Liebe, »mit diesem Jesus kann ein Armer glücklich werden«.

Warum sagt Jesus: »Viele sind berufen, wenige aber auserwählt«?

Das hat mich immer traurig gemacht, weil ich es nicht verstehen konnte, sagen viele Menschen. Was nützt mir alle meine Mühe, wenn nur ein paar Menschen im voraus als Auserwählte zu Gott kommen?

Viele sind gerufen (berufen), sich **freiwillig** zu Gott zu bekehren und damit zu seinen Auserwählten zu gehören. Aber viele tun es nicht. Nur **wenige** folgen dem Ruf. Das sind die Auserwählten. Es stimmt. Wenn wir die Welt betrachten, so hat ein grosser Teil der Menschheit den Ruf Gottes gehört, aber abgelehnt. Es sind nur wenige, prozentual zur Weltbevölkerung, die wirklich Ernst gemacht haben mit Gott. Mit ihrem freien Willen haben sie sich selbst zu Auserwählten Gottes machen dürfen. Man könnte auch sagen: Diese sind seine Wähler, sie gaben ihm ihre Stimme. **Die freien Wähler Gottes sind seine Auserwählten.**

Jesus ist nicht vom jüdischen Volke verurteilt und gekreuzigt worden, sondern von einer Gruppe hasserfüllter Theologen, die sich für ihre Zwecke falsche Zeugen kauften

Die Seherin Anna Katharina Emmerich hat das ganze Leben sowie die Passion von Jesus in den gleichen hologrammartigen Bildern gesehen wie die Erschaffung der Welt. Aus diesen Visionen geht hervor, dass das jüdische Volk Jesus ausserordentlich stark geliebt hat. Die Menschen folgten Jesus zu Tausenden auf seinen Wanderungen durch Galiläa. Sie verehrten ihn, bewunderten seine grosse W eisheit und beteten ihn an, als sie seine Heilungen erlebten.

Aber die Gruppe von Theologen, der Hohe Rat in Jerusalem sowie seine Trabanten in anderen grossen Städten Israels, hassten Jesus. Sie liessen ihn bespitzeln und begannen überall mit ihm zu streiten. Sie waren äusserst erbittert, weil er sie in aller Öffentlichkeit der Heuchelei und Verdrehung der Wahrheit anklagte.

Diese Gruppe von Theologen übte Druck aus auf das Volk. Nur Schriftgelehrte konnten damals lesen und schreiben. Das Volk war ungebildet. So wie heute Diktatoren in aller Welt versuchen, ihre Völker in ungebildetem Zustand zu belassen, damit sie selber um so mehr Macht haben, so wollten auch die Pharisäer nicht dulden, dass das Volk aufgeklärt wurde. Jesus wies die Theologen auf ihre groben Irrtümer und Fehlauslegungen der Botschaft Gottes hin. Er warf ihnen vor, sie hätten eigenmächtig vielerlei unnötige Gesetze erfunden, um das Volk besser unterdrücken und ängstigen zu können. »Ihr habt die Ewige Wahrheit meines Vaters mit euren menschlichen Gedanken und Erfindungen verdorben und verdreht«, klagte Jesus sie an.

Unter den Theologen gab es nur zwei Gelehrte, welche Jesus in allem Recht gaben: Nikodemus und Josef von Arimathia. Aber diese beiden einsichtigen Theologen bildeten eine verschwindende Minderheit gegenüber ihren rachsüchtigen Kollegen, die immer mehr um ihre Macht fürchteten, weil Jesus während seiner drei Wanderjahre einen grossen Teil des Volkes gewonnen hatte.

Die Pharisäer bekamen Angst um ihre Machtposition. In ihrer Panik beschlossen sie, Jesus in einer Nacht- und Nebelaktion umzubringen. Innerhalb von 12 Stunden hatten sie ihn vor Herodes und Pilatus geführt und erlangten nach wenigen Stunden den Richterspruch. Es gab keine moderne Übermittlungstechnik. Das Volk von Israel wusste nichts von dieser raschen Beschlussfassung des theologischen Rates. Niemand konnte mit Telex oder Telefon die Nachricht schnell verbreiten. Die Theologen wollten Jesus heimtückisch hinter dem Rücken des Volkes lynchen. Trotzdem wollten sie gegen aussen den Anschein eines Volksentscheides erwecken. Das tun ja die Diktatoren des 20. Jahrhunderts ebenfalls. Sie organisieren scheinbar »demokratische Wahlen«, wobei der Gegenkandidat nur eine gekaufte Marionette ist. Oder die Wähler werden unter Drohungen und Repressalien gezwungen, den Diktator wieder zu wählen. Die Theologen in Jerusalem mussten nur genügend Leute auftreiben, die bereit waren, einfach irgend etwas zu brüllen. So wie heute an grossen Fussballspielen eine grosse Menschenmenge rasch aufgehetzt werden kann von einer kleinen Gruppe von Fanatikern. Das funktionierte auch in jenen Tagen in Jerusalem. Die Theologen kauften sich Leute, die gegen Geld bereit waren, irgend etwas zu schreien. Zu jenem Zeitpunkt waren viele Fremde in Jerusalem, die gar nicht wussten, worum es ging, weil sie Jesus nicht kannten. Dann gab es – wie zu allen Zeiten – auch jenen Abschaum von hasserfüllten Leuten, die aus Unzufriedenheit über ihr eigenes Leben immer bereit sind, andere zu verhöhnen, anzugreifen oder zu vernichten.

Wir kennen diesen Typus Mensch auch aus der Nazi-Zeit und den heutigen Neo-Nazi-Gruppen. Sie suchen ein Opfer, an dem sie ihre eigenen Frustrationen abreagieren können. Wenn Jesus heute, in Zürich zum Beispiel, vor irgendeinen Richter treten müsste, dann gäbe es ebenso rasch auch hier Leute, die brüllen würden: »Macht ihn fertig.«

Solange es das Böse gibt, gibt es in jedem Volk diese Art von Schreiern, denen es gleichgültig ist, wer der Angeklagte ist. Hauptsache, es ist jemand da, den man quälen kann. In unserer Zeit werden Ausländer, zum Beispiel Türken, Jugoslawen, Tamilen, die Opfer von Abneigung und Aggression.

Aus den Berichten der Seherin sieht man klar, dass der überwiegende Teil des jüdischen Volkes keine Ahnung hatte, was in diesen 12 Stunden in Jerusalem zwischen den wütenden Theologen und dem verärgerten römischen Statthalter Pilatus ausgehandelt wurde. Diesem war alles nur lästig, und darum wollte er die ganze Sache so rasch wie möglich hinter sich bringen. Lesen wir aus den Visionsbildern der Seherin:

»Als die Hohenpriester und Feinde Jesus sahen, dass Herodes ihnen auf keine Weise zu Willen sein würde, sandten sie einige aus ihrer Mitte mit Geld nach Acra, einem Teile der Stadt, wo sich jetzt viele Pharisäer aufhielten, welche sie auffordern liessen, sich mit ihren Gemeinden in die Gegend des Palastes von Pilatus zu begeben, auch liessen sie ihnen vieles Geld geben, um es unter das Volk auszuteilen, auf dass es den Tod Jesu mit Ungestüm begehre; andere sendeten sie mit der Drohung unter das Volk aus, so es den Tod dieses Gotteslästerers nicht begehre, würde es das Gericht Gottes auf sich laden; auch liessen sie aussprechen, so er nicht sterbe, werde er sich mit den Römern vereinigen, dieses sei das Reich, von dem er immer gesprochen, und dann seien die Juden ganz verloren. Nach anderen Seiten hin verbreiteten sie das Gerücht, Herodes habe Jesus verurteilt, aber das Volk müsse seinen Willen aussprechen, man fürchte seinen Anhang, und wenn er freikäme, würde das ganze Fest zerstört werden, dann nämlich würden die Römer und seine Anhänger Rache nehmen. So liessen sie die verwirrtesten, beunruhigendsten Gerüchte ausstreuen, um alles Volk zu erbittern und aufzuwiegeln; während ein anderer Teil von ihnen den Soldaten des Herodes Geld gab, dass sie Jesus gröblich, ja tödlich misshandeln möchten, denn sie wünschten, dass er sterben möge, ehe Pilatus ihn freispräche. Die stolzen grimmigen Feinde Jesu, die Hohenpriester in den Feierkleidern, zogen vorüber in mörderischem Vorhaben, voll Tücke, Lug und Trug und Fluch. **Die Priester Gottes waren Priester des Satans geworden,** ein entsetzlicher Anblick! und dann das Getöse und Geschrei des Volkes und alle die meineidigen Feinde und Ankläger, und endlich nun Jesus, Gottes Sohn und Menschen Sohn, scheusslich entstellt und misshandelt, gebunden, geschlagen, getrieben, mehr schwankend als gehend, von greulichen Henkern an Stricken fortgerissen, in einer Wolke von Hohn und Fluch.

Dieser zusammengekaufte Pöbel schrie unter Anleitung der Gelehrten: ›Sein Blut komme über uns und unsere Kinder.‹ Dieser Fluch ist 70 Jahre darnach eingetreten, als Jerusalem vollständig zerstört wurde von den Römern.«

Die Verdrehung der Wahrheit

Immer wieder hört man die entsetzliche Verdrehung des Satzes, und zwar so, wie es mir kürzlich eine Katholikin vortrug: »Jesus hat doch gesagt am Kreuz, **mein** Blut komme über euch und eure Kinder! Damit wollte er sagen, dass Gott die Juden ewig verfolgen werde!« Als ich die Frau entsetzt fragte, warum sie diesen Satz verdrehe, war sie erstaunt. Sie habe den Satz nicht verdreht, sondern so gelernt im Religionsunterricht. Deswegen seien doch die Juden von Hitler verfolgt worden, das sei eben die

Strafe Gottes, habe der Pfarrer gesagt. Ich war sprachlos, als ich das hörte und fragte die Frau: **»Und die 70 Millionen Christen, die während der beiden Weltkriege getötet worden sind? Wofür wurden die von Gott bestraft?«** Die Frau war ganz verdattert. Darüber habe sie nie nachgedacht. Sie habe immer gemeint, der Völkermord an den Juden sei die gerechte Strafe dafür, dass dieses Volk unseren Heiland gekreuzigt habe. Sie könne aber nicht verstehen, warum der Pfarrer im Religionsunterricht den Kindern so etwas sage, wenn Jesus diesen Satz gar nicht ausgesprochen habe. Da müsse man sich nicht wundern, wenn die Leute einen solchen Hass hätten auf die Juden, fügte sie hinzu.

Von diesem Hass profitierte auch Hitler. Obwohl er selber gottlos war und geplant hatte, nach den Juden auch alle anderen religiösen Gruppen auszumerzen, Christen und Moslems, legte er sich gerne ein frommes Mäntelchen um und wies daraufhin, dass er so eine Art Auserwählter Gottes sei, der die Juden im Auftrag des Himmels züchtigen müsse. (Siehe auch Kapitel »Gott zwingt den Menschen nicht zur Bekehrung«)

Das jüdische Volk wurde von den Schriftgelehrten auch weiterhin betrogen

Als die Hinrichtung gelungen war, verboten die Pharisäer die Lehre von Jesus. Sie verfolgten seine Anhänger so lange und so hart, bis diese Israel verliessen und ihre Botschaft nach Griechenland brachten, von wo sie den Weg über Italien nahmen und den Norden erreichten.

Es gelang den jüdischen Theologen, die Lehre von Jesus totzuschweigen und für die nächste Generation zum Verschwinden zu bringen. Über Jesus durfte niemand sprechen. Seine Lehre wurde als schwere Gotteslästerung gebrandmarkt. Die kommenden Generationen hatten absolut keine Möglichkeit, etwas über Jesus zu erfahren. Die Theologen gaben lediglich bekannt, dass Jesus ein Verräter am jüdischen Volk und ein Irrlehrer gewesen sei.

Folgende Tatsachen hingegen wurden dem jüdischen Volk bereits vor 2000 Jahren von seinen eigenen Theologen verschwiegen:

Von den Propheten angekündigt

Schon zehn Jahrhunderte vor dem Kommen Jesu beschreibt der König David sein Leiden, seine Auferstehung und seine zukünftige Herrlichkeit in mehreren Psalmen. 700 Jahre vor der Geburt des Messias hat der

Prophet Jesaja unter göttlicher Eingebung geschrieben: »Siehe, die Jungfrau wird schwanger werden und einen Sohn gebären und wird seinen Namen Immanuel heissen« – ein symbolischer Name, der bedeutet: »Gott mit uns«. Derselbe Prophet fügt hinzu: »Das Volk, das im Finstern wandelt, hat ein grosses Licht gesehen . . . Denn ein Kind ist uns geboren, ein Sohn ist uns gegeben, und die Herrschaft ruht auf seiner Schulter, und man nennt seinen Namen! ›Wunderbarer, Berater, starker Gott, Vater der Ewigkeit.‹« Siehe Jesaja, siebtes, neuntes und vierzigstes Kapitel.

Zur Behauptung, moderner, jüdischer Theologen, Jesus habe der Welt die Erlösung nicht gebracht, sagt Jesus in seinen Neuen Offenbarungen aus dem 20. Jahrhundert:

»Meine Welt wäre schon längst in den Paradieszustand zurückgekehrt, wenn sie meine Gebote der Liebe angenommen hätte. Aber ich zwinge meinen Geschöpfen meinen Willen nicht auf. Es ist der freie Wille des Menschen, dem Bösen zu folgen, der die Erlösung verhindert.«

Und vor 2000 Jahren sagte Jesus, dass er keinesfalls als kriegerischer Revolutionsführer gekommen sei, sondern als der Verkünder der **geistigen Welt** von Frieden und Liebe. Wenn der Mensch bereit wäre, sich **innerlich** zu wandeln und das ichsüchtige Denken ablegen würde, wäre sofort der Paradieszustand wiederhergestellt.

Dazu brauche es **keine Waffen,** sondern den Willen zur **geistigen Umkehr.**

Vergessen wir nicht: Es gab keine Bücher. Die Buchdruckerkunst von Gutenberg fand ihren Anfang erst im 15. Jahrhundert. Es gab nur handgeschriebene Schriften, die von den Theologen nach ihrem Willen verfasst und kontrolliert wurden. Es gab keine Archivfilme oder Fotografien als Dokumentation. In jener Zeit war es nicht besonders schwierig, die Erinnerung an Jesus zu bekämpfen. Das weit verstreut lebende Volk, in der Hauptsache Analphabeten, hatte keine Chance gegen die geschickte Vertuschungstaktik der Theologen. Wer sich aber trotzdem an Jesus erinnern wollte, wurde mit jener theologischen Gehirnwäsche verwirrt, wonach Gott jeden fürchterlich bestrafen werde, der an Jesus festhalten wolle. Das alles war das Werk einer Minderheit von Theologen. Das einfache jüdische Volk wurde von gottlosen Pharisäern betrogen, die jedoch behaupteten, »im Namen Gottes« zu handeln. Jesus hatte diesen gottlosen Theologen deutlich gesagt: »Ihr habt nichts zu tun mit Gott, denn ihr seid Diener des Satans.«

Wir können dem jüdischen Volk keinen Vorwurf machen. Denn: Was würden **wir** tun, wenn wir als Kinder durch alle Generationen hindurch informiert worden wären, dass man nicht über Jesus reden dürfe, denn er sei ein Verräter? Wenn man damit von Kindheit an beeinflusst wird, woher soll man da die Gewissheit nehmen, dass es nicht so ist? Woher hätten die nach Christus in Jerusalem und Galiläa lebenden Familien die richtige Erklärung bekommen sollen?

Die ersten jüdischen Christen verliessen ja bald das Land Richtung Griechenland, da sie ständig unter der Todesdrohung der Pharisäer standen, welche mit höchster Aggression alle Christus-Anhänger verfolgten.

Papst Johannes XXIII. zum Holocaust

Mehr als 1000 Jahre später tauchte innerhalb der Christenheit dasselbe, bösartige, pharisäerhafte Verhalten auf. Kreuzfahrer, die sich »Christen« nannten, massakrierten in Europa ganze jüdische Gemeinschaften. Später, als sie Jerusalem eroberten – »befreien« nannten sie es –, vergossen sie mehr Blut und begingen schlimmere Greueltaten als irgendein früherer Eroberer, die Römer vielleicht ausgenommen. Und noch später waren es in den Ghettos von Europa und Russland die christlichen Priester, die – mit dem Kruzifix in der Hand – den Mob zu brutalen Übergriffen gegen die jüdischen Gemeinschaften aufhetzten.

Papst Johannes XXIII. hat wegen dem Unrecht an den Juden am meisten gelitten, besonders in den letzten Tagen seiner Pein vor seinem Tod, als er schmerzmildernde Medikamente verweigerte und sein Leiden als ein Mit-Erleiden am jüdischen Schicksal angenommen hat und damals auch sein Bussgebet abgelegt hat: »Wir erkennen nun, dass viele, viele Jahrhunderte der Blindheit unsere Augen bedeckt haben, so dass wir die Schönheit Deines auserwählten Volkes nicht mehr sehen und in seinem Gesicht nicht mehr die Züge unseres erstgeborenen Bruders wiedererkennen. Wir erkennen, dass das Kainszeichen auf unserer Stirne steht. Jahrhundertelang hat Abel darniedergelegen in Blut und Tränen, weil wir Deiner Liebe vergassen. Vergib uns die Verfluchung, die wir zu Unrecht aussprachen über den Namen der Juden. Vergib uns, dass wir Dich in ihrem Fluche zum zweiten Male kreuzigten. Denn wir wussten nicht, was wir taten ... (siehe Quellenverzeichnis)

Der griechisch-orthodoxen Mystikerin Vassula Ryden sagte Jesus 1987, man solle alles, was Papst Johannes XXIII. gesagt hat, wörtlich verstehen.

Papst Johannes Paul II. hat sich bei allen Juden entschuldigt

Im Sommer 1996 publizierten deutsche Nachrichten-Magazine folgende Aussage von Papst Johannes Paul II., die er bei seinem Deutschland-Besuch machte:

Er verlange, dass die Oberhäupter aller christlichen Religionsgemeinschaften sich öffentlich beim jüdischen Volk entschuldigen. Er selber wolle diese Entschuldigung im Jahre 2000 nach Jerusalem bringen. Kaum hatte Papst Johannes Paul II. diese Absicht öffentlich erklärt, musste er sich von Kardinälen und Oberhäuptern anderer christlicher Vereinigungen harsche Kritik und Ablehnung gefallen lassen. Er betonte aber, unbeirrbar an seiner Absicht festzuhalten. **Und das hat er getan!**

PÄPSTLICHE ABSAGE an ANTISEMITISMUS in der christlichen Kirche

In der katholischen Kirche gibt es keinerlei Platz für Antisemitismus. Mit der vor 37 Jahren verabschiedeten Konzilserklärung »Nostra aetate« hat die Kirche klargestellt, dass eine Missachtung des Judentums »in keiner Form und aus keinem Grund« gerechtfertigt ist. ***Antisemitismus ist eine schwere Sünde.*** Mit der Absage an einen sogenannten »Gottesmord« hat die katholische Kirche ein neues Kapitel in den interreligiösen Beziehungen aufgeschlagen. Es ist eine »schmerzliche Wende« gewesen, denn sie hat viele Defizite im katholischen Denken deutlich gemacht. »Man kann von seinen Brüdern getrennt leben – aber nicht für immer. Man kann Fehler begehen und in einer tragischen Situation schweigen – aber nicht für immer «.

Die neu herausgegebenen Ausgaben der Bibelwerke haben denn auch reagiert und in den Passionsberichten und an allen anderen Stellen »die Juden« ersetzt durch »die jüdischen Schriftgelehrten«.

Gibt es die Auferstehung von den Toten?

Was berichtet die Bibel über die Auferstehung von Jesus?

Jesus sagte mehrmals voraus, dass ER am dritten Tage nach seinem Tode auferstehen werde (Mark. 8, 32–33 / Mark. 9, 30–32 / Mark. 10, 32–34), aber die Jünger haben ihm nicht geglaubt.

Am dritten Tage nach seiner Kreuzigung war das Grab Jesu leer, obwohl es schwer bewacht wurde (Matth. 27, 62–66 / Matth. 28, 6).

Die Evangelien und Paulus berichten zum Teil namentlich von über 500 Personen, die Jesus nach seiner Auferstehung im Zeitraum von 40 Tagen gesehen haben (Luk. 24, 13ff. / 1. Kor. 15, 5–8).

Innerhalb von wenigen Wochen nach der (fraglichen) Auferstehung wurden aus den verängstigten und mutlosen Jüngern (Mark. 14, 50) Revolutionäre mit Zivilcourage und Überzeugungskraft, von denen man sagte, dass sie den ganzen Weltkreis erregen (Apg. 17, 6).

Als Hauptproblem kristallisiert sich das leere Grab heraus. Neben der Auferstehung käme Leichendiebstahl in Frage und theoretisch auch Scheintod. Letzteres ist schon aus rein medizinischen Gründen nicht möglich. Das Wasser und Blut, das aus den Wunden von Jesus floss, weist auf den nicht mehr funktionierenden Blutkreislauf und damit auf den Tod hin (Joh. 19, 34).

Aber wie steht es mit einem möglichen Diebstahl des Leichnams? Wer könnte den toten Körper gestohlen haben?
Die Römer?

Sie hatten kein Interesse daran. Sie wollten die unbequeme Geschichte möglichst schnell zum Abschluss bringen. Ausserdem gab es für unfähige Wachen die Todesstrafe!
Die Juden?

Auch sie hatten Wächter für das Grab bestellt. Sie hätten »den fanatischen Christusanhängern« noch so gerne den Leichnam Jesu präsentiert.
Die Jünger?

Entmutigt durch den Tod ihres Freundes hatten sie bestimmt nicht die Kraft, die extra eingesetzte Wache zu überwinden. Auf jeden Fall hätten sie die Lüge der Auferstehung spätestens dann aufgegeben, als sie dafür verfolgt wurden. Nein, die Auferstehung Jesu war auch für sie unerwartet.

Die starke Veränderung in ihrem Charakter kann nur auf die Tatsache zurückzuführen sein, dass sie dem auferstandenen Jesus begegnet sind.

Eine letzte Möglichkeit wäre die, dass die Jünger Halluzinationen hatten. Verhaltenswissenschaftler sagen allerdings, dass Halluzinationen von einer Einstellung positiver Erwartung abhängig sind; die Jünger waren nach der Kreuzigung aber überzeugt, dass jetzt alles aus sei. Ausserdem trat ihnen Jesus konkret und in den unterschiedlichsten Situationen entgegen, so dass sogar der notorische Zweifler Thomas von der Auferstehung Jesu überzeugt wurde.

Die Auferstehung ist durch viele Menschen bezeugt worden. Ich lege hier die Berichte vor:

Markus 16, 1–8

Als der Sabbat vorüber war (am Samstagabend also), kauften Maria Magdalena, Maria, die Frau des Jakobus, und Salome Salben, um den Leib Jesu zu balsamieren.

In der Morgenfrühe des ersten Tages der Woche kamen sie zum Grab, als eben die Sonne aufging, und fragten sich bange:

Wer wird uns den Stein vom Eingang des Grabes wegwälzen? Da blickten sie auf und sahen, dass der riesige, runde Stein weggewälzt war. Sie gingen in das Grab und sahen dort die Gestalt eines jungen Mannes an der rechten Seite sitzen, gehüllt in ein weisses Gewand, und erschraken bis ins Herz.

Sie hörten ihn aber sagen: Habt keine Angst! Ihr sucht Jesus von Nazareth, den Gekreuzigten? Er ist auferstanden, er ist nicht hier! Seht her:

Das ist der Platz, an den man ihn gelegt hatte!

Geht zurück und sagt seinen Jüngern und Petrus, dass ER euch voraus nach Galiläa gehen wird. Dort werdet ihr IHN sehen, wie ER es euch gesagt hat.

Da stürzten die Frauen aus dem Grab und flohen, denn Angst und Grauen hatte sie erfasst. Sie sagten aber niemandem etwas, denn sie fürchteten sich.

Johannes 20, 11–18

Am Morgen dieses Tages stand Maria Magdalena vor dem Grab draussen, in ihren Schmerz versunken. Wie sie nun so weinte, bückte sie sich und sah in das Grab hinein. Da erblickte sie zwei Engel in weissen Kleidern. Der eine sass am Kopfende, der andere am Fussende der Grabstätte, in der der Leib Jesu gelegen hatte.

Die fragten sie: Warum bist du so traurig? Sie haben meinen Herrn weggetragen, antwortete sie, und ich weiss nicht, wohin.

Während sie das sagte, drehte sie sich um und sah Jesus stehen. Sie wusste aber nicht, dass ER es war. Jesus fragte sie: Frau, was weinst du? Wen suchst du? Sie hielt ihn aber für den Gärtner und bat ihn: Herr, wenn du ihn weggetragen hast, dann sage mir doch, wohin du ihn gelegt hast, damit ich ihn holen kann.

Da redete Jesus sie an: Maria! Sie fuhr herum, wandte sich ihm zu und rief: »Rabbuni!« (mein Meister) Aber Jesus wehrte ab: Rühre mich nicht an, denn ich bin noch nicht zu meinem Vater aufgefahren. Geh aber zu meinen Brüdern und sage zu ihnen: Ich kehre zu meinem Vater zurück und zu eurem Vater, zu meinem Gott und zu eurem Gott!

Da kehrte Maria Magdalena zurück und berichtete den Jüngern: Ich habe den Herrn gesehen! ER hat gesagt: Ich kehre zu meinem Vater zurück und zu eurem Vater, zu meinem Gott und zu eurem Gott!

Gott hat auch uns Menschen **die Auferstehung in Aussicht gestellt**

Paulus über die Auferstehung von den Toten
1. Korinther 15, 35–44, 49

Nun könnte jemand die Frage stellen:

Wie soll das denn zugehen, wenn die Toten auferstehen? Wie soll man sich ihren Körper vorstellen?

Aber schon die Frage nach dem Körper ist Unsinn. Es ist doch wie auf einem Acker: Man wirft ein Korn in die Erde, aber Leben entsteht daraus erst, wenn das Korn stirbt. Was man sät, ist ja nicht die Pflanze, die entstehen soll, sondern lediglich ein Korn, vielleicht Weizen oder eine andere Getreideart. Wenn das Korn zugrunde gegangen ist, schafft Gott aus ihm einen Organismus nach seinem Plan, und zwar für jedes Korn einen besonderen, wie es jeweils seiner Art entspricht.

Es gibt auch sehr verschiedene Arten von Fleisch. Es ist nicht das gleiche, ob wir vom Fleisch des Menschen sprechen oder vom Fleisch des Viehs oder des Wildes, der Vögel oder der Fische. Ausserdem gibt es himmlische und irdische Körper. Sie unterscheiden sich nach ihrem Glanz, ihrem Licht und ihrer Schönheit.

Es ist auch etwas anderes, ob wir vom Licht der Sonne sprechen oder vom Licht des Mondes und seinem Glanz oder vom Schimmer der Sterne. Ja, es ist auch zwischen Stern und Stern noch immer ein grosser Unterschied.

Mit der Auferstehung aus dem Tod wird es nicht anders sein: Was man in die Erde legt, hat den Tod in sich; was aber aufsteht, ist von einer Art, der der Tod nichts anhaben kann. Was man in die Erde legt, ist wertlos, was erweckt wird, ist von herrlicher Schönheit.

Was man begräbt, ist am Ende seiner Vitalität, was auferstehen wird, hat die Lebenskraft Gottes in sich. Man begräbt einen Leib, der durchdrungen war vom Leben der Seele, Gott aber wird einen Leib schaffen, der durchdrungen ist von seinem Geist. Und darauf bauen wir: Hier auf dieser Erde haben wir das Bild und die Gestalt des irdischen Menschen getragen. In der Auferstehung werden wir das Bild und die Gestalt des himmlischen Menschen gewinnen, das Bild Gottes.

Eins steht fest:

Fleisch und Blut kann man für das Reich Gottes nicht aufbewahren. Was der Verwesung verfallen ist, kann sich nicht in Gottes Reich hineinretten, um dann lebendig zu sein, wie Gott lebendig ist.

Ich verrate euch ein Geheimnis: Auch wenn wir, bis Christus kommt, nicht alle gestorben sein sollten, werden wir doch alle verwandelt werden und werden diesen Leib zurücklassen, – und zwar plötzlich, in einem einzigen Augenblick, wenn das Reich Gottes ausgerufen wird. Dann wird die Posaune ertönen und die Toten werden auferstehen und werden einen neuen, unzerstörbaren Leib tragen. Wir aber, die Lebendigen, werden verwandelt.

Denn statt dieses verweslichen Leibes werden wir dann einen unverweslichen Leib haben. Statt dieses dem Tode verfallenen Leibes werden wir einen unsterblichen Leib haben, der ewiges Leben hat.

Wenn es so weit ist, wird sich die Voraussage erfüllen, die Jesaja niedergeschrieben hat: Der Sieg hat den Tod verschlungen. Tod wo ist nun dein Triumph?

Die Rückkehr Jesu zu seinem Vater geschieht auf überirdische, also göttliche Art:

Apostelgeschichte 1, 1–9

(Der Verfasser des Lukasevangeliums und der Apostelgeschichte beginnt den 2. Teil seines Berichts, eben die Apostelgeschichte, mit folgenden Worten:)

In dem vorigen Buch, lieber Theophilus, habe ich über das Leben und Wirken Jesu berichtet, von seinen Anfängen an, über alles, was ER geredet und getan hat bis zu dem Tag, an dem ER in das Reich des Vaters aufgenommen wurde.

In den vierzig Tagen, in denen ER den Aposteln immer wieder erschien, redete ER mit ihnen über das Reich Gottes, zeigte ihnen in vielen Fällen handgreiflich, wie nahe und wie lebendig ER unter ihnen sei, und gab ihnen Anweisungen für ihre weitere Arbeit.

Als ER sie zum letztenmal versammelte, befahl ER ihnen, Jerusalem nicht zu verlassen, sondern dort zu warten, bis die Ankündigung Gottes sich erfüllen würde, die ER ihnen mitgab. Denn Johannes hat, so sagte ER, mit Wasser getauft und die Menschen durch das Zeichen des Wassers als Gottes Eigentum bezeichnet. Ihr aber werdet mit dem heiligen Geist getauft werden, und zwar bald, in wenigen Tagen.

Da fragten sie ihn: Bedeutet das, dass du in diesen Tagen das Reich Israel wieder aufrichten wirst? ER antwortete: Es ist nicht eure Sache, Gottes Pläne zu kennen und die Zeit oder die Stunde, die Gott bestimmt. Gott ist frei. Aber ihr werdet die Kraft des heiligen Geistes empfangen, der über euch kommen wird. Ihr werdet meine Boten und Augenzeugen sein in Jerusalem, in ganz Judäa, in Samaria und bis in die entferntesten Länder der Erde.

Als ER das sagte und sie alle auf ihn hinschauten, wurde ER aufgehoben. Eine Wolke umschloss ihn und entzog ihn ihren Augen.

Matthäus 28, 16–20; Lukas 24, 51–53; Markus 16, 19–20

Die elf Jünger aber gingen nach Galiläa, auf einen Berg, den Jesus ihnen genannt hatte und auf dem sie sich versammeln sollten.

Als sie Jesus sahen, warfen sie sich vor ihm auf die Erde. Aber selbst dort gab es einige unter ihnen, die unsicher waren und von Zweifeln hin und her gerissen.

Da trat Jesus zu ihnen und erklärte: Mir ist alle Macht im Himmel und auf der Erde in die Hand gegeben.

Geht hin und nehmt alle Völker in eure Gemeinschaft auf. Ihr sollt sie taufen und ihnen sagen, dass sie damit Eigentum des Vaters und des Sohnes und des heiligen Geistes sind. Ihr sollt ihnen die Weisungen weitergeben, die ich euch gab, und sollt ihnen zeigen, wie sie danach leben können.

Verlasst euch darauf: Ich bin bei euch alle Tage bis an das Ende dieser Welt.

Und da geschah es: Während ER sie segnete, schied ER von ihnen. Sie aber kehrten frohen Herzens nach Jerusalem zurück, blieben Tag und Nacht im Tempel und rühmten Gott.

(Markus berichtete von der Himmelfahrt Jesu mit folgenden Worten:)

Als der Herr mit ihnen geredet hatte, wurde ER zum Himmel aufgehoben. Nun hat ER die Macht über die Welt mit dem Vater zusammen, wie ein Fürst, der zur Rechten des Königs seinen Thron hat.

Sie aber gingen in alle Richtungen auseinander und redeten überall davon, wohin sie kamen. Der Herr war mit ihnen am Werk und bestätigte, was sie sagten, durch wunderbare Zeichen, die dabei geschahen.

Bevor Jesus gekreuzigt wurde, versprach ER seinen Jüngern den Geist:

Johannes 14

Jesus verspricht den heiligen Geist

15 »Wenn ihr mich liebt, werdet ihr meine Weisungen befolgen. 16 Ich werde den Vater bitten, dass ER euch einen Stellvertreter für mich gibt, den Geist der Wahrheit, der für immer bei euch bleibt. 17 Die Welt kann ihn nicht bekommen, denn sie sieht ihn nicht und kennt ihn nicht. Aber ihr kennt ihn, und ER wird bei euch bleiben und in euch leben.

18 Ich lasse euch nicht wie Waisenkinder allein, sondern werde zu euch zurückkommen. 19 Es dauert noch eine kurze Zeit, dann wird die Welt mich nicht mehr sehen. Aber ihr werdet mich sehen, und ihr werdet leben, weil ich lebe. 20 Wenn dieser Tag kommt, werdet ihr erkennen, dass ich mit meinem Vater untrennbar eins bin. Ebenso seid ihr mit mir eins und ich mit euch. 21 Wer meine Weisungen annimmt und sie befolgt, der liebt mich wirklich. Und wer mich liebt, den wird auch mein Vater lieben. Auch ich werde ihn lieben und mich ihm zeigen.«

22 Judas – nicht der Judas Iskariot – sagte: »Warum willst du dich nur uns zeigen und nicht der Welt?« 23 Jesus antwortete ihm: »Wer mich liebt, der wird sich nach meinem Wort richten, und mein Vater wird ihn lieben. Ich werde mit meinem Vater zu ihm kommen und wir werden bei ihm wohnen.« 24 Wer mich nicht liebt, der richtet sich nicht nach meinen Worten. Die Botschaft, die ihr gehört habt, kommt nicht von mir, sondern von meinem Vater, der mich gesandt hat.

25 Ich habe euch dies gesagt, solange ich noch bei euch bin. 26 Der Vater wird euch in meinem Namen seinen Geist als Stellvertreter für mich senden. Dieser wird euch an alles erinnern, was ich euch gesagt habe, und euch helfen, es zu verstehen.

27 Ich lasse euch den Frieden zurück. Ich gebe euch meinen Frieden, nicht den Frieden, den die Welt gibt. Beunruhigt euch nicht! Habt keine Angst! 28 Ihr habt gehört, wie ich zu euch sagte: ›Ich verlasse euch und werde wieder zu euch kommen.‹ Wenn ihr mich liebtet, würdet ihr euch freuen, dass ich zum Vater gehe; denn er ist mächtiger als ich. 29 Ich habe euch das alles im voraus gesagt. Wenn es dann eintrifft, werdet ihr euch daran erinnern und mir vertrauen. 30 Ich werde nicht mehr viel mit euch reden, weil der Herrscher dieser Welt* schon auf dem Weg ist. Er hat keine Macht über mich, 31 aber die Welt soll erkennen, dass ich den Vater liebe. Darum handle ich so, wie es mir mein Vater aufgetragen hat.

---

* Satan

Der von Jesus versprochene Geist ist gekommen und wurde bezeugt:

Apostelgeschichte 2, 1–13

Als es fünfzig Tage nach Ostern (der Auferstehung Jesu) soweit war, dass der Morgen des Pfingstfestes anbrach, kamen sie alle in einem Haus zusammen.

Plötzlich kam ein Brausen über sie, als ob ein gewaltiger Sturm sie überfiele. Das ganze Haus, in dem sie sassen, war voll davon. Sie sahen Feuer, das über sie herfuhr, wie in einzelne Flammen zerrissen. Gottes Geist erfasste sie alle und brannte in ihnen. Da fingen sie an, fremdartige Worte zu stammeln, wie der Geist sie ihnen eingab.

Nun wohnten aber in diesen Tagen in Jerusalem Juden, die aus allen möglichen fremden Ländern kamen, Männer, denen es um Gott Ernst war. Als die das Reden und Rufen hörten, kamen sie zusammen, eine grosse Menge, und waren entsetzt. Sie hörten nämlich fremde Laute und verstanden sie doch so, als ob jeder seinen eigenen Dialekt hörte, und sie fragten in ihrem Schrecken und ihrer Ratlosigkeit: Sind das nicht alles Galiläer? Wie kommt es, dass jeder von uns sie in seiner eigenen Sprache reden hört? Wir Parther und Meder und Elamiter, wir Gäste aus Mesopotamien, Judäa, Kappadozien, Pontus und Asien, Phrygien, Pamphylien, Ägypten und aus Lybien bei Kyrene? Wir Bewohner von Rom, wir Juden und Judengenossen, Kreter und Araber –? Wir hören sie reden. Wir verstehen sie, und sie reden von grossen Taten Gottes! Sie waren entsetzt und verwirrt und fragten: Was ist das? Wo soll das hinaus? Andere allerdings lachten und meinten: Sehr einfach! Sie sind betrunken!

Apostelgeschichte 2, 14–18, 22–27

Da erhob sich Petrus mit den elf Aposteln und redete zu ihnen: Juden, Bürger von Jerusalem! Ich will euch sagen: Hier handelt es sich nicht um Betrunkene, wie ihr vermutet – es ist ja erst 9 Uhr morgens – hier handelt es sich um das Ereignis, von dem der Prophet Joel gesprochen hat:

»Am Ende der Zeit«, spricht Gott, »will ich meinen Geist über die Menschen ausschütten. Da werden eure Söhne und Töchter wie Propheten reden. Junge Männer werden wunderbare Visionen haben, eure Alten werden Träume erleben, die etwas bedeuten. Auf meine Knechte und Mägde will ich in jenen Tagen Geist von meinem Geist ausgiessen. Sie werden reden, was ich ihnen eingebe.«

Männer von Israel, lasst euch folgendes sagen: Ihr kennt Jesus, den Nazarener. Ihr habt seine Wunder und seine mächtigen Taten erlebt. Gott war auf seiner Seite und hat durch ihn gewirkt, – ihr wisst das. Den habt ihr den Gottlosen ausgeliefert, habt ihn angenagelt und umgebracht.

Den hat Gott nun wieder lebendig gemacht und aus den Fesseln des Todes gelöst, – es war ja auch nicht möglich, dass der Tod ihn festhielt. Schon David meint ihn, wenn er sagt:

Ich sehe den Herrn vor mir, was auch immer geschehen mag.

Er steht mir bei, dass ich nicht ins Wanken gerate. Deshalb ist mein Herz fröhlich und mein Mund voller Lieder, denn wenn auch mein Leib zur Ruhe geht, verlässt ihn doch die Hoffnung nicht. Denn Du wirst meine Seele nicht fallen lassen, dass sie im Reich der Toten versinkt, und wirst nicht zulassen, dass dein Heiliger verwest.«

Apostelgeschichte 2, 32–33, 36–39, 41

Diesen Jesus, so fuhr Petrus fort, hat Gott auferweckt. Wir alle können das bezeugen. Er hat die Herrschaft über die Welt angetreten, zusammen mit Gott. Der Vater hat ihm zugesagt, ER wolle allen den Menschen, die zu ihm gehören, den heiligen Geist schenken. Nun hat ER diesen heiligen Geist auf die Erde gesandt. Das, was ihr seht und hört, ist dabei geschehen.

Ihr und alle, die sich Israeliten nennen, müsst aber wissen: Den Jesus, den ihr gekreuzigt habt, hat Gott zum Herrscher gemacht und ihm alle Vollmacht übertragen. Als sie das hörten, ging es ihnen wie ein Stich durchs Herz und sie fragten Petrus und die anderen Apostel: Männer! Brüder! Was sollen wir denn tun?

Stellt euch um, stellt euch ganz und gar um, antwortete Petrus, und lasst euch taufen! Dann gehört ihr wie wir zu Jesus Christus und ER ist euer Herr. Dann stehen auch eure Sünden nicht mehr zwischen Gott und euch. Dann ist auch für euch dieser heilige Geist da, denn ER soll – so will es Gott – euch zukommen und euren Kindern. ER soll auch denen zuteil werden, die jetzt noch weit von ihm entfernt leben. Gott, unser Herr, wird sie herbeirufen.

Daraufhin liessen sich taufen, die sich sein Wort zu Herzen nahmen. Es dürften etwa dreitausend Menschen gewesen sein, die an diesem Tag zur Gemeinde hinzukamen.

Apostelgeschichte 2, 42–47

Nach diesem grossen Tag blieb die Gemeinde der Christen weiterhin eng verbunden. Die Berichte der Apostel über Jesus Christus hielten sie zusammen. Die Verantwortung, die einer für den anderen empfand, das gemeinsame Mahl, das sie feierten, wie Christus es mit den Aposteln gefeiert hatte, und das gemeinsame Gebet waren die verbindenden Kräfte.

Um sie her bildete sich ein Ring staunender Menschen, während durch die Apostel Wunder geschahen und aufregende Vorgänge, an denen man merkte: Hier ist Gott am Werk.

Alle aber, die sich zu Christus zählten, fühlten sich einander zugehörig und legten all ihren Besitz zusammen. Sie verkauften ihr Hab und Gut und teilten den Erlös an alle aus, die eine Hilfe nötig hatten.

Sie waren Tag für Tag oben im Tempel und feierten, sie hielten von Haus zu Haus das heilige Abendmahl. Wenn sie so gemeinsam assen, taten sie es in ihrer einfachen Freude an Gott. Sie priesen ihn, und das ganze Volk freute sich mit ihnen.

Der Herr aber fügte täglich neue Menschen hinzu, die den Schritt wagten, in die Gemeinde einzutreten, und die das Heil und die Seligkeit fanden.

Die Tatsache des göttlichen Geisteinflusses wird bewiesen durch das mutige Verhalten der vorher feigen Jünger

Petrus zum Beispiel, der Jesus vor der Kreuzigung aus Angst vor den jüdischen Schriftgelehrten und Römern dreimal verleugnet hatte, wurde, nachdem er den auferstandenen Jesus gesehen hatte, zu einem furchtlosen Verkünder der Lehre von Jesus. Petrus liess sich sogar in Rom hinrichten für Jesus. Vorher war Petrus ein mutloser Feigling gewesen – nachher wurde er zum starken Kämpfer.

Den anderen Jüngern um Jesus ging es genau so. Aus einem verängstigten Häuflein von Feiglingen wurden wort- und tatgewaltige Kämpfer für Christus. Fast alle nahmen in der einsetzenden Christenverfolgung den Tod auf sich. Wenn sie Jesus nicht gesehen hätten nach seiner Auferstehung, wären sie auf keinen Fall motiviert gewesen. Wer gäbe schon sein Leben qualvoll hin im brutalen Martyrium für irgendeinen Schwindler, der nichts als Lügen verbreitet hat? Für einen Jesus, der einfach wie ein gewöhnlicher Verbrecher hingerichtet und gestorben wäre, hätten sie das nicht getan. Sie hätten sich, irritiert und von Zweifeln gemartert, zurückgezogen und nichts mehr von Jesus verlauten lassen. Weil sie den Auferstandenen gesehen hatten, traten sie mit unglaublicher Kraft und grösstem Mut auf, nahmen jede Mühe, jede Härte auf sich, um die Lehre von Jesus in Israel und den umliegenden Ländern zu verbreiten.

Dabei riskierten alle das Leben wegen der sofort einsetzenden Christenverfolgung. Die meisten Jünger nahmen den Märtyrertod für Jesus in Kauf. Wie können vorher so ängstliche, feige Menschen plötzlich so viel Mut und Kraft haben? Etwa durch Auto-Suggestionen? Gewiss nicht, solche Suggestionen würden den gewaltigen Belastungen nicht lange standgehalten haben. In den Jüngern wirkte eindeutig die übernatürliche Geisteskraft Gottes.

Ein weiterer gewaltiger Beweis für das Wirken des göttlichen Geistes ist die Bekehrung des fanatischen Christenhassers Saulus zum grössten Jesus-Verteidiger der Christenheit – Paulus

Unter den jüdischen Schriftgelehrten gab es einen begabten Theologen, Saulus von Tarsus. Er war einer der fanatischsten Gegner von Jesus und verfolgte Petrus und die anderen Verkünder der Jesuslehre mit äusserster Härte. Als er wieder einmal zu Pferd sass, in der Absicht, Christen zu töten, erlebte er ein gewaltiges Ereignis, welches ihn von einer Minute zur anderen total veränderte. Auf dem Pferd, so berichtete er selbst, traf ihn wie ein Blitz ein Lichtstrahl aus dem Himmel, und er hörte eine Stimme fragen: »Saulus, warum verfolgst du mich?« Als die Stimme und das Licht verschwunden waren, merkte der Theologe, dass es Jesus war, der zu ihm gesprochen hatte. Saulus lag wie betäubt am Boden und merkte, dass er nichts mehr sah. Er schleppte sich in die Stadt, wo er in tiefster innerer Bedrängnis Zuflucht suchte. Sein Augenlicht wurde ihm nach drei Tagen wieder geschenkt. Der zäheste und zornigste Christenverfolger ging zu Petrus und den anderen Jüngern von Jesus und sagte zu ihnen, er sei von ihrem Herrn selber bekehrt worden. Der ehemalige Feind von Jesus wurde zum grössten Apostel und Verkünder von Jesus. Er änderte seinen Namen von Saulus auf Paulus. Von ihm stammen die grossen Berichte über Jesus, die wir alle nachlesen können im Neuen Testament.

Es ist undenkbar, dass ein jüdischer Theologe zu einem so grossen Kämpfer für Jesus wird, wenn er diesen Jesus nicht selber erfahren hat. Paulus nahm viel Mühe und Leid auf sich, um für diesen Jesus einzustehen. Immer wieder war er im Gefängnis. Auch machte ihm seine kränkliche Natur zu schaffen. Er vertrug keine Schiffsreisen, es war ihm ständig übel. Trotzdem fuhr er in den damals sehr unstabilen Schiffen mehrmals über das stürmische Mittelmeer nach Griechenland. Für den schmächtigen Gelehrten eine Strapaze. Hätte er das alles getan für irgend ein Trugbild? Hätte er Gefangenschaft und Folter auf sich genommen, Hunger, Krankheit, Verleumdung, Spott, Hohn – alles für irgendeinen Schwindel? Er, der ja Jesus hatte bekämpfen wollen? Es widerspräche jeder Logik. Wir können sicher sein, dass dieser jüdische Mann Jesus gehört hat. Es muss für diesen Saulus eine gewaltige Erkenntnis gewesen sein, als er den vermeintlich toten Jesus plötzlich vom Himmel her zu ihm sprechen hörte.

Hören wir einmal zu, was dieser Paulus seinen Leuten schreibt, z. B. den Bürgern von Korinth: (Nach der Bibelübersetzung von Jörg Zink)

2. Korinther 6, 1–10

Als diese Mithelfer und Mitarbeiter Gottes möchten wir euch warnen: Sorgt dafür, dass Gott euch nicht umsonst gerufen hat. Euch gilt, was Jesaja im Auftrag Gottes seinem Volk gesagt hat: »Ich habe dich in einer besonders gesegneten Zeit erhört und habe dir an einem besonders glücklichen Tage geholfen.« Ihr Brüder in Korinth: Jetzt ist die gesegnete Zeit, heute ist der glückliche Tag.

Was uns angeht, die Mitarbeiter Christi, so ist auf unserer Seite die Mühe und die Sorge. Je mehr ihr selbst solche Mitarbeiter werdet, desto mehr gilt das alles auch von euch. Unsere Sorge ist, dass niemand an Christus irre wird, nur, weil wir ihm im Wege sind. Unsere Sorge ist, auch in den Augen der Menschen glaubwürdige Diener Gottes zu sein und trotz aller Widerstände die Geduld nicht zu verlieren, die Christus uns gibt:

In Bedrängnis, in Notlagen, in Ängsten, im Gefängnis, inmitten von Aufständen, die man unsretwegen vom Zaun bricht, in aller Mühe, in Schlaflosigkeit, im Hunger.

Man soll an uns sehen, was man an Christi Dienern sehen muss: Reinheit, Einsicht, einen langen Atem, Freundlichkeit. Gehorsam gegen den heiligen Geist. Man soll uns nüchterne und ehrliche Liebe anspüren. Man soll von uns kein Wort hören als das Wort der Wahrheit, und wir sollen keine Kraft anwenden, es sei denn die Kraft Gottes selbst.

Unsere Waffen sollen nichts anderes sein als Gerechtigkeit, ganz gleich, nach welcher Seite hin wir uns zu wehren haben: Gegen menschliche Lobreden oder menschliche Verleumdung, gegen böses Gerede oder gegen schwärmerische Verehrung.

So gehen wir unseren Weg, als Verführer angesehen, die doch nichts bei sich haben als die Wahrheit. Unverstanden und doch allen Leuten bekannt. Als Menschen, die man zu Tode hetzt und denen Gott doch das Leben erhält. Wir werden zerschlagen und kommen doch nicht um. Wir kennen nichts als Leid und sind doch allezeit fröhlich. Wir besitzen nichts und machen doch viele reich. Wir besitzen nichts und sind doch die Herren aller Dinge, durch Christus, der der Herr ist.

2. Korinther 11, 16, 23–31

Es gibt anscheinend einige unter euch, die meinen, das alles sei so dahingeredet. Es ist ja im Grunde Unsinn, die Leiden aufzuzählen, die Gott uns zumutet, als ob es darauf ankäme, was andere Leute von uns halten. Aber es ist wichtig, dass ihr versteht: Es handelt sich nicht um Phrasen, wenn wir den Leidensweg Christi mitgehen.

Ich habe mehr Mühe gehabt als irgendein anderer Apostel. Ich bin unzählige Male im Gefängnis gewesen. Ich bin unzählige Male gegeisselt worden und in Todesnot gekommen.

Von den Juden habe ich fünfmal die Höchststrafe erhalten, nämlich 39 Geisselhiebe. Dreimal bin ich mit Stöcken geschlagen und einmal gesteinigt worden.

Dreimal habe ich Schiffbruch erlitten, Nacht und Tag habe ich in den Wellen zugebracht. Viele mühselige Reisen habe ich hinter mir. Auf Flüssen bin ich in Gefahr gewesen, in Gefahr durch Räuber, in Gefahr durch mein eigenes Volk und in Gefahr durch fremde Menschen. In Gefahr in den Städten, auf einsamen Wegen und auf dem Meer, und immer wieder auch in Gefahr durch falsche Brüder. Mühe und Arbeit habe ich gehabt, Schlaflosigkeit, Hunger, Durst und Kälte.

Und dabei ist nicht eingerechnet, was täglich dazukommt, nämlich, dass ich ständig angelaufen werde und mir die Sorge für alle Gemeinden auf der Seele liegt.

Wer wird schwach und ich soll nicht schwach werden? Wer ärgert sich und ich soll nicht zornig werden?

Freilich – wenn ich irgend etwas habe, das mich auszeichnet, dann ist es meine Schwäche.

Gott, der Vater unseres Herrn Jesus Christus, weiss, dass das alles wahr ist. Ihn will ich preisen in Ewigkeit.«

Hätte Paulus das ausgehalten, wenn alles, was um Jesus geschah, nur ein geschickter Betrug gewesen wäre? Nein, auf keinen Fall. Wenn diese Männer Jesus nach seinem Tod am Kreuz nicht lebend erfahren hätten, dann gäbe es kein Christentum.

Paulus:

»Wofür sollen uns die Menschen halten? Für nichts anderes als für Knechte Christi. Sie sollen wissen, dass wir nichts tun als Gottes Geheimnisse verwalten.

An einem Verwalter ist aber nur das eine wichtig, ob er mit dem ihm Anvertrauten sorgsam, zuverlässig und uneigennützig umgeht.

Ob nun ihr oder irgendwelche anderen Menschen meinen, ich erfüllte meine Aufgabe schlecht, das ist mir nicht wichtig. Ein menschliches Urteil hat hier keine Bedeutung. Und selbst mein eigenes Urteil über meine Arbeit ist uninteressant.

Ich kann mir zwar nichts denken, das man mir vorwerfen könnte. Aber mit dieser Meinung ist noch nichts erreicht. Das eigentliche, wichtige und endgültige Urteil wird der Herr fällen.

Es ist darum gut, wenn ihr auf jedes Urteil über einen Mitarbeiter der

Kirche verzichtet, so lange, bis Christus kommt. Dann wird man nämlich auch das sehen, was man bisher nicht sehen konnte. Man wird sehen, was einer eigentlich wollte, seine wirkliche Gesinnung. Dann wird jeder das Lob und den Lohn empfangen, die ihm Gott gibt.

Ich habe bisher von Apollos und mir geredet. An uns beiden wollte ich zeigen, dass es keinen Sinn hat, mehr von irgendeinem Menschen zu halten, als was nun eben sein Auftrag ist und was Gott über seine Mitarbeiter gesagt hat. Denn es wäre nicht gut, weil sie den einen oder anderen zum Lehrer gehabt haben.

Denn: Wer hat dich zu etwas Besonderem gemacht? Was hast du schon, das du nicht empfangen hättest? Wenn du aber lediglich ein Empfänger bist, warum tust du so, als sei irgend etwas Besonderes an dir, das du nicht empfangen hättest? Warum tust du so, als hättest du etwas zu geben? Ihr seid schon reich und satt geworden. Ihr seid schon grosse Herren geworden.

Ja, wenn wir nur alle miteinander wirklich gross wären! Ich glaube allerdings: Gott hat uns, den Aposteln, zunächst eine ganz andere Rolle zugedacht: die Rolle der Allerwertlosesten. Unsere Rolle scheint die zu sein, uns ständig am Rande des Todes entlangzuschleppen. Wenn wir schon Spieler sind in einem Schauspiel, dann sind wir Spottfiguren in einem Zirkus. Die Welt schaut zu und amüsiert sich. Die unsichtbaren Mächte schauen zu und natürlich die Menschen. Wir sind die Dummköpfe, die den Spott in Kauf nehmen, der den trifft, der von Christus redet. Ihr hingegen macht die Figur bedeutender und gescheiter Leute, die respektiert werden wollen, weil sie von Christus reden.

Wir sind am Rand unserer Kraft. Ihr seid gesund und ausgeruht. Ihr seid von allen Seiten respektiert. Auf uns spuckt man herab. Bis zu diesem Augenblick leiden wir Hunger und Durst. Wir frieren und werden geprügelt. Wir sind heimatlos auf den Strassen, und dabei arbeiten wir und schaffen mit unseren eigenen Händen.

Wir werden beschimpft und geben dafür Segen zurück. Man verfolgt uns, und wir ertragen es in aller Stille. Man verleumdet uns, und wir haben nichts als das Gebet. Wir sind der Schmutz, den die Welt ausfegt, der Mülleimer aller Leute.

Ich sage das nicht, um euch zu beschämen. Aber gerade, weil ich euch liebe, ist es gut, wenn ich es einmal so klar sage.«

Keiner der Jünger hätte unter den damaligen Verfolgungen, die meist mit schrecklichen Hinrichtungen endeten, den Mut und die Kraft gehabt, das alles durchzustehen. Für einen Schwindel und Betrug nimmt man keine solche Mühsal auf sich.

Später wurden die ersten Christen in den Amphitheatern den wilden Tieren zum Frass vorgeworfen, eine der grausamsten Todesarten. Die Römer belustigten sich gerne an solchen Schauspielen. Trotz der entsetzlichen Gefahr, waren die ersten Christen stark genug, die Lehre Jesu weiterhin zu verbreiten. Viele von ihnen wurden von den Raubtieren zerrissen.

Kein Zweifel, dass in diesen Menschen eine überirdische, nicht menschlich erklärbare Kraft hat wirken müssen. Ohne diese Kraft hätten sie diese Grausamkeiten nicht in Kauf genommen, sondern sich irgendwo in einen Winkel verschanzt und heimlich noch eine Zeitlang Jesus nachgetrauert. Die Lehre von Christus wäre dabei mit der nächsten Generation ausgestorben, da niemand mehr motiviert gewesen wäre, weiterhin über ihn zu reden. Ohne die überirdischen Seelenkräfte hätten sich diese Menschen nicht getraut, bei den brutalen Methoden der Römer das Leben aufs Spiel zu setzen und hingerichtet zu werden. Das Christentum wäre bereits in den ersten Jahren erloschen, wenn nicht das Wissen um den auferstandenen Christus in diesen Menschen gelebt und gewirkt hätte.

Ich persönlich glaube, dass es für diese Art Einsatz bedeutend mehr seelische Kraft gebraucht hat als sie zum Beispiel ein Kamikaze-Mann besitzt oder ein anderer Mensch, der für eine Idee, politischer oder religiöser Art, Selbstmord begeht oder sich töten lässt. Sich freiwillig dem Risiko auszusetzen, von Raubtieren zerfleischt zu werden, diese Entschlossenheit finden wir nur bei den ersten Christen.

Warum haben Maria-Magdalena und die Emmaus-Jünger Jesus nicht sofort erkannt?

Im Kapitel »Gibt es die Auferstehung?« haben wir über die Ereignisse am Ostermorgen erfahren. Als Maria Magdalena das Grab von Jesus besuchte, erkannte sie den Auferstandenen nicht sofort, sondern glaubte, der Mann im Garten sei der Gärtner. Dasselbe passierte einige Zeit später zwei Jüngern, als sie von Jerusalem nach Emmaus wanderten. Jesus begegnete ihnen, aber sie glaubten zuerst, es sei ein fremder Mann. Erst als er mit ihnen im Gasthaus das Brot brach, erkannten sie ihn.

Meine persönliche Erklärung dazu, die ich nicht als verbindlich betrachte, sondern dem Leser nur als Gedankenanregung geben möchte:

Seit einiger Zeit beschäftigt mich ein ganz spezielles Phänomen. Jesus sagt in den Offenbarungen aus dem 20. Jahrhundert, es gebe in der Ewigkeit nur immerwährende Schönheit und Jugend. 1935 erscheint Jesus der polnischen Ordensfrau Maria Faustine, mit bürgerlichem Namen Helene Kowalska. (1968 Seligsprechungsprozess, die Erscheinungen sind kirchlich anerkannt worden.) Ein Künstler versuchte, nach den Angaben der Seherin ein Bild von Jesus zu malen. Das Bild zeigt einen jungen Menschen, durchdrungen von innerem Licht, von Liebe und Schönheit. Das Licht kann der Maler nur andeuten, indem er das gebräuchliche visuelle Hilfsmittel für überirdische Strahlung gebraucht: einen Schein weissen Lichtes rund um den Kopf der Gestalt. An den bekanntesten Erscheinungsorten von Maria, Fatima, Lourdes und seit 1981 auch Medjugorje erscheint auch Maria den Seherkindern »als eine sehr schöne, sehr junge Frau, ungefähr 19 Jahre alt«, wie die Kinder berichten. Die Kinder fragten in Medjugorje Maria: »Warum bist Du so schön?« Maria antwortete: »Weil ich liebe.« Auch in Medjugorje versuchte ein Bildhauer die Erscheinung als Statue wiederzugeben. Die Kinder sagten enttäuscht: »Die Statue ist kein Vergleich zu der wirklichen Schönheit von Maria in ihrer Erscheinung!«

Zurück zu Maria Magdalena und den Emmaus-Jüngern. Als Jesus am Kreuze starb, war er ungefähr 33 Jahre alt. Die Strapazen seiner drei mühsamen Wanderjahre, alles zu Fuss und immer in grosser Hitze, sowie der entsetzliche Tod hatten aus ihm einen älter wirkenden Mann gemacht. Sein Gesicht war von starker Erschöpfung gezeichnet. Nach der Auferstehung jedoch sahen sie einen jungen Fremden. Weder Maria noch die Jünger erwarteten Jesus, sie glaubten ja, er liege im Grabe.

Eine gute Erklärung

Ein Jahr, nachdem die 4. Auflage dieses Buches herausgegeben worden ist, fand ich eine Erklärung für das Phänomen in der Jesus-Offenbarung »Der Gottmensch« von Maria Valtorta. (Siehe Kapitel über Mystik ab Seite 333 und Quellen-Verzeichnis.) Das Gesamtwerk enthält 12 Bücher, in welchen Jesus der Seherin Maria Valtorta das ganze Evangelium nochmals berichtet, und zwar nicht, indem er dem Evangelium neue Inhalte beifügt, sondern den Inhalt des Ganzen von irrtümlichen Auslegungen befreit, die im Laufe der Jahrhunderte entstanden sind. Das **Evangelium wird also nicht ergänzt,** sondern richtig erklärt **und damit unser Verständnis dafür vertieft!** Im zwölften Buch wird die Auferstehung Christi auf eine Art geschildert, die in ihrer Autorität, Schönheit und umfassenden Klarheit nur göttlichen Ursprungs sein kann. Ich empfehle jedem Leser, das Werk »Der Gottmensch« selber zu lesen. Im Auferstehungsbuch (Band XII) wird im Emmaus-Bericht gesagt, dass Jesus sich den Emmaus-Jüngern bewusst zuerst verborgen hat, indem ER die Gestalt eines fremden Wanderers annahm. Dasselbe geschah auch bei Maria Magdalena, die glaubte, den Gärtner zu sehen beim Grabe. Wie **die Apostel das Aussehen Jesu nach der Auferstehung erlebten,** zeigt folgender Abschnitt:

Früher war er »der Meister«. Der Meister, der für ihren Glauben zwar Gott war, für ihre Sinne aber trotzdem ein Mensch. Nun ist er »der Herr«. Er ist Gott. Und es bedarf keines besonderen Glaubens mehr, um davon überzeugt zu sein. Die Tatsachen haben diese Notwendigkeit aufgehoben. Er ist Gott. Er ist der Herr, dem der Herr gesagt hat: »Setze dich zu meiner Rechten« und den er bestätigt hat durch sein Wort und das Wunder der Auferstehung. Gott wie der Vater. Und er ist der Gott, den sie aus Angst verlassen haben, nachdem sie so viel von ihm empfangen hatten ... Jesus, der auferstandene Jesus, wahrhaft er selbst ist, ist er es gleichzeitig doch auch nicht mehr. Sieht man ihn richtig an, ist er anders. **Die Gesichtszüge, die Farbe der Augen und der Haare, die Gestalt, die Hände und die Füsse sind gleich** geblieben, **und doch ist er anders!** Er hat dieselbe Stimme und bewegt sich wie früher, und doch ist er anders. Er hat einen wahren Körper, der auch jetzt noch im Licht der untergehenden Sonne, deren letzte Strahlen durch das offene Fenster hereinfallen, einen seiner Größe entsprechenden langen Schatten wirft, **und doch ist er anders.** Er ist nicht stolz oder unnahbar geworden, **und doch ist er anders.**

Eine neue, ewige Majestät erstrahlt nun da, wo zuvor Bescheidenheit und Demut des unermüdlichen Meisters vorherrschten, eine so grosse Demut, dass man sie manchmal für Resignation hätte halten können. Nun ist die Abgezehrtheit der letzten Zeit verschwunden; die Spuren der körperlichen und geistigen Müdigkeit, **die ihn älter erscheinen liessen,** sind gelöscht, und er hat nicht mehr den traurigen, bittenden Blick, der wortlos fragte: »Warum weist ihr mich ab? Nehmt mich auf ...« **Und der auferstandene Christus erscheint sogar größer und kräftiger, befreit von jeder Last, sicher, siegreich, majestätisch, göttlich.** Nicht einmal, wenn er bei seinen größten Wundern seine Macht zeigte oder in den herausragendsten Momenten seines Lehramtes am eindrucksvollsten war, war er so wie jetzt, da er auferstanden und verherrlicht ist.

Jesus ist der stärkste Beweis dafür, dass Gott die absolute Liebe ist

Unvorstellbar gross ist diese Liebe. Gott gibt seinen eigenen, sündenlosen Sohn, sein Innerstes, Teil von ihm selbst, um die Schuld der Menschen zu tilgen.

Es ist für unser menschliches Denken nicht möglich, eine solche Liebe von Gott auch nur im entferntesten zu begreifen. Wir können nur staunen und dankbar sein.

Es gibt keinen Religionsgründer auf der Welt und in der ganzen Menschheitsgeschichte, der aus Liebe zu seinen Anhängern den Tod auf sich genommen hatte.

Buddha, Konfuzius, Mohammed schrieben und redeten klug und wurden wegen ihres Wissens bewundert und nachgeahmt. Aber keiner gab den stärksten Beweis der Liebe. Keiner gab sein Leben. Das ist kein Vorwurf an diese Männer, es ist nur eine Feststellung. Jesus starb nicht aus Idealismus oder Fanatismus, sondern einzig aus Liebe.

Warum aber lässt Gott ein so qualvolles, blutiges Opfer zu?

Als Jesus kam, war die Fülle der Zeit gekommen, wie es in der Bibel steht. Das heisst, es waren nun genug Greuel durch die Sünde geschehen, all die Jahrtausende hindurch. Auch wenn Jesus, der ja freiwillig kam, einen ganz anderen Zeitpunkt gewählt hätte, wäre ER immer von den Mächten des Bösen angefallen und auf brutalste Art bekämpft worden.

Es lag im freien Willensbereich der bösen Kräfte, Jesus anzugreifen und auf die, ihrer Ansicht nach, wirkungsvollste Art, zu quälen. Wenn Jesus erst im 20. Jahrhundert gekommen wäre, würden ihn die Kräfte des Bösen wiederum brutal anfallen, nur mit anderen Methoden. Wir kennen moderne Foltermethoden, die wir aus den Gefängnissen von Diktaturen in aller Welt kennen. Das Böse weiss immer neue Wege von Grausamkeit.

Was die Grausamkeit betrifft, so wäre Jesus in jedem Jahrhundert auf die gerade gängige Art gefoltert und getötet worden. Denn wie könnte Satan es dulden, dass die Menschen durch einen Erlöser endgültig von ihrer Trennung von Gott errettet würden? Das will Satan unbedingt verhindern. Das ist sein wichtigstes Ziel überhaupt! Sein zweitwichtigstes Ziel ist die Zerstörung der ganzen Welt. Auf welche Art er angreift, ist zweitrangig. Er tut es immer auf hinterhältige oder bestialische Art.

Jesus ist freiwillig gekommen und hat freiwillig den Tod auf sich genommen. Der freie Wille der bösen Mächte hat ihn ans Kreuz geschlagen. Seit Ewigkeit her gilt das Prinzip des freien Willens, welcher uns von Gott gegeben ist. Das sollten wir auch im Zusammenhang mit der Todesart von Jesus nicht vergessen. Aber: **Gott** braucht kein Kreuz. Das brauchen nur wir Menschen. Wenn wir dieses starke Zeichen nicht seit mehr als 2000 Jahren **sehen könnten,** würden wir nicht an die **Vergebung** glauben.

Hätte Gott nicht doch verhindern können, dass sein Sohn auf so schreckliche Art hat gefoltert und getötet werden müssen?

Nein, das konnte Gott nicht. Denn es geht hier um etwas anderes, nicht um die Art des Todes, sondern um die grundsätzlichen Prinzipien der göttlichen Gerechtigkeit. Gott hat das Böse von Ewigkeit her leben lassen, weil ER kein Geschöpf vernichtet, auch jenes nicht, das sich gegen ihn auflehnt.

Gott tötet das Böse nicht, sondern stellt sich selber zum Kampf. Eine grössere Fairness gibt es nicht. Der Vater hat selber, in seinem Sohne, das Kreuz auf sich genommen und mit dem Tod gerungen. Der Tod ist nicht von Gott gewollt, sondern eine Folge der Sünde, die stärkste Manifestation des Bösen. In seinem Sohne Jesus tritt Gott selber auf das Kampfgelände und setzt sich den Kräften des Bösen freiwillig aus. Gleichzeitig gibt Gott in seinem Sohne das unerhörte Beispiel davon, dass ER, Gott, niemals mit den Waffen des Bösen arbeitet, sondern bis zur letzten, bittersten Konsequenz, die Gewalt mit Liebe vergilt. Darum schlägt Jesus seinen Folterern nicht ins Gesicht. Darum lässt sich Jesus geisseln, bespucken, schmähen. Die Folterknechte schlagen ihm die Dornenkrone ins Haupt. Jesus schweigt. Sie verspotten ihn, sie nageln ihn fest am Kreuz, sie höhnen: »Komm doch herab, wenn du Gottes Sohn bist.« Gott schweigt in seinem Sohne und beweist, dass ER die gewaltigste Liebe ist, die es gibt, die Liebe, die niemals zurückschlägt, die Gewalt nicht mit Gewalt vergilt, sondern das Böse mit der All-Liebe überwindet. Gott selber ist in seinem Sohne am Kreuze bekämpft worden vom Bösen, weil das Böse existiert und immer angreift, solange es existiert. Ob das nun vor 2000 Jahren mit der Kreuzesfolter geschehen ist oder heute, im 20. Jahrhundert, auf andere Art geschehen würde. Wäre Gott heute auf der Welt in Gestalt von Jesus, würde ER mit den modernen Foltermethoden bekämpft. Und wiederum würde Gott die Gewalt nicht mit Gewalt vergelten, sondern in seinem Sohn, Jesus, die heutigen Folterungen ertragen und in Liebe besiegen. Wir haben dafür ein starkes Beispiel in dem Kapitel »Ein gefolterter Priester erlebt eine besondere Art von Gebetserhörung im Gefängnis.«

Jesus hat das Kreuz nicht getragen, weil Gott ein Kreuz geplant hat, sondern weil der Kampf mit dem Bösen immer stattfinden muss, solange das Böse da ist und uns angreifen kann.

Niemand kann das Paradies zurückgewinnen, ohne in der Kampfbahn gewesen zu sein. Denn das Böse wird es nicht zulassen wollen, dass wir das Paradies kampflos erreichen. Das Böse wird sich immer uns entgegenstellen, jedem einzelnen Menschen. Darum sagt Jesus zu uns: »Nimm dein Kreuz auf Dich und folge mir nach.« Das heisst, tritt mutig in die Kampfbahn Gottes und kämpfe dein Leben lang gegen das Böse, Nur dann, wenn du das Böse mit den Waffen deiner Liebe überwunden hast, kannst du ins Paradies kommen, und mit mir zur Auferstehung gelangen.

Wenn es nach Gott gegangen wäre, so wären wir alle, die Geistwesen und die irdischen Wesen, noch immer im glücklichen Zustand von Eden, nämlich im Frieden mit Gott.

Jesus sagt in »Ich rufe Euch« (siehe S. 165), dass der erste Kampf, den wir gewinnen müssen, der Kampf sei gegen das Ich, gegen die Selbstliebe. Er sagt: »Zuerst muss euer Ich ans Kreuz genagelt und getötet werden. Denn dieses Ich, der Egoismus, ist die Ursache für alle Sünden, für alles Böse. Der Egoismus ist die Triebfeder für Hass, Rache, Vergeltungssucht, Machtstreben, Profitgier, Verleumdungen, Lüge, Eitelkeit, Neid, Missgunst, Herrschsucht. »Wenn nicht jeder einzelne von uns, vom Politiker bis zum Wirtschaftsführer, vom Konzernchef bis zum Schullehrer, vom Landwirt bis zum Bäcker, in seinem Herzen das Ich, den Egoismus besiegt hat, solange gibt es auf dieser Welt keinen Frieden. Wir müssen unser Ich kreuzigen.

Jesus sagt, dass der Kampf gegen das Ich ein ganzes Menschenleben lang dauere. Dieser Kampf könne vom Menschen selbst nicht gewonnen werden. Sondern der Mensch muss mehrmals am Tage intensiv mit Gott Verbindung aufnehmen im Gebet, sonst hat er nie die Kraft, das Ich zu besiegen. Die Versuchung, ein Egoist zu sein, fällt uns 24 Stunden lang an. Erinnern wir uns an die erste und einzige Ursache der Sünde: Luzifer verliebt sich in sich selbst und lehnt sich gegen seinen Schöpfer auf. Von da an regiert der Egoismus.

Ohne Kampf kein Sieg. Ohne Kreuz keine Auferstehung. Solange das Böse existiert, bleibt uns nichts anderes übrig, als in die Kampfbahn zu treten. Jesus Christus ist das stärkste Vorbild für uns. Mit den Waffen der konsequenten Liebe hat ER bis zur bitteren Vollendung gegen das Böse gekämpft und es überwunden. Die Liebe hat das Böse besiegt. Christus ist auferstanden. Er fordert uns auf: »Folgt mir nach!«

Viele sagen, warum ist die Welt noch nicht im Paradies, wenn doch Christus gesagt hat, wie das Paradies zu erreichen ist?

Weil auch die Christen seit 2000 Jahren die Freiheit haben, nein zu sagen, »Papierchristen« zu sein und Jesus gar nicht wirklich zu gehorchen.

Leute, welche Religionskriege und Kreuzzüge veranstalten, Päpste, die gotteslästerlich lebten (Borgia-Päpste in der Renaissance-Zeit), die hatten auch ihren freien Willen. Man kann also nicht sagen: Das Christentum hat die Welt nicht gerettet. Sondern man muss sagen: Die unechten Christen konnten ihren freien Willen missbrauchen, um das Gegenteil zu tun, was Jesus gefordert hatte.

Und zu wem gehören wir? Bevor wir über andere urteilen, wollen wir uns selber erforschen, unser eigenes Gewissen fragen: Folge ich Jesus nach?

Wir alle brauchen den Erlöser – Juden, Christen, Hindus, Moslems, alle.

Warum? Jeder Mensch auf dieser Welt gehört Gott, dem Allmächtigen Dreifaltigen Gott. Nun haben sich die Menschen durch ihren freien Willen von ihrem VATER entfernt. Sie folgten dem Gegner Gottes.

Es ist Überheblichkeit, wenn der Mensch glaubt, er könne sich selber erlösen. Diese Überheblichkeit stammt von der immer gleichen Seite. Es war Luzifer, der die erste Sünde beging. Die Sünde des Stolzes. Er war in sich selbst verliebt und wollte sein wie Gott. Gott allein kann Sünden vergeben. Wenn wir also meinen, wir könnten uns selber befreien von Sünden, dann befinden wir uns im gleichen sündhaften Zustand wie der trotzige, stolze Luzifer, den wir heute Satan nennen.

Diese Ursünde, welche auf die Seelen aller 3,5 Milliarden Menschen dieser Welt einen Stempel gedrückt hat, dass das Böse in uns wirkt, diesem Urzustand müssen wir entrissen werden. Jesus hat die Ursünde am Kreuz besiegt. Wenn wir nun also sein Opfer annehmen, mit unserem freien Willen, dann sind wir für alle Ewigkeit davon befreit, dass das Böse uns jemals wirklich besitzen kann.

Jesus entreisst Satan die Menschenseele:

Jesus hat Satan für immer die Seelen jener weggenommen, die das Opfer von Christus annehmen wollen. Über diese Seelen hat Satan keine Macht mehr, er hat sie für immer an Gott verloren. Christus hat mit seinem Blut die Seelen losgekauft von der Macht des Bösen. Eine Seele, die Christus und sein Opfer gerne annimmt, wird für alle Ewigkeit befreit sein von den bösen Fesseln, diese Seele kann nicht untergehen, sie wird niemals endgültig in den Besitz der satanischen Kräfte gelangen. Solange die Seele aber Jesus und sein Opfer nicht akzeptiert hat, ist sie noch immer eine mögliche Beute für Satan. Auch wenn die Seele sich abmüht mit vielerlei sicher gutgemeinten Methoden, so gelingt es ihr nicht, sich für immer dem Bösen zu entziehen. (Die Methoden heissen Fasten, Meditieren, den Leib abtöten, gute Werke tun. Alle diese Methoden sind gut und richtig, aber sie genügen nicht.) Satan kann weiterhin Besitzrechte erheben auf diese Seele. Erst wenn die Seele erkannt hat, dass nur das Opfer von Jesus sie endgültig befreit hat, kann sie das Böse wirklich abschütteln.

Auch wenn wir durch alle möglichen Methoden wie Nächstenliebe, Fasten, Gebet, heiligmässiges Leben, versuchen, den Himmel zu erringen, wird es uns nicht gelingen. Denn auch wenn wir das alles tun, wird dennoch unser Geist nie vollständig frei sein von bösen Gedanken. Das Böse ist in uns, seit der Mensch seinen freien Willen missbraucht, um sich von Gott abzuwenden.

Buddha, Konfuzius und andere Religionsgründer glaubten, man könne durch gewisse Methoden, zum Beispiel auch die Wiedergeburt, den Himmel erringen, das heisst, die Verschmelzung mit Gott. Die indischen Religionen sagen, dass man für jede Sünde die Strafe bekomme, indem man deswegen wiederum auf die Welt kommen müsse, solange, bis man wirklich geläutert und rein genug sei, um in die Vollkommenheit Gottes zu gelangen. (Karmisches Gesetz)

Aus diesem Denken heraus entsteht eine fatale Idee: In Indien lässt man die Menschen auf der Strasse an Aussatz und Hunger sterben, weil man der Meinung ist, sie hätten das verdient wegen Sünden aus ihrem vorigen Leben. Somit ist kein gläubiger Hindu verpflichtet, seinem Nächsten in der Not zu helfen, wie das folgende Beispiel nochmals sehr deutlich macht:

Ein Student, der im Himalaya bei den Yogis (Meister der Lehre) Erleuchtung und den wahren Glauben finden wollte, berichtet von einem katastrophalen Erlebnis: Er befand sich mit seinem Guru an einem Fluss und meditierte. Da hörten sie plötzlich die wilden Schreie eines Ertrinkenden. Unwirsch winkte der Yoga-Meister ab. Er wolle auf keinen Fall in seiner Meditation gestört werden. Ausserdem werde der Ertrinkende ja nur von seinem Karma ereilt! (Karma = schicksalshaftes Vergeltungs-Prinzip)

»In diesem Moment wurde mir klar«, berichtete der Student, »wie falsch diese Reinkarnationslehre ist und wie unendlich lieblos. Ich stürzte zum Fluss und rettete den armen Menschen. Dann sagte ich mich los von meinem Yoga-Meister und reiste zurück nach Kalkutta. Dort suchte ich Mutter Teresa, von der ich schon viel gehört hatte. Ich fand sie lange Zeit nicht. Ich wartete immer in einer Kirche auf sie, weil ich wusste, dass ihre Ordensschwestern sich hier zum Gebet versammelten. Zuhinterst stand eine kleine, alte Nonne, die mir jedesmal ihr Gebetsbuch auslieh. Da ich immer glaubte, Mutter Teresa trete vorne auf, am Altar, unter Respektsbezeugungen ihrer Ordensfrauen, merkte ich nicht, dass die bescheidene alte Nonne, die zuhinterst mit mir am Boden kniete, diese weltberühmte Frau war. Bei Mutter Teresa lernte ich, was es heisst, Christus in Wort und Tat nachzufolgen. Ich lernte auch, was Liebe bedeutet. Liebe ist nicht die Verwirklichung des eigenen Ich, sondern die Hingabe an den notleidenden Mitmenschen. Dabei verliere ich keineswegs mein gesundes Selbstbewusstsein, im Gegenteil, es wird auf neue Art klar und stark, aber immer liebevoll und nicht mehr egoistisch dominant.«

Wir müssen aber nicht bis Indien reisen. Hier in Zürich herrscht eine ähnliche geistige Haltung. Jemand legte sich als Test bei einer TV-Sendung, an einer gut befahrenen Strasse als »Verletzter« neben das Auto, um herauszufinden, wie es um die Hilfsbereitschaft der Eidgenossen bestellt ist. Das Ergebnis war niederschmetternd: Der überwiegende Teil der Automobilisten fuhr herzlos vorbei. Nur ein paar wenige stiegen aus, um nach dem »Verletzten« zu sehen. Ist der Grund dafür unser gewöhnlicher, mitteleuropäischer Egoismus? Oder wirkt hier bereits das Karma-Denken, welches uns seit ein paar Jahren von Asien her überschwemmt? Wie lautet das Karma-Denken in diesem Fall? »Es ist sein Schicksal, dass er dort liegt, da kann auch ich nichts daran ändern. Karma!« Und wie lautet der mitteleuropäische Egoismus? »Soll er doch liegen, ich habe keine Zeit. Was geht mich das an? Gibt nur Probleme! Ist wahrscheinlich selber schuld.« Beide Überlegungen sind gleich schrecklich. Und beide können nichts zu tun haben mit Gott.

Ein solches Denken steht im krassen Gegensatz zur Aufgabe, die Jesus uns gegeben hat. Jesus wünscht, dass wir allen, auch dem Geringsten unter seinen Brüdern, mit grösster Liebe helfen. Ob die Christen das tun oder nicht, ändert das Prinzip von Jesus nicht! Leider muss aber erwähnt werden, dass die unechten »Taufschein-Christen«, die Jesus und seine Lehre nur dem Papier nach vertreten und nicht wirklich im Herzen tragen, genau so gleichgültig sind gegenüber Armen, Kranken und Hungernden wie die Hindus, welche wenigstens aus religiöser Überzeugung gleichgültig sind gegenüber dem Elend.

Ist es nicht bloss fehlender Mut, wenn man einfach einen Erlöser braucht für seine eigenen Sünden?

Es gibt einen Einwand, den wir an dieser Stelle besprechen müssen. Einige meinen, es sei doch sehr bequem, einfach einen Erlöser zu gebrauchen, der uns von den Sünden befreit und uns damit aller Verantwortung für unsere Fehler enthebt.

Das ist eine bewusste Falsch-Interpretation. Jesus hat nie gesagt, dass wir keine Verantwortung übernehmen müssen für unsere Missetaten. Im Gegenteil, jedes Wort, das wir sprechen, hat Ewigkeitswert, wird also immer vorhanden sein, das gute wie das böse Wort. Wenn wir den irdischen Leib verlassen haben, ist an uns noch so viel »Rost« an der Seele, um ein einfaches Bild zu gebrauchen, dass wir vor Gott überhaupt nicht bestehen können. Das wird die Seele von selber einsehen. Denn sie wird, unter dem Eindruck der ungeheuren Liebe und Vollkommenheit Gottes, sehr kläglich oder sogar völlig zerschmettert zu einem Häufchen tiefster Zerknirschung werden und sich wünschen, sie könnte sofort alles gutmachen. Und die Seele wird es gutmachen!

Mit dem brennenden Reueschmerz darüber, dass sie überhaupt jemals Gott etwas zuwidertat. Das ist es, was man Fege-Feuer nennt. Die Seele verspürt den Schmerz über ihre Untaten so lange, bis sie vom »Rost« befreit ist, um in die vollkommene »Gold-Legierung« von Gott einzugehen, um das Symbol von Rost gegenüber Gold nochmals zu gebrauchen.

Zwischenfrage: Aber Jesus hat die Seele doch erlöst – warum braucht sie jetzt noch Läuterung? Ja, gewiss. Die Seele ist erlöst davon, überhaupt jemals wieder in die Hände Satans zu geraten. Wenn der Mensch die Erlösungstat von Jesus während seines irdischen Daseins angenommen hat, dann kann dieser Mensch nie mehr in den Besitz von Satan geraten. Das ist die Erlösung. Hingegen nimmt uns Jesus nicht die Verantwortung ab für unsere Untaten. Für die müssen wir die volle Verantwortung tragen vor Gott. Gott wird uns dazu überhaupt nichts erklären müssen. Wir werden so ungeheuer beeindruckt sein von seiner vollkommenen Liebe, Gerechtigkeit und Schönheit, dass wir selber die Reue erzeugen und ihre verzehrenden Flammen aus unserem freien Willen und Erkennen heraus die Seele reinigt.

Was wir immer gut im Auge behalten müssen, ist die Tatsache, dass wir uns niemals selber erlösen können! Auch nicht durch noch so viele Wiedergeburten. Diese Idee wurde vom Gegner von Jesus aufgestellt, um die Erlösungstat von Christus als unnötig hinzustellen. Erlöst vom Bösen werden wir nur durch den Kreuzestod von Jesus. Gerade daran ist aber der Satansgeist nicht interessiert. Er will auf keinen Fall, dass die Menschenseele ihm für immer entrissen wird durch die Erlösung von Jesus. Darum streut Satan überall und seit Jahrhunderten die Geschichte aus, dass wir durch viele Wiedergeburten genug geläutert sein werden, um einzugehen in Gottes Herrlichkeit. Wer das glaubt und Jesus ablehnt, der ist für Satan eine vielversprechende Beute. Denn ein Mensch, der Christus bewusst nicht akzeptiert hat, bleibt ein offenes Ziel für Satan. Der Satan hat immer einen geeigneten Anknüpfungspunkt in einer solchen Seele. Und er knüpft gewaltig an. Unter der Tarnkappe des liebevollen und sanften Predigers, der nichts anderes will als das Heil der Welt, berichtet er, zum Beispiel wie der verstorbene indische Sektenführer Bhagwhan und andere Gurus, von Jesus »als einem weisen Manne«. In anderen Variationen, unter Zuhilfenahme anderer Gestalten und religiöser Führer, verspricht Satan die Befreiung der Welt vom Bösen allein durch Wiedergeburt. Christus sei dazu nicht nötig.

Klar: Was könnte schlimmer sein für den Erzfeind Gottes, als dass Gott selber kommt, seine Geschöpfe aus den Klauen des Bösen reisst und sie für immer aus dem Bereich des Bösen entfernt? Das ist der Grund, warum die satanischen Intelligenzen ständig neue Religionen gegründet haben, in denen Christus lediglich als »Prophet« und »weiser Mann« anerkannt wird, aber keineswegs als Erlöser der Menschenseele!

Die Methode des satanischen Geistes wird erkennbar in der Aussage: »Der Mensch erlöst sich selbst!«

Die alte arrogante Überheblichkeit wie zu Beginn der Schöpfung, als Luzifer zu Gott sagte: Ich liebe mich selber viel mehr als dich, ich brauche dich nicht. Ich will selber Gott sein. Und daher behauptet er auch: Der Mensch erlöst sich selbst.

Es gibt Leute die fragen: Führen nicht alle Religionen zu Gott?

Oder: »Sind wir nicht einfach deshalb Christen, weil wir zufällig im christlichen Abendland aufgewachsen sind? Sind die Moslems nicht ebenso überzeugt, dass ihr Weg der einzige ist, der zu Gott führt? Alle Religionen sind doch nur verschiedene Wege zum gleichen Ziel. Damit ist es auch nicht so wichtig, welchen Weg ich persönlich wähle, wenn er mir nur zusagt und mir entspricht.«

Wir antworten:

Alle Religionen stimmen darin überein, dass sich der Mensch in einer grundlegenden Krise befindet und Erlösung braucht. Jede Religion bietet uns ihren eigenen Weg an, um uns aus dieser verzweifelten Situation zu retten. Wir können die Problemstellung und die angebotenen Lösungswege folgendermassen veranschaulichen:

Ein Mann ist in einen tiefen Brunnen gefallen und kommt nicht mehr aus eigener Kraft heraus.

Zuerst kommt Mohammed, schaut über den Rand des Brunnens und sagt: »Wenn Du nur regelmässig die fünf Hauptpflichten des Islams befolgst, dann wirst Du wahrscheinlich dem Brunnen entrinnen können. Durch das Glaubensbekenntnis, Gebet fünfmal täglich, Almosen, Fasten und eine Wallfahrt nach Mekka sollte es Dir gelingen.« Aber trotz aller Anstrengungen gelingt es dem Mann nicht, die glatte Brunnenwand emporzuklettern.

Dann kommt Buddha und sagt, nachdem er das Problem gründlich untersucht hat: »Ich sehe, dass Du in einer verzweifelten Situation bist. Der Grund liegt darin, dass Du noch nicht den Wunsch losgelassen hast, ein freier Mensch zu sein. Dein Leiden ist in Deinen Sehnsüchten begründet. Du musst nur diese Regungen, Deinen Durst nach Leben überwinden, dann hast Du auch keine Probleme mehr. Halte meinen heiligen, achtteiligen Pfad ein, und Du wirst die verschlöschende Flamme des Nirwana erreichen.«

Der christliche Gott kommt ebenfalls an den Brunnenrand und sagt: »Ich sehe, dass Du in grosser Not steckst. Aus eigener Kraft, mit Deinen eigenen Mitteln wirst Du nie herauskommen können. Ich steige selber hinab, um Dich zu retten. Ich werde Dich an meiner starken Hand halten, weil Du selber nicht einmal die Kraft hast, mich festzuhalten.«

Nur das Christentum spricht davon, dass Gott Mensch geworden ist, um den Menschen zu retten (vgl. Joh. 1, 14 / Joh. 3, 16). Die anderen Religionen betonen, dass wir uns durch extreme Disziplin selber retten müssen. Das Christentum unterstreicht hingegen das total unverdiente Geschenk, das Gott uns anbietet.

Die nichtchristlichen Religionen sind der Versuch des Menschen, Gott zu erreichen; das Christentum ist Gottes äusserste Anstrengung, den Menschen zu erreichen.

Das Leben wie auch der grösste Teil der Lehre von Jesus sind im Vergleich zu den übrigen Religionsstiftern einzigartig. Sein Kommen wurde Jahrhunderte zuvor in Einzelheiten angekündigt. Nur ER erhob den Anspruch, Gott wesensgleich und fehlerlos zu sein. Nicht einmal seine stärksten Feinde konnten ihn – abgesehen von seinem Anspruch, Gott gleich zu sein – eines Fehlers bezichtigen. ER nahm Tortur und einen schrecklichen Tod auf sich, um den Preis für die Auflehnung des Menschen gegen Gott zu bezahlen. Im Gegensatz zu Mohammed und Buddha ist ER nicht im Grab geblieben, sondern von den Toten auferstanden und über 500 Personen erschienen. Menschen verschiedenster Herkunft haben diese Aussagen auf ihre Gültigkeit geprüft und bezeugen, dass sie die Kraft Jesu heute noch erleben. »Müsste man also angesichts dieser erdrückenden Tatsachen nicht die Aussage Jesu anerkennen, der von sich behauptet, der Weg, die Wahrheit und das Leben zu sein (Joh. 14, 6)?«.

Was passiert mit jenen Menschen, die alle vor dem Erscheinen von Jesus starben? Und mit jenen, die bis heute Jesus nicht kennen oder nicht anerkennen als Erlöser?

Die erste Frage hat Jesus der Ordensfrau Mechthild von Hackeborn im 13. Jahrhundert beantwortet. Nach seinem Tod am Kreuz habe ER, Christus, in den drei Tagen bis zur Auferstehung, jenen Ort besucht, wo sich alle gottesfürchtigen Seelen der vor ihm gestorbenen Menschen in einem Zustand des ruhigen Wartens befanden. Er brachte ihnen die frohe Botschaft ihrer Erlösung und nahm sie mit sich in den Himmel, wo sie IHN und den Vater in der Gemeinschaft des Heiligen Geistes erkannten. Danach ging Jesus an jenen Ort, wo »Heulen und Zähneknirschen« herrscht, also in die Regionen der abgefallenen Geister. Auch ihnen sagte ER, dass die Erlösung vollbracht sei und jede Menschenseele, welche die Erlösung freiwillig annehme, für immer aus dem Besitz der gottfeindlichen Kräfte befreit sei. Satan, der Anführer von Milliarden von abgefallenen Geistern, erzitterte. Denn erst jetzt wusste er, dass er in Christus seinen eigenen Gott und Herrn angegriffen, versucht, verletzt, verhöhnt und dessen irdische Hülle getötet hatte. Wie wir aus den Visionen der Seherin erkennen, hatte Satan immer geglaubt, Jesus sei nur ein Prophet. Erst als Jesus in das Reich des Todes und der Gottverlassenheit (Hölle) kam, erst jetzt wurde Satan klar, wen er vor sich hatte. Seit jenem Augenblick gibt es nur noch ein wichtiges Ziel für Satan: Christus und seinen Einfluss zu bekämpfen. Wie er das tut, erfahren wir in dem Kapitel »Der Wolf im Schafspelz«.

Was geschieht mit jenen, die Jesus nicht kennen?

Was geschieht mit den Millionen von Moslems, Hindus, Buddhisten, Indianer oder jenen Menschen, die in Ländern leben, wo verschiedenste Götzen angebetet werden wie in afrikanischen und anderen Kulten?

Wir müssen uns darüber keine Sorgen machen und auch keine Urteile abgeben. Gottes Gerechtigkeit kennt allein die Tiefen der Seelen. Gott hat gesagt, ER sei die vollkommene Gerechtigkeit. Wie könnte Gott Menschen verstossen, die in einem anderen Kulturkreis aufgewachsen sind? Die nichts gehört haben von Jesus? Oder jene, die wohl von Jesus gehört haben, aber von ihren Eltern und Ureltern davon abgehalten werden, ihn näher kennenzulernen? Gott sieht ins Herz und kennt die wirklichen Gründe, wenn ein Mensch während seines irdischen Daseins Christus nicht hat folgen können.

Was mit einem Menschen geschieht, der Zeit seines Lebens Christus nicht nachgefolgt ist und auch sonst nicht gottesfürchtig lebte, hat die Heilige Mechthild von Hackeborn im 13. Jahrhundert in einer Vision von Jesus selber erfahren. Es ist eine sehr tröstliche Information:

Der Geringste im Himmel

An einem Samstag, da man die Sequenz »Mane prima sabbati« sang, gedachte sie beim Vers »als der Born der höchsten Güte«, wieviele und wie grosse und unaussprechliche Güter dem Urquell alles Guten entströmt waren und endlos immer weiter entströmten. Und der Herr sprach zu ihr: »Komm und sieh dir den Geringsten an, der im Himmel ist, dann wirst du

dir ein Bild machen können vom Born der Güte.« Sie begann zu überlegen, wo sie diesen Geringsten wohl finden und woran sie ihn erkennen möchte. Sieh, da lief ihr ein Mann entgegen in einem grünen Kleid, mit krausem, gelblichem Haar, mittelgross, sehr hübsch und reizend von Angesicht. Sie darauf: »Wer bist du?« Er erwiderte: »Auf Erden war ich ein Räuber und Übeltäter und habe nie etwas Gutes getan.« Und sie: »Wie bist du dann in diese Seligkeit gekommen?« Er sprach: »All das Böse, das ich tat, habe ich nicht aus Bosheit begangen, sondern gleichsam aus Gewohnheit und weil ich nichts Besseres wusste, und weil meine Eltern mich dazu erzogen hatten. So hab ichs am Ende bereut und habe Gottes Erbarmen erlangt; hundert Jahre war ich am Ort der Pein und erlitt vieles, jetzt bin ich durch die alleinige und unverdienbare Güte Gottes in diese Erquickung gelangt.« Und er zeigte ihr, die dieses sah, alle Wohltaten, die Gott so erbarmungsvoll an ihm gewirkt, und es war für sie eine grosse Freude, dass er das zu tun vermochte. Auf diese Weise erkannte sie den Born der Güte im Geringsten; und wenn Gott in einem, der nichts Gutes getan hat, solches vermag, was wird ER dann in seinen kräftig strebenden Heiligen vermögen?
Jesus zu Mechthild:

Erlöser aller Weltzeiten

[64] Während einer Messe »Wir sollen uns rühmen im Kreuze unseres Herrn« sprach der Herr zu ihr: »Achte auf die Worte: ›in welchem ist unser Heil, unser Leben und unsere Auferstehung‹. Denn im Kreuz des Herrn ist das wahre Heil, und ausser ihm ist keines.« ... Da man in der Epistel las: »Er gab ihm einen Namen, der ist über alle Namen«, sprach sie zum Herrn: »Mein Herr, welcher ist dieser erhabenste Name, den der Vater dir verliehen hat?« Der Herr darauf: »Es ist der Name Salvator omnium saeculorum, Erlöser aller Weltzeiten. **Denn ich bin der Erretter und Erlöser all dessen, was ist, was war und was sein wird. Ich bin der Erlöser derer, die waren, bevor ich Mensch wurde, ich bin der Erlöser derer zur Zeit, da ich als Mensch unter Menschen weilte, ich bin der Erlöser aller, die meiner Lehre gefolgt sind, und aller, die noch in meine Fusstapfen treten wollen bis ans Ende der Zeiten.** Das ist mein erhabenster Name, der mir als einzigem seit Anbeginn vom Vater vorausbestimmt ward, und der über alle andern Namen hinaus ist« ...

Was ist die Aufgabe des Gläubigen?

Antwort: Den Menschen möglichst viel berichten von Jesus und so leben, dass wir seine Lehre glaubwürdig vertreten. Das einzige, was wir tun sollen, ist über Jesus berichten und anderen unsere Erfahrungen bezeugen. Unser Leben im Alltag sollte das lebendige Beispiel sein, wie die Lehre von Jesus gemeint ist. Jesus hat uns verboten über andere Menschen zu richten. Urteilen und richten sind allein Gottes Aufgabe. Wir sollen den Menschen helfen, indem wir sie hinweisen auf die kostbaren Schätze, die Christus uns gibt auf dem Weg, der uns zu Gott führen soll. Wir sollen die Willensfreiheit der andern Menschen und Völker achten und sie nicht zwingen wollen, unseren Glauben anzunehmen. Es war ein grosses Verbrechen der religiösen Führer aller Zeiten, andere Menschen mittels Kriegen und Kreuzzügen zu irgend einem Glauben zwingen zu wollen.

Wir dürfen Menschen lediglich die Botschaft bringen. Dazu hat uns Jesus sogar beauftragt. Aber den Entscheid, ob die Menschen das annehmen wollen, fällen allein diese Menschen und nicht wir. Sie haben die Willensfreiheit von Gott genau so zugesichert erhalten wie wir. Es ist nicht an uns, an dieser von Gott eingesetzten Freiheit zu rütteln. Das müssten sich alle Eiferer und religiösen Fanatiker ganz dick in ihr Aufgabenbuch schreiben.

Wenn Menschen, die Christus nicht gefolgt sind aus Gründen, die wir nicht beurteilen sollen, aus ihrem irdischen Leibe hinübertreten in das Reich des ewigen Geistes, werden sie den Dreifaltigen Gott schauen. Sie werden sehen und verstehen, wer Christus ist.

Andere Überlegungen dürfen wir uns nicht erlauben. Es gibt auf dieser Welt gewiss Millionen von ehrlichen Menschen, die in ihrer Kultur und Religion innigst nach Gott suchen und ihm dienen wollen. Wie könnte der gerechte Gott ihre Anstrengungen nicht achten? Ihnen wird die göttliche Liebe entgegenkommen und sie adeln und hineinnehmen in die Vergebung durch Christus. Da habe ich gar keine Sorgen. Ob das nun Juden, Moslems, Hindu, Buddhisten, Indianer oder Menschen anderer Kulturen sind.

Teil III

Wie kam es zu all den verschiedenen Religionen?

Die Seherin Anna Katharina Emmerich erkennt in einer ihrer umfassenden Visionen den tatsächlichen Ursprung der Irrlehren. Gott schenkt uns damit eine genaue und kostbare Information, welche uns volle Klarheit vermittelt über die Ursachen und Zusammenhänge von neuen Religionsrichtungen.

Die ersten Verwirrungen liegen Jahrtausende zurück, ganz in den Anfängen der Menschheit. Wie wir erfahren, besass Noah noch die ganze, reine Wahrheit, das Wissen der Seele um die echten Offenbarungen Gottes.

Lesen wir, was die Visionärin erkennt:

Noe und seine Nachkommen – die Stammführer Hom und Dsemschid

Ich sah Noe*, einen alten kindlichen Mann in einem langen weissen Gewande, in ein Obstbaumfeld gehen und mit einem krummen, beinernen Messer die Bäume beschneiden. Es kam eine Wolke vor ihn, in welcher eine Menschengestalt erschien. Noe kniete, und ich sah, dass er inne ward, Gott wolle alles vertilgen, und er solle einen Kasten bauen. Ich sah Noe sehr traurig darüber und ich sah ihn beten um Verschonung. Er begann seine Arbeit nicht gleich, und noch zweimal erschien ihm der Herr und befahl ihm, den Bau anzufangen, sonst würde er auch mit vertilgt werden. Ich sah ihn dann mit seiner Familie aus dieser Gegend hinwegziehen nach dem Lande, wo Zoroaster, der Glanzstern, nachher gelebt hat. Zoroaster, auch Zarathustra, war ein altpersischer Prophet. Seine Herkunft und seine Lebensdaten sind unbekannt. Er war bekannt als Gesetzgeber. Er wohnte in hoher, waldreicher und mehr einsamer Gegend und

* Noe, der Sohn des Lamech, wird als der zehnte der biblischen Urväter bezeichnet. Die Noe-Geschichte ist ausführlich in der Genesis im 6.–10. Kapitel beschrieben. Noe gilt als der Erfinder des Weinbaues.

lebte mit vielen Leuten, welche mit ihm zogen, unter Zelten. Er hatte auch einen Altar, vor dem er opferte. Noe und seine Familie bauten keine festen Häuser, weil sie an die Verheissung der Sündflut glaubten: das gottlose Volk aber rings umher hatte schon gemauerte Gehöfte, Grundlagen von dicken Steinwällen und allerlei Bauten für die Dauer und zum Widerstand.

Es war in jener Zeit ein schreckliches Treiben auf Erden. Die Menschen verübten alle Laster, selbst die unnatürlichsten. Jeder nahm und raubte, was ihm gefiel, und sie verwüsteten einander Häuser und Felder und raubten Weiber und Jungfrauen. Je weiter sich die Stammverwandten Noes vermehrten, um so verdorbener und boshafter wurden sie, und sie beraubten und ärgerten auch ihn. Die Menschen aber waren in diesen schlechtesten Sitten nicht als rohe, wilde Menschen, sondern sie waren so aus Lasterhaftigkeit; denn sie lebten ganz bequem und hatten alles geordnet. Sie trieben die schändlichste Abgötterei, jeder machte sich einen Götzen aus dem, was ihm dazu am besten gefiel. Sie suchten durch teuflischste Künste die Kinder Noes zu verführen. Mosoch, der Sohn Japhets und Enkel Noes, wurde so zum Falle gebracht, da er auf dem Felde arbeitend, den Saft einer Pflanze getrunken hatte, von dem er berauscht wurde. Es war kein Wein, sondern Saft einer Pflanze, den sie bei der Arbeit in kleinem Masse genossen und deren Blätter und Früchte sie auch kauten. Mosoch wurde der Vater eines Sohnes, der Hom* genannt wurde.

Hom war schon erwachsen. Ich sah ihn nochmals ganz verschieden von anderen und gross wie einen Riesen, sehr ernst und eigen. Er trug ein langes Mantelkleid und war wie ein Priester. Er sonderte sich ab und brachte viele Nächte allein auf dem Gipfel des Gebirgsrückens zu. Er sah nach den Sternen und trieb Zauberei und war durch den Teufel in Gesichten, die er in eine Ordnung und Lehre brachte, durch welche er die Lehre Henochs trübte. Der böse Trieb aus seiner Mutter vermischte sich in ihm mit der reinen Erblehre Henochs und Noes, an welche die Kinder Thubals sich hielten. **Hom brachte durch seine Offenbarungen und Gesichte falsche Wendungen und Deutungen in die alte Wahrheit.** Er klügelte und studierte,

* Hom ist eine legendäre Person, die erst durch die Herausgabe der Schrift des Frhr. von Ow: »Hom, der falsche Prophet aus noachitischer Zeit« (1906) näher zu erklären ist. Danach ist Hom vor Christus der bedeutendste Religionsstifter auf Erden gewesen. Er wird als der Vater des Heidentums bezeichnet. Seine Verehrung und der damit verbundene Kult der Pflanze Hom (Haoma) wurde bei den alten Persern geübt. So erscheint Hom als der bisher unbekannte Stifter des Brahamanismus. Seine Lehre ist Homotheismus, Menschenvergötterung, die in ihrem Widerstreit gegen den Monotheismus bis in die graueste Vorzeit zurückreicht.

sah nach den Sternen und hatte Gesichte, welche vom Teufel verunstaltete Figuren der Wahrheit ihm zeigten, die durch ihre Ähnlichkeit mit der Wahrheit seine Lehre und Abgötterei zur Mutter der Ketzereien machten.

Hom leitete von dem Berge, an dem sie wohnten, zwei Quellen nieder, die sich zu einem Flusse vereinigten, der nach kurzem Lauf zu einem breiten Strom wurde, über den ich sie bei ihrem Wegzug unter Dsemschid ziehen sah. Hom empfing von seinen Anhängern beinahe göttliche Verehrung. Er brachte ihnen die Lehre bei, dass Gott im Feuer sei. Auch mit dem Wasser hatte er viel zu tun und besonders mit der Schleimwurzel, von der er seinen Namen hatte. Er pflanzte sie und teilte sie als heilige Nahrung und Arznei mit Feierlichkeit aus, so dass eine religiöse Handlung zuletzt daraus entstand. Ihren Saft oder Brei trug er in einem braunen Gefäss, wie ein Mörser, bei sich. Ihre Zelthaken waren von dem gleichen Metall. Diese wurden von den Leuten eines anderen Stammes gemacht, welche fern von ihnen an einem Gebirge lebten und im Feuer arbeiteten. Ich sah sie an Bergen, aus denen bald hier, bald dort Feuer hervorbrach, und ich meine, dass jenes Gefäss von herausfliessendem Metall oder Gestein war, das in einer Form von ihnen aufgefangen wurde. Hom war nicht verheiratet und wurde nicht sehr alt. Er verkündete viele Gesichte über seinen Tod, an die er selber, wie später Derketo, und seine Anhänger glaubten. Ich sah ihn aber schrecklich sterben, dass nichts vom ihm zurückblieb, indem der böse Feind ihn mit sich nahm.

Nun tritt ein neuer Irrlehrer auf, Dsemschid, Führer der Indoperser. Dsemschids Vater war von Hom unterrichtet worden.

Dsemschid* wurde durch seine Weisheit der Führer seines Stammes, der sich schnell mehrte und ein ganzes Volk war, als es von Dsemschid immer weiter nach Süden geführt wurde. Dsemschid war sehr vornehm erzogen worden und hatte Homs Lehre empfangen. Er war unbeschreiblich lebendig und rasch, viel tätiger und auch besser als Hom, der mehr finster und steif war. Er brachte Homs Lehre und Religion recht in Ausübung, **setzte noch mancherlei dazu** und sah auch viel nach den Sternen. Das Volk, das ihm anhing, hatte schon das heilige Feuer** und zeichnete sich auch mit einem Rassezeichen. Die Menschen hielten sich damals ganz rassenweise zusammen und gingen nicht so durcheinander wie jetzt. Dsemschid sah besonders auf Reinerhaltung und Veredlung der Geschlechter und trennte und verpflanzte sie, wie er für gut befand. Die Menschen waren ganz frei und doch sehr untertänig. Die wilden Stämme, die ich jetzt noch in fernen

* Führer der Indoperser
** Feueranbetung

Ländern und Inseln sehe, sind mit der Schönheit und dem edlen, einfachen und doch ganz gewaltigen Wesen dieser ersten Rassen gar nicht zu vergleichen. Sie sind auch bei weitem nicht so geschickt, so stark und gewandt.

Dsemschid baute auf seinen Zügen Grundlagen von Zeltstädten, zeichnete Felder ab, machte lange Strassen von Steinen und setzte da und dort so und so viele Menschenpaare hin mit Tieren und Bäumen und Pflanzen. Er umritt ganze Strecken Landes und hieb mit seinem Instrument, das er immer in der Hand hatte, in die Erde, und gleich waren seine Leute da und gruben und hackten und machten Zäune und Gräben. Er war erstaunlich streng und gerecht. Ich sah ihn als einen alten grossen, sehr hageren, gelbroten Mann auf einem kleinen, gelb und schwarz gestreiften, erstaunlich schnellen Tier, das einem Esel mit feinen Beinen glich. Er umritt ein Stück Land, wie bei uns arme Leute in der Heide nachts Feld umgehen und es sich zum Anbau zueignen. An einzelnen Punkten hielt er still und schlug mit seinem Haken ein, oder steckte eine Stange in die Erde; dann wurde hier angesiedelt. Dieses Instrument, welches später die goldene Pflugschar Dsemschids genannt wurde, war wie ein lateinisches armlanges Kreuz mit einer Klinge, die herausgezogen mit dem Schaft einen rechten Winkel bildete. Damit machte er Risse in die Erde. Er trug dieses Zeichen auch an der Seite seines Rockes abgebildet, wo man sonst die Taschen hat. Es erinnerte an das Zeichen, welches Joseph und Anseneth in Ägypten immer trugen und mit dem auch sie das Feld massen; doch war dieses mehr wie ein Kreuz und hatte oben einen Ring, in welchen es eingelegt werden konnte. Dsemschid trug einen Mantel, der von vorne nach rückwärts fiel. Von dem Gürtel bis zu den Knien hingen vier Lederlappen, zwei hinten und zwei vorne, die an den Seiten streifenweise zusammengehalten und unter den Knien geheftet waren. Die Füsse waren mit Leder und Riemen umwunden. Auf der Brust trug er ein goldenes Schild. Er hatte mehrere solche Brustschilde, welche er bei feierlichen Gelegenheiten wechselte. Seine Krone war ein runder Reif von Gold mit Zacken, nach vorne aber mit einem höheren Bügel, wie ein Horn, und es spielte an der Spitze desselben wie ein Fähnchen.

Er sprach sehr viel von Henoch und wusste, dass er von der Erde entnommen worden und nicht gestorben sei. Er lehrte, Henoch habe alles Gute und alle Wahrheit dem Noe übergeben, welchen er den Vater und Bewahrer alles Guten nannte. Von Noe aber sei alles auf ihn selber übergegangen. Dsemschid hatte ein goldenes, eiförmiges Gefäss umhängen, in welches, wie er sagte, das von Noe in der Arche bewahrte und auf ihn gekommene Gut eingeschlossen sei. Wo er auf seinen Zügen die Zelte aufschlug, da wurde das goldenen Gefäss auf eine Säule gestellt und darüber auf zierlichen Stangen mit allerhand geschnitzten Figuren ein Zeltdach wie ein Tempelchen errichtet. Das Gefäss hatte eine durchbrochene Krone als Deckel, und wenn Dsemschid Feuer machte, nahm er etwas heraus und warf es in das Feuer. Das Gefäss war in der Arche gewesen, und Noe hatte das Feuer darin aufbewahrt. Nun wurde es das Heiligtum Dsemschids und seiner Leute. Wenn es aufgestellt wurde, brannten Feuer darum her, welche sie anbeteten und vor denen sie Tiere opferten.

Dsemschid lehrte, der grosse Gott wohne im Lichte und im Feuer und habe Untergötter und dienende Geister. Dsemschid war anfangs südwestlich gezogen und hatte den Prophetenberg zur Linken im Süden; hernach wendete er sich südlich und hatte ihn links am Morgen. Ich meine, dass er nachher über den Kaukasus gekommen ist. Damals, als alles dort von Menschen wimmelte und rege war, war in unseren Ländern alles Morast, Wald und Wüste; gegen Morgen zu hie und da ein kleiner, verirrter Haufen. Der Glanzstern (Zoroaster), der viel später ist, war ein Nachkomme von dem Sohne Dsemschids und erneuerte seine Lehre. Dsemschid schrieb auf Tafeln von Stein und Bast allerlei Gesetze.

Die Visionärin sieht nun, wie den heidnischen Philosophen in Lanifa auf Cypern die Ereignisse um Hom und Dsemschid offenbart wird: Die Philosophen hatten von Dsemschid als von einem ältesten weisen Könige gesprochen, der hoch oben hinter Indien hervorgekommen sei und mit einem goldenen Dolche, den er von Gott erhalten, so viele Länder geteilt und bevölkert habe. Dsemschid sei ein natürlich-kluger und sinnlich-weiser Mann und Völkerführer gewesen, der einen Stamm, als die Völker sich nach der Trennung beim Turm von Babel zerstreuten, geführt, und Länder nach gewissen Ordnungen mit ihm besetzt habe, und dass es solche Führer gegeben habe, welche übler gehaust hätten als er. Es wird umfassend aufgezeigt, welche Fabeln auf die Rechnung Dsemschids geschrieben würden. **Dsemschid ist ein falsches Nebenbild und Irrbild des vom wahren Gott eingesetzten Priesters und Königs Melchisedechs gewesen.**

Merkmale der Irrlehren

Merkmale der Irrlehren: Sie bringen falsche Wendungen und Deutungen in die alte Wahrheit.

Wir erkennen das noch heute sehr klar. Alle Weltreligionen enthalten ein gewisses Mass an Übereinstimmung, welches aus der Ur-Lehre herstammt. Es sind Weisheiten und Wahrheiten, die wir in allen Lehren wiederfinden. Es handelt sich zum Beispiel um das in allen Religionen verankerte Wissen um eine alles umfassende schöpferische Macht, welche geistig ist. Die Einsicht zudem, dass man sich diesem Geist nur durch Anstrengungen nähern kann, zum Beispiel durch Meditieren, Beten, Fasten, Lesen der heiligen Schriften (Bibel, Koran, Bhagavadgita, um nur die wichtigsten zu nennen).

Gott lässt seit Ewigkeit den freien Willen zu – deshalb war es Irrlehrern möglich, ihre Willensfreiheit zur Verfälschung der Urlehre zu missbrauchen

Wir müssen uns also nicht verzweifelt fragen, warum es möglich ist, dass die ganze Welt in widersprüchliche Glaubensbekenntnisse und Religionen zersplittert ist. Immer wieder gilt das Prinzip der Willensfreiheit. Auch in diesem Bereich hat der Missbrauch der freien Willenskraft ebenso viel Schaden angerichtet wie in allen anderen Bereichen des menschlichen Lebens auch.

Der Wolf im Schafspelz

Jesus hat uns vor den Wölfen im Schafspelz gewarnt! »Hütet Euch vor ihnen. Sie werden sogar in meinem Namen auftreten und ihre Lügen verbreiten. «

Wie können wir den Wolf erkennen?

Es ist schwierig. Denn die Wölfe (die satanischen Intelligenzen und Kräfte) haben nur ein Ziel: Sie wollen Christus verdrängen. Der Grund dafür ist klar: Wir haben erfahren, dass Satan nicht dulden kann, dass Jesus Christus ihm die Seelen für immer entrissen hat, sofern die Seelen das Opfer von Jesus annehmen wollen. Aus diesem Grunde ist Satan immer gegen Christus.

Im 21. Jahrhundert startet Satan einen Generalangriff gegen Jesus

So gut getarnt haben die bösen Kräfte noch nie gearbeitet wie gerade in der heutigen Zeit. Aus Amerika und Asien überschwemmt uns seit einiger Zeit die New-Age-Welle mit ihrer Flut von Büchern, Platten, Tonbandkassetten, Workshop-Angeboten, Seminarien, Bildungswochen bis hin zu Ferienaufenthalten in den indischen Ashrams.

Es ist für Satan überhaupt kein Problem, zusammen mit seinen intelligenten Geistern, eine einzige Lüge innerhalb von 99 Bibelwahrheiten zu verstecken. Denn die satanische Intelligenz kennt die Bibel viel besser als wir, jedes Wort ist Satan seit Ewigkeit geläufig. Darum versteht er es so meisterhaft, seine Lügen mit Hilfe der Bibel zu verbreiten. Diese raffinierte Tarnung ist eine grosse Gefahr für unerfahrene, suchende Menschen.

In anderen Bereichen tritt die satanische kosmische Intelligenz jedoch offen gegen Gott an und gibt sich nicht die Mühe des Versteckens.

Was diesen geschickten Wölfen im Schafspelz den weltweiten Erfolg sichert, ist die kluge Methode, die Menschen darauf aufmerksam machen, dass sie Gott bitten dürfen, ihnen Arbeitsplätze, genug Geld und auch Wohlstand zu verschaffen. Natürlich ist das legitim. Wir alle dürfen Gott bitten, dass ER unsere finanziellen Verhältnisse stabilisiert, dass ER uns gute Ideen für unsere berufliche Tätigkeit schenken und uns helfen soll, die zwischenmenschlichen Beziehungen zu verbessern. Die Erfolgsautoren des New Age legen auch immer beweiskräftige Beispiele vor, oftmals aus der Bibel, aber auch aus ihrem persönlichen Leben. Leider haben viele christlichen Kirchen seit Jahrzehnten den Gläubigen **zu wenig praxisnahe** Gebetsarten gelehrt. Da und dort verlässt der Kirchgänger den Gottesdienst mit einem Nebel von theologischen Grundsätzen im Kopf, mit denen er im Alltag nicht viel anfangen kann. Die geschickten Boten Satans haben genau diese »Marktlücke« im religiösen Bereich mit grösstem Erfolg gedeckt. Millionen von Menschen sind den Rattenfängern auf den Leim gegangen. Die Rattenfänger, die Wölfe im Schafspelz, haben erreicht, was sie wollten. Unter dem Einfluss der New Age-Literatur beginnen viele leichtgläubige Menschen, Christus zu vergessen. Weil die Wölfe nie von Jesus reden! Dafür von positivem Denken. Dabei muss man nur die Lehre von Jesus wirklich aufmerksam lesen und anwenden, dann sind wir auch sofort positiv! Denn Christus sagt immer: »Freut euch, dankt Gott, lobt Gott. Freut euch an allem, was ER euch geben will. Dankt IHM schon im voraus für alles, was ihr euch von IHM wünscht.«

In den Büchern über positives Denken wird viel von Gott geredet, von Christus fast nie. Scheinbar ist alles möglich mit positivem Denken. Ein französischer Philosoph, der behauptet hat, der Mensch könne sich selbst erlösen durch positives Denken, hat Selbstmord begangen.

Der indische Sektenführer Bhagwhan behauptete, man könne mit positivem Denken und gesundem Lebensstil 300 Lebensjahre erreichen. Er starb im Alter von 58 Jahren an Herzversagen.

In Büchern von positivem Denken finden wir pro Buch oft nur **einen lügnerischen Satz!** Zum Beispiel: »Du sollst das Böse lieben.« In einem andern Buch: »Das Böse gibt es nicht.« Im dritten Buch: »Den Armen soll man nicht helfen, sie sind selber schuld an ihrem Elend.« Solche entsetzlichen Lügen, deren Grundelement satanisches Denken ist, findet man nur in einem einzigen Satz! Darum fällt das den meisten Lesern nicht auf!

Einige dieser Bücher heissen »Die Heilungsgeheimnisse«. Darin hat Satan eine andere schwere Lüge aufgebaut. Sie lautet:

Durch Gebet könne man **jede** Krankheit besiegen, also auch Krebs sowie Krankheiten, die durch Gifteinwirkung verursacht waren. Wir wissen ja, dass laut Weltgesundheitsorganisation 90 Prozent aller Tumore durch Nahrungsgifte verursacht werden. Satan weiss genau, dass er selbst letztlich der Verursacher von allen Krankheiten ist, da er seit Urzeiten die Ursache allen Giftes ist.

Und nun macht er den Versuch, den Menschen einzupauken, sie müssten nur lange genug beten, dann verschwinde jede Krankheit. Es stimmt, dass viele psychosomatisch bedingte Krankheiten durch ehrliche, vertrauensvolle Hingebung an Gott tatsächlich verschwinden, zum Beispiel die Folgen von Angst, also Schlaflosigkeit und die vielen Arten von Verdauungs- und Kreislaufkrankheiten. Aber es stimmt einfach nicht, dass ein Mensch eine kleine Dosis Arsen, eine Überdosis Schlaftabletten oder eine Überdosis Nahrungsgift erträgt. Nein, der vergiftete Organismus stirbt oder er siecht dahin.

Hinter diesen Irrlehren versteckt sich folgendes katastrophales Ziel:

Der so getäuschte Mensch wird irre an Gott. Schliesslich verliert er den Glauben vollständig, wenn die von den bösen Kräften verursachten Schäden im Körper nicht verschwinden. Der enttäuschte Mensch, der das Resultat der Gifte in seinem Körper als jahrelanges Siechtum oder plötzliche Todesbedrohung erlebt, verliert wegen der tückischen Lüge dieser sogenannten »christlichen« Bücher den Glauben vollständig und wird zum aufbegehrenden Feind Gottes. Einen besseren Schachzug des Bösen gegen Gott kann man sich kaum denken. Wiederum entlarven wir den Satan als Wolf im Schafspelz, der daherkommt im weissen Mantel des milden, wohltätigen

»Heilers«. In Wahrheit ist er der reissende Wolf, der unseren Glauben aus der Seele reissen will mit seinen verlogenen Behauptungen.

Die grosse Lüge der Selbsterlösung

Wie wir bereits erfahren haben, ist die stärkste Lüge Satans die Behauptung, der Mensch könne sich selbst erlösen. Er brauche dafür Christus nicht. In allen möglichen konfusen Vermischungen von asiatischen, christlichen und indischen Philosophien predigen Vertreter des New Age, wir müssten vor allem herausfinden, ob und wie oft wir in einem früheren Leben einen menschlichen Körper besessen hätten. Mit sogenannten »Rückführungen« (Re-birthing) in Hypnose soll der Beweis erbracht werden, dass der Mensch ständig wiedergeboren werde.

Als Journalistin habe ich mich lange Zeit mit diesen Hypnose-Methoden und Rückführungen befasst. Ich war auf der Suche nach Gott und wollte alle Wege und Möglichkeiten prüfen. Immer wieder nahm ich teil an spiritistischen Sitzungen sowie Rückführungen von Medien in Trance. Ich wunderte mich immer, dass alle Teilnehmer während dieser Experimente unter Magenschmerzen litten. Unsere Nerven waren von irgend etwas stark überanstrengt. Auch trat mit unschöner Regelmässigkeit folgendes auf: Die Medien mussten ständig ausgewechselt werden, da sie alle nach einer gewissen Zeit krank wurden. Viele wurden Opfer von Spuk. Einige von ihnen verloren den Verstand und mussten in psychiatrische Anstalten eingeliefert werden. Andere hörten allerdings rechtzeitig auf mit den Experimenten.

Warum kam es zu den Magenkrämpfen, zu Schlafstörungen, zu lästigem Spuk, zu Depression und geistiger Umnachtung? Der Grund dafür ist von Forschern der Parapsychologie längst erkannt worden:

Während die Medien sich in Trance befinden, geht nicht etwa ihr eigener Geist in ein früheres Leben zurück. Der im Trance-Zustand eingeschläferte, willenlose Geist wird verdrängt, und an seine Stelle tritt eine dämonische Geisteskraft, welche das Medium missbraucht, um durch seinen Mund seine Lügen zu verbreiten. Diesen dämonischen Geistern liegt viel daran, immer und überall zu behaupten, der Mensch werde durch viele Wiedergeburten aus sich selber erlöst. Damit ist wiederum die Notwendigkeit und Wahrheit von Christus als Erlöser beseitigt, und zwar sehr geschickt getarnt, weil die Dämonen sich nicht direkt gegen Jesus aussprechen, sondern einfach seine Existenz verschweigen.

Wir müssen uns immer im klaren sein: Es sind meistens nicht die Seelen von Toten, welche in Hypnose und Trance sprechen, sondern viel häufiger die Stimmen von Dämonen, die gegen Christus arbeiten. Jesus warnt in seinen Offenbarungen aus dem 20. Jahrhundert vor den Spiritisten.

Der Beweis für dämonische Beeinflussung, welche sich immer gegen Jesus richtet, zeigt ein Skandal, der im Frühling 1990 in Deutschland und der Schweiz Schlagzeilen machte. Ein Fernsehmoderator hat in einem Buch über die Ursache von Schicksalsschlägen Gespräche aus dem Jenseits protokolliert. Diese Stimmen gaben via Medium über den nach schwerer Krankheit verstorbenen beliebten Unterhaltungskünstler Hans Rosenthal folgende Erklärung ab: »Die Juden verrieten Jesus. Jeder Jude muss nun verraten werden. Auch der Jude Rosenthal musste deshalb für sein Volk leiden.« (Der Verfasser des geschmacklosen Buches ist inzwischen vom Fernsehen fristlos entlassen worden.)

Wie lautet nun der Beweis, dass es sich bei diesen spiritistischen Stimmen nicht um verstorbene Menschen, sondern um Dämonen handelt?

Beweis 1.

Die Stimmen verlangen nach Rache an den Juden mit der Begründung, die Juden seien für den Tod von Jesus verantwortlich. Das jüdische Volk hat aber mit dem Tod von Jesus nichts zu tun. Dafür verantwortlich sind lediglich jene Minderheit von Schriftgelehrten, welche die Macht besassen und Jesus hinter dem Rücken des Volkes in einer feigen Nacht- und Nebelaktion ermorden liessen. Die genauen Hintergründe dafür haben wir im Kapitel mit der entsprechenden Überschrift bereits erfahren.

Beweis 2:

Jesus hat seine ganze Lehre immer darauf begründet, dass er das Rachegesetz des Alten Testamentes, »Aug um Auge, Zahn um Zahn«, aufheben und mit dem Gesetz der Liebe ersetzen wolle. Jesus fordert: »Urteilt nicht über andere. Liebt eure Feinde. Vergeltet Böses mit Gutem.« Würde die Welt nach den Prinzipien von Jesus leben, hätten wir längst weltweit den Frieden. Es liegt aber, wie wir in diesem Buch immer wieder erfahren, im freien Willensentscheid der Menschen, sich nicht an die Forderungen von Jesus zu halten.

Die erwähnten Stimmen aus dem Jenseits müssen folgerichtig Dämonen sein, welche direkt gegen die Lehre von Christus wirken. Seit dem Abfall der Geister vor Ewigkeiten ist es das offene oder geschickt getarnte Ziel der satanischen Intelligenzen, die Lehre von Christus aus dem Denken der Menschen zu verdrängen und mit bösartigen Rache-Ideen auszufüllen.

Die alten und neuen Nazis sind darüber begeistert. Ob es nun die Juden, Türken, Schwarzen oder Tamilen sind, für die bösartigen Elemente ist es immer praktisch, Sündenböcke für das eigene Gefühl von Versagen finden zu können. Die dämonischen Stimmen aus dem Jenseits sind dafür der ideale Nährboden. Sie haben sich damit aber ganz klar selber entlarvt als das, was sie in Wirklichkeit sind: die satanische Kraft, die sich mit allen Tricks und Mitteln gegen Christus richtet und die Menschen in Hass und Rache hineinverwickeln will. Mit solchen »Lehrmeistern« aus dem Jenseits werden wir immer dämonische Zustände haben auf unserem Planeten. Würden wir Christus angehören und allein Jesus folgen, hätten wir längst das Paradies auf Erden. Leider hat der besagte entlassene Fernsehmoderator ein neues Wirkungsfeld für seine dämonischen Irrlehren gefunden. Die Schäden, welche diese verheerenden dämonischen Geisteseinflüsse im Denken vieler argloser Leute anrichten, sind beängstigend. Viele Menschen, die ehrlich nach Gott suchen und nach dem tieferen Sinn des Lebens, lassen sich einwickeln von den dämonischen Falschlehren des New Age.

Millionen von Menschen sind bereits irregeführt worden durch die bösartigen Intelligenzen. Selbstverständlich verfügen diese Geister über ein gewaltiges Wissen. So ist ihnen natürlich bekannt, wie die Menschen anderer Kulturen und Epochen gelebt haben. (Abgesehen von oftmals aufgedeckten Schwindelgeschichten betrügerischer Medien.) Es gibt aber auch Medien, die nicht betrügen. Bei ihnen sprechen die Dämonen mit Gewandtheit und erstaunlichem Wissen von ihren angeblichen Daseinsformen in anderen Jahrhunderten. Die Dämonen beherrschen ausgestorbene Sprachen, zum Beispiel indische Dialekte, die nicht mehr im Gebrauch sind und nur von Sprachwissenschaftlern erkannt werden können. Das alles ist nicht erstaunlich.

Wir wissen, dass die Dämonen Geister sind, die seit Jahrmilliarden im Kosmos existieren und über ein viel grösseres Wissen verfügen, als wir es uns je vorstellen können. Es ist für Dämonen kein Problem, plötzlich in längst ausgestorbenen Sprachen zu sprechen. Mit diesen geschickten Mitteln überzeugen sie natürlich die arglosen Menschen. Millionen von Irregeführten glauben deswegen fest an die Reinkarnationstheorie. Dabei lösen sich diese Menschen immer stärker von Christus ab.

Geschickte »Wölfe im Schafspelz« sind »Sektengurus« aller Art. Sie sprechen viel von Jesus. Darüber berichten die irregeführten christlichen Anhänger erstaunt und auch irgendwie beruhigt. Denn als getaufte Christen suchen sie innerlich nach einer Entschuldigung, warum sie nun ausgerechnet den indischen, amerikanischen und anderen New Age-Sektenführern folgen und Jesus den Rücken kehren. Sie rechtfertigen diese Abkehr häufig mit dem Hinweis auf die gespaltene Christenheit, die Religionskriege und die Verbrechen einiger Päpste in früheren Jahrhunderten. Dabei wird nicht daran gedacht, dass die Tatsache der Willensfreiheit auch den Christen ermöglicht hat, das Falsche zu tun. Hätten die Christen zu allen Zeiten das getan, was Jesus Christus wollte, wäre längst Frieden auf der Welt.

Wie sprechen die Irrlehrer von Jesus?

Bei ihnen ist Jesus nur noch »ein sehr weiser jüdischer Lehrer.« Sie hüten sich, Christus als einzigen Sohn Gottes und als Erlöser der Menschenseele zu nennen. Eine andere Art geschickt getarnter Lüge sind folgende Erzeugnisse. Ein spiritistisches amerikanisches Medium verkündet eine wohl absurde, aber trotzdem gefährliche Lehre. Darin heisst es, jeder Mensch trage den kosmischen Christus als Über-Ich oder »Christus-Bewusstsein« in seinem eigenen Kopf, wo das oberste Energie-Zentrum, das erste Chakra, liege.

Jeder Mensch sei sein eigener Christus und damit sein eigener Erlöser. Der oberste dieser vielen Christusse sei »Meister Jesus«. Jesus ist also nur noch der Chef-Guru und unterscheidet sich in nichts von jedem gewöhnlichen Menschen.

Es wird zudem die Illusion geweckt, man könne ständig und überall Glück und Frieden haben, wenn man nur immer auf die »Brüder im Geiste« höre, im Klartext: auf die Dämonen. Diese Dämonen behaupten das, was Luzifer seit Ewigkeit anstrebt: »Ich, der Mensch oder der Dämon, bin selber Gott.« In all diesen Irrlehren ist also der Mensch selbsterlösend und selber Gott. In den Meditationen wiederholen die Leute immer den Satz: »Ich bin, ich bin, der ich bin.« Sie missbrauchen den Namen Gottes, der sich Abraham offenbarte als »Ich bin, der ich bin.«

Der Unterschied zur christlichen Lehre:

Wir tragen durch das Abendmahl Christus in uns. Aber deshalb sind wir nicht selber Christus. Wir tragen Gott in uns, sind aber nicht selber Gott. Das ist ein sehr grosser Unterschied. Die Irrlehren wollen uns weismachen, dass wir selber Christus und selber Gott seien.

In den Werken wird zudem die Illusion erweckt, das Reich des Himmels, also Glück und Frieden, sei durch **passives Anlehnen** an die »geistigen Führer« möglich. Auch das steht im Gegensatz zur Lehre von Christus, welcher uns warnte: In der Welt stehen wir immer mit dem Bösen auf Kriegsfuss. Unser Leben ist eine Kampfbahn, in der wir antreten müssen gegen die Gegner Gottes. Diese Gegner werden uns nie in Ruhe lassen, sondern immer angreifen und in Versuchung führen. Trotzdem können wir, wenn wir den heiligen Geist um Beistand bitten, trotz allen Anfechtungen schon auf Erden den Himmel des göttlichen Friedens erleben. Aber die Kampfbahn bleibt. Genau so, wie Jesus sich den bösen Kräften gestellt hat, müssen wir es bis zum letzten Atemzug tun. Das geht nicht mühelos auf rosaroten oder himmelblauen Wolken schwebend. Im irdischen Dasein bleibt das bis zur letzten Stunde eine wirkliche Anstrengung.

Der Priester mit dem schwarzen Mund

Kürzlich träumte ich von einem mir bekannten Priester. Er predigt seit einiger Zeit auf eine Art, die in mir grosse Unruhe erzeugt. Mir scheint, er gleite ab in irgend eine der verkehrten, aber gut getarnten Irrlehren. Im Traum sah ich die Hälfte seines Mundes hässlich schwarz verfärbt, als ob bei diesem Priester die eine Hälfte die Unwahrheit sagt, die andere Hälfte seines Denkens aber noch nicht überzeugt ist von der Irrlehre.

Ich werde ihm von diesem Traum und von meiner eigenen Zurechtweisung berichten (folgendes Kapitel). Ich hoffe, dass er – und andere irregeführte Geistliche – die Zurechtweisung durch Gott erkennen.

Zum Glück haben die Irrlehren den Vorteil, dass sie ungläubige Menschen auf die Möglichkeit des Glaubens aufmerksam machen. Oft ist es dann nur noch eine Frage der Zeit, bis sie Jesus entdecken. In diesen Fällen tritt das ein, was Jesus voraussagte: »Der Satan muss, ob er will oder nicht, letztlich doch immer nur Gott dienen.« In solchen Fällen bewirkt Satan tatsächlich genau das, was er nicht will: Er bringt die Menschen zurück zu Gott. Aber eben nicht immer. Viele bleiben in der Irrlehre stecken. Allerdings merken sie, dass irgend etwas doch nicht stimmt.

Es gibt Menschen, welche alle New-Age-Bücher gelesen und deren Methoden angewandt haben, aber dennoch keinen dauerhaften Frieden gefunden haben. Darum fragen sie sich mit Recht: »Was stimmt hier nicht?« Viele suchen weiter und kommen dann zu Christus. Erst bei Christus finden sie den dauerhaften, wirklichen Frieden. Das habe ich selbst erfahren. Für mich waren diese Bücher mit der gut getarnten Irrlehre eine Art **Schwelle, ein Übergang.** Von da aus fand ich den Weg zu Jesus. Und erst seit ich Jesus angenommen habe, ist in mir der wirkliche Friede entstanden.

Eine persönliche harte Zurechtweisung

Als ich selber, irregeführt durch falsche Bücher, eines abends meinem Mann verkünden wollte, dass Jesus nur ein Geschöpf Gottes, hingegen aber nicht selber Gott sei, da passierte etwas, das wir nie vergessen werden. Kaum hatte ich die falsche Aussage über Jesus gemacht, fühlte ich auf der Zunge einen harten, stechenden Schmerz. Im gleichen Augenblick fühlte ich mitten auf der Zunge etwas Hartes entstehen. Erschrocken eilte ich ins Badezimmer, öffnete den Mund und sah auf der Zunge ein schwarzes Geschwür. Es sah hässlich aus und brannte stark. Ich ging zu meinem Mann und zeigte ihm, was geschehen war. Auch er hatte mit Erstaunen bemerkt, dass das Geschwür in jener Sekunde entstanden war, als ich den unheilvollen Satz ausgesprochen hatte. Ich erkannte den Zusammenhang sofort und berichtigte, sehr in Angst: »Ich habe etwas Falsches gesagt. Jesus ist Gott. Das ist die Wahrheit.«

Ohne diese direkte Zurechtweisung des Himmels wäre ich vielleicht auch hinübergeglitten zu einer der Irrlehren. Das schwarze Geschwür hörte sofort auf zu brennen, innerhalb der nächsten Stunde war es verschwunden. Ich hatte weder zuvor noch danach jemals wieder so etwas Seltsames in meinem Munde. Es war auch nicht vergleichbar mit Fieberbläschen oder den kleinen Geschwulsten, die durch die bei vielen Menschen latent im Blut vorhandenen Herpes-Viren ausbrechen können, wenn der Körper eine Abwehrschwäche hat. Es hatte ausgesehen wie eine hässliche, schwarze Pestbeule. Als ich den Irrtum eingesehen und berichtigt hatte, war das Ding weg. Mein Mann bezeugt dieses Geschehen.

Ein solches Geschwür ist nie mehr gekommen. Ich habe mich von da an gehütet, die Lügen über Jesus auch nur ein einziges mal zu wiederholen. Ich hatte viel zu grosse Angst, wegen dieser klaren Zurechtweisung.

Zahlreiche weitere Irrtümer

Sie sind uns zum Teil bekannt aus den heidnischen Überlieferungen, in denen – nebst weiteren falschen Informationen – behauptet wird, Gott sei im Feuer oder in der Sonne oder im Wasser anzubeten.

Das ist eine Verdrehung der Wahrheit. Gewiss enthalten alle Elemente die Kraft Gottes in sich und sind von seinem Geist durchdrungen. **Aber sie sind nicht selber Gott!** Also kann man sie auch nicht anbeten. Die Grundwahrheit über den Geist Gottes in seiner Schöpfung wird von den Irrlehrern deutlich verfälscht, anstatt den Völkern die Anbetung Gottes zu lehren, wurden sie zum Naturgötzendienst verführt.

Nicht immer ist es einfach, die falschen Lehren deutlich zu erkennen. Manche Irrlehre tarnt sich ausgezeichnet, oft sogar mit dem Mäntelchen christlicher Glaubensgrundsätze.

Kosmischer Christus – ja oder nein?

Ganz gewiss ist die Kraft von Christus kosmisch. Die Christus-Kraft ist jene Energie, welche alle Atome zusammenhält. Mit physikalischen Begriffen erklärt:

Was uns stabil und fest erscheint, wie beispielsweise ein Tisch, besteht vorwiegend aus leerem Raum. Das, was wir sehen, die Masse, ist zum grössten Teil im Atomkern konzentriert, dessen Volumen nur ein Zehnmilliardstel des gesamten Volumens ausmacht. Könnten wir die Atomkerne ganz eng aneinanderreihen, wäre der Tisch nicht grösser als der Rand eines Fingernagels. Das Vakuum zwischen den Atomen ist aber nicht leer, sondern mit Kraftfeldern angefüllt, die beispielsweise verhindern, dass die Elektronen, die um den Atomkern kreisen, in sie hineinstürzen.

Diese Kraftfelder sind die kosmische Christus-Kraft. Diese Kraft lebt in jedem Atom unseres Körpers.*

Aber diese kosmische Kraft ist ausschliesslich in Jesus anwesend und wirksam. Es gibt keine Trennung zwischen dem kosmischen Christus und Jesus. »Mir ist alle Macht gegeben **im Himmel** und **auf Erden**«, hat Jesus deutlich gesagt.

Diese Macht zeigte ER unmissverständlich, indem ER in den Wundern die Beherrschung der Materie demonstrierte und damit bewies, dass ER GOTT IST und über die schöpferische Macht verfügt.

Warnung vor einer neuen »Weltreligion«

Ansätze für die Gründung einer neuen »Weltreligion« finden wir bereits heute, und zwar in den Vorschlägen jener Leute, die meinen, man könne mit der Zeit alle Religionen vermischen und unter einen Hut bringen. Für Mohammedaner, Buddhisten, Hindus zum Beispiel wäre das nicht so schwierig, denn sie kennen den dreifaltigen Gott nicht. Hingegen wäre es für die Christen in einer solchen »Zusammenlegung« nötig, Christus aufzugeben als göttlichen Erlöser, der die Erbschuld überwindet und die Seele endgültig mit dem dreieinigen Gott vereint. Die Christen müssten sich dazu überreden lassen, Jesus nur noch als »guten Menschen« zu sehen. Damit wäre die Bahn frei für die Vermischung mit den anderen Religionen. Diese Ideologie finden wir überall dort, wo zum Beispiel die Wunder von Jesus nur noch als »symbolischer Wert« dargestellt werden, aber nicht mehr als klares Zeichen göttlicher Autorität über die Materie, als machtvolles Zeichen des gewaltigen und erschütternden Eingreifens Gottes in die Abläufe der von ihm selbst geschaffenen irdisch-materiellen Gesetzmässigkeiten. Die Wunder von Jesus werden nur noch als Symbole für psychologisches Verhalten, aber nicht als Wirklichkeit betrachtet.

Diese neue Theologie spricht Gott auch den Willen ab, eine Frau (Maria) von der Erbschuld zu befreien und sie auf ganz besondere Art auszuzeichnen, indem ER direkt mit seiner Macht auf die Geschehnisse von Zeugung und Geburt Einfluss nimmt.

In diesem Zusammenhang möchte ich einmal ganz kurz auf den Begriff »Unbefleckte Empfängnis« hinweisen, der immer wieder falsch verstan-

---

* Zu dieser Erkenntnis gelangte auch der Arzt, Psychoanalytiker und Mystiker Prof. Dr. med. Balthasar Staehelin, Zürich, und schrieb darüber mehrere Bücher, z. B. »Der psychosomatische Christus«, »Das marianische Unbewusste«

den und in den Massenmedien lächerlich gemacht wird: »Unbefleckte Empfängnis« heisst: frei von Erbschuld. Die Jüdin Mirjam, zu deutsch Maria, ist von ihrer Mutter Anna empfangen und geboren worden ohne die Last vererbter Sünde. Was heisst aber Sünde? Es gibt nur eine einzige Sünde auf der Welt. Ihr Name lautet: *Stolz*. Damit verbunden Arroganz, Selbstsucht und Selbstverliebtheit, in einem modernen Wort zusammengefasst: *Egoismus*.

Ist es nicht Egoismus, der die Welt regiert und sie in die Zerstörung hineintreibt? Wer von uns ist frei von der vererbten Selbstsucht? Aber Maria war frei davon, weil sie eine besondere Aufgabe hatte.
Zurück zu Jesus:

Fassen wir zusammen: Es handelt sich um Irrlehre, wenn alles, was um Jesus Christus geschieht, einer göttlichen Einflussnahme entzogen und auf eine ganz gewöhnlich irdisch-materielle Stufe heruntergezogen wird. Damit kann mehr und mehr die Göttlichkeit in Jesus abgestritten werden.

Wenn diese Theologie, die man heute offen oder versteckt auch innerhalb der Christenheit vorfindet, an Boden gewinnt, ist der Weg frei zum Beitritt in die neue, alle Glaubensbekenntnisse vermischende »Weltreligion«.

Wenn solche Irrlehren von erklärten Atheisten oder anderen Christus-Gegnern stammen, ist die Haltung nicht sonderlich beunruhigend, man weiss ja, warum diese Leute so sprechen. Wenn aber solche falschen Lehren in den Reihen unserer eigenen Kirche auftauchen, ist das sehr schmerzhaft und zeigt, wie hart die von Maria vorausgesagte Prüfung innerhalb der Kirche werden muss. Diese Glaubensverwirrung durchzustehen, bittet uns Jesus und seine Mutter besonders eindringlich in ihren Offenbarungen und Erscheinungen des 20. Jahrhunderts.

Die Christen stehen vor einer schweren Prüfung

Maria sagt in ihrer Botschaft, dass die Christenheit eine schwere Prüfung durchmachen werde. Sie weist daraufhin, dass in der katholischen Kirche eine grosse religiöse Verwirrung gestiftet werde. Dies sei der schwerste Angriff, den die Christen überwinden müssen, weil damit ihre tiefsten Glaubenswerte zum Wanken gebracht werden sollen.

Es ist daher nicht erstaunlich, dass Maria die Seher immer wieder bittet, sie sollen **täglich** zusammen mit den vielen tausend Pilgern, **das ganze, ursprüngliche Glaubensbekenntnis** beten. Maria will, dass die Menschen laut und bewusst ihre ursprünglichen Glaubensinhalte neu erkennen und sich einprägen, damit sie der Verwirrung nicht erliegen.

Wir Christen haben eine weitere herrliche Botschafterin des Himmels: Es ist Mutter Teresa, die Frau, welche wie ein Felsen in der Brandung aller Irrlehren steht.

Was sagt sie inmitten all dieser verwirrenden Ideologien? Mutter Teresa sagt, wir sollen das Evangelium leben, in Taten und Worten und in unserem Verhalten. Sie macht uns dies eindrücklich vor, indem sie seit mehr als 30 Jahren die Aussätzigen auf den Strassen Kalkuttas pflegt.

Mutter Teresa bringt jedem Andersgläubigen, z. B. dem Hindu, grossen Respekt und die gleiche Liebe entgegen, ohne seinen Glauben anzugreifen. Aber sie selbst sagt immer, wenn man sie nach ihrem Glauben fragt: »Ich liebe Jesus. Ich folge ihm nach. In der Eucharistie, im Abendmahl, ist Christus anwesend. Jesus Christus ist unser göttlicher Erlöser.« Davon weicht Mutter Teresa nie ab. Aber sie respektiert und achtet die anderen Religionen und würde die Menschen anderer Glaubensrichtungen niemals angreifen oder verurteilen.

Die Haltung dieser heiligen Frau sollten wir in dem kommenden Angriff der Irrlehren ebenfalls hinnehmen. **Wir sollen die anderen Religionen respektieren, aber niemals Christus als göttlichen Erlöser preisgeben.** Auch nicht für eine angeblich »friedenbringende Weltreligion«. Wenn wir Christus aufgeben, geben wir auch den Frieden auf. WEIL ER SELBER DER FRIEDE ist.

Wenn wir Jesus nicht mehr als den göttlichen Erlöser anerkennen würden, dann wäre auch die Erlösung durch ihn nicht möglich. Denn ein **Mensch** kann nicht die Menschheit von ihrer Vermischung mit dem Bösen befreien. Das kann nur **Gott.**

Frieden unter den Religionsgemeinschaften kann es also nicht geben für den Preis, dass wir Christus einem der vielen Propheten und Verkünder geistiger Grundsätze gleichstellen. Solche Tendenzen innerhalb der christlichen Gemeinschaft müssen wir vermeiden. Wir können trotzdem tolerant sein, indem wir alle anderen Religionen respektieren **und ihnen nichts von unserem Glauben aufzwingen** wollen. Überzeugen können wir nur durch das Mass an Liebe welches wir anderen in Taten und Worten, im ganzen Verhalten ihnen gegenüber beweisen, so wie es Mutter Teresa seit 30 Jahren in Indien vorlebt.

Auch dürfen wir die positiven Seiten in anderen Religionen studieren und annehmen. Still sein und meditieren wie die Hindus oder mehrmals täglich beten wie die Moslems, das sind gute Impulse, die wir übernehmen können. Allerdings müssen wir gar nicht so weit suchen – unsere Mystiker empfehlen das Gleiche schon seit bald 2000 Jahren. In jedem christlichen Kloster wird mehrmals täglich meditiert, die Stille und die Nähe Gottes gesucht.

Merken wir uns: Überall da, wo Christus nicht mehr in seiner Natur als göttlicher Erlöser angebetet wird, ist nicht unser Zuhause. Christus war und ist ewig, untrennbar eins mit dem Vater und dem Geist. Christus war nur drei Jahrzehnte lang in einem irdischen Körper auf unserem Planeten anwesend. ER verliess diesen Körper und vereinigte sich in der gleichen Art mit Vater und Geist, in der ER zuvor aus der göttlichen Dreifaltigkeit hervorgetreten war.

Jede andere Lehre sollten wir ablehnen, auch wenn sie in unseren eigenen Reihen auftauchen sollte. Maria warnt uns vor dieser Prüfung, tröstet uns aber gleichzeitig, dass die wahre Lehre von Jesus siegen wird.

Der Papst fürchtet den Einbruch der Irrlehren, die sich auch im Christentum bemerkbar machen. Er will die Grundlagen des christlichen Glaubens schützen. Ich persönlich verstehe seine Angst vor dieser Gefahr. Manche begabten, gutherzigen und einsatzbereiten Priester, die ich kenne und deren Arbeit ich hoch schätze, **haben diese latente Gefahr noch nicht erkannt.** Die **äussere Gestaltung** von **Unterricht** und **Gottesdiensten** sind wichtig, deren Erneuerung und Modernisierung ebenfalls. Aber die Meinungsverschiedenheiten in bezug auf diese äusseren Merkmale sind weniger wichtig als die viel tiefergreifende Erschütterung, die aus dem schleichenden Abbau der heiligen Grundwahrheit entsteht.

Diese Gefahr wird verstärkt durch das **Fehlen der mystischen Erfahrung im Gläubigen selbst. Wir sind in den letzten Jahrzehnten im Religionsunterricht nicht mehr bekannt gemacht worden mit den Erfahrungen, die uns die Mystiker mitteilen wollten, um uns für diese Dimension der Gottesbegegnung zu öffnen.** Das ist ein grosser Verlust im Glaubensleben. Denn wer eine mystische Gottes- und Christusbegegnung hat – das ist schon bei der Ersten Heiligen Kommunion oder bei der Konfirmation möglich –, der wird kein Opfer der einbrechenden Verwirrung sein. Ich zitiere daher nochmals den **grossen Theologen Karl Rahner, der mit Recht sagt: »Der Christ des 21. Jahrhunderts wird ein Mystiker sein – oder er wird nicht mehr sein.«** Diese Einsicht ist von **epochaler Bedeutung** und müsste von **jedem Theologen tief und neu überdacht** werden.

Teil IV

Die Macht des Gebets

Eure Macht

Jesus: »In Eure Hände habe Ich eine wunderbare Macht gegen jedes Übel der Welt gelegt. Ihr könnt Euch noch gar nicht richtig vorstellen, über welch mächtige Waffe Ihr verfügt.

Verbreitet das Wissen um **die Macht des Gebets.** Seine Kraft ist so unerhört und wirkt solche Wunder! Wenn es sich mit einem Wollen eint, das **nur Meinen Willen** und Freundschaft mit Mir sucht, dann beruhigt, adelt und bereichert ein solches Gebet in einem Masse, dass Nichts seiner Macht zu widerstehen vermag.«

(Jesus-Offenbarung, 20. Jahrhundert)

Die gewaltige Macht des Gebets lässt uns die Liebe Gottes hautnah erleben, wenn wir erfahren, dass unsere Gebete erhört werden.

Menschen in schwierigsten Lebenssituationen berichten, wie sie durch Gebet errettet worden sind.

Alle Berichte sind authentisch und können über die erwähnten Personen und öffentlichen Instanzen überprüft werden.

(Vertreter von Behörden, Verwaltung sowie Ärzte und andere Beteiligte können befragt werden.)

Für die Richtigkeit und Wahrheit der aufgezeichneten Gebetserhörungen übernimmt die Autorin die volle Verantwortung.

Heilung aus Depression

Drei Gebetserhörungen, die mein ganzes Leben verändert haben, da sie so gewaltig gewirkt haben, erzähle ich nun dem jüngeren Sohn. Er war immer am Wochenende bei uns und hat alles miterlebt als kleiner Junge.

Er sah damals nur die äusseren Ereignisse – von den inneren will ich ihm jetzt erzählen. Ich tue es in Form von Briefen, die der Junge jede Woche einmal erhält.

Er heisst Dennis und wird nun erfahren, auf welche Art ich von einer schweren Depression geheilt worden bin, wie sein Vater von Arbeitslosigkeit erlöst wurde und wie wir aus extremer Wohnungsnot errettet worden sind.

(Diese milde Form der Berichterstattung an einen Jungen verschont den Leser vor einem allzu heftigen Einblick in das Grauen und in die Verwüstung, welche eine Depression in der Seele eines Menschen anrichtet.)

Lieber Dennis,

Jetzt bekommst Du also den ersten Brief, wie versprochen. Ich gebe mir wieder Mühe, ganz langsam zu schreiben, damit Du alles gut lesen kannst.

Im Jahre 1982 – Du warst sieben Jahre alt und eben in der ersten Primarklasse – also in diesem Jahre geschahen viele wichtige und zum Teil höchst unangenehme Dinge. Dein Papi sah sich vor der schwierigen Aufgabe, viele Rechnungen bezahlen zu müssen. Sein Lohn reichte dafür bald nicht mehr aus. Wir machten uns jeden Tag grosse Sorgen und schliefen nicht gut während der Nacht. Damals beteten Dein Papi und ich noch nicht wirklich zu Gott. Wir wussten zwar mit Sicherheit, dass Gott da ist und schon seit Ewigkeit da war, aber irgendwie schien er uns weit weg. Wir glaubten, mit unseren Problemen ganz allein fertig werden zu müssen.

So glaubte ich zum Beispiel, ich müsse überhaupt nicht Gott fragen, was wir denn nun tun sollten, um unsere Situation zu verbessern. Nein, ich meinte, ich müsse alles allein machen. So kam ich auf die Idee, ganz furchtbar viel arbeiten zu wollen, um Deinem Papi bei der Bezahlung der vielen Rechnungen helfen zu können. Das war eigentlich ein guter Gedanke. Aber ich hätte diese Idee mit Gott besprechen sollen, dann hätte ich nicht so viele Fehler gemacht. Warum? Weil Gott einem die besten Ideen geben kann, wie man Probleme lösen soll. Wir, die Menschen, haben nur die zweitbesten Ideen oder sogar nur nutzlose Einfälle.

So war es bei mir. Ich begann, wie wild zu arbeiten. Das heisst, ich ging nach Zürich zu einer Zeitungs-Redaktion und arbeitete dort den ganzen Tag. Abends kehrte ich nicht nach Hause zurück, sondern fuhr ohne Nachtessen mit dem Schnellzug nach Winterthur oder in andere Städte und Ortschaften und erteilte noch jeden Abend bis spät um 22 Uhr Fitness-Kurse. Du kannst Dir vorstellen, was das für einen strengen Tagesablauf ergab. Um 6.30 Uhr aufstehen, den ganzen Tag auf der Redaktion Artikel schreiben und alles organisieren und dann dazu jeden Abend die harte Fitness-Arbeit. Gegen Mitternacht fiel ich jeweils erschöpft ins Bett. Am Wochenende musste man putzen, waschen, einkaufen, kochen, bügeln, es hörte nie mehr auf mit der Arbeit.

Auf der Zeitungsredaktion schied ein Kollege von mir aus, da musste ich auch noch seine ganze Arbeit machen. Ich war ganz allein verantwortlich für acht Rubriken im Beratungsteil der Zeitschrift.

Merkst Du etwas, Dennis? Wahrscheinlich dämmert es Dir jetzt auch. Klar, ich arbeitete viel zu viel. Und plötzlich kam die Quittung. Mein Körper machte nicht mehr mit. Eines Nachts, um 01 Uhr, blieb plötzlich der Schlaf aus. Hellwach sass ich im Wohnzimmer und wusste nicht, was geschah mit mir. Von jenem Zeitpunkt an, es war im Januar 1983, konnte ich acht Monte lang nicht mehr schlafen. Es war die schrecklichste Zeit meines Lebens. Ich konnte um Mitternacht ins Bett gehen, eine Stunde später war ich hellwach und konnte keine Minute mehr schlafen. Nach zwei Monaten war ich so erschöpft, dass ich meine Stelle auf der Zeitungsredaktion aufgeben musste. Bald darauf konnte ich auch keine Fitness-Kurse mehr geben. Wenn man nicht schläft, hat man keine Muskelkraft. Das kannst Du Dir vielleicht ein wenig vorstellen, lieber Dennis, obwohl Du sicher noch nie unter Schlaflosigkeit gelitten hast. Zum Glück! Sei froh und merke Dir alles, was ich Dir berichte, damit Dir so etwas später in Deinem Leben nie passieren wird.

Mein Fehler war gewesen: Ich dachte, ich könne Deinem Papi helfen, wenn ich sehr viel Geld verdiene. Am Anfang hat das geklappt. Ich verdiente wirklich viel. Ganz logisch, ich übte ja zwei Berufe aus, einen am Tag auf der Zeitung, den anderen am Abend in den Fitness-Hallen. Papi hatte mich keineswegs aufgefordert, so viel zu arbeiten. Aber **ich** wollte es so. Aber damit war uns bald mehr geschadet als geholfen. Denn nach dem Beginn der Schlaflosigkeit konnte ich überhaupt nicht mehr arbeiten. Ich war so krank, dass ich ein Jahr untätig zu Hause herumhing. Ein grauenhafter Zustand.

Du und Dein Bruder David, Ihr habt diesen Zustand miterleben müssen.

Ich war mit Euch in diesem Jahr oft ungeduldig, weil ich nervös und geschwächt war. Wenn ein Mensch nicht schläft über Wochen und Monate hin, dann bekommt er auch ganz schlimme Angstzustände. Zudem kann man nicht mehr essen, man verliert Gewicht, hat Schmerzen am ganzen Körper, weil die Muskeln nie ausgeruht sind – kurz gesagt, es ist die Hölle auf Erden. Aus diesem Grunde war ich oft gar nicht nett zu Euch. Verstehst Du das heute ein bisschen?

Manchmal brüllte ich wegen einer Kleinigkeit. Und Du, lieber Dennis, hast einmal ganz enttäuscht und traurig gesagt zur mir: »Ach, Jutta, Du bist gar nicht mehr lieb. Du schreist mich immer an.« Ich war betroffen, weil ich mich wirklich nicht wohlfühlte dabei, wenn ich ungeduldig war mit Euch. Denn Du und Dein Bruder, ihr konntet ja nichts dafür, dass ich mir durch meinen falschen Entscheid diese schwere Schlaflosigkeit eingebrockt hatte.

Das Jahr 1983 ist das schlimmste in meinem Leben. Ich geriet in jenen Zustand, den man Depression nennt. Das heisst, man ist immer ganz tief niedergeschlagen, man hat immerzu Angst, man sieht keinen Sinn mehr im Leben, man ist traurig, wütend, ohne Hoffnung. Am liebsten würde man sich umbringen. So nennt man das: Depression. Vielleicht hast Du das Wort schon einmal gehört? Viele Leute leiden unter diesem Zustand. Man geht dann natürlich zum Arzt. Der Arzt soll einem helfen. Aber das ist sehr schwierig.

Der eine Doktor versucht es mit vielen Pillen und Kuren, der andere verschreibt einem Sport oder Naturheilmittel. Wieder ein anderer schickt einem zum Psychiater oder zum Hypnotiseur. Ich habe alles versucht. Viele Ärzte versuchten mir zu helfen. Ich probierte sackweise Medikamente aus zur Beruhigung. Nichts hat geholfen. Ich konnte keine Stunde Schlaf finden. Die stärksten Schlaftabletten hatten überhaupt keine Wirkung.

Erinnerst Du Dich, Dennis? Einmal fuhren wir mit Papi und David von Effretikon nach Uster in jenes Hallenbad. Eine ordentliche Strecke mit dem Fahrrad. Dann schwammen wir einen Kilometer und fuhren mit dem Velo zurück. Ihr wart alle müde und konntet herrlich schlafen. Nur ich konnte auch an diesem Tag nicht schlafen. Es war in jener Zeit immer so. Auch wenn ich körperlich noch so viel getan hatte – der Schlaf kam trotzdem nicht.

Da geschah aber etwas, das ich heute als ein Wunder betrachte.

Zunächst war ich also noch immer in dem Zustand, den man Depression nennt. Ich trank und rauchte sehr viel, um die innere Unruhe irgendwie überbrücken zu können. Für alle Menschen, die sich in einer Depression befinden, gilt das Gleiche. Man sucht Halt und Hilfe, irgendwie, irgendwo und meistens sind es Zigaretten oder Alkohol oder beides. Menschenansammlungen sind einem ein Greuel. Kinos, Schwimmbäder, volle Restaurants, Einkaufszentren, das alles wird zur Qual, weil man Angst hat vor den Menschen. In einer Depression möchte man sich am liebsten in einer dunklen Ecke verkriechen und schnell sterben. Es ist ein äusserst verzweifelter Zustand.

In dieser Situation befand ich mich, als ich eines Tages in einer Zeitung eine Zusammenfassung las von einem Buch, das ein berühmter Arzt und Professor für Psychiatrie – das ist die Lehre von der Seele – geschrieben hatte. Der Arzt wohnt in Zürich, hat dort eine private Praxis und behandelt auch Patienten am Universitätsspital. Was in diesem Buche stand, ich las den Überblick in der Zeitung, faszinierte mich sofort. Denn es hiess, alle kranken Menschen sollten vor allem Gott suchen, denn im Grunde könne nur Gott heilen.

Weil ich in einer sehr verzweifelten Lage war und mir die Psychiater und alle ihre Medikamente seit Monaten nichts geholfen hatten, bestellte ich sofort das Buch. Als ich einige Kapitel gelesen hatte, empfand ich den Wunsch, den Verfasser des Buches, eben diesen Arzt aus Zürich, persönlich kennenzulernen. Ich schrieb ihm einen Brief und fragte, ob ich einmal zu ihm kommen könne. Er antwortete mir bald und lud mich zu einem Gespräch ein.

Was ich von ihm erfuhr, wurde zu der lebensrettenden Führung für mich.

Er erzählte mir, dass er selbst auch einmal in den Zustand der Depression geraten sei, weil auch er in seinem Leben fehlerhafte Entscheidungen getroffen hatte. Auf seiner Suche nach Heilung habe er alle Religionen und Philosophien der Welt geprüft und selber ausprobiert. Dabei sei ihm eine Tatsache klar geworden: Dass ihm einzig der Glaube an Jesus, den Erlöser, den Frieden im Herzen wiedergebracht hatte. Alle anderen Religionen und philosophischen Werke hatten zwar schöne Weisheiten enthalten, die alle in Ordnung waren. Aber Frieden haben ihm diese Weisheiten nicht gebracht.

Der Arzt empfahl mir nun folgendes: Er sagte, ich könne weiterhin Medikamente schlucken. Oder: Ich könne die Medikamente abbauen, gleichzeitig solle ich ganz ernsthaft und ehrlich mit Gott sprechen. Am besten wäre es, sagte der Arzt, wenn ich beides täte. Nur noch wenige Medikamente nehmen und viel zu Gott reden. Er empfahl mir noch etwas: Ich solle viel an die frische Luft gehen, in den Wald, tief atmen und dazu immer wieder den Namen Gottes des ewigen Vaters, und den Namen von seinem Sohn, Jesus Christus, laut anrufen. Das werde mir bald Linderung der Angst bringen, sagte der Arzt.

Über all das war ich ziemlich erstaunt. Ich ging nach Hause und dachte über alles nach, was der Arzt gesagt hatte. Und als es mir immer schlechter ging und ich pausenlos von Angst gewürgt wurde, machte ich mich schliesslich auf und ging jeden Tag in den Wald.

Zuerst getraute ich mich nicht, den Namen Gottes und den Namen seines Sohnes, Jesus Christus, laut auszurufen. »Warum nicht?« fragst Du mich jetzt. Natürlich, weil ich mich schämte. Ich hatte Angst, dass mich irgendeiner hören könnte, zum Beispiel ein Förster oder Waldarbeiter oder ein Sportler, der den Vita-Parcours benützte und die Finnenbahn. Du erinnerst Dich, wir sind oft mit Dir, David und Papi über den Vita-Parcours und die Finnenbahn gelaufen. Da hat es ja immer Leute.

Mit der Zeit aber dachte ich, es sei mir irgendwie egal, ob mich jemand höre, denn die Angst wurde immer schlimmer und machte mir entsetzliche Magenkrämpfe. Auch fühlte ich mich immer elender und verlassener, und die Selbstmordgedanken kamen dringend und **immer zwingender.**

So entschloss ich mich eines Morgens, jetzt eben doch den Namen Gottes laut auszurufen. Von da an rief ich zuhause oder im Wald immer wieder: »Jesus Christus. Sohn des lebendigen Gottes, erbarme Dich , hilf mir!«

Und da geschah etwas ganz Herrliches. Ich war gerade auf der Finnenbahn, es war morgens früh um zehn Uhr. Ich hatte wieder die ganze Nacht nicht geschlafen und bei würgenden Angstzuständen wie üblich im Wohnzimmer verzweifelt Stunde um Stunde die Kirchturmuhr gehört. Erschöpft, gerädert, voller Panik und Aggression hatte ich die Morgendämmerung gesehen und mich in einem Zustand von hilflosem Zorn in die Küche begeben. Mit schweren Lungenzügen saugte ich mich an den Zigaretten fest. Ich war zur Kettenraucherin geworden. Davon wurde mir zwar speiübel. Aber es war mir gleichgültig, denn mir war ohnehin immer übel, ob ich rauchte oder nicht. Die Angst in mir krampfte mir dauernd den Magen zusammen und liess Brechreiz entstehen, pausenlos, Tag und Nacht.

Nach dem gewohnten Entsetzen in der Nacht befand ich mich nun also um zehn Uhr morgens auf der Finnenbahn, körperlich und seelisch von Schmerzen gepeinigt.

In dieser äussersten Not rief ich in höchster Verzweiflung den Namen von Jesus Christus an. Da geschah etwas Herrliches: Es überkam mich eine eigenartige Wärme, ein Glücksgefühl. Ich fühlte mich müde werden und setzte mich einfach mitten auf die Finnenbahn. Die Müdigkeit nahm zu, ich legte mich auf den Rücken und schloss die Augen. Da sah ich plötzlich tief innen in mir ein grossartig schönes Bild. Ich sah, wie sich der Himmel öffnete, ein helles Licht auf mich herabströmte und mich ganz einhüllte in Liebe und Glück. Dabei schlief ich ein. Es war ein tiefer, süsser Schlaf, etwas so Köstliches, wie ich es nie zuvor erfahren hatte.

Ich wachte auf. Es waren nur etwa fünf Minuten vergangen. Aber ich hatte das Gefühl, ich hätte eine Stunde lang geschlafen. Zum erstenmal nach vielen Wochen war die Angst verschwunden. Ich sass auf der Finnenbahn und war sprachlos und überglücklich.

Aber leider dauerte dieses Glück nicht lange an. Schon einen halbe Stunde später waren die Angst und das Würgen im Hals und auch die heftigen Magenschmerzen wieder da.

Aber etwas hatte ich nun gemerkt: Beim Anrufen des Namens von Jesus Christus war die Angst weg. Und darum klammerte ich mich fest an dieses Mittel. Kein Medikament hatte mir bisher die Angst genommen. Einzig der Name Jesu! So blieb ich dabei und ging jeden Tag in den Wald und rief Christus an. Es war mir jetzt gleichgültig, ob mich dabei irgendwer hörte oder nicht. Viel wichtiger war mir, von der Angst befreit zu werden. Als ich das etwa zwei Wochen lang gemacht hatte, geschah wieder etwas sehr Besonderes. An einem Nachmittag legte ich mich erschöpft aufs Bett, ich hatte am ganzen Körper furchtbare Schmerzen wegen der übermüdeten Muskeln. Auf dem Bett rief ich, allerdings ganz schwach, den Namen von Jesus Christus an. Da geschah mir folgendes: Ich fühlte, wie durch meinen ganzen Körper ein lebendig warmer Strom von Wärme floss. Es war etwas so fremdartig Schönes, wie ich es bisher ebenfalls nicht gekannt hatte. Ich kann das Gefühl nicht beschreiben. Der Ausdruck »süss« kommt dem Eindruck nahe, aber das Wort stimmt auch nicht genau. Wie eine Welle von unbeschreiblicher Süssigkeit, von unglaublichem Entzücken, von Energie, Wärme, Liebe, durchfloss und durchströmte es mich. Das alles dauerte nur ein paar Sekunden. Während dieser kurzen Zeit war ich vollständig glücklich. Die Angst war weg, ich wusste, in mir war Heilung geschehen.

Aber auch dieser Eindruck blieb nur kurze Zeit, etwa eine Stunde. Dann kam die quälende Angst wieder zurück und mit ihr die Schlaflosigkeit. Durch alle diese Erfahrungen hindurch war in mir aber immer stärker die Überzeugung gefestigt, dass ich nur von Gott und seinem Sohn Christus Rettung erfahren würde. Die Medikamente nützten ja noch immer nichts. Es war und blieb dabei, dass ich mich nur beim Rufen des Namens von Jesus gesund fühlte. Da kam Frieden ins Herz, wenn auch vorläufig nur während kurzer Zeit.

Aber der Weg war gewiesen, die Richtung deutlich gezeigt. Wie hätte ich sie nicht erkennen sollen? Es war so klar. Die Medikamente halfen nichts, aber der Name von Christus brachte mich Schritt für Schritt vorwärts.

Ich war dem Arzt und Professor aus Zürich unsagbar dankbar. Das kannst Du Dir ja vorstellen, Dennis. Denn er hatte mir die einzig gute Richtung gezeigt.

Dazu will ich Dir noch etwas sehr Interessantes sagen. Es gibt seit einigen Jahren überall auf der Welt einen Haufen verschiedenster Bücher, die alle vom positiven Denken handeln. Auch gibt es Tonband-Kassetten mit dem gleichen Inhalt. Damals, als ich so traurig war und so erschöpft, wurden mir von Psychologen und Bekannten ständig solche Bücher und Kassetten empfohlen. Ich las und las, viele Wochen lang. Dazu hörte ich dauernd diese Kassetten vom positiven Denken an. Stundenlang legte ich die Kopfhörer an und hörte immer solche Sätze: »Es geht mir jeden Tag besser und besser. Ich fühle mich gut. Alles ist gut. Ich bin glücklich und zufrieden. Ich schlafe acht Stunden jede Nacht.« Und so weiter und so fort. Immer im gleichen Stil. Aber was geschah? Rate mal! Es geschah nichts. Rein gar nichts.

Auch die Bücher über das positive Denken halfen mir nicht weiter. Ich fand zwar alles sehr einleuchtend geschrieben, aber irgendwie störte mich der Ton an dem Ganzen. In diesen Büchern hatte man den Eindruck, man könnte Gott einfach befehlen, was er zu tun habe. So in der Art: So lieber Gott, weil Du mich gemacht hast, kannst du jetzt auch dafür sorgen, dass es mir ab sofort gut geht. Das und das sollst Du bewirken, aber schnell. Es war so eine freche Tonart in diesen Büchern. Es stand zum Beispiel nie etwas darin, dass man Gott um Vergebung bitten sollte für alle die unrichtigen Dinge, die man getan hatte. Dabei macht man doch täglich etwas falsch, das weiss jeder Mensch im innersten Herzen.

Weiter stand in den Büchern nie ein Hinweis, dass man eigentlich Gott gegenüber winzig klein sei und ihn daher sehr demütig bitten solle. Nein, im Gegenteil, ganz eindeutig wurde da empfohlen, dass der Mensch im Grunde nur den **kosmischen Mächten** (also Gott) **zu befehlen** habe, und dann würde schon alles supergut werden. Die Menschen schienen also Gott herumbefehlen zu können. Das gefiel mir nicht, es widersprach meinem innersten Wissen. Dieses Wissen haben alle Menschen. Du hast das selber schon erfahren, Dennis, immer dann, wenn Du die Stimme Deines Gewissens tief in Deinem Herzen hörst, wie Du mir selber gesagt hast.

Also, mit diesen Büchern war mir nicht geholfen. Auch nicht mit den Kassetten über das positive Denken. Ich konnte mir das alles wochenlang einreden und einbilden – es half mir nicht im Geringsten. Und dabei sagt man doch immer, man könne sich alles einbilden, wenn man wolle! Stimmt nicht. Positives Denken hin oder her – ich redete es mir umsonst ein. Ich wurde im Gegenteil immer trauriger.

Die ersten Wirkungen von Erleichterung und Heilung kamen erst in jenem Moment, als ich begonnen hatte, den Namen von Jesus Christus anzurufen.

Viel mehr Menschen leiden an Depressionen als man vermutet

Immer wieder geschehen Heilungswunder an den Menschen. Aber man erfährt kaum davon, weil darüber wenig oder gar nicht gesprochen wird.

Viele denken bei sich: Ich sage lieber nichts, sonst glaubt mir womöglich keiner. Oder sie haben Hemmungen, weil sie glauben, sie seien die einzigen, welche Probleme hätten im Leben. Dabei stimmt das gar nicht. Alle Menschen kennen die Zeiten von innerer Leere, Einsamkeit, Traurigkeit – nur ist es beim einen schlimmer, beim anderen weniger stark. Aber schämen müsste sich keiner.

Die Leute schämen sich aus einem bestimmten Grund wegen jeder Schwäche. Kennst Du den Grund? Denk mal nach. Vielleicht bist Du selber darauf gekommen. Wenn Du zum Beispiel das Fernsehprogramm anschaust, ins Kino gehst, die Zeitschriften liesest, die es am Kiosk gibt. Was fällt Dir da auf? Überlege. Mir fällt dabei auf, dass immer alle Leute so dargestellt werden: Schön, erfolgreich, ewig jung, immer gutgelaunt. »Aufgestellt« heisst das im Dialekt. Wen wundert es da, wenn keiner zugeben will, dass er manchmal gerade das Gegenteil ist von dem, was die Werbung als den glücklichen Menschen des 20. Jahrhunderts preist?

Aber auch wenn die Werbung uns immer ein Bild von rundum glücklichen Leuten vormachen will, befinden sich doch mehr Menschen als man vermutet im Zustand der Depression. Ich habe Dir bereits berichtet, was man in diesem Zustand erleidet: Schlaflosigkeit, schwere Angst, Gefühle der Sinnlosigkeit des eigenen Lebens und immer stärker den Wunsch, sterben zu können. Dazu kommt noch eine zusätzliche Schwierigkeit: Weil man in einem so tief traurigen Zustand ist, kann man nichts aushalten, das noch mehr Traurigkeit erzeugt. Man kann zum Beispiel fast nicht mehr Zeitung lesen, fernsehen oder Radio hören. In den Nachrichten hört man ja täglich von Krieg, Verbrechen, Katastrophen, Hunger, Armut, Elend. Es kommt einem vor, als bestehe die ganze Welt nur noch aus Bösem. Das verkraftet man nicht länger, weil man innerlich keine Reserven mehr hat.

Ich meine die Reserven von Frohmut, Tatkraft, Ausdauer, Geduld, Mut, Liebe. Alle diese Eigenschaften sind verschwunden. Die Menschen im Zustand der tiefen Niedergeschlagenheit können aber auch keine oberflächliche Fröhlichkeit ertragen, wie man sie an Bierfesten findet, Tanzveranstaltungen, Volksfest, Rummelplätzen, Sportveranstaltungen in grossen Stadien, wo Tausende von Leuten gröhlen und johlen und sich wegen etwas aufregen, das einem total unwichtig vorkommt. Auch private Festlein zuhause und Parties bei Freunden sind einem ein Greuel. Das oberflächliche Geplauder wird unerträglich, weil man auf einer schmerzhaften Suche ist, auf der Suche nach dem Sinn des Lebens. Die Antwort weiss man nicht, weil man den inneren Frieden verloren hat.

Ebenso so schlimm und kaum auszuhalten sind auch jene Leute, die meistens negativ reden und denken, alles kritisieren, nörgeln, über Nachbarn und Bekannte schimpfen, Klatsch verbreiten, üble Dinge von anderen mit Schadenfreude erzählen, dabei noch übertreiben oder sogar lügen. Weniger schlimm, aber eben unerträglich für den traurigen Menschen sind Leute, die häufig so oberflächlich lustig sind und ohne viel zu denken in den Tag hineinleben, wobei es ihnen am wichtigsten scheint, dass sie genau nach dem Modediktat gekleidet und frisiert sind, ein schickes Auto haben, teure Ferien der möglichst ausgefallenen Art buchen können und man zu ihnen sagt: Du siehst blendend aus. Im Grunde genommen hat der Depressive nichts gegen Mode, Autos und Ferien einzuwenden, aber er kann es nicht aushalten, dass das für einen Menschen ungeheuer **wichtig** sein soll. Der traurige Mensch hat nur ein Ziel: endlich herauszufinden, was der Sinn des Lebens ist, da er sonst lieber sterben möchte. Es gibt viele junge Menschen zwischen fünfzehn und zwanzig Jahren, lieber Dennis, das musst Du wissen, welche bereits in dieser tiefen Traurigkeit stekken. In diesem Zustand suchen sie oft Trost beim Alkohol, bei Zigaretten oder werden Opfer der Drogenhändler, die genau wissen, wo leichte Beute zu finden ist, an Berufsschulen, Mittelschulen, sogar schon in Primar- und Sekundarschulen.

Sehr entmutigend für den Depressiven sind die misstrauischen Fragen jener Leute, die immer glauben, depressive Menschen seien geisteskrank. Vor diesen lauernden Fragen und Blicken haben die Traurigen am meisten Angst. Daher ziehen sie sich in ihrer hilflosen Verzweiflung in ihre Zimmer zurück und wollen überhaupt nicht mehr vom Bett aufstehen. Sie hüllen sich ein in Dunkelheit, schliessen die Türe ab, hören auf zu reden. Ich bin auch an diesem Tiefpunkt angelangt, es ist eine unglaubliche Qual, glaube mir, Dennis.

Für mich persönlich wurde noch eine weitere Art von Leuten unerträglich: Jene, die gleichgültig, frech oder spöttisch behaupteten, Gott gebe es nicht. Oder sich lustig machten über Menschen, die versuchten, Gott zu finden. Wenn so einer in meiner Nähe war, so ein frecher Spötter, begann ich – mitten im Sommer – zu frieren, und ich bekam grauenhafte Angstzustände, noch viel schlimmere, als ich wegen der vom Schlafmangel überreizten Nerven schon hatte.

Noch etwas muss ich hier erwähnen, und zwar jene unglaublich dumme und oberflächliche Behauptung gewisser Leute, die folgendes behaupten: »Im Krieg gab es keine Depressionen. Es wäre gut, wenn wir wieder einmal Krieg hätten, dann würde es den hysterischen Weibern vergehen, Depressionen zu haben!« Diese Leute wollen damit sagen: Wenn man sein ganzes Denken darauf ausrichten muss, das tägliche Brot zu bekommen, hat man keine Zeit für Depressionen. Sie glauben, die Depression sei nur eine Folge der übersättigten Wohlstandsgesellschaft, die nicht mehr wisse, was tun vor Langeweile.

Diesen Leuten möchte ich folgendes antworten: Im Krieg gab es **andere Arten** von Depression, zum Beispiel die Depression des Hungers. Hunger macht traurig, mutlos und unglücklich, bis zur Verzweiflung. Weiter gab es im Krieg die schreckliche Depression wegen des Verlustes von Angehörigen. Väter, Freunde, Verlobte, Söhne, Brüder, sie starben auf greuliche Art auf den Schlachtfeldern. Die Hinterbliebenen, Frauen, Schwestern, Mütter, litten unter schwerer Traurigkeit und Depression. Ich habe das bei meiner Familie erlebt. Meine Mutter ist Deutsche und hat den 1. und 2. Weltkrieg erlebt. Die Hälfte ihrer Familie wurde getötet, viele Brüder schwer verwundet.

Wenn man nun alle diese Menschenarten nicht mehr ertragen kann, dann bleiben nur noch ganz wenige Personen übrig, mit denen man leben kann. So erging es mir auch. Ich war froh, mit dem Papi allein und zurückgezogen leben zu dürfen. Ich wollte nicht mehr hinaus, ich wollte keine anderen Leute mehr treffen.

Ich hatte immer mehr Angst vor Menschen

Etwas aber war in mir, seit Beginn der Depression: Eine undefinierbare Sehnsucht, **gläubige** Menschen kennenzulernen. Von meiner Kindheit her wusste ich noch, dass ich sehr glücklich gewesen war, wenn Mutter mit mir betete oder wenn ich in einem Kindergottesdienst, zusammen mit vielen anderen Menschen, singen, beten und den Geschichten aus der Bibel zuhören durfte. Dieses Erlebnis von Glück und Zufriedenheit stieg als

Erinnerung immer stärker aus meiner Seele auf. Ich überlegte immer wieder, wo und wie ich mit **gläubigen Menschen in Kontakt kommen konnte.**

Naheliegend war, in die Ortskirche zu gehen. Das tat ich denn auch. Dort traf ich wiederum sehr verschiedenartige Menschen. Die einen kannte ich aus dem täglichen Gemeindeleben als wenig liebenswürdige Zeitgenossen. Sie schienen einfach aus irgend einem Pflichtgefühl heraus in die Kirche zu gehen. Mit ihnen wollte ich keinen Kontakt haben. Es gab aber auch andere. Bei ihnen spürte ich die ehrliche Suche nach dem Guten. Es waren Menschen, die über andere nichts Böses redeten. Sie wirkten nicht schadenfreudig, sondern eher besorgt, wenn es einem anderen schlecht ging. Diese Männer und Frauen strahlten Wärme aus, man fühlte sich bei ihnen freundlich aufgenommen. Eine solche Frau wohnte ebenfalls schon lange in dem Ort. Ich traf sie an einem gewöhnlichen Werktag in der Kirche. Ich hatte das Bedürfnis gehabt, mich in der Stille der Kirche niederzulassen und zu versuchen, mit Gott zu reden. Ich hatte ja erfahren, dass das innere Gespräch mit Gott, welches ich bisher nur im Wald und zuhause gepflegt hatte, mir am meisten half in der Angst und Not des depressiven Seelenzustandes. Es war ganz natürlich für mich, zu versuchen, auch in einer Kirche mit Gott zu reden. Denn schliesslich sind hier zur Ehre Gottes schöne Räume gestaltet worden, die geeignet sind, die innere Ruhe zu fördern. Ist Dir auch schon aufgefallen, Dennis, dass in einer hektischen Grosstadt allein die Kirchen Ort der vollkommenen Ruhe sind? Wie Oasen stehen sie mitten im Trubel des hupenden, kreischenden, drängelnden Verkehrs-Stroms, Inseln des Friedens inmitten von Chaos.

Als ich an diesem Werktag in der Kirche sass, innerlich noch immer verkrampft und voller seelischer und körperlicher Schmerzen, trat eben diese freundliche Frau herein, von der ich Dir bereits erzählte. Sie kniete eine Weile nieder und betete versunken. Dann stand sie auf, kam zu mir und begrüsste mich auf ihre sanfte Art. »Es geht Dir nicht sehr gut«, sagte sie nun zu mir. »Möchtest Du heute nachmittag zu mir kommen? Ich backe einen Kuchen für Dich, dazu gibt es frische Erdbeeren aus dem Garten.«

Sie war sehr klein von Gestalt und auch nicht überaus kräftig. Trotzdem besorgte sie ihre grosse Familie und das abgelegene Haus mit Garten mit ruhiger Energie und viel Humor. Sie besass kein Auto und transportierte die vielen Kilos Lebensmittel für vier Kinder und zwei Erwachsene mit dem Fahrrad. Darüber hatte ich schon immer gestaunt.

Nebst der vielen Hausarbeit erteilte sie noch Religionsunterricht an der Primarschule des Dorfes. Das tat sie mit besonderer Freude. Alle Kinder liebten sie.

Ich nahm die Einladung an, obwohl ich seit Monaten in kein fremdes

Haus mehr gegangen war aus Angst und Abscheu vor den Menschen. Aber diese Frau war ja ganz anders. Ihre Freundlichkeit erwärmte mein Herz. Übrigens muss ich noch beifügen, lieber Dennis, sie hatte den gleichen Charakter wie der Papi. Ruhig, freundlich, innerlich ruhig, eine Wohltat für die Nerven.

Sie fragte, wie denn das gekommen sei, dass es mir so schlecht ging. Ich erzählte ihr von der Überarbeitung, den Erschöpfungszuständen, der Schlaflosigkeit, den Schmerzen seelischer und körperlicher Art, die immer wieder unerträglich wurden. Da sagte sie ganz ruhig: »Möchtest Du nicht einmal übers Wochenende mit mir in ein Kloster kommen. Dort wird es Dir gut gehen.« Ich war verblüfft. Ins Kloster? Da war ich noch nie. »Es ist schön dort«, lächelte die kleine Frau. »Ein Internat für Sekundarschülerinnen gehört dazu. Am Wochenende verlassen die Mädchen das Internat und die Gäste wohnen in ihren Zimmern. Komm doch mit, es ist wirklich schön.«

»Ja, aber, ich war noch nie in einem Kloster«, wandte ich ein. »Muss ich da wie die Nonnen langsam einherschreiten und den ganzen Tag fromm sein und beten?« Ich konnte mir nicht vorstellen, dass ich in ein Kloster passen würde.

Allein schon mein hektisches Zigarettenrauchen musste doch sehr störend wirken an einem solchen Ort. Aber die kleine Frau beruhigte mich. Sie sagte, es hat eigens ein Raucherzimmer für Leute wie Dich. Du bist ganz frei dort. Du kannst viel beten oder wenig, so wie Du willst. Niemand zwingt Dich zu etwas. Viermal im Jahr wird ein Wochenende veranstaltet, an dem Gäste aus der ganzen Schweiz, gemeinsam und in kleinen Gruppen, wichtige Dinge aus der Bibel erfahren und beten können.

Obwohl mir zu jener Zeit nichts schlimmer vorkam, als ausserhalb meiner eigenen vier Wände mit wildfremden Leuten zusammenzutreffen, faszinierte mich der Vorschlag der liebenswerten Frau. Nach ein paar Tagen rief ich sie an und sagte, dass ich gerne mitkommen wolle, sofern sie auch dabei sei. Sie war zufrieden über meinen Entscheid und sagte, sie werde mich abholen am Freitagabend, damit wir zusammen zum Kloster reisen konnten. Das Kloster heisst Mariazell und liegt in Wurmsbach, einem Landstück am oberen Teil des Zürichsees. Die Nonnen des Klosters gehören zum Orden der Zisterzienserinnen. Ein schwieriger Name zum Lesen, nicht wahr?

Das Wochenende im Kloster

Wir wurden sehr freundlich empfangen und gleich mit einem feinen Nachtessen überrascht. Einige der Internatsschülerinnen waren dageblieben, um die Gäste zu bedienen. Sie taten das mit Heiterkeit und Freude. Man fühlte sich sofort geborgen. Zum erstenmal spürte ich keine so grosse Angst mehr vor fremden Menschen. Trotzdem musste ich immer noch hektisch rauchen, eine Zigarette nach der anderen. In der ersten Nacht schlief ich – wie seit Monaten üblich – überhaupt nicht. Ungefähr eine Stunde döste ich unruhig dahin, dann war ich wieder auf diese quälende Art hellwach. Wie jeden Morgen stand ich gerädert auf. Der erste Meditationstag im Kloster hatte begonnen. In einem herrlichen, grossen Raum, modern und geschmackvoll gestaltet, lernten wir still zu sein, zuzuhören, nach innen in die Seele zu schauen. Zwischendurch schickte uns der Mediationsleiter, Pfarrer Alois Zingg (Du kennst ihn ja inzwischen) auf Spaziergänge an die frische Luft, entlang den wunderschönen Naturpfaden am Zürichsee.

Nach einem guten und reichlichen Mittagessen – zum erstenmal spürte ich nach Monaten eine Art von normalem Appetit – versammelten wir uns am Nachmittag wiederum zum Gebet, zum Nachdenken und am Abend zu einer Feier, bei der man lernte, seine Sünden zu bereuen und Gott demütig um Vergebung zu bitten. Anschliessend segnete der Priester alle Anwesenden ausdrücklich mit einem grossen Kreuzzeichen, im Namen des dreifaltigen Gottes. Dabei sagte er: »Der Segen Gottes, des Allmächtigen, des Vaters, des Sohnes und des Heiligen Geistes, komme auf Euch herab. Geht nun in Frieden.« Dann wünschte er uns allen eine gute Nacht und verliess den Raum.

Ich dachte voller Schrecken, dass ich nun erneut eine schlaflose Nacht vor mir habe. Traurig ging ich in die kleine Hauskapelle nebenan. So wie der Priester es uns gelehrt hatte, legte ich mich vor dem Altar auf den Boden, eine Demutshaltung, die er uns empfohlen hatte. Da lag ich hilflos und weinte. Es kam ein langer, warmer Tränenstrom aus mir heraus. Tränen liefen seitlich auf den Boden und dem Hals entlang in den Pulloverkragen. Überall spürte ich die warme Feuchtigkeit. Niemand war da. Es war still und halbdunkel. Nur die Kerzenflammen knisterten leise. Ich dachte gar nichts. Auch konnte ich nicht beten. Dafür flossen einfach diese Ströme von Tränen. Ich konnte nichts anderes tun als da liegen. Nach einer gewissen Zeit, ich weiss nicht, wie lange ich in der Kapelle gelegen hatte, hörten die Tränen auf zu fliessen. Ich stand auf und war froh, dass niemand da war. Man schämt sich ja meistens der Tränen, nicht wahr? Du würdest doch auch nicht weinen, wenn jemand Dich sähe, lieber Dennis. Ich verliess die Kapelle. Die anderen Gäste waren schon alle ins Bett gegangen, darum begab ich mich auch in mein Zimmer. Und nun geschah das, was ich als Wunder empfinde, Ärzte und Psychiater, die meine Krankheit beobachtet und umsonst versucht hatten, mir Linderung oder Heilung zu verschaffen, sagen heute dasselbe – es müsse ein Wunder an mir geschehen sein.

Ich wusste nicht recht, wie mir geschah. Aber ich fühlte plötzlich eine sehr grosse Müdigkeit. Ich zog wie benebelt die Kleider aus, legte mich hin – und wusste nichts mehr. Am anderen Morgen, es war acht Uhr, erwachte ich aus einem tiefen, köstlichen Schlaf. Hör gut zu, Dennis: seit acht Monaten Schlaflosigkeit hatte ich zum erstenmal eine ganze Nacht normal durchgeschlafen. Ich hatte tatsächlich das Gefühl, noch einmal auf die Welt gekommen zu sein, ganz neu, ganz frisch. Und noch etwas war passiert, das sehr wichtig war. Während der ganzen vergangenen acht Monate hatte ich keine Monatsregel mehr gehabt. Du weisst ja, was das ist. Diese Nacht nun war das erstmals wieder eingetreten, und zwar ohne Schmerzen und Krämpfe, die mich früher immer gepeinigt hatten. Mein Bauch war ruhig und entspannt. Acht Monate hatte dieser natürliche Vorgang nicht mehr stattgefunden, so stark war das seelische und körperliche Gleichgewicht gestört. Und jetzt, hier in diesem Kloster, war ich in einer einzigen Nacht gesund geworden. Weisst Du, was ich tat?

Ich konnte nicht anders, als neben dem Bett in die Knie zu sinken und nur ein Wort immer wieder zu sagen: »Danke!« Dann stand ich auf und hätte am liebsten laut gesungen, gelacht und es jedem erzählt. Ich hätte tanzen und hüpfen mögen vor Glück. Das kannst Du Dir sicher vorstellen, Dennis. Nach acht Monaten Qual, Schmerzen, Schlaflosigkeit, Angst und Trauer diese Erlösung.

Es war nun Sonntag. Wir hörten weiterhin zu, wie der Pfarrer uns das Evangelium erklärte. Am Nachmittag feierten wir gemeinsam das Abendmahl. Ich war vollkommen glücklich. Und ich wusste, wann alles begonnen hatte und wann es vollendet war. Weisst Du es auch noch, Dennis? Begonnen hatte die Erlösung an jenem Tag, als ich angefangen hatte, immer wieder den Namen von Jesus Christus auszusprechen. Vollendet wurde die Heilung nach der Bussfeier, bei welcher der Priester uns aufgefordert hatte, unsere Sünden zu bereuen, unsere Seele Gott zu übergeben und uns segnen zu lassen.

Und jetzt kommt das, was Du dazu gesagt hast, Dennis. Am Nachmittag des Sonntags kamen Du, Dein Bruder David und der Papi ins Kloster, um mich abzuholen.

Du warst von dem Kloster, dem modernen Schülerinternat, der schönen Gegend und dem freundlichen Herrn Pfarrer hell begeistert. Du sagtest: »Da möchte ich auch einmal sein. Dürfen Kinder auch hierher kommen?« Am gleichen Abend, als wir alle zuhause am Tisch sassen, sagtest Du plötzlich: »Jutta, bist Du im Himmel gewesen?« Einen Augenblick war es ganz still am Tisch. Ich glaube, wir alle hatten erfasst, dass Du das Richtige erkannt hattest.

Es war tatsächlich ein kürzerer Aufenthalt im Himmel gewesen. Sonst wäre ich ja nicht geheilt nach Hause gekommen. Und genau das hast Du gespürt. Du hast gemerkt, dass ich an diesem Wochenende im Kloster wieder ganz gesund geworden bin. So etwas können nur Kinder erkennen. Sie haben noch den feinen Sinn für das wirklich Gute, für das Wahrhaftige, eben das, was von Gott kommt. Kinder schämen sich auch nicht, die Wahrheit zu sagen. Ja, lieber Dennis, ich bin im Himmel gewesen. Nun hat mich der Himmel wieder entlassen und beauftragt, allen Leuten davon zu berichten. Denn es wäre wirklich schade, wenn niemand es erfahren würde. Es gibt noch viele tausend andere Menschen, die ebenfalls unter Depressionen leiden und dringend nach Rettung verlangen. (Siehe Anmerkung Seite 274 unten!)

Gott treu bleiben

Lieber Dennis,

was ich nun berichte, ist sehr wichtig, auch für jene Menschen, die noch selber in einer Depression sind, aber vielleicht schon mit Hilfe des Gebetes Schritte zur Heilung unternommen haben.

Damit die Heilung bleibt, muss man Gott treu bleiben. Das habe ich nach der Rückkehr aus dem Kloster sehr heftig erfahren.

Ich schlief nun jede Nacht sechs bis sieben Stunden. Ein grossartiges Geschenk für einen Menschen, der so lange nicht mehr hatte schlafen können. Aber den Tag über gab es immer wieder Anflüge von Angst, besonders wenn ich die Wohnung verlassen und unter andere Leute gehen musste. Ich begann zwar, meine früheren Beschäftigungen wieder aufzunehmen, das heisst, ich begann für Zeitungen und Zeitschriften zu schreiben. Auch machte ich wieder Inserate für Fitness-Kurse. Die Leute kamen dann auch. Bald waren wieder einige Klassen beisammen. Es ging ständig bergauf. Aber eben, so alle zwei bis drei Stunden kam plötzlich wieder so ein seltsames Würgen im Hals sowie höchst unangenehme Angstgefühle. Sobald das Würgen kam, zog ich mich zurück und begann zu beten. Ich sprach laut, leise oder unhörbar im Innern zu Gott. Sobald ich das machte, ging die Angst zurück. Aber nur, wenn ich es regelmässig tat. Ich war so unvorsichtig zu glauben, ich könne jetzt wieder vermehrt meinen weltlichen Ablenkungen nachgehen. Das musst Du Dir so vorstellen. Immer wieder, wenn ich beten wollte, kam mir in den Sinn, dass ich eigentlich noch zuerst einkaufen, bügeln, den Kühlschrank putzen oder jemandem telefonieren könnte. Es war immer irgend etwas da, das mich vom Beten abhalten wollte. Wenn ich dieser Versuchung nachgab, kam dann auch gleich wieder die Angst.

Ich spürte, was es heisst, wenn griechische und russische Gläubige vom »immerwährenden Herzensgebet« sprechen und behaupten, das sei nötig für die seelische Gesundheit. Sie haben ganz Recht, die Russen und die Griechen! Es ist wahr. Wenn man innerlich immer wieder zu Gott spricht, so wie zu einem Freund, der an der Seite mit uns durchs Leben geht, dann ist die Seele glücklich und zufrieden, ruhig, und es kann keine Angst entstehen. Es ist auch gar nicht schwierig, das immerwährende Gebet. Man kann trotzdem gut arbeiten. Die Seele schickt nur immer wieder kleine Stossgebete zum Himmel. Mutter Teresa macht das auch so. Du kennst sie ja, ich habe Dir von ihr erzählt. Sie holt die Aussätzigen und Sterbenden von den Strassen der Elendsviertel in Indien. Sie sagt, sie könnte diese Arbeit gar nicht machen, wenn sie nicht alle paar Minuten mit Gott reden würde. Sie bespricht immer alle Probleme mit Gott, ihrem Freund. Er ist ja der Freund aller Menschen. Ich merkte, dass man so die Angst und die Anfälle von Depression von sich fernhalten und trotzdem konzentriert arbeiten kann. Die Arbeit gelingt auch viel besser, und es herrscht innerlich Freude.

Aber eben, bis man das einmal merkt, lieber Dennis. Bis der Mensch endlich klüger wird aus den Fehlern, die er gemacht hat. Das dauert und dauert. Weisst Du, manchmal glaubte ich tatsächlich, ich könne es ohne Gebet schaffen. Aber oh weh! Das versuchte ich nur wenige Male. Die Angst und der ganze Horror kamen mit so einer lawinenhaften Gewalt zurück, dass ich schleunigst wieder zu Gott kroch, innerlich auf den Knien und flehend, er solle mir meine Untreue verzeihen.

Immer wieder tauchte die Versuchung auf, die mir einflüsterte, ich solle doch aufhören zu beten. Das ist ganz eindeutig das Böse auf der Welt, das die Menschen von Gott wegdrängen will.

Dieser Kampf zwischen Gut und Böse dauert bis ans Ende des Lebens. Man muss sich in jeder Minute entscheiden, was man will: das Böse oder das Gute. Das Gute ist Gott. Ich musste bei Gott bleiben, sonst wäre ich umgekommen vor Angst. Also blieb ich hartnäckig im Gebet. Auch las ich die Heiligen Schriften und nahm regelmässig an Gottesdiensten teil. Dazu ging ich jede Woche zum Abendmahl. Das war das Schönste. Beim Abendmahl fühlte ich mich vollkommen glücklich, so, als wäre ich bereits im Himmel.

Aber da war etwas an mir, das mich sehr störte: die Zigarettensucht. Ich spürte, wie es mir schadete. Ich hatte Halsschmerzen und den Husten. Auch fand ich es würdelos, derart abhängig zu sein von dieser Sucht. Eines Tages dachte ich, wie undankbar ich doch sei. Gott hatte mir den Schlaf und die Gesundheit wieder geschenkt. Und ich verblieb einfach in meinen alten Lastern. Ich fand es empörend ungerecht von mir. So sagte ich zu Gott, dass ich jetzt ihm zuliebe auch etwas tun wolle. Nämlich ab sofort aufhören zu rauchen. Ich bat ihn, mir dabei zu helfen, da mein Wille zu schwach sei. Ich hatte früher schon oft aufhören wollen und war immer wieder rückfällig geworden.

Als ich diese Absicht und die Bitte um Hilfe deutlich formuliert hatte in meinem Herzen, drückte ich die Zigarette aus. Von da an habe ich nie mehr geraucht. Du weisst das, Dennis. Du bist ja in den Jahren danach immer um mich gewesen. In den ersten Tagen und Wochen, wenn der Gedanke kam, nun doch wieder rauchen zu wollen, dachte ich an Gott und das, was er mir geschenkt hatte. Da war ich so dankbar, dass es mir unmöglich war, mein Versprechen IHM gegenüber zu brechen. Ich hatte nicht das geringste Verlangen nach mehr Essen oder Süssigkeiten und nahm nicht zu an Gewicht. Ein paar Wochen später hatte ich die Zigaretten vergessen. Sie waren wie aus meinem Bewusstsein gefallen. Schön, nicht wahr?

Gott kann einen von jeder Sucht befreien. Man muss ihn aber ehrlich darum bitten und ihm die Treue halten wollen. Dann bekommt man die nötige Kraft für den Widerstand gegen die Versuchung.

Nun folgte für mich eine Zeit der inneren Reifung und Entwicklung. Ich bekam von meinem geistlichen Berater, Pfarrer Alois Zingg, herrliche theologische Bücher. Das sind Werke über die Lehre von Gott und seinem Wort, der Heiligen Schrift, und von den Menschen, die ein sehr gottverbundenes Leben geführt haben, man nennt sie auch Heilige. Ich las mit grosser Freude und lernte jeden Tag. Ich merkte, dass mir diese Bücher viel mehr wert wurden als alle andere Literatur. In ihnen war die Kraft, welche das Herz braucht. Aus den Worten der Heiligen Schrift strömte Energie in die Seele. Diese Worte wurden das Fundament für jeden Tag.

Wie Du ja erfahren hast, lieber Dennis, haben einige Ärzte und Psychologen versucht, mir zu helfen. Ausser dem Arzt aus Zürich, der mir Jesus Christus als einzige Rettung empfohlen hatte, war es keinem der Ärzte möglich gewesen, mir auch nur die geringste Erleichterung zu verschaffen.

Was mir dabei aufgefallen ist: Sie wandten oft Methoden an, die einander völlig entgegengesetzt waren. Ein Psychologe erklärte mir das aus dem Umstand, dass psychologisches Wissen aus sehr gegensätzlichen Meinungen entstanden sei, welches man nie exakt auf alle Menschen anwenden könne. Es herrscht also auf diesem Gebiet eine ziemliche Verwirrung. Das Ergebnis sind ebenso verwirrte Patienten.

Psychotherapie kann nur Lösungen geben, aber keine Erlösung

Der Gerechtigkeit halber wollen wir aber doch auch noch hören, was ein Arzt und Psychiater aus seinen Erfahrungen berichtet. Psychiatrie ist die Lehre über die Seele, also über das, was die Menschen zutiefst in ihrem Herzen fühlen. Im nachfolgenden Abschnitt erfahren wir etwas von einem Doktor der Seele:

Er sagt: »Psychotherapie kann Erkenntnisse vermitteln, aber keine Erlösung«

Der Arzt studierte Medizin, Psychologie und Theologie. Er ist Autor eines Buches und verschiedener Zeitschriftenartikel, ist verheiratet, hat drei Kinder und ist an einer psychiatrischen Klinik in der Schweiz als Chefarzt tätig.

»Wie sehen Sie die Beziehung zwischen Psychologie und christlichem Glauben?«

»Für viele Menschen ist **die moderne Psychologie zu einer Ersatzreligion** geworden. Vor kurzem klagte mir ein erfahrener Psychoanalytiker: ›Ich werde häufig von Menschen aufgesucht, die nach dem Sinn des Lebens suchen. Doch ich würde sie am liebsten zu einem Pfarrer schicken.‹ Man realisiert heute, dass Selbsterkenntnis und Selbstverwirklichung keine letzte Erfüllung bringen. Die tiefe innere Leere im Herzen des Menschen kann nur durch eine persönliche Beziehung zu Jesus Christus ausgefüllt werden. Psychotherapie kann wohl **Lösungen** bringen, aber nicht **Erlösung.** Ich bin dankbar für viele Erkenntnisse der modernen Psychiatrie und wende diese in meiner Arbeit an. Doch die letzten Fragen des Menschen lassen sich mit Psychologie allein nie beantworten.«

Hatten Sie nie Zweifel?

»Doch. Der Weg vom kindlich einfachen Vertrauen zum erhärteten, durch persönliche Krisen gestärkten Glauben war oft schmerzvoll. Die rauhen Winde einer wissenschaftlichen Ausbildung und einer Psychologie ohne Gott zerrten an den Segeln meines Lebens. **Auch das Erlebnis einer Depression blieb mir nicht erspart!** Doch ich fand nichts in der Welt der Wissenschaft und Philosophie, das mir den Halt gegeben hätte, den ich brauchte. Gott aber trug mich durch, auch in den Stunden, wo er mir fern schien.«

Lassen sich durch den Glauben alle Probleme Ihrer Patienten lösen?

»Gott hat uns nicht das Paradies* auf Erden versprochen. Krankheit und Leiden gehören zu unserem Leben. Doch erlebe ich immer wieder, welchen inneren Frieden ein Mensch erlebt, der auch im Leiden um Gottes Gegenwart weiss. Das gibt Hoffnung, die über den Tod hinausreicht.

Leider gibt es viele Menschen, die nicht willig sind, ihr Leben Gott zu übergeben und es verändern zu lassen. Das tut mir oft weh, doch ich muss ihnen diese **Freiheit** zugestehen.«

Wie bewältigen Sie die vielfältigen Belastungen Ihres Berufes?

»Ich stosse oft an die Grenzen meiner Möglichkeiten. Doch ich muss die Last nicht allein tragen, sondern kann sie bei Gott abladen. Ich bete konkret für meine Patienten und ihre Nöte. Eine grosse Hilfe ist mir meine liebe Familie, kann ich doch mit meiner Frau über vieles reden. Und noch etwas: Ich möchte mich durch die Bibel inspirieren lassen. Beim Lesen stosse ich oft auf Stellen, die meinen Blick wieder auf Gottes Zusagen für den Alltag ausrichten, auf letzte Worte, die allein zählen. Das gibt mir jeweils neuen Mut, Menschen in scheinbar auswegslosen Lagen zu begegnen und sie zu begleiten.«

Papi und ich sind auch der Meinung dieses Arztes, denn wir haben ja das alles ganz persönlich erlebt.

Uns war klar geworden: Nur Gott kann heilen. Wenn aber ein Mensch nicht bereit ist, selber Gott unablässig anzurufen, dann wird er auch nicht geheilt. Von den psychiatrischen Methoden und Medikamenten allein ergeben sich nur scheinbare und vorübergehende Besserungen. Die so behandelten Menschen werden immer wieder rückfällig. Wer aber wirklich Gott sucht und bei Gott bleibt, der fällt nicht mehr zurück in die Löcher und Abgründe der Depression.

Auch tief religiöse Menschen werden von Depressionen befallen. Warum?

Zum Schluss möchte ich noch auf etwas sehr Wichtiges hinweisen, in bezug auf die Möglichkeit, von einer Depression befallen zu werden. Im-

* weil das gar nicht möglich ist, solange Satan frei tätig ist.

mer wieder kommt es vor, dass sehr **religiöse Menschen von Depressionen befallen werden.** Warum? Nun, es ist klar, dass Satan verhindern will, dass Menschen in tiefer Religiosität und Hingabe Gott suchen und ihm treu bleiben. Oftmals werden ausgerechnet die treuesten Anhänger Gottes Opfer eines depressiven Anfalles. Auch neu bekehrte Menschen werden oft davon angegriffen, weil Satan sie unbedingt wieder abspenstig machen will. Seine hinterhältigen Manöver sind von grosser Vielfalt und reich an Ideen. Es gibt nur eines: Auf der Hut sein, merken, was hinter all den seltsamen Verlockungen steckt, oftmals sind es auch immer wiederkehrende Schuldgefühle, die einem die bösen Kräfte stets vor Augen führen, um uns mutlos zu machen und uns zu belasten. Merkwürdige Illusionen, Ratlosigkeit, Angst, Hoffnungslosigkeit, übersteigerte Sehnsüchte und ungesunde Wünsche, all dies sind Zeichen vom Wirken des Bösen. Wir müssen uns also täglich davor in acht nehmen und uns mit Gebet davor schützen.

Nachdem Dein Vater und ich uns immer stärker Gott zugewandt hatten, geschahen zwei katastrophale Angriffe der bösen Kräfte. Noch einmal möchte ich betonen: Nicht **Gott** hat uns das Unheil geschickt, sondern die **Menschen.** Diese Menschen haben – wie Du und ich immer den freien Willen. Und so können sie sich entscheiden, ob sie anderen Gutes oder etwas Böses antun wollen. Bevor ich nun aber die Katastrophen beschreibe, die uns von Menschen eingebrockt wurden, berichte ich noch von den beiden wunderschönen Ereignissen, die zuvor eintraten. Das eine davon hast Du sehr genossen. Wovon rede ich wohl? Ja, richtig. Von der Hochzeit. Papi und ich hatten nun schon einige Jahre zusammengelebt. Nach der Heilung von meiner Depression sagte Papi glücklich: »Nun können wir endlich heiraten. Jetzt ist alles gut.«

Pfarrer Alois Zingg bereitete uns im Internat Wurmsbach, wo ich geheilt worden war, ein herrliches Fest. Mit seinen Schülerinnen und ein paar Musikerinnen gestaltete er den Gottesdienst. Du weisst ja noch, wie es war. In dem grossen, schönen Meditationsraum wurde das Fest der Liebe gefeiert. Pfarrer Zingg hielt eine Rede, von der die Hochzeitsgäste noch lange sprachen. Der Zürcher Arzt und Professor, welcher mir gesagt hatte, ich könne nur von Gott wirklich und endgültig geheilt werden, war auch anwesend. Er war beeindruckt von Pfarrer Zingg, der innig und gewaltig über die Liebe Gottes zu den Menschen und die Liebe zwischen den Menschen sprach. Erinnerst Du Dich? Nach der Feier hast du übermütige Luftsprünge gemacht und bist mit Deinem Bruder in den Anlagen von Kloster und Internat, dem Seeufer entlang, herumgerannt. Ihr habt bunte »Feuersteine« geworfen und am Abend vor den Gästen wilden Break-

Dance vorgeführt, der damals als letzter Mode-Schrei aus Amerika nach Europa gekommen war.

Nach dem schönen Hochzeitstag reisten Papi und ich mit einem Israel-Experten und einer Gruppe Leute nach Israel. Dort erlebten wir eine weitere Vertiefung unseres neu gefundenen Gottvertrauens.

Die Wanderungen durch dieses majestätische Land und die Gottesdienste in der Wüste, am See Genezareth und am Ölberg in Jerusalem bedeuteten für uns tiefe Begegnungen mit Gott. Wir kamen glücklich nach Hause zurück, reich an wertvollen Erinnerungen.

Und nun trat die erste Katastrophe ein.

Betreffend »Heilung aus Depressionen« ist folgender Hinweis für die Leser wichtig – zu Seite 268 oben, bitte kurz zurückblättern.

Es gibt Leute, die behaupten, es genüge ein »Tapetenwechsel«, also eine Ferienreise z.B., um ganz schnell aus einer Depression zu kommen – das genüge, um die negativen Bilder im bewussten Denken und im Unterbewusstsein zu löschen. Bei mir war es das Gegenteil, was ich hier betonen möchte. Nachdem ich in meiner Erschöpfung die Doppelberufe Zeitungsredaktion und Abendkurse gekündigt hatte, glaubten mein Mann und ich, eine Ferienreise auf eine sonnige Insel würde alles heilen. Aber es trat das Gegenteil ein. In der äusserlich perfekt schönen Ferienumgebung, Meer, Palmen, Strand, süsses kleines Traumhotel, fühlte ich mich noch viel schlechter. Das »lustige Strandleben« empfand ich als völlig sinnlos und leer. Ich konnte auch hier keine Nacht schlafen. Der »Tapetenwechsel« hatte die Situation eher noch verschlimmert. Im totalen Gegensatz dazu der »Tapetenwechsel« im Kloster! Den Unterschied in der Wirkung hast du ja eben erfahren. Grösser könnte der Unterschied gar nicht sein.

Rettung aus Arbeitslosigkeit

Am Abend des Montags, dem ersten Arbeitstag nach den Ferien, fand ich Papi in einem entsetzlichen Zustand zuhause an. Bleich im Gesicht sass er da. Er wirkte eingefallen und grau. Was war geschehen? Er schwieg. Mir krampfte es das Herz zusammen, denn ich wusste sofort, dass etwas ganz Schlimmes passiert sein musste.

Plötzlich brach es aus Papi heraus. »Mir ist die Stelle gekündigt worden. Fristlos. Während unserer Hochzeitsreise hat eine Intrige gegen mich stattgefunden. Ich habe keine Gegenbeweise. Es steht Aussage gegen Aussage.«

Du weisst, Dennis, Papi war angestellt als Musiksachverständiger auf der Redaktion einer der damals wie Pilze aus dem Boden schiessenden Lokalradios.

Der Intrigant hatte gründliche Arbeit geleistet während Papis Abwesenheit. Er strebte nämlich Deines Vaters gutbezahlte Stellung an. Mit Umsicht und geschickten Manövern hatte der Gegner die Tatsachen gegen Papi verdreht. Dein Vater ekelte sich so sehr vor dem Intrigantentum, dass er keine Energie aufbrachte, den fauligen Gestank der Lügen weiterhin auszuhalten und für sein Recht zu kämpfen.

Der Schmerz der Arbeitslosigkeit ist wie ein Feuer, das in den Eingeweiden brennt. Man kann ihm nicht entkommen. Man hat ständig das Bewusstsein in sich: Keine Arbeit, kein Geld! Was nun? Stempeln gehen? Welche Demütigung! Und wenn man ausgesteuert ist, wie geht es weiter?

Ich selber hatte zwar gut besuchte Kurse, aber das genügte nicht. Schliesslich hatte Papi viele finanzielle Verpflichtungen, wie Du weisst. Ausserdem ist es für die Ehefrau kaum auszuhalten, wenn ihr Mann keine Arbeit hat, auch wenn sie selber Geld verdient. Die Frau empfindet den Schmerz des Mannes über den Verlust der Arbeit genau so stark. Man geht abends ins Bett mit dieser brennenden Angst im Bauch, und am Morgen, nach einer durchgeschwitzten Nacht, steht man damit wieder auf. Im Kopf dreht sich ein Feuerrad mit den immer gleichen Vorstellungen einer katastrophalen Zukunft.

Papi wurde jeden Tag stiller. Er zog sich vollständig in sich selbst zurück. Er sagte mir, dass er nun viel nachdenken müsse. Eine neue Stelle zu finden war für ihn keine leichte Sache, denn er war damals gerade fünfzig Jahre alt geworden. In diesem Alter bekommt man gewöhnlich in der

Schweiz keine gute Arbeit mehr, denn es werden jüngere Leute bevorzugt. Mir war das alles klar. Trotzdem fiel ich nicht in ein Loch von Verzweiflung. Nicht ein einziges Mal tauchte ein depressives Gefühl auf. Vor einem Jahr hatte ich das Wunder meiner Heilung erlebt. Ich war nicht mehr imstande, Opfer von Zweifel und Angst zu werden. Ein Beweis wiederum, wie echt und tief die Heilung gewesen war.

Ich wusste mit aller Sicherheit, dass Gott uns helfen würde. Ich sagte viele Male am Tage und in der Nacht zu ihm: »Gott, unser Herr, Du hast den Menschen Nahrung, Obdach und Arbeit versprochen, wenn sie an Dich glauben und dir ganz vertrauen. Wir glauben an Dich, wir vertrauen Dir, bitte gib uns Arbeit.«

In dieser Zeit begegnete mir eine Frau, die ich zwar nur flüchtig kannte. Ich erzählte ihr von unserem Kummer. Ich weiss nicht, warum ich das tat. Sonst sprach ich mit niemandem darüber. Ein paar Tage später brachte sie mir ein Buch, in welchem viele Menschen über Gebetserhörungen berichteten. Das Buch wirkte wohltuend auf uns. Wir lasen die Berichte bereitwillig und aufmerksam. Sie bestärkten uns in unseren täglichen Bitten zu Gott, die wir mit brennendem Herzen an ihn richteten. Wir spürten dabei, dass uns die Gebete Kraft gaben, die schwächende Angst zu überwinden. Der Kontakt zu Gott verhinderte, dass wir in Verzweiflung fielen. Nach jedem Gebet wurde die Hoffnung wieder lebendig.

Das musst Du Dir gut merken, Dennis: Gott verhindert nicht, dass der freie Wille überall auf der Welt abläuft. Denn Gott hat den freien Willen geschenkt, weil er die Menschen liebt und sie nicht zwingen will zum Guten. Überall missbrauchen Menschen ihren freien Willen, um Böses zu tun. Dadurch entsteht Unglück. Die Arbeitslosigkeit war durch die Bosheit eines anderen Menschen verursacht worden, der mit seinen Lügen Deinem Vater geschadet hatte. Das Unheil war also nicht von Gott verursacht worden.

Gott schickt einem nichts Böses. Aber er gibt einem die **Kraft, das Böse zu überwinden,** welches einem von anderen Leuten zugefügt wird.

Wir hatten erfahren, mit grosser Wucht und Klarheit, dass nicht wir selber noch irgend ein Arzt meine Krankheit hatte überwinden können. Die Kraft dazu war von Gott gekommen. Also vertrauten wir uns wiederum in aller Konsequenz der Macht Gottes an.

In mir selbst wuchs in jenen Monaten der Arbeitssuche eine immer stärkere Energie und Lebensfreude. Gerade weil Papi arbeitslos war, wollte ich ihm die Tage besonders schön gestalten. Wir frühstückten jeden Morgen auf dem Balkon. Ich kaufte von meinem Verdienst schöne Blumen und schmückte die Wohnung. Auch gab ich mir Mühe, den Tisch immer appetitlich zu decken und etwas Gutes zu kochen. So machten wir aus jedem Tag ein Fest. Natürlich blieb Papi weiterhin bedrückt und in sich gekehrt. Aber ich sah, dass er intensiv nachdachte.

Er benötigte wirklich eine ausserordentliche Idee, um bei der höchst ungünstigen Situation auf dem Arbeitsmarkt eine Stelle zu finden. Er schrieb viele Bewerbungen, aber immer kam ein abschlägiger Bescheid. Die Leute von der Arbeitslosenkasse konnten nichts dafür, dass die Zahlungen nicht termingerecht eintrafen. Sie trösteten uns mit der Versicherung, dass »es dann in zwei Monaten sicher klappen werde«. Bis dahin mussten wir von meinem Verdienst leben. Die Ersparnisse waren ja schon vorher aufgebraucht worden durch die anderen finanziellen Verpflichtungen.

Wir beteten, dass wenigstens ich genug Arbeit bekomme, damit wir überleben konnten, ohne die staatliche Fürsorge um Hilfe bitten zu müssen. In diesem Sommer bekam ich plötzlich doppelt soviel Arbeit wie in früheren Jahren. Dadurch erhöhte sich mein Verdienst beträchtlich, und wir hatten genug Geld für das Essen, die Miete und andere notwendige Dinge. Um mir meine schriftlichen Arbeiten zu erleichtern, schenkte uns der christliche Arzt, der mir das Jesus-Gebet zur Heilung der Depression empfohlen hatte, ein Fotokopier-Gerät. Damit konnte ich mit halb so grossem Zeitaufwand die doppelte Arbeitsleistung erbringen. Er schenkte uns zudem jede Woche einen gewissen Geldbetrag.

Der Arzt fand es gut und wichtig, dass ich, trotz der im Augenblick düsteren Finanzlage, immer etwas Gutes kochte und am Sonntag etwas extra Feines. Er ermunterte mich auch, weiterhin Blumen zu kaufen und die Wohnung zu schmücken. Es ist falsch, wenn man in Zeiten der Drangsal anfängt, überall um sich eine trübselige, düstere Stimmung zu verbreiten. Eine solche Haltung ist dem Mut und der Hoffnung abträglich. Auch meinte der Arzt, Papi und ich sollten uns ruhig je ein neues Kleid kaufen, Papi ein Hemd und eine Jacke und ich einen sommerlichen Rock. Dafür gab er uns ebenfalls Geld. Wir fühlten uns ermutigt, als wir uns in unseren neuen, hellen Kleidern sahen. Der Arzt fragte mich immer wieder, ob wir beharrlich seien im Gebet. Ich sagte ihm, dass ich gar nicht anders könne und dass auch Dein Vater Gott um Hilfe bitte. Der Arzt gab mir ab und zu Arbeit in seinem Sekretariat, damit ich nicht das Gefühl haben musste, von ihm nur Almosen zu bekommen. Aber es waren trotzdem Almosen, denn ich merkte, dass er für mich Arbeit beschaffte, die seine Sekretärin mühelos allein hätte bewältigen können. Ich war tief gerührt von seinen Bemühungen. Dieser Mann zeigte uns, dass er das, was er in der Bibel las, ernst nahm. Er half uns tatkräftig, weil wir in Not waren. Immer behandelte er uns taktvoll und freundlich. Er gab uns auch Geld, damit wir Schwimmbad-Abonnemente kaufen konnten. Es sei nicht gut, sagte er, in einer solchen Situation immer in der Wohnung herumzusitzen. Wir sollten besser jeden Tag an die frische Luft und an die Sonne gehen. So besuchten wir jeden Tag das Freibad und schwammen jeweils einen runden Kilometer in der herrlichen, frischen Morgenluft.

Lange hielt es Papi aber nie aus im Schwimmbad. Für Arbeitslose ist dieser Ort auf die Dauer eine Qual. Viel lieber würde der Betroffene ja im Büro oder sonstwie an der Arbeit sein. Papi dachte ununterbrochen nach. Ich sah jeweils geradezu, wie es arbeitete in seinem Gehirn, sein Gesichtsausdruck war dann abwesend und stark konzentriert. Er grübelte und grübelte über Möglichkeiten nach, wo und wie er seine Fähigkeiten neu einsetzen konnte. Was er brauchte, war eine ganz neue, aussergewöhnliche Idee, wie ich bereits sagte. Diese Idee erbat er sich von Gott. Das musst Du Dir merken, Dennis. Wenn irgendwann einmal in Deinem Leben die Situation eintritt, in der Du keine Arbeit hast oder Dir sonst etwas Lebenswichtiges fehlt, dann musst Du so beten, wie Dein Vater und ich es taten: »Herr der Schöpfung, gib uns eine neue, gute, ausserordentliche Idee. Schenk uns aus Deiner grossen, gewaltigen, überragenden Intelligenz eine Idee, die uns das Überleben sichert. Eine Idee, Herr, eine Idee, bitte gib uns eine Idee.« So lauteten unsere Gebete, die wir nicht laut sagten, aber ständig in unserem Herzen trugen. Und die Idee kam – sie schlug im Kopf von Papi ein wie ein Blitz. Wie kam das zustande? Höre zu, Dennis, Du wirst staunen.

Eines Abends kam er freudig aufgeregt nach Hause und brachte eine Neuigkeit. »Stell Dir vor, heute war ich in Zürich, in einem kleinen Schallplattenladen. Der Inhaber versteht fast kein Englisch und hatte eben einen Mann aus New York am Telefon. Weil er nichts verstand, rief er mich und bat, seinem Geschäftspartner zu übersetzen, was er sagen wollte. Ich ging ans Telefon. Und wer ist da? Stell Dir vor, einer der berühmtesten Jazz-Musiker und Komponisten Amerikas. Ich begann mit ihm zu reden. Er klagte, dass er in Europa niemanden habe, der seine Firma wirklich gut vertreten könne, alles gehe schief, auch mit diesem Plattenladen in Zürich, dessen Besitzer ja nicht einmal Englisch spreche.«

Während Papi den Klagen des Amerikaners zuhörte, entstand in ihm eine Vorstellung, wie seine neue Arbeit aussehen könnte: Er würde in Zukunft den Amerikanern helfen, ihre Produkte in Europa zu verkaufen, mit Hilfe eines gut organisierten Vertriebsnetzes. Von jetzt an begann Papi, an Vorschlägen zu arbeiten, die er den Amerikanern unterbreiten wollte, um sie für seine Idee zu gewinnen. Zuerst aber musste er herausfinden, wie gross der Bedarf an Jazz-Musik in Europa eigentlich war. Das nennt man Marktforschung. Dazu war es notwendig, ins Ausland zu reisen und mit den Direktoren von Plattenfirmen und Musikvertrieben zu sprechen.

Papi erzählte mir das alles voller Freude, und ich fand seine Idee ausgezeichnet. Aber ausgerechnet in dieser Zeit gab Papis alter Ford endgültig den Geist auf und musste auf den Autofriedhof gebracht werden. Nun stand er da mit einer grossen Chance – aber ohne Auto war diese Chance nutzlos. Mit der Eisenbahn war es nicht möglich, innerhalb von so kurzer Zeit alle Distanzen zu bewältigen, zumal einige seiner Ziele weit entfernt von Bahnstationen lagen. Papi brauchte ein Auto. Wir sassen hilflos in unserer Wohnung und wussten nicht, was wir tun sollten. Arbeitslose erhalten keine Bankkredite, das ist klar. Also, woher das Geld für ein Auto beschaffen?

Ich berichtete dem Arzt, der uns bisher so viel geholfen hatte, von dieser grossen Schwierigkeit. Weisst Du, was er tat? Halt Dich gut am Stuhl fest, Dennis! Der Arzt rief uns einige Tage später an und sagte, wir könnten in einer Garage in Zürich einen neuen Wagen abholen. Er habe ihn auf den Namen Deines Vaters gekauft und bar bezahlt. Das Auto sei ein Geschenk. Er wolle dafür keine Rückzahlung haben.

Dieser Arzt war wie ein Engel Gottes in unser Leben getreten. Zuerst hatte ich durch ihn den Weg aus der Depression gefunden und jetzt rettete er unsere finanzielle Situation. Dieser Arzt, der in seinem Herzen tief mit Gott verbunden ist, nahm die innere Stimme ernst. Er hatte erkannt, dass Dein Vater ohne Schuld arbeitslos geworden war und dass er die neue Chance nur mit Hilfe eines Autos nutzen konnte.

Auf dem Arbeitsamt wunderte man sich, dass Papi sagte, er könne nicht jeden Tag stempeln, da er verschiedene Auslandsreisen unternehmen müsse. »Ja, warum denn das? Und woher haben Sie das neue Auto?« wurde er gefragt. Als er sagte, ein Zürcher Arzt habe ihm ein Auto geschenkt, wollte ihm das niemand glauben. Das ist nicht erstaunlich, lieber Dennis. In unserer Welt, die zum grossen Teil auf persönliches Gewinnstreben ausgerichtet ist, erscheint es den meisten Leuten als unglaubwürdig, dass irgend jemand einem anderen Menschen ein so grosszügiges Geschenk macht. Dein Vater musste von seinem Wohltäter ein **Beglaubigungsschreiben** verlangen!

Sonst wäre er in ernste Schwierigkeiten mit dem Arbeitsamt gekommen. Man hätte ihn verdächtigt, das Auto unrechtmässig erworben zu haben. Die Behördenvertreter schauten Papi ganz merkwürdig an. Er sah, wie es in ihren Köpfen arbeitete: »Was ist das für einer?« dachten sie, »der ein

Auto geschenkt bekommt? Warum tut das dieser Arzt? Er hat doch gar keinen Profit davon!«

Nun begann eine rege Tätigkeit. Papi reiste in verschiedene Länder und besuchte Direktoren von Schallplattenfirmen und Musik-Vertriebsgesellschaften. Eine harte Nervenprobe für uns, er tat vorläufig alles auf eigenes Risiko. Du weisst, was das bedeutet. Er hatte keinerlei Garantie, dass er für all diese Arbeiten, die er jetzt leistete, irgendwann einmal einen Lohn erhalten würde.

In dieser Situation beteten Dein Vater und ich täglich mehrmals:

»Allmächtiger, Ewiger Gott, liebender Vater, Schöpfer der Welt. Wir loben und preisen Deine Macht und Güte. Gib uns Mut und Ausdauer. Gib uns von Deiner schöpferischen Intelligenz so viel, dass wir gute Arbeit leisten. Gib uns Durchhalte-Kraft. Gib uns starken Willen, gib uns mehr Vertrauen, mehr Glauben, gib uns richtige Urteilskraft, logisches Denken. Wir danken Dir für alle diese Gaben und loben Dich. Amen.« (Amen heisst: so sei es.)

Nachdem er ein halbes Jahr in den erwähnten Angelegenheiten in Europa herumgereist war, hatte er genug Informationen und Zahlenmaterial gesammelt, welches er den Amerikanern vorlegen konnte. Die Sache war schon so weit gediehen, dass bald ein Vertrag abgeschlossen werden konnte mit dem New Yorker Hauptsitz.

Da geschah noch etwas Furchtbares. Es war wiederum Abend, ich kam nach Hause von der Arbeit. Da sagte Papi zu mir: »Es ist alles vorbei. Ich kann nicht mehr. Die Amerikaner wollen nicht. Jetzt bin ich am Ende. Ich werde mir das Leben nehmen.« Dann verliess er die Wohnung. Ich war ein paar Sekunden lang wie betäubt und glaubte, das Bewusstsein zu verlieren vor Verzweiflung. Ich wollte Papi nachrennen und ihm sagen, dass ich ihn über alles liebe und wir doch zusammen schon wieder einen neuen Weg finden würden. Aber Papi war schon weg. Da war ich nun ganz allein in der Wohnung mit meinem Elend. Was tat ich? Ich tat das, was ich inzwischen gelernt hatte, seit der Heilung von meiner seelischen Krankheit.

Ich kniete mich hin und begann, unter sehr heissen Tränen, Gott anzuflehen, er solle Papi vor dem Selbstmord bewahren und ihm neuen Mut geben. Und er solle ihm Arbeit geben. Während ich betete, geschah etwas Seltsames. Anstatt nervös und schlaflos zu sein vor Angst und Sorge, spürte ich eine starke, unwiderstehliche Müdigkeit. Ich konnte nicht anders, als mich ins Bett zu legen. Es war so wie damals im Kloster nach der Bussfeier. Ich legte mich ins Bett und fiel sofort in ungewöhnlichen tiefen, traumlosen Schlaf. Das ist doch sehr erstaunlich. Denn meist kann man überhaupt nicht schlafen in einer so extremen Notlage.

Als ich am Morgen erwachte, stand Papi neben dem Bett und nahm mich fröhlich in die Arme. »Hast Du nicht gehört, wie heute Nacht das Telefon läutete?« fragte er strahlend. Ich war vollständig überrumpelt und sofort hellwach. »Was ist denn gestern Nacht geschehen?« fragte ich, weil ich mich nur noch an die katastrophale Nachricht aus Amerika, an Papis Verzweiflung und mein Gebet erinnerte. »Denk Dir, Liebes«, sagte Papi, »so um drei Uhr morgens läutete hier das Telefon. Nun ja, dann ist es in New York gerade Abend. Zum Glück bin ich nochmals in die Wohnung zurückgekehrt, sonst hätte ich den Anruf verpasst. Weisst Du, wer angerufen hat? Es war der Firmenchef aus New York, und er sagte, sie wollten es nun doch mit mir probieren. Der unterschriebene Vertrag sei bereits unterwegs und damit alles okay.«

Du kannst Dir vorstellen, lieber Dennis, wie wir gejubelt haben. Wiederum kam es uns vor, als seien wir neugeboren worden, diesmal alle beide. Wir platzten fast vor Lebensfreude. Und dann dankten wir Gott. Wir jubelten ihm zu und dankten ihm mit heissem Herzen.

Von da an begann eine ganz herrliche Zeit für Papi. In Zürich durfte er einen schönen Arbeitsplatz einrichten, zusammen mit einem amerikanischen Kollegen. Papi blühte auf. Er ist ein sehr gebildeter, vielseitig begabter Mann. Nun konnte er endlich alle seine Talente und Fähigkeiten voll entfalten und bekam dafür auch einen angemessenen Lohn.

Du siehst, lieber Dennis, was geschehen ist: Das Böse, welches der Intrigant vom letzten Arbeitsort dem Papi angetan hat, ist von **Gott zum Guten gewendet** worden, weil wir ihn darum gebeten hatten. Die neue Arbeit war nämlich viel besser als jene, die man ihm auf so hinterhältige Art genommen hatte. In der neuen Stellung hat Papi einen viel grösseren Wirkungsbereich, in ganz Europa, aber auch, in dieser speziellen Branche, in Nordamerika. Alle seine Begabungen kann er voll einsetzen. Du musst Dir folgendes einprägen: Wenn Dir einmal ein Mensch oder ein Arbeitgeber oder Nachbar oder sonst ein Mensch etwas Böses antut, dann **bitte Gott, das Böse umzuwandeln in Gutes!** Wer Gott ehrlich und mit Vertrauen bittet, dem wird das gewährt.

Wir waren sehr glücklich. Papis Arbeit erfüllte ihn, und auch in meinem Beruf ging es stets voran. Wir freuten uns auf jeden neuen Morgen. Immer wieder lobten wir Gott und dankten ihm für seine grosse Güte.

Da geschah die zweite Katastrophe. Und wiederum kam sie nicht von Gott. Von Gott kommt kein Unheil. Das Unheil kam von Menschen. Du wirst Dich sofort daran erinnern, denn Du bist erschrocken, als Du von dem neuen Unglück hörtest. Erinnerst Du Dich? Uns wurde ganz plötzlich die Wohnung gekündigt.

Rettung aus Wohnungsnot

Was Du nicht weisst, lieber Dennis! Im Jahre 1985 herrschte in der Schweiz grosse Wohnungsnot. Wenn jemand eine Wohnung suchte, musste er gefasst sein darauf, ein paar Jahre suchen zu müssen.

Wir begannen, täglich Zeitungsinserate zu studieren und Bewerbungen zu schreiben.

Bereits nach zwei Wochen fühlten wir uns stark entmutigt. Es gab zwar freie Wohnungen, aber nur in solchen Kategorien von 3000 Franken im Monat, in Ortschaften Nähe Zürich. Wir bekamen zudem ständig Absagen. Nun fühlten wir erneut nervöse Magenkrämpfe, wir schliefen wenig, und die Alpträume liessen uns schwitzen.

Aber auch in dieser aussichtslos wirkenden Lage hörten wir nicht auf zu beten. Gott, der Herr, hatte uns Arbeit gegeben, also vertraute ich fest darauf, dass er uns auch ein neues Obdach zeigen würde. Immer wieder lasen wir die Bücher, in denen Menschen über Gebetserhörungen berichteten, um unseren Mut und den Durchhaltewillen zu stärken. Unsere Gebete waren weiterhin brennend und innig. Wir beteten täglich. »Herr, gib uns einen Hinweis, zeige uns, wohin wir uns wenden sollen.«

Ich erinnere mich noch genau. Es war an einem Samstagvormittag im Mai. Dein Vater und ich hatten wiederum eine sehr teure und ungeeignete Wohnung besichtigt und sassen mutlos in einem Kaffeehaus. Eben hatte ich die Tageszeitungen durchgeblättert, aber keines der Wohnungsinserate war für uns geeignet. Ich legte die Zeitung resigniert in den Zeitschriftenständer zurück und bestellte nochmals Kaffee. Dein Vater war ebenso niedergeschlagen und müde wie ich. Wir hatten beide schlecht geschlafen. Er tat mir besonders leid, denn er hätte seine Kräfte nun wirklich hundertprozentig gebraucht, um seine neue Arbeit im Vollbesitz von Energie anfangen zu können. Jetzt musste er sich wieder mit dieser neuen, schweren Sorge herumschlagen.

Als ich bekümmert an dem heissen Kaffee nippte, befiel mich plötzlich das seltsame Verlangen, die eben weggelegte Zeitung nochmals zur Hand zu nehmen. Erstaunt blickte mich Dein Vater an, als ich wieder zum Zeitungsständer ging, die Zeitung herausriss und wild entschlossen aufschlug. Mein Blick fiel auf eine Seite, die ich sonst gar nie beachtet hatte, weil die Ortschaften in dieser Rubrik nicht an Bahnhöfen lagen. Als Frau ohne Auto und ohne Führerschein wollte ich unbedingt eine Wohnung, welche in der Nähe eines Bahnhofs lag und nicht weitab, irgendwo auf dem Lande.

Jetzt geschah etwas, das ich nur als Wunder bezeichnen kann. Meine

Aufmerksamkeit wurde, als würde sie ferngesteuert, auf ein **winziges Inserat gelenkt.** Es stand aber bei jenen Ortschaften ohne Bahnhof!! **Gegen meine Überzeugung, wie unter einem sanften Zwang, las ich das winzige Inserat trotzdem ganz genau.** Und was stand da? Mit allen möglichen Abkürzungen, um Kosten zu sparen, hatte der Mieter einer Wohnung ein eigenes Inserat aufgegeben.

»Schatz«, schrie ich wie elektrisiert. »Da ist eine Wohnung in der Nähe eines Bahnhofs, nur 20 Bahnminuten von Zürich entfernt, eine grosse Wohnung zu einem Preis, der geradezu traumhaft ist. Komm, wir telefonieren sofort!« Dein Vater las das Inserat und schüttelte ungläubig den Kopf. Ich warf die Zeitung weg und rannte in die Telefonkabine. Gleich beim ersten Mal erreichte ich den Besitzer. Er war sehr freundlich und einverstanden, dass wir sofort kämen. Ich stellte ihm noch eine ganz unverschämte Frage: »Sind diese Zimmer wohl so eine Art Besenkammern?« Er lachte und sagte: »Das kleinste Zimmer ist 16 Quadratmeter. Aber kommen Sie doch vorbei und schauen Sie selbst!«

Dein Vater und ich warfen uns ins Auto und fuhren los. Zehn Minuten später standen wir vor einem 8-stöckigen Haus, dessen Bauart wir noch nie gesehen hatten in der Schweiz. Dein Vater sagte: »Es sieht aus wie ein amerikanisches Hotel irgendwo am Pazifik!« Du weisst ja, lieber Dennis, Dein Vater liebt Amerika. Ich sah, dass er sich sofort wohl fühlte beim Anblick dieser grosszügig angelegten Liegenschaft.

Aber, und jetzt kommt bereits der erste Kummer, der freundliche Herr sagte uns, dass gewiss noch hundert andere Leute im Laufe der kommenden Woche erscheinen und diese Wohnung begehren würden. Er hatte Recht! Natürlich füllten wir die Anmeldeformulare sofort aus. Aber das hatte nichts zu bedeuten. Ein paar Tage später erfuhren wir, dass er richtig vermutet hatte. Bereits über hundert Leute hatten sich für diese Wohnung beworben.

In meiner Begeisterung schrieb ich dem Verwalter, wie gross unsere Freude wäre, diese Wohnung zu bekommen. Dann aber blieb nichts anderes übrig, als zu warten. Und was geschah, lieber Dennis? Wir erhielten, genau wie bei allen anderen Wohnungsbewerbungen, eine Absage. Ich war nicht bloss niedergeschlagen, sondern tief zertrümmert. In dieser Not rief ich den Verwalter an und fragte ihn nach den genauen Gründen. Er wollte zuerst nicht recht herausrücken mit der Sprache. Aber dann sagte er, dass es halt üblich sei, sich über die Finanzlage der Mieter zu erkundigen. Dabei hatte er erfahren, dass Dein Vater in einer finanziell sehr angespannten Situation sei. Du musst wissen, dass die Behörden solche Auskünfte herausgeben, wenn zum Beispiel eine Hausverwaltung anfragt. Als ich dieses Gespräch mit dem Verwalter führte, war dein Vater beruflich am Jazz-Festival in Montreux.

Ich fühlte mich einsam und hatte zudem einen grossen Schock, weil ich nicht gewusst hatte, dass Hausverwaltungen sich so verhalten. Ich beschwor den Verwalter, sich die Sache noch einmal zu überlegen, für uns sei diese Wohnung die Rettung aus grosser Not. Der Verwalter sagte, er habe genug andere Bewerbungen, die für ihn keinerlei finanzielles Risiko darstellten. Ob ich denn irgendeine Sicherheit anbieten könne, zum Beispiel den Ausweis einer festen Stelle, mit deren Monatslohn ich bürgen könnte? »Nein«, sagte ich, »das kann ich nicht, denn ich bin freiberuflich tätig ohne feste Stellung.« Das erschwere die Sache nochmals, bedauerte der Verwalter. Er könne mir leider auch nicht weiterhelfen, es sehe ziemlich schwarz aus für uns. Er hatte dann keine Zeit mehr und musste das Gespräch beenden.

Nun begann ich, obwohl wirklich alles gegen uns sprach, zu beten. Ich sagte »Herr, Du weisst, das ist die richtige Wohnung für uns. Warum hast Du sie uns gezeigt? Bitte, hilf uns!«

Wie sollte denn das zugehen? Schliesslich hat doch jeder Mensch den freien Willen, auch der Verwalter! Gott geht sicher nicht hin und zwingt diesen Mann zu irgend einer Tat. Nein, so geschah es auch nicht. Gott hat den Verwalter nicht gezwungen, sondern er gab ihm nur einen Gedanken ein. Und diesen Gedanken hörte ich ein paar Tage später am Telefon. Du kannst Dir nicht vorstellen, mit wieviel Druck auf der Seele ich gelebt hatte. Papi war ja nicht da, ich fühlte mich sehr allein. Ich kam eben von einem Werktagsgottesdienst aus der katholischen Kirche zurück, als das Telefon läutete. Aufgeregt nahm ich ab, denn ich war in jenen Tagen ohnehin immer an der Grenze meiner Nervenkraft wegen der unsicheren Lage. Am Apparat war der Verwalter. Er sagte: »Nun hören Sie gut zu, liebe Frau. Heute nacht ist mir etwas ganz Seltsames passiert. Ich wachte auf und dachte plötzlich, dass mein Beruf als Immobilienverwalter ziemlich trocken und eintönig sei. Immer nur Zahlen, Buchhaltung, Finanz, so gar nichts Lebendiges. Immer wieder tauchte Ihr Brief in meinen Gedanken auf, in welchem Sie schreiben, wie glücklich Sie wären, diese Wohnung zu bekommen. Und stellen Sie sich vor, am Abend, bevor ich schlafen ging, habe ich noch eine Radio-Sendung vom Jazz-Festival in Montreux gehört, ich glaube, Ihr Mann hat die Sendung moderiert. Stimmt das?« »Ja«, antwortete ich atemlos, »mein Mann ist in Montreux. Aber, was sagten Sie da, ich meine, wegen der Freude in meinem Brief und wegen Ihrem Beruf?« »Ja, ja, eben, das will ich sagen«, fuhr er fort, »mir kam plötzlich in den Sinn, dass ich eigentlich sehr gerne jemandem eine Freude machen würde. Weil ich das in meinem Beruf sonst noch nie getan habe. Darum hab ich mich entschlossen, Ihnen und Ihrem Mann diese Wohnung zu geben, auch wenn das finanziell ein Risiko ist, aber ich nehme das persönlich auf mich.« Ich konnte keinen Ton herausbringen vor Überraschung. Ich glaubte, mein Herz zerspringe. Plötzlich musste ich weinen vor Freude und Erleichterung. »Hallo, hallo, sind Sie noch da?« fragte der Verwalter. Er fragte mich, ob ich nicht doch irgend einen Ausweis für meinen Verdienst erbringen könnte und ob ich vielleicht jemanden finde, der eine Bürgschaft leisten würde. Mir fiel spontan meine Mutter ein, die das sicher gern tun würde. Er war zufrieden und bestellte mich in sein Büro, um den Vertrag zu unterschreiben. Noch am gleichen Tag fuhr ich nach Zürich und nahm dort ein Taxi, weil ich unbedingt pünktlich sein wollte. Der Chauffeur, ein freundlicher, älterer Herr, fragte: »Junge Frau, was haben Sie denn auf dem Herzen? Sie sind ja ganz aufgeregt.« Da schüttete ich ihm in zwei Minuten meinen ganzen Kummer aus. Er tröstete mich und sagte mit fester Überzeugung: »Sie bekommen diese Wohnung, das weiss ich. Wissen Sie, ich glaube an Gott, und ich werde jetzt für sie beten.«

Ich dachte, das gibt es doch nicht. In einem Zürcher Taxi bekommt man sonst ganz anderes zu hören! Ich betrachtete den Chauffeur genauer. Ein sehr eigenartiges Gefühl befiel mich. Ich dachte, das ist gar kein Chauffeur, das ist ein Engel, ein Botschafter des Himmels. Aber sofort verscheuchte ich diesen Gedanken und bekämpfte das wundersame Gefühl. Es verstärkte sich aber, als der Mann mir die Türe öffnete und mich zum Gebäude der Verwaltung geleitete. Er klopfte mir väterlich auf die Schulter und sagte zum Abschied: »Kopf hoch, junge Frau. Tragen Sie Sorge zu ihrem hübschen Kleid.« Es war das neue helle Kleid, das ich mit Hilfe jenes Arztes eigens gekauft hatte, um aus der damaligen düsteren Stimmung der Arbeitslosigkeit herauszukommen. »Die Wohnung bekommen Sie ganz sicher, das weiss ich. Ich bete jetzt für Sie.«

Von der Sekretärin des Verwalters wurde ich in ein Wartezimmer geführt. Der Verwalter kam aber nicht. Da sass ich und dachte, jetzt ist alles aus, er hat die Verabredung vergessen. Es ist ihm gleichgültig, oder vielleicht hat er sich anders besonnen und mag mich nicht mehr empfangen. Sonst liesse er mich hier nicht einfach so unhöflich sitzen.

Eine ganze Stunde sass ich da mit hämmerndem Puls. Dazu schwitzte ich fürchterlich. In meiner grossen Angst betete ich unaufhörlich, weil ich mir nicht anders zu helfen wusste. Plötzlich flog die Türe auf und herein stürmte ein grosser, blonder junger Mann, den ich jetzt zum erstenmal sah. Es war der Verwalter. Er kam auf mich zu und rief: »Ach, entschuldigen Sie bitte! Es tut mir so leid. Aber wir hatten einen Notfall. Eine alte Frau ist tot aufgefunden worden in einer unserer Wohnungen. Ich musste sofort hin, um das Nötige zu veranlassen. Sie wissen ja, Polizei, Krankenwagen, was es halt so gibt in solchen Fällen.«

Eine Viertelstunde später hatte ich den Mietvertrag in der Tasche. Ich weinte vor Glück. Zum Verwalter sagte ich: »Das wird Ihnen Gott einmal vergelten, wenn Sie zu ihm in den Himmel kommen.« »Ach was«, sagte der Verwalter, »ich glaube nicht an Gebete und auch nicht an den Himmel. Ich wollte Ihnen doch nur eine Freude machen, weil ich in meinem Beruf bisher noch nie jemandem einen Gefallen getan habe. Aber jetzt hat mich einfach so ein Bedürfnis überfallen, ich weiss eigentlich auch nicht, warum.« Ich konnte nichts erwidern. Mit den Tränen lief die Wimperntusche die Wangen herab, ich schluchzte und hatte viel zu tun mit dem Taschentuch.

Es war Juni. Glückselig und wie im Traum wanderte ich durch die Strassen der Stadt. Endlich spürte ich die Wärme und die bunten Farben des Sommers. Ich ging die Bahnhofstrasse von Zürich hinunter wie in Trance und hätte am liebsten alle Leute umarmt. Meine Seele bestand nur noch aus Jubel und Dankgebeten. Ich konnte es kaum erwarten, Deinem Vater die Freudenbotschaft zu übermitteln. Aber er war telefonisch nicht auffindbar im Gewühl des Casinos von Montreux. Immer wieder liess ich ihn ausrufen. Erst gegen 20 Uhr, vor dem ersten Jazz-Konzert, erreichte ich ihn. Du kannst Dir vorstellen, Dennis, wie glücklich er war.

Es wurde ein herrlicher Sommer! Bis zum Umzugstermin im Oktober hatten wir zwei Monate Zeit, Pläne zu schmieden, wie die neue, viel grössere Wohnung gestaltet werden sollte, eine Beschäftigung, die uns mit Glücksgefühlen erfüllte.

Es war für uns wie der Auszug aus Ägypten ins Gelobte Land. In meinen Gebeten hatte ich immer gesagt: Herr führe uns aus Ägypten. Dieses Gebet war ganz spontan entstanden, vielleicht weil wir auf unserer Hochzeitsreise in Israel so stark empfunden hatten, was es heisst, aus der Ungerechtigkeit und Unterdrückung in die befreiende Gerechtigkeit zu kommen.

Diese Wohnung ist für uns jeden Tag ein Grund für Dankgebete. Ohne die Eingebung von Gott hätte ich an jenem Samstagmorgen auf keinen Fall die Zeitung ein zweites Mal geöffnet und genau unter jener Rubrik nachgeschaut, die ich sonst nie gelesen hatte. Weil jene dort aufgeführten Ortschaften nicht in meine Vorstellung über Wohnlage mit Bahnhof passten.

Wir danken aber auch jeden Tag für zwei andere Geschenke Gottes. Wir wissen mit aller Klarheit, dass in unserem Leben drei grosse Wunder stattgefunden haben, seit wir Ernst gemacht hatten mit dem Vertrauen zu Gott. Wunder, die in kurzen Zeitabständen aufeinandergefolgt waren und uns aus schwerster Bedrängnis gerettet hatten.

Diese Ereignisse waren:

1. Heilung aus Krankheit (Depression)
2. Rettung aus Arbeitslosigkeit
3. Nach einer ungerechten Kündigung das Geschenk einer viel schöneren Wohnung

Du musst nicht denken, lieber Dennis, nur wir hätten diese Erfahrungen mit Gebetswirkungen gemacht. Das haben schon vor uns viele andere Menschen auch erlebt. Ich kann Dir ganze Ordner von Briefen zeigen, in denen mir Menschen von direkten Gebetserhörungen schreiben. Auch kann ich Dir Namen von berühmten Leuten, Wissenschaftlern und Künstlern, angeben, die bezeugen, welche Wirkungen Gebete in ihrem Leben hatten. Aber das liebste Beispiel für eine Berühmtheit ist mir immer die Mutter Teresa. In den Büchern über ihre Arbeit kannst Du nachlesen, wie stark vertrauend sie Gott alle ihre Probleme übergibt. Sie hat sogar einmal eine Art Waffenstillstand erhalten, als sie Gott darum bat. Es war im Libanon, als Mutter Teresa zusammen mit dem Internationalen Roten Kreuz aus einem von Bomben zerstörten Quartier in Beirut behinderte Kinder auf die andere, ruhigere Seite der Stadt bringen wollte. Wir haben mit Dir zusammen den Video-Film darüber gesehen und gestaunt, mit welch unerschütterlichem Vertrauen Mutter Teresa beten konnte. Sie beschämte einen Rotkreuz-Helfer, der zuvor gesagt hatte: »Aber Mutter! Gott kann doch jetzt nicht einfach uns zu Gefallen einen Waffenstillstand erzeugen!« Der Waffenstillstand kam aber zustande, und Mutter Teresa konnte die Kinder retten. Ich weiss nicht, was der Rotkreuzmann nachher gedacht hat. Wahrscheinlich war er zutiefst betroffen über die Gebetskraft der kleinen Nonne mit der grossen Liebe im Herzen.

So lange wir Menschen in dieser Welt leben, haben wir Mühe und Schwierigkeiten. Denn von überall her gibt es Angriffe von Menschen, die uns nicht gut gesinnt sind. Diese Menschen haben auch den freien Willen bekommen und dürfen also das Böse an uns tun. Nochmals und immer wieder bitte ich Dich, Dir einzuprägen: Wir können Gott bitten, dass er das Böse, das man uns antut, in Gutes umwandelt. Gott tut das immer, wenn wir ihn darum bitten. Wir, unsere ganze Familie, haben das sehr stark erfahren. Nach zehn Jahren veränderten sich unsere Lebensumstände durch die Einwirkung böswilliger Menschen. Papi's Firma wurde aufgrund des Profitdenkens seiner Chefs an einen japanischen Grosskonzern verkauft und aufgelöst. Er musste neue Arbeit suchen und fand sie. Das wunderschöne Heim in dem grossen Mietshaus wurde von einem Spekulanten gekauft. Wegen Totalumbaus mussten alle Mieter das Gebäude räumen. Wir fanden aber wieder ein Zuhause, welches uns gefällt.

Ich lege Dir aus dem Alten Testament ein Gedicht bei, man nennt das »Psalm«. Du siehst, dass der Psalmdichter schon Jahrtausende vor uns die gleiche Erfahrung machte.

Ich will mich über den Herrn freuen.
Alles, was in mir ist,
mein Herz und mein Geist,
soll ihn rühmen!

Ich will mich über den Herrn freuen
und will all das Gute nicht vergessen,
das ich von ihm empfangen habe.

Er hat mir alle meine Schuld vergeben
und hat heil gemacht,
was in mir zerbrochen war.

Er hat mir das Leben noch einmal geschenkt,
als es schon verloren schien.

Er hat mich mit Freundlichkeit geschmückt
wie mit einer Krone.

Er hat mich reich und überreich gemacht
an allen Gütern, die ich mir wünschte.

Er hat meine Kraft erneuert,
wie das Gefieder des Adlers neu wird.

Barmherzig und freundlich ist Gott,
geduldig und reich an Güte.
(Psalm 103, 1–5.8–12)

Mit diesem Psalm beende ich nun die persönliche Korrespondenz an Dich.

Du wirst auf den folgenden Seiten erfahren, wie ein anderer Mensch in höchster Not Gebetserfahrung erlebt hat. Es handelt sich um die Erlebnisse eines Priesters, der, vor dem Sturz des Diktators Ceausescu, in rumänischen Gefängnissen gefoltert worden ist:

Die Liebe besiegt den Hass

Ein gefolterter Priester erlebt in einem rumänischen Gefängnis eine ganz besondere Art von Gebetserhörung

Im Jahre 1987, hörte ich in der Liebfrauenkirche in Zürich eine Predigt, die ich nie vergessen werde. Die Kirchenbesucher, es waren einige hundert Menschen, sassen dabei vor Schrecken und Erschütterung völlig erstarrt in den Bänken. In der Stille hätte man tatsächlich eine Nadel fallen hören. Das erstemal übrigens, dass ich eine Predigt hörte, während welcher nicht gehustet, geniest oder sonstwie rumort wurde. Dafür sah man überall nasse Wangen und Taschentücher.

Blind vor Tränen und erschüttert von Trauer, Empörung, aber auch von neu erwachtem Glauben, hörte ich, was der Priester berichtete.

Er war katholischer Priester der orthodoxen Kirche in Rumänien. In diesem Lande wurde die Kirche zwar offiziell geduldet. Trotzdem wurden immer wieder Priester und Laien, die sich zu sehr für Menschenrechte und Glaubensfreiheit einsetzten, verfolgt, bespitzelt, schikaniert, häufig verhaftet und für lange Zeit in Gefängnisse deportiert, deren Ort niemand wusste.

Ich will den Bericht des Priesters so wiedergeben, wie ich ihn gehört habe. Ich verbürge mich dafür, dass alles genau so von dem Priester auf der Kanzel der grossen Zürcher Kirche bezeugt worden ist.

Der Bericht des Priesters:

»Eines Sonntags wurde ich mitten in der Predigt verhaftet. Fremde Sicherheitsbeamte in Zivil zerrten mich von der Kanzel. Meine Kirchenbesucher hatten keine Chance gegen die Geheimpolizei, weil diese bewaffnet war. Hilflos mussten meine Frau, Töchter und Söhne* sowie meine Gemeindemitglieder zusehen, wie man mich in ein Polizeiauto stiess. Sie erfuhren nie, wohin man mich brachte. Auch ich weiss es bis heute nicht. Sehr rasch verband man mir die Augen. Es dauerte einige Stunden, bis wir angekommen waren. Die Augenbinde wurde mir erst abgenommen, als ich in einem Gefängnisgebäude einem Untersuchungsrichter gegenübersass. Er beschuldigte mich des Aufruhrs gegen die Staatsgewalt durch

---

* (Orthodoxe Priester dürfen heiraten)

meine Predigten. Ich verteidigte mich, so gut es ging, aber er blieb bei seiner Anklage. Ich wurde in eine winzige Zelle gebracht. Sie war so klein, dass ich mich kaum der Länge nach auf dem nackten Steinboden ausstrecken konnte. Es gab kein Mobiliar, auch kein Bett, kein Lavabo und keine Toilette. Fenster gab es nicht, nur eine Beleuchtungsanlage, die ich noch fürchten lernte. Sie wurde nachts in greller Helligkeit auf mein Gesicht gerichtet, damit ich nicht schlafen konnte. Gelegentlich wurde aus einer Art Deckenspalte ein Brett heruntergelassen, das mir als Bett dienen sollte. Oftmals wurde es wieder hochgezogen, wenn ich mich darauf legen wollte, so dass ich schmerzhaft auf den Boden fiel. Die meiste Zeit sass oder lag ich auf dem nackten Steinboden und fror entsetzlich.

Nahrung bekam ich nur zu Beginn. Täglich wurde ich zum Verhör geführt. Der Untersuchungsrichter sagte, es sei ihm eigentlich egal, welche politische Ideen ich hätte. Das, was er am meisten hasse, sei meine Frömmigkeit und meine Anhänglichkeit an Gott! Wenn ich jetzt, vor ihm bereit sei, meinem Gott abzuschwören und ihn zu lästern, dann würde er mich sofort freilassen. Ich war entsetzt und weigerte mich. Da sagte er, nun würden die Strafen verstärkt. Das sah wie folgt aus:

Ich erhielt von diesem Tage an keine Nahrung mehr. Vorher hatte es karge Portionen Brot gegeben sowie ab und zu eine Suppe.

Von jetzt an bekam ich nur noch eine Schüssel mit Erbrochenem. Es stammte von meinen Mithäftlingen, welche ständig erbrachen, wenn sie geschlagen wurden, so erklärte mir der Wärter mit höhnischem Ton. Wenn ich zur Toilette musste, liess man mich stundenlang warten. Sie brachten mir jeweils einen Eimer, auf dem ich in ihrer Anwesenheit meine Notdurft verrichten musste. Dann stiessen sie den Eimer um und gaben mir einen Stoss in den Rücken, damit ich mit dem Gesicht voran in meinen eigenen Kot und Urin hineinfiel. Dann lachten sie mich aus und versetzten mir Hiebe. Einer der Wärter schlug täglich mit ganz besonderer Härte auf mich ein. Denn er hasste ganz besonders die katholischen Priester und liess es im Gefängnis jeden von ihnen spüren, wie er mir voller Schadenfreude sagte.

Jeder Verbrecher werde von ihm besser behandelt, betonte er. Diebe und Mörder zum Beispiel. Aber die katholischen Priester, die schlage er am liebsten. Es gefiel ihm, mich zu demütigen. Wenn mein Gesicht und Körper vom eigenen Kot verschmiert waren, liess er mich damit sitzen. Ich bekam kein Wasser zur Reinigung.

Es waren etwa vier Wochen vergangen. Allmählich glaubte ich, den Verstand zu verlieren. Ich war vollständig abgemagert und stank entsetzlich. Meine Haare waren verfilzt, die Fingernägel wie Krallen. Überall hatte ich Ausschläge wegen der Unterernährung und wegen der mangelnden Hygiene. Ich muss ausgesehen und gerochen haben wie ein Aussätziger.

Dazu kamen Halluzinationen und Angstzustände wegen der ständigen Schlaflosigkeit. Ich bekam Schüttelfröste und lag tagelang in Fieberphantasien auf dem Boden. Während der täglichen Verhöre hatte der Untersuchungsrichter etwas herausgefunden. Alle seine Lästerungen gegen mich und seine Angriffe und Verleumdungen gegen meine Familie konnte ich ertragen. Er nannte meine Frau eine Hure und meine Kinder Hurensöhne und Bastarde. Das ertrug ich schweigend. Was mir aber am meisten weh tat, und das hatte er bemerkt, waren seine gotteslästerlichen Flüche. Von da an benutzte er diese Flüche pausenlos, um mich seelisch kaputt zu machen. Er schwor, dass er mich weich kriege. Das einzige, was er von mir wollte, war, dass ich Gott verleugnen und lästern sollte.

Eines Tages war ich so weit, dass ich in grösster körperlicher und seelischer Pein zu Gott sagte: »Herr, ich halte es nicht mehr aus. Ich bin am Ende aller Kraft. Lass mich sterben, bitte lass mich sterben. Aber lass nicht zu, dass sich mein Geist verwirrt und ich Dich lästere, weil mein Körper zu schwach wird und die Nerven versagen. Bitte Herr, stärke meinen Verstand. Ich habe Angst, dass ich ihn demnächst verlieren werde.«

Es waren nun ungefähr zwei Monate vergangen, zwei Monate der unglaublichsten Torturen und Qualen körperlicher und seelischer Art. Obwohl ich natürlich keine Uhr hatte, war in mir ein inneres Zeitbewusstsein entstanden.

Als ich dieses flehentliche Gebet gesprochen hatte, geschah etwas Gewaltiges. Meine Zelle wurde plötzlich von einem starken Licht erfüllt, und ich sah viele fremde Menschen, umgeben von Engeln, für mich beten. Die Zellenwände waren zurückgewichen, es sah aus, als wäre ich in einem grossen Saal. Ich dachte, das ist nur eine Fieberhalluzination, jetzt verliere ich tatsächlich den Verstand. Wahrscheinlich ist das die Folge des Hungers. Aber noch während ich das dachte, wusste ich, dass es keine Halluzination war. In mir entstand absolute geistige Klarheit. Ein grosser Frieden, Kraft und Freude erfüllten mein Herz. Ich betrachtete voll Staunen die vielen Menschen, die für mich beteten. Warum kannten sie mich? Plötzlich erschien unter ihnen meine Familie, äusserst lebendig und klar. Sie schauten mich an und beteten für mich. Das Licht und die vielen betenden Menschen blieben lange gegenwärtig in der Zelle und stärkten mich. Als die Vision vorbei war, fühlte ich mich wie neu geboren. Ich hatte Hunger, Angst, Elend und Schmerzen vergessen und wusste, dass Gott mich davor bewahren würde, den Verstand zu verlieren. Er hatte mich eben mit einer himmlischen, übermenschlichen, göttlichen Kraft versehen. Ich lag ruhig da und spürte, dass ich kein Fieber mehr hatte

Da kam in mir ein seltsamer Wunsch auf. Ich dachte, wenn ich nur wieder das heilige Abendmahl feiern könnte. Aber mir fehlte das Brot dazu. Soll ich den Wärter um Brot bitten? Kaum hatte ich das gedacht, sagte ich mir, dass dieser Gedanke wohl nicht von Gott eingegeben sei, denn dieser Wärter würde mich viel mehr schlagen und mich sicher nur verhöhnen, wenn ich ihm sagte, wofür ich Brot brauchte. Also gab ich den Wunsch auf. Aber er kam immer wieder und immer dringender. Bis ich spürte, dass der Herr das von mir wollte. So fragte ich denn am nächsten Tag den Wärter, als er mir die Schüssel mit Erbrochenem brachte, ob ich ein Stück Brot haben könnte, weil ich damit das heilige Abendmahl feiern wolle. Der Wärter starrte mich an und bekam vor Wut einen hochroten Kopf. Dann ging er wortlos hinaus und knallte die Zellentür mit besonderer Wucht hinter sich zu, um zu zeigen, wie sehr er mich verabscheue. Dann geschah lange Zeit nichts. Ich dachte bei mir, es war doch ein Irrtum, es sind meine überreizten Nerven, die mir das eingegeben haben. Das hätte ich mir ja denken können, wie der Wärter reagieren wird.

Einige Zeit später, es mochte vielleicht eine Stunde vergangen sein, öffnete sich ganz leise die Zellentür. Herein schob sich die Hand des Wärters mit einer Tagesration Brot auf einem blechernen Teller. »Christus, mein Heiland und Erlöser«, jubelte es in meiner Seele, »also hast doch Du mir den Gedanken eingegeben! Ich danke Dir!« Ich nahm das Brot und dankte dem Wärter. Ganz anders als zuvor schloss dieser leise die Zellentüre.

Nun sank ich zu Boden und begann, mich vorzubereiten für das heilige Opfer und das Fest der Eucharistie. Ich hatte nichts als den Zellenboden und dieses Stück Brot. Aber ich feierte das schönste Abendmahl meines Lebens. Als ich die Wandlungsworte sprach, die Jesus uns gegeben hat – DIESES BROT IST MEIN LEIB UND DIESER WEIN IST MEIN BLUT, DAS ICH VERGOSSEN HABE ZUR VERGEBUNG DER SCHULD – da geschah wiederum etwas unbeschreiblich Gewaltiges.

Ich sah Jesus vor mir, auferstanden und voller Licht.

Von Jesus aus öffnete sich der Himmel. Und ich durfte einen Blick in den Himmel tun. Ich sah Tausende von Engeln und Heiligen im Lobgesang für Gott. Die ganze Zelle erstrahlte in überirdischem Licht. Ich sank zu Boden und betete Christus an. Ich war so glücklich wie nie zuvor in meinem Leben. Ich war tatsächlich im Himmel. Gott hatte mir alle Plagen gelohnt und mich auf seine wunderbare Art beschenkt. Als ich mich nach langer Zeit in grösster Seligkeit vom Boden erhob und das Messopfer mit

Lob und Dank beendete, öffnete sich leise erneut die Zellentür. Herein kam der Wärter, der mich jeden Tag geschlagen hatte. Er stürzte vor mir auf den Boden und schluchzte: »Ehrwürdiger Vater, ich habe Sie nun zwei Stunden lang durch den Türspion beobachtet, und seither, ich weiss nicht wie, ist mein Herz geschmolzen, ich kann nicht mehr hassen. Ehrwürdiger Vater, ich bitte Sie um Vergebung für alles, was ich Ihnen antat. Bitten Sie Ihren Gott um Verzeihung für mich.«

Ich hob den Wärter auf und sagte zu ihm. »Mein Sohn, Gott hat Dir Deine Sünden vergeben. Darum ist Christus für Dich gestorben.« »Vater«, bat er, »bitte erzählen Sie mir mehr von Ihrem Gott und sagen Sie mir, wer Christus ist und warum Sie ihn so lieben.«

Von da an brachte mir der Wärter unter grossem Risiko für sich selbst jeden Tag Brot, Suppe, Fleisch und frisches Wasser zur Reinigung. Er flehte mich an, niemanden etwas davon zu sagen, weil er Angst hatte, danach das gleiche Schicksal zu erleiden wie ich. Ich sicherte ihm meine Verschwiegenheit zu und begann mit ihm zu beten.

Was ich Ihnen ganz besonders an Herz legen möchte, liebe Frauen und Männer von Zürich, das ist folgendes: Bitte beten Sie immer für die verfolgten Christen im Ostblock, aber auch für alle anderen Menschen, die wegen ihres Glaubens oder politischen Denkens gefangen und gefoltert werden, überall in der Welt. Sie haben nun erfahren, wie Gebete wirken.*

Ich habe damals in meiner eiskalten Zelle die Gesichter von vielen fremden Menschen gesehen, die für mich beteten. Sie können nicht ahnen, wie sehr mich diese Vision getröstet und gestärkt hat. Und noch etwas möchte ich sagen. Ihre Gebete haben mich so sehr gestärkt, dass ich diesen Wärter um Brot fragen konnte. Schliesslich wurde sein Herz erweicht. Der Wärter wurde also nicht geändert durch Androhung von Vergeltungsschlägen, sondern er wurde bekehrt allein durch die Macht des Gebets und die Macht der Liebe zu Gott. Denn die Liebe zu unserem Erlöser Jesus Christus hat er durch den Türspion der Zelle beobachtet. Diese Liebe hat sein Herz, welches ein Stein war, schmelzen lassen.

---

* Den Bericht dieses Priesters habe ich 1987 in der Liebfrauenkirche in Zürich gehört. Jahre später, erkennen wir bereits die Macht des Gebets. Bereits im Jahre 1917 hatte Maria die Seherkinder von Fatima aufgefordert, intensiv für die Befreiung der Kirche im Ostblock zu beten. Seither wurde in allen Klöstern der Welt für dieses Anliegen gebetet. Das Wunder ist geschehen: Im ganzen Ostblock ist Religionsfreiheit eingetreten.
Der Priester, sein Name ist Gheorghe Calciù, wurde unter Mithilfe von Amnesty International und Christian Solidarity Zürich endgültig befreit und konnte Rumänien noch während der Diktatur Ceausescus verlassen, nachdem ihm beim letzten Gefängnisaufenthalt – einer von vielen innert 20 Jahren – die Flucht gelungen war.

Bitte, meine Damen und Herren, hören Sie nie auf zu beten. Das Gebet ist die stärkste Macht der Welt. Es sind nicht die Reden der Politiker, welche unsere Welt verändern, sondern die Gebete der gläubigen Menschen. Beten kann jeder Mensch, ob er gesund ist oder im Krankenbett liegt, ob er mitten in der Berufsarbeit steht oder im Rollstuhl sitzt. Beten können wir alle.

Dann stieg er von der Kanzel und ging zum Altar. Er breitete die Arme aus. »Herr wir bitten Dich um Kraft und Trost für meine Kameraden, die vielen gefangenen Priester, von denen ich nicht weiss, wo sie sind und wie lange sie gefangen bleiben. Aber ich weiss, was sie leiden. Herr, unser Gott, hilf ihnen!«

Die Kirchenbesucher knieten in grosser innerer Rührung nieder. Ich glaube, so tief und herzlich hatten wir alle schon lange nicht mehr gebetet. Und niemand schämte sich der Tränen.

Wie wirken Gebete?

Wenn wir beten, geht Gott nicht hin und vergewaltigt den Willen anderer Menschen, damit diese tun, was wir gerne hätten.

Es geht anders. Gott weiss in seiner Allwissenheit millionenmal mehr Möglichkeiten und Verbindungen als wir. ER hat den Gesamtüberblick, während wir immer nur ein Teilstück sehen. So weiss ER, wo und wann welche Menschen bereit wären, uns entgegenzukommen. Gebete wirken so: Gott nimmt sie an und beginnt ihre Schwingungen inspirierend auf jene Menschen einwirken zu lassen, die ER für geeignet hält, uns zu helfen. Diese Menschen behalten aber ihren freien Willensentscheid. Sie dürfen der Inspiration Gottes nachgeben – oder nicht. Tun sie es nicht, inspiriert Gott andere Menschen, die ER als »bereitwillig« erkannt hat. Von denen aber wir persönlich gar nichts wissen.

So geschieht denn oft folgendes, was manchen Betenden so sehr wundert, aber auch glücklich macht. Wir hatten es direkt erfahren:

Nach intensivem, vertrauensvollem Gebet traten plötzlich Menschen in unser Leben, von deren Existenz wir früher keine Ahnung hatten. Auch wäre es uns nie eingefallen, neue, ungewohnte Wege zu beschreiten, die Gott als Möglichkeit gewusst und durch andere Menschen eingeleitet hat. Die Art, zum Beispiel, wie wir eine Wohnung gefunden hatten, hätten wir uns nie träumen lassen. Auch rätselt mein Mann heute noch über die vielen scheinbaren »Zufälle«, welche ihm innerhalb eines Jahres von Arbeitslosigkeit in die allerbeste Berufsposition verhalfen und das im Alter von fünfzig Jahren, in welchem meistens keiner eine vernünftige Stelle bekommt.

Den Hinweis auf Rettung aus Depression durch Gebet kam von Menschen, die ich überhaupt nie gesehen hatte zuvor. Erst, nachdem ich angefangen hatte, zu beten, erschienen sie in meinem Leben, wie »ferngesteuert«, oder »ferngesandt«. Natürlich waren sie »von ferne gesandt«, nämlich von der allgegenwärtigen Intelligenz des liebenden Schöpfers.

Auch der gefolterte Priester erlebte in einem rumänischen Gefängnis Trost und Kraft, welche ihm von betenden Menschen zukam, die in grosser räumlicher Distanz für ihn beteten.

Gott nimmt die Schwingungen unserer Gebetsgedanken auf und leitet sie weiter, so als wäre ER eine zentrale Sendestelle mit Gesamtüberblick, mit allen Verbindungsdrähten, mit allen übersinnlichen Kommunikationsmöglichkeiten, die wir uns nur schwach vorstellen können. Telefon, Telegraphie, drahtlose Telegrafie, Funk, das sind **unsere** Möglichkeiten: Gott hat noch viele andere, die wir nicht kennen.

Wer einmal das Wunder einer Gebetserhörung erlebt hat, wundert sich eigentlich gar nicht mehr. Sondern er wird in Zukunft alles immer Gott übergeben, mit IHM besprechen, IHN um neue Inspirationen bitten, um kreative Gedanken, um schöpferische Einfälle, um Liebe und Geduld, um Ausdauer, Kraft, Energie. Er wird Gott bitten um Wahrheitsliebe, Taktgefühl, um Freude und Begeisterung, um neue Lebensgeister. Und wir bekommen das, wir müssen nur wirklich Vertrauen haben. Gott zwingt sich nicht auf. Wer seine Hilfe nicht will, der bekommt sie nicht. Wie können wir so dumm sein und diese gewaltige Hilfsquelle nicht benutzen, wenn sie uns von Gott selber angeboten wird? Jesus sagte: »Dankt Eurem Vater im voraus für alles was Ihr möchtet. Das ist für IHN der Beweis Eures Vertrauens. Bittet IHN in meinem Namen, und ER wird Euch helfen.«

Genau so haben mein Mann und viele andere Menschen es erlebt. Gebete helfen uns immer, und sie helfen jenen, für die wir beten.

Ein bildhafter Vergleich für die Wirkung von Gebeten

Jedes Gebet wird von der Allgegenwärtigen Intelligenz und Liebe Gottes registriert, so wie ER jeden Gedanken von uns, ob gut oder böse, immer registriert. Aus diesem Grunde rät Jesus, wir sollten sehr aufmerksam darauf achten, dass keine bösen Gedanken sich breitmachen in unserem Denken.

Jeder Gedanke erzeugt eine Schwingung. Gewisse Arten von Schwingungen in unserem Gehirn sind heute dank modernster Technik messbar geworden. Nehmen wir an, eine Million Menschen beten täglich eine Stunde lang für den Frieden in der Welt, Sie beten, dass die Mächtigen, die Politiker und Wirtschaftsführer und Staatsoberhäupter, sich den Gedanken von Frieden und Gerechtigkeit öffnen sollen, damit Krieg und Unrecht aufhört. Was passiert nun? Die geistigen Schwingungen dieser einen Million Menschen, die eine Stunde lang täglich beten, vervielfältigen sich zu einer gewaltigen Welle von guter Geisteskraft, die sich den zerstörerischen Gedankenkräften der Finsternis entgegenwerfen. Je mehr gute Schwingungen, also Gebete, im Kosmos existieren, desto stärker werden die negativen Geisteskräfte abgedrängt. Es handelt sich also um einen Kampf im Unsichtbaren: Gute Geistesschwingungen gegen bösartige Geistesschwingungen.

Jesus spricht vom Kampf der Geister

Jesus: »Euer Kampf besteht nicht so sehr aus tätlichem Streit in der Welt, als vielmehr aus einem tätigen Krieg auf **der unsichtbaren Ebene,** einem Krieg, der wirklich gegen Fürsten und Gewaltige ausgefochten wird. Denn wir haben nicht mit Fleisch und Blut zu kämpfen, sondern mit Fürsten und Gewaltigen, nämlich mit den Herren der Welt, die in der Finsternis dieser Welt herrschen, mit den bösen Geistern unter dem Himmel«.

Noch einen bildhaften Vergleich möchte ich für die Wirkung von Gebeten beifügen, besonders im Zusammenhang mit den Gebeten zur Bekehrung der Seelen. Stellen wir uns die Welt vor wie eine riesige Bühne, auf der Millionen von Darstellern stehen. Gott stellen wir uns vor als jene Quelle, die das Licht auf der Bühne als Scheinwerfer erstrahlen lässt. Jedesmal, wenn ein Scheinwerfer sich gezielt auf einen Darsteller richtet, befindet sich dieser in einer intensiven Hülle von Licht. Die Gebetswirkung können wir uns so vorstellen: Ein Mensch betet zum Beispiel für einen weit entfernten anderen Menschen. Als Antwort auf das Gebet richtet Gott sein Licht voll auf jenen, für den das Gebet bestimmt ist. Der Mensch steht nun im intensivsten Wirkungsbereich der wärmenden Liebe Gottes. Das Liebeslicht Gottes wirkt aber **keineswegs zwingend.** Die andauernde Umhüllung einer verhärteten Seele mit göttlicher Liebe kann bewirken, dass sie unter dem Einfluss dieses Wärmestrahls »erwärmt« oder mit anderen Worten, »bekehrt« wird.

Dieses Wirken Gottes auf die Seele nennt man **Gnade.** Der Mensch kann sich aber **mit seinem freien Willen** dem **Lichteinfluss Gottes entziehen** und sich **eigenwillig** in **die Dunkelheit der Weltbühne** und in **die Finsternis des eigenen inneren Trotzes zurückziehen.**

Ohne die Gebete der Menschen kann Gott die Welt nicht retten

In Medjugorje sagt Maria zu den Seherkindern: »Ohne Eure Gebete kann Gott die Welt nicht retten.«

Immer wieder wird die ewige, unerschütterliche Logik und Gerechtigkeit Gottes klargemacht: Der Allmächtige benutzt seine Allmacht nicht, um zwingend auf das Weltgeschehen einzugreifen! Er lässt das von ihm selbst eingesetzte, geistige Gesetz der Willensfreiheit unangetastet bestehen. Darum benötigt Gott die freiwilligen Gebete der Menschen, damit ER als Antwort darauf seine göttliche Liebe verstärkt auf die »harten« Seelen richten kann, die sich – wie bereits erklärt – dem Gnadenstrahl öffnen oder verschliessen können. Je mehr Menschen beten, desto mehr Möglichkeiten erhält Gott, mit seinen geistigen Schwingungen der Liebe »harte« Seelen einzuhüllen und sie die göttliche Wärme spüren zu lassen.

Darum sagt Maria zu den Sehern: »Betet ohne Unterlass.« Die Jugendlichen und die Pfarrgemeinde waren einige Male etwas träge im Gebet oder vergassen zu beten. Immer wieder bat Maria dringend um Gebete, denn nur durch Gebet werde die Welt bekehrt, nicht durch politische Systeme. »Zuerst müssen die **Herzen** der Menschen zu Gott bekehrt werden«, sagt Maria, »erst dann kann echter Friede entstehen. Darum betet, liebe Kinder, betet.«

Gebet verändert nicht nur die Welt, sondern schenkt den Betenden selbst kostbare Geistesgaben

Jesus sagt uns in seinen neuen Offenbarungen, dass sich der Betende während seiner Gebete körperlich und geistig erholt und von Gott mit ganz besonders grossen Seelenkräften versehen wird.

Diese Gnadengeschenke heissen: geistiges Wachstum, Weisheit, Erleuchtung, überirdische Liebe zu den Menschen und zur ganzen Schöpfung, Friede, Freude und Standfestigkeit im Glauben.

Jesus (Offenbarung 20. Jahrhundert: »Aus solchem Verweilen bei Mir geht Ihr gestärkt hervor, glücklich und erfüllt von Leben-spendender Freude, Meiner Freude, die Ihr nie anderswo als nur bei Mir finden könnt, dem Freude-schenkenden Christus.

Lasst Andere diese Freude fühlen. Mehr als alle Worte es vermöchten, wird sie ihnen den unschätzbaren Gewinn eines mit Mir zusammen geführten Lebens zeigen. Macht es Euch zur Gewohnheit, über Mich nachzusinnen. Gott ist überall; auch Ich bin immer in Eurer nächsten Nähe. Wenn Ihr Euch aber an Mich erinnert, wird das bewusste Erleben dieser Gegenwart – und dadurch unsere Freundschaft – gestärkt.

Ruft Euch einige Ereignisse aus Meinem Leben ins Gedächtnis zurück, um bedächtig darüber nachzusinnen, einige Meiner Gleichnisse, oder auch einige Meiner Liebestaten. Auf diese Weise werdet Ihr Mich Eurem Charakter und Eurem Leben wie einen Stempel aufdrücken.

Alles, was Ihr lernt und zustande bringt, ist wertlos, wenn Meine Gnade nicht damit verbunden ist, die für alle Eure Erfordernisse ausreicht.«

Das Verweilen bei Jesus können wir auf besonders schöne und intensive Art im Rosenkranzgebet finden, weil es die fünfzehn wichtigsten Ereignisse des irdischen Lebens von Christus als meditative Betrachtung enthält. Maria bittet die Menschen immer wieder sehr eindringlich, den Rosenkranz – oder Teile davon – täglich zu beten.

Nur wer selber betet, spürt die Wirkung

Wer das einmal selber ausprobiert hat, der benötigt keine Theorie mehr als Überzeugungsmittel. Im Gegenteil, jeder Tag ohne Stille und Versenkung im Gebet erscheint einem als »verarmter« Tag. Je häufiger und je regelmässiger man sich in die Gemeinschaft mit Gott zurückzieht, um so mehr sehnt man sich nach diesen stillen Stunden. Man staunt über das, was man vielleicht früher über das Gebet dachte. (Zum Beispiel »nutzlos, langweilig, verlorene Zeit«). Hat man die Wirkungen von Gebet, Stille und Meditation aber selber gespürt wird die Gebetszeit zur kostbarsten Zeit des Tages. Alle diese Ereignisse sind nicht theoretisch erklärbar. Das eigene Erleben in der täglichen Anwendung lässt den Menschen erkennen, welche Reichtümer Gott uns im Gebet schenkt.

Ein katholischer Geistlicher in Medjugorje, der sich in viel zu viele administrative und organisatorische Arbeiten verwickeln liess und daher keine Zeit mehr zum Gebet fand, griff sich an die Stirn und sagte plötzlich, nachdem er die dringenden Gebets-Aufrufe von Maria erfahren hatte: »Wie blind bin ich vor Gott, dass ich nicht bete!«

Und der Bischof von Split bekennt: »Ich war 30 Jahre Theologie-Professor an der Hochschule. Aber all dieses theologische Wissen hat in mir nie das bewirkt, was das Gebet vermochte. Erst als ich die Bitten Marias ernstnahm und selber täglich in kindlichem Vertrauen betete, erfuhr ich inneren Frieden und die Fähigkeit, zu lieben.«

Wenn Menschen beten, erzittern die Mächte der Finsternis

Seher und Mystiker berichten uns immer wieder, dass sie gesehen haben, wie die Mächte der Finsternis erzittern, wenn ein Mensch betet. Diese Mächte würden kaum derart zittern, wenn das Gebet nicht tatsächlich eine gewaltige Macht ausüben könnte. Die Seher erkennen, dass die satanischen Intelligenzen zurückweichen vor den Betenden. Maria informiert die Seherkinder, dass Satan betende Menschen nicht angreifen kann, sondern sich vor ihnen zurückziehen muss. Seine Macht über sie lässt immer mehr nach, bis er schliesslich überhaupt nichts mehr ausrichten kann.

Die bösen Kräfte hassen darum das Gebet und versuchen mit allen Mitteln, die Menschen davon abzulenken.

Beter bewegen die Welt

Peter Hahne (Mainz)

bis 1985 in der Chefredaktion (Politik) des Saarländischen Rundfunks; Moderator von Hörfunk- und Fernsehmagazinen; 1983 Verleihung des »Kurt-Magnus-Preises« der ARD; jetzt beim Zweiten Deutschen Fernsehen (Hauptredaktion Aktuelles); Mitglied des ständigen Ausschusses »Kirche, Gesellschaft, Staat« der EKD-Synode.

Peter Hahne:

»**Beter bewegen die Welt!** Diejenigen, die dauernd nach realen politischen Handlungsanweisungen in der Bibel suchen, sollten doch wenigsten die eine gefunden haben und ernst nehmen: die Fürbitte und den Dank für Staat und Obrigkeit. Nichts anderes wird im biblischen staatsethischen Zusammenhang so stark betont wie die Macht des Gebetes. Oberste Priorität christlicher Weltverantwortung hat das Gebet (1 Tim 2, 1f.). In seiner vielbeachteten Ansprache zum Gedenken an die Barmer Thesen nannte Staatssekretär Horst Waffenschmidt als ersten seiner insgesamt zehn Punkte: ›Das Wichtigste, was Christen für die Politik tun können, ist das tägliche anhaltende Gebet für die Politiker und für mehr Frieden und Gerechtigkeit in dieser Welt. Das ist ein Auftrag, den alle Christen haben!‹ Der damalige Bundespräsident Karl Carstens meinte als bekennender Christ in einer ZDF-Fernsehdiskussion zum Reformationsjubiläum im

Dom zu Worms: ›Es ist besser, Christen würden mehr gemeinsam beten als immer mehr politisch untereinander streiten.‹ Denn ›nicht nur politische Entscheidungen, sondern auch Gebete bewegen die Entwicklung der Welt‹ (Bundeskanzler Helmut Kohl). Der Bitte des damaligen Regierenden Bürgermeisters und heutigen Bundespräsidenten Richard von Weizsäkker, ›die Christen sollten doch die Politiker in den Niederungen der noch nicht erlösten Welt nicht allein lassen‹, antwortete der inzwischen verstorbene bayerische Landesbischof Hermann Dietzfelbinger: ›Das muss man doch hören, und man muss diese Leute begleiten; wenn nötig, auch mit Kritik, aber vor allem mit dem Gebet.‹

›Der archimedische Punkt ausserhalb der Welt ist eine Betkammer, wo der wahre Betende in aller Aufrichtigkeit betet – er soll die Erde bewegen.‹ (Sören Kierkegaard)

›Wo der Glaube auszieht, zieht die Angst ein. Würde mehr gebetet, auch für die Politik, hätten wir wahrscheinlich weniger Angst in dieser Welt.‹ (Waffenschmidt)

Christen fliehen nie aus der Welt, aber immer ins Gebet. Und dahin nehmen sie die Welt mit. Als der greise Schriftsteller Ernst Jünger bei der Entgegennahme des Frankfurter Goethepreises die Zerrissenheit unserer Weltlage charakterisierte, meinte er: ›Es wird dann aber immer noch wenige geben, die das Rechte raten und das Richtige tun. Und man kann sicher sein, das sind Menschen, die beten.‹ Es stimmt: Beter bewegen die Welt.«

Peter Hahne (Zitat-Ende)

Es gibt Leute, die sagen: »Meine Gebete wurden nicht erhört!«

Wer das sagt, meint: »Die Gebete wurden nicht so erhört, wie ich es mir vorstellte. Oder sie wurden nicht zu dem Zeitpunkt erfüllt, den ich gewollt habe.«

Jesus erklärt uns dazu in seiner neuen Offenbarung: Es gibt Gebete, die Gott nicht sofort erfüllen kann, weil das Leben eines Menschen mit vielen anderen Schicksalen eng verwoben ist. Zuerst muss Gott viele andere Fäden entwirren, Wege ebnen, Verstrickungen lösen, bis die Erhörung sichtbar wird. Das dauert oft lange, weil der Wille der Menschen Gottes Absichten immer wieder durchkreuzen kann. Beispiel: Der Mensch Albert hat ein Anliegen. Gott inspiriert nun die Menschen Bernhard, Cäsar und Doris, dem Menschen Alfred zu helfen. Aber alle diese Menschen lehnen die Inspiration ab und verweigern die Hilfe. Nun inspiriert Gott andere Menschen, so lange, bis Albert Hilfe bekommt. Was aber tut Albert in der Zeit, bis das Gebet erhört wird? Albert muss Gott bitten um Geduld und Überlebens-Energie. Wenn er das tut, erhält er von Gott ausreichend Kraft, um die Krisensituation auszuhalten, bis die Lösung kommt.

In meiner Familie habe ich dafür das Beispiel eines Menschen, der alle Mühsal erlebt hat, die man sich vorstellen kann. Es ist meine Mutter. Ganz kurz gebe ich hier einen Überblick über ihr Schicksal und verrate gleich zu Beginn: Sie wird 80 Jahre alt und erfreut sich, trotz aller Schicksalsschläge des Bösen, vollkommener seelischer, geistiger und körperlicher Gesundheit. Zudem strahlt sie Freude und Kraft aus. Bei oberflächlichem Betrachten könnte man allerdings denken, es sei nicht ein einziges ihrer Gebete erhört worden. Ihr Schicksal in Stichworten:

Geboren 1910 in einem kleinen Bauerndorf am Bodensee. Ihre Mutter stirbt bei ihrer Geburt. Sie wächst mit 19 Geschwistern in ärmlichsten, bäuerlichen Verhältnissen auf. Kommt mit 16 Jahren als Feldmagd in die Schweiz. Reist später nach Berlin und München, arbeitet als Dienstmädchen und bildet sich an Abendschulen zur Buchhalterin aus. Im Zweiten Weltkrieg Verlust ihrer ganzen Ersparnisse durch die Geldentwertung. Bombardierung ihres Arbeitsortes, Bombardierung ihres Wohnhauses. Tod eines Töchterchens, welches von einer Säuglingspflegerin mit tuberkuloseverseuchten Kleidern versehen wurde. Geburt einer zweiten Tochter (das bin ich). Verlust ihres Mannes. Hungersnot. Ich bin todkrank wegen Unterernährung. Flucht in die Schweiz. Verheiratung mit einem älteren Mann. Der Mann stirbt früh, meine Mutter bleibt mittellos zurück. Verdient für uns beide das Existenzminimum mit schlechtbezahlter Büroarbeit.

Trotzdem hatte ich eine sehr glückliche Kindheit. Meine Mutter strahlte immer Zuversicht, Zufriedenheit und Freude aus. Das Geheimnis für diese innere Kraft habe ich in einem ihrer Tagebücher gefunden. Da steht 1950, vier Jahre nach Kriegsende: Wir haben heute noch kein Geld bekommen von meinem Mann. Ich weiss nicht, wie ich das Brot zahlen soll und die Butter. Aber ich bin trotzdem glücklich. Wir sind in der Schweiz. Es hat Nahrung hier. Herrliche Wurst, gutes Brot, Kartoffeln, Milch und Butter. Ich will Gott bitten, dass mein Mann uns den Monatslohn gibt. Herr, gib mir die Kraft, seinen Zorn zu ertragen, weil er das Geld so ungern gibt.

Das war das Geheimnis. Sie bat um innere Kraft. Und sie bekam die Kraft. Diese Kraft hatte sie durch den ganzen Krieg hindurch gerettet. Sie erzählte: »Nach den Fliegerangriffen stieg ich aus dem Luftschutzkeller, legte mich zu Bett und schlief tief und fest. Ich hatte keine Angst. Ich überliess mich Gott.« Schon in ihrer Kindheit hatte meine Mutter gefühlt, dass nicht Gott sie schlug, wenn ihr jähzorniger, betrunkener Vater den Riemen nahm. Sie wusste auch, dass nicht Gott die Kriegserklärung machte, sondern Regierungen. Millionen von deutschen Soldaten, darunter auch Mutters Brüder, sowie Millionen von jüdischen Mitbürgern sind in den Tod geschickt worden, aber nicht von Gott, sondern von Satan, der diesmal in Hitler aktiv war, der ebenfalls die Willensfreiheit besass. Ihr Töchterchen starb nicht, weil es Gottes Wille war, sondern weil die Säuglingsschwester einen schweren Fehler gemacht hatte.

Es war auch nicht Gottes Wille, dass sie in der Schweiz keine glückliche Ehe führte. Ihr Ehemann spürte, dass sie ihn aus existentieller Not geheiratet hatte und nicht aus übergrosser Liebe. Darum war er widerspenstig und unzufrieden.

Mutter hatte von Kindheit an die Gabe, die Wahrheit zu erkennen. Niemals gab sie Gott die Schuld am Übel der Welt. Darum war sie nicht verbittert, nicht ängstlich, nicht böse, nicht verzweifelt, nicht hoffnungslos, nicht schlaflos. Aber sie war of traurig und weinte viel. Sie brachte ihre Trauer und ihre Tränen zu Gott und bat ihn um Trost. Sie hat seinen Trost immer bekommen in Form von neuem Lebensmut.

So tat es auch der gefolterte Priester, in dem rumänischen Gefängnis.

Nicht Gott hat ihn gefoltert, sondern der böse Wille jener Menschen. Der Priester bat Gott um Hilfe, und er bekam übermenschliche Kraft, um zwanzig Jahre Gefängnis auszuhalten. Heute ist dieser Priester – genau wie meine Mutter – ein strahlend gesunder Mann, der grosse Kraft, Freude und Frieden ausstrahlt. Weder er noch meine Mutter haben körperliche oder seelische Krankheiten bekommen durch die Entbehrungen in Krieg und Gefängnis.

Diese beiden Menschen sind einander ähnlich. Sie haben das ganze Leben lang Gott fest vertraut und ihm keine Vorwürfe gemacht. Das hat ER belohnt, indem ER sie mit wirklich übermenschlichen Kräften ausrüstete.

Die Gebetserhörung kommt oft in ganz anderer Art, als wir es erwarten

Die Gebete meiner Mutter wurden auf ganz andere Art erhört, als ein Mensch es erwarten würde.

Sicher hat meine Mutter gebetet, ihr Vater solle aufhören, sie zu schlagen, der Krieg möge nicht ausbrechen, ihr Kindlein solle gesund werden und nicht sterben, die Bomben sollen nicht auf ihr Haus fallen, der Hunger solle ihr zweites Kind nicht aushöhlen, die Schweiz solle ihr glückliches Asyl werden mit einer schönen, neuen Partnerschaft.

Alle diese Gebete sind scheinbar nicht erhört worden, denn es trat ja in allen Fällen das Gegenteil ein. Weil Menschen ihren freien Willen dazu missbrauchten, das Böse zu tun. Aber Gott erhörte das Gebet meiner Mutter, die ihn um Kraft bat und ihn um seine Gaben bat: Lebensmut, Durchhaltevermögen, Ausdauer, Lebenswillen, neue gute Einfälle, Schlaf, starke Gesundheit, inneren Frieden. Diese geistigen und körperlichen Kräfte hat meine Mutter in grösster Fülle ständig erhalten. Sonst wäre sie längst gestorben an Gram und Bitterkeit. Wir sehen: Gott kann nicht die Menschen daran hindern, ihren bösen Willen auszuüben, weil ER ihnen den freien Willen garantiert hat.

Ein Vergleich zum Thema der scheinbar nicht erhörten Gebete

Es gibt dazu ein gutes Gedankenbild:

Ein kleiner Junge spielt in der Scheune auf dem Bauernhof seines Vaters. Der Vater kommt herein, und der Bub bittet ihn, ihm doch ein Paket Zündhölzer zu schenken. Der Vater weigert sich, den Wunsch zu erfüllen, da er die Unwissenheit des Kindes kennt, welches damit eine Feuersbrunst verursachen würde. Obwohl der Bub bettelt und fleht, bleibt der Vater unnachgiebig. Viel später wird der Knabe erkennen, dass der Vater mit seiner Unnachgiebigkeit eine Katastrophe verhindert hat.

Hatten wir nicht auch Lust auf »Zündhölzer«? Oft lauten die Namen dieser kleinen und grossen Wunsch-Feuerchen: schneller Reichtum, schneller Erfolg, Macht über andere Menschen. Und was geschieht, wenn man diese Zündhölzer erhält, ohne innerlich reif zu sein dafür? Solche »Spielzeuge« können tödliche Brände in unserem Seelenleben anrichten.

Was wir uns gut merken müssen in bezug auf Gebetserhörungen:

Gebetserhörungen können verzögert werden oder müssen in ganz anderer Art vollbracht werden, weil

1. Andere Menschen können den Willen Gottes mit ihren bösen Plänen durchkreuzen oder
2. wir selber durchkreuzen die guten Pläne Gottes, indem wir mit unserem eigenen Willen das Gute von uns fernhalten, weil wir uns weigern, Gott restlos zu vertrauen. Wir hören auf, um Kraft zu bitten und werden Opfer der eigenen Schwäche.

Gott kann seine Kräfte jenen verleihen, die von den bösen Mächten angegriffen werden. Sobald aber ein Mensch den Glauben an Gott verliert, wird er Opfer der inneren Verwüstung, der Hoffnungslosigkeit, der Angst, der Rachsucht, der Verzweiflung. Dadurch wird sein Körper rasch die Beute von Krankheit. Er dreht sich im inneren und äusseren Teufelskreis.

In diese Teufelskreise ist meine Mutter nie geraten, weil sie standhaft Gott um seine Seelenkräfte anrief und diese in grossem Masse bekam.

Oft klagen Menschen bei mir solche Sorgen: »Mein Vater hat Krebs. Ich bat Gott, ihn von dieser Krankheit zu heilen. Aber mein Vater starb dann doch unter sehr vielen Schmerzen. Jetzt glaube ich nicht mehr an Gott.«

Ich verstehe die Enttäuschung und das Leid dieser Menschen gut. Auch ich hätte manchmal schon gerne gebetet, Herr heile mich endlich von dieser oder jener körperlichen oder seelischen Last. Inzwischen habe ich gelernt zu beten: Herr gib mir Kraft, die auf mich zukommenden Übel aller Art auszuhalten, ohne den inneren Frieden zu verlieren. Dann bekomme ich tatsächlich Frieden und Kraft. Wie wir bereits erfahren haben, ist keine Krankheit von Gott gewollt. Wenn nun aber eine Krankheit unseren Körper anfällt, laufen die Naturgesetze von Physik und Biochemie ab. Gott hebt nicht die Naturgesetze ständig auf. Mit modernster Medizin können diese Gesetze zwar teilweise aufgehalten werden. Was wir in diesen Fällen tun müssen, ist leichter gesagt und schwer getan: Wir sollen Gott bitten, dass er uns, trotz der Angriffe des Giftes auf unseren Körper, den inneren Frieden, die innere Seelenkraft verdoppelt, damit wir die Angst verlieren, wenn unser Körper sich zum Sterben vorbereitet. Dass wir fähig sind, die Schmerzen sogar an Gott zu verschenken, weil Christus gesagt hat, dass ER jeden Schmerz geheiligt habe, seit ER am Kreuz gelitten hat. Jesus sagt: Ein Mensch, der leiden muss, kann mir sein Leiden übergeben und ich werde es in mein ganzes Erlösungswerk hineingeben. Damit wird der leidende Mensch zum miterlösenden Menschen. Weil er schuldlos, wie Christus, Schmerzen erträgt und sie opfert für Sünden der Welt, die er nicht begangen hat. Das sind tiefe Offenbarungen, die Jesus Christus auserwählten Sehern mitgeteilt hat. Wenn wir selber einmal krank sind, sollten wir überdenken, was Jesus uns gesagt hat.

»Solange ihr in der Welt seid, habt ihr Angst«, sagt Jesus. Der Grund dafür ist uns gut bekannt. Solange wir leben, sind wir auf einer Kampfbahn, auf der uns die frei arbeitenden Kräfte des Bösen ungehindert anfallen können, wann es ihnen passt. Jeden Tag kann uns das Böse anfallen, jede Stunde, jede Minute. Seelische oder körperliche Leiden können uns belästigen, böswillige Menschen können anfangen, mit uns zu streiten.

Die Mutter von Jesus sagt 1980 den Golfkrieg und die brennenden Ölfelder von Kuwait voraus, Ereignisse des Jahres 1991

Bereits 1917 hatte die Mutter von Jesus in Fatima den Hirtenkindern den Zweiten Weltkrieg vorausgesagt. Und wieviele Menschen haben das ernstgenommen? 1980 ist sie einer Familienmutter in Italien erschienen, zusammen mit Jesus, der mit seinem Dabeisein dem Vorwurf entgegenwirkt, fromme Frauen seien ausschließlich an »Marienkult« interessiert. Maria sagte in verschiedenen Offenbarungen, wie traurig sie darüber sei, dass die protestantischen Brüder und Schwestern ihr Erscheinen als Ärgernis betrachten. Sie, Maria, weise jede Anbetung ihrer Person zurück. Ihre Aufgabe sei einzig und allein, die im Glauben schwach gewordenen Menschen wieder zurück zu Christus zu führen. Die italienische Familienmutter erhielt von Christus und seiner Mutter 1980 folgendes Visions-Bild:

»Ich sehe die Erde aufgerissen, viele Leichen über den Boden hingestreut, Rom in Aufruhr, Bruderkriege, Kinder, die vor Schrecken in den Wohnungen weinen, alte Leute, die wie Fliegen sterben. Ich sehe eine endlose Zahl von Männern in Uniform über die ganze Erde verstreut, Erdöllager, die Feuer fangen und in die Luft fliegen, Flugzeuge, die über Arabien fliegen, Amerika und Russland im Krieg gegen Arabien.

Jetzt sehe ich einen grossen Palast, es scheint eine Villa zu sein (...). Viele Männer, in einem riesigen Salon mit Spiegelböden, sitzen vereint um einen rechteckigen Tisch. Sie sprechen von Kriegsplänen, aber nicht vom Atomkrieg.«

Es handelt sich eindeutig um die über 100000 Luftangriffe in Irak. Der Begriff »Arabien« steht schon seit Jahrhunderten für die Gegend von Irak.

Wer hätte sich vor zehn Jahren vorstellen können, dass in diesem Gebiet Erdöllager brennen werden? Echte Propheten erkennt man immer daran, dass ihre Voraussagen eintreffen. Also handelt es sich bei dieser Christus- und Marien-Offenbarung eindeutig um eine echte Vision. Diese Prophezeiung sowie weitere sehr wichtige Angaben zum weiteren Verlauf der Menschheitsgeschichte sind zusammengefasst in dem Buch »Wort der Liebe«, Parvis-Verlag. Darin beschreibt die Seherin die Begegnung mit Jesus und Maria immer als »süss«. Man möge sich an dem Ausdruck nicht stossen. Ich selber habe erfahren, dass es gar keinen Ausdruck gibt für das Entzücken, welches der Mensch erfährt, wenn der Himmel sich offenbart. Ich beschreibe das aus eigenem Erleben auf Seite 259.

Wenn wir dem Willen Gottes folgen würden, könnten wir viel persönliches Leid verhindern

Mir wurde oft gesagt: »Es ist doch gut, dass du eine Depression erlebt hast. Sonst würdest du heute nicht so überzeugt über die Heilung durch Christus berichten.«

Diese Idee ist falsch. Es wäre gar nicht nötig gewesen, eine Depression zu erfahren, wenn ich Zeit meines Lebens bereit gewesen wäre, auf den Ruf Gottes zu hören und mich seinen Forderungen zu unterwerfen. Aber das tat ich nicht.

Es wäre mir gar nicht in den Sinn gekommen, in jenen Monaten, bevor die Depression wegen körperlicher Erschöpfung eintrat, Gott um Hilfe zu bitten. Gott hatte ich vergessen. Ich glaubte, ich könne alles allein und autonom bewältigen.

Dreimal die Berufung abgelehnt

Weiter muss ich sagen, dass ich dreimal eine ganz klare Berufung von Gott **bewusst abgelehnt** habe. Ich wurde von Gott im Alter von 7, 20 und 29 Jahren aufgefordert, den Beruf der Religionslehrerin zu ergreifen. Aber ich verdrängte die Aufforderung und ging meine eigenen, gottlosen Wege.

Es mag erstaunen, dass die erste Berufung im Alter von sieben Jahren stattgefunden hat. Aber es war tatsächlich so. Ich will hier beschreiben, auf welche Art ich die Berufung erfahren habe.

Im Alter von sieben Jahren träumte ich eines nachts von Jesus, obwohl ich von ihm noch gar nichts gehört hatte im Religionsunterricht. In der ersten Primarklasse war ich von meiner Mutter auf dem Land lediglich zur reformierten Sonntagsschule geschickt worden, wo biblische Geschichten aus dem **Alten Testament** erzählt wurden.

Der Traum

Mir träumte, ich gehe als kleines Kind – das war ich ja mit sieben Jahren – in die Küche, um zu naschen. Es war Nacht, das träumte ich ganz genau. In der Küche, gerade als ich einen Stuhl besteigen wollte, um zu den von Mutter verborgenen Süssigkeiten im oberen Teil des Schrankes zu gelangen, geschah etwas Gewaltiges. Am Nachthimmel brach ein ungeheures Licht aus, der Himmel wurde davon aufgerissen. Mitten in dem Licht, welches ich unsäglich erschrocken wahrnahm, sah ich eine Art von riesigem, offenem Bauch mit vielen darmartigen Schlingen. Ich hatte damals als Kind noch keinen Biologieunterricht und keine Ahnung, wie ein Bauch inwendig aussieht. Das lernten wir erst in der Mittelschule.

Als Kind betrachtete ich diesen offenen Leib als Bauch »voller Würste«. Damit meinte ich die Darmschlingen und Eingeweide. Aus diesem seltsamen Bild strömte ganz starkes Licht auf mich herab. In meinem furchtbaren Schrecken warf ich mich im Traum zu Boden und deckte den Kopf mit beiden Händen zu. In meinen Kindergedanken glaubte ich, dies alles geschehe zur Strafe, weil ich hatte naschen wollen.

Als ich so am Boden gekauert lag, zitternd vor Angst, spürte ich plötzlich eine warme Hand auf meinem Rücken, und es sagte eine sanfte Stimme sehr deutlich: »Steh auf, fürchte dich nicht und folge mir nach.«

Ich schaute auf und sah einen Mann, den ich noch nie gesehen hatte. Er war jung. Im gleichen Augenblick wusste ich seinen Namen: Jesus. Obwohl ich ihn, den Namen und Menschen, im Wachbewusstsein noch gar nicht kennengelernt hatte. Ich erinnere mich nicht an seine Gesichtszüge. Ich weiss nur, dass mich eine Welle von unglaublichem Entzücken und Freude durchfuhr. Im selben Augenblick waren das herrliche Licht und der junge Mann verschwunden. Die Küche war wieder beleuchtet vom gewöhnlichen Licht der elektrischen Glühbirne.

Ich träumte, dass ich weinte vor Enttäuschung und immer nach Jesus rief. Er aber blieb verschwunden. Ich wachte auf und lag tränenüberströmt im Bett. Ich lief zu meiner Mutter, weckte sie weinend und sagte, ich hätte von Jesus geträumt. Ich wolle zu ihm, aber er sei fortgegangen.

Ich war sehr traurig, dass er weggegangen war. Und ich weiss, dass ich mich lange Zeit als Kind jede Nacht nach ihm gesehnt habe. Meine Mutter versuchte umsonst, mich zu trösten.

Als ich zum ersten Mal, mit zehn Jahren, die Heilige Kommunion empfing, überkam mich wiederum dieses unglaublich starke Glücksgefühl wie damals im Traum, als ich die Hand von Jesus auf meinem am Boden zusammengekrümmten Rücken gefühlt hatte.

Und dieses Gefühl von allergrösster Liebe und von Glück tritt auch heute jedesmal ein, wenn ich beim Abendmahl bin, sei es in einer reformierten oder katholischen Kirche. Es ist einfach da und immer so wie in jenem Traum.

Als Kind und später auch als Erwachsene, konnte ich mir nicht erklären, was diese seltsamen Eingeweide am Himmel bedeuten sollten. Das ist mir erst jetzt eingefallen. Jesus stieg aus dem **Himmel,** aber da er **Mensch** geworden ist, stieg er aus einem **Bauch!**

Das waren die Eingeweide der Mutter Maria, aus deren Leibes-Innern Jesus geboren worden ist. Diesen offenen Bauch der Maria habe ich geträumt, gesehen, aber nicht begreifen können. Wie hätte ich als Kind so etwas verstehen können? Aber ich hatte es als Traumbild mit grosser Deutlichkeit gesehen. Der Traum lebt immer gleich stark in mir, als hätte ich ihn gestern und nicht vor vielen Jahren geträumt.

In den Tagebüchern meiner Mutter findet sich ein Eintrag, in dem sie diesen Traum im Jahre 1953 beschreibt.

Drei Jahre später erlebte ich, wie ich schon berichtete, bei der ersten Heiligen Kommunion das gleiche Glücksgefühl wie im Traum, als Jesus zu mir gesprochen hatte. Aus diesem Glück heraus entschloss ich mich als Kind, jeden Tag zur Frühmesse zu gehen. Gemeinsam mit einer Schulkameradin besuchte ich während eines ganzen Jahres täglich den Frühgottesdienst um 06 Uhr in der katholischen Diasporakapelle unseres Wohnortes.

Meine Kameradin und ich waren sehr glücklich und sagten unseren Müttern, dass wir ins Kloster gehen möchten. Dazu gründeten wir eine kleine Gebetsgruppe, die an schulfreien Nachmittagen den Rosenkranz betete. Dabei gaben wir uns Mühe, als Sühne für unsere Sünden zu büssen: Wir knieten mit blossen Knien auf den harten Boden mit dem schmerzhaften Rauhfaserbelag. Wir waren wirklich innig und blieben in ernsthafter Hingabe treu im Glauben. Das war meine kindliche Antwort auf den Ruf im Traum: »Folge mir nach.«

Unsere Mütter sagten, es sei die schönste Zeit in ihrem Leben gewesen und wir seien ihnen vorgekommen wie kleine Engel. Der katholische Pfarrer hatte uns empfohlen, das ganze Jahr vor der Erstkommunion für Jesus Öpferchen zu bringen, zum Beispiel der Mutter mehr helfen, keinen Streit anfangen mit Geschwistern und andern Kindern, ab und zu Jesus zuliebe auf Süssigkeiten zu verzichten, ihm zuliebe schlechte Laune überwinden, mit kleinen Arbeiten Geld verdienen für die Armen in der Dritten Welt oder für Bedürftige im eigenen Dorf. Wir Kinder waren mit Feuereifer dabei und spürten durch unsere hingebungsvolle Opferbereitschaft und Liebe zu Jesus innerlich immer mehr ein grosses Glücksgefühl wachsen.

Heute werden die Kinder und Erwachsenen von den modernen Erziehern und Religionslehrern zu wenig auf den Segen des Opfers hingewiesen. Die bekannte Schweizer Schriftstellerin, *Silja Walter, welche in einem ihrer Bücher darauf hinweisen wollte, ist von einer Verlagslektorin deswegen kritisiert worden. Ich persönlich kann aus eigener Erfahrung sagen, dass jenes Jahr der Opferbereitschaft für Jesus das glücklichste Jahr meines Lebens war. Die Eltern aller Kinder, welche dem Rat jenes Pfarrers gefolgt waren, können dies bestätigen.

Drei Jahre später kam die Pubertät und damit neue Antriebskräfte. Die Wucht dieser erregenden Gefühle war so stark, dass sie die Liebe zu Gott verdrängten und einer ganz anderen Liebe Raum verschafften: der Liebe zum Mann.

Meine Mutter, seit einem Jahr Witwe ohne finanziellen Rückhalt, vermietete Zimmer, um ein wenig Geld zu verdienen. Einer der Zimmerherren war ein 20jähriger Deutscher, Student der Theologie. Jeden Tag fuhr er mit dem Fahrrad zur Universität Zürich. Ich verliebte mich mit der Inbrunst eines dreizehnjährigen Mädchens in diesen jungen Mann. Von da an war er mein Gott! Ich betete ihn an. Er merkte es zwar kaum, so schüchtern war ich. Als er nach einem Jahr wieder nach Deutschland zurückkehrte, blieb ich ein Jahr lang in tiefstem Schmerz und Trostlosigkeit. Ich suchte traurig nach Ersatz. Von da an wurde ich Opfer immer neuer Verliebtheiten. Schule und Ausbildung liefen so nebenher. Wichtig war für mich immer nur der jeweils angebetete Mann. Es folgten himmelhochjauchzende Verliebtheiten und jämmerliche Enttäuschungen mit diesen »Göttern«.

Den Kindheitstraum von Jesus hatte ich längst in den Hintergrund geschoben. Ich hatte nun, seit der ersten Vergötterung eines Mannes mit 13 Jahren, sieben Jahre lang anderen Männern und meiner eigenen Eitelkeit gehuldigt. Nun kam, im Alter von 20 Jahren, der zweite starke Berufungstraum. Mir träumte, ich sei tot.

Dass ich in meinem Traum tot war, wusste ich deshalb so genau, weil ich immer versuchte, an mir herunterzuschauen, aber ich konnte keinen Körper entdecken. Ich wusste, dass ich vorhanden war, weil ich denken konnte, aber mein Leib war weder zu sehen noch zu spüren. Sobald mir das klar geworden war, geriet ich in Panik. Ich merkte, dass ich meinen Körper unendlich liebte. Ohne ihn war ich plötzlich absolut bedeutungslos geworden und mit einem Schlag aller Mittel beraubt, mit denen ich anderen Menschen hatte Eindruck machen können.

Etwas ebenso Grauenvolles kam dazu, nämlich das Bewusstsein, vollständig allein zu sein. Ich befand mich in einem durchsichtig schimmern-

* Silja Walter lebt seit 1948 als Sr. Maria Hedwig im Kloster Fahr

den, blaugrünen Element. Die unbekannte Umgebung selber war nicht unangenehm; erschreckend war einzig das Gefühl unabänderlicher Verlassenheit. Plötzlich fuhr mitten durch diese Einsamkeit ein sehr heller Lichtstrahl, umfing mich einen Augenblick lang mit grosser Wärme und verschwand so rasch, wie er gekommen war.

Von diesem Moment an sehnte ich mich mit aller Kraft nach diesem Licht. Seltsamerweise entstand dabei in mir die Überzeugung, ich könne Licht und Wärme einzig mit der Erinnerung an eine selbstlose Tat zurückgewinnen. Mühsam und ängstlich begann ich, mein Leben abzusuchen. Aber ich fand keine einzige Handlung, ja noch nicht einmal Wünsche, Gedanken oder Vorsätze, die nicht durch Selbstsucht bestimmt waren. Das hoffnungslose Gefühl der Reue war von unbeschreiblicher Grausamkeit. Das muss der Zustand sein, den man mit »Fege-Feuer« bezeichnet. Das läuternde und schmerzhafte Feuer der Reue.

Ich weiss noch genau, dass ich am ganzen Leibe zitternd aufwachte, schweissgebadet, erfüllt von Entsetzen. Ich war derart erschrocken, dass ich am anderen Tag Pro Juventute anrief und mich bereit erklärte, freiwilligen Landdienst zu leisten. Ich musste dafür einige andere Pläne aufgeben. Aber ich wollte unbedingt wenigstens eine Tat aufweisen, die ich ohne persönlichen oder finanziellen Gewinn geleistet hatte.

Nach dem Landdienst aber geriet ich in eine neue Verliebtheit. Der Mann war wiederum stärker. Ich vergötterte ihn. Die Beziehung zerbrach. Ich suchte eine neue. Schon war ich wieder im alten Fahrwasser. Der Traum und seine klare Bedeutung verblassten. Ich verdrängte einfach die Erinnerung. Dabei hatte ich deutlich gespürt, dass ich viel mehr hätte tun sollen: Mich anmelden am Katechetischen Institut. Eine meiner engsten Freundinnen aus der Jugendzeit hatte eben diese Entscheidung getroffen. Ich hätte, mit ihr zusammen, den gleichen Weg gehen können. Aber ich dachte mit Grauen daran, dass ich während zwei Jahren Katecheten-Studium keinesfalls Gelegenheit haben würde, irgendwelchen »interessanten« Männern zu begegnen, die meinem Wunsch nach spannender und abenteuerlicher Verliebtheit entsprechen würden. Die Leute, welche ein Institut für Katechese besuchten, waren mir eindeutig zu »brav« und zu »langweilig«. Ich wollte Männer um mich haben, welche die aufregende Atmosphäre der Verführungskünstler verbreiten. Zum zweitenmal hatte ich die Berufung abgelehnt!

Die Männer-Götter wurden dafür immer wichtiger und all-beherrschend. Mit der Zeit ging ich nicht mehr zu den Gottesdiensten, denn ich konnte meinen Lebenswandel nicht mit den Anforderungen der zehn Gebote in Einklang bringen: Du sollst nicht lügen. Du sollst nicht ehebrechen. Ich war aber sehr verstrickt in Lüge, wenn ich zum Beispiel mit verheirateten Männern die Ehefrauen betrog oder mehrere erotische Partner mit vielen Lügen aneinander vorbeimanövrierte. Seltsamerweise hatte ich immer das instinktive Verlangen nach **drei gleichzeitigen Beziehungen.** Dabei wollte ich immer »den schönsten, den gescheitesten und den mächtigsten Mann«.

Der in mir verdrängte wirkliche und dreifaltige Gott wurde nun ersetzt durch jeweils drei Männer, die irgendwie göttliche Tugenden und Fähigkeiten hätten haben sollen. Dass ich dabei enttäuscht blieb, ist klar. Also musste ich dauernd weiter suchen. Immer blieb dabei innere Leere, Einsamkeit, Enttäuschung. Ich merkte lange Zeit nicht, dass ich – über die Selbsttäuschung mit den Männerbekanntschaften – immer nur Gott suchte.

Um die Illusion und Selbsttäuschung mindestens während ein paar Stunden aufrechterhalten und geniessen zu können, wandte ich folgende Methode an, die übrigens viele meiner Mitmenschen aus den gleichen Gründen anwenden, meistens aber ohne es zu wissen: Ich suchte jene Orte auf, wo man nur für ein paar Stunden mit einem fremden Mann zusammen ist, Das ergab den Vorteil, dass man gar keine Zeit hatte, die Fehler des Partners zu entdecken. Am besten geeignet waren Dancings oder romantische Ferienorte mit weiten Stränden, Palmen und der ganzen Atmosphäre paradiesischer Schönheit. Da konnte man die Illusion erzeugen, wenigstens für ein paar Stunden mit einem »Ersatzgott« ein paar Stunden Himmel zu erleben. Der Partner zeigte sich in diesen ersten Stunden von seiner besten Seite. Liebenswürdig, klug, charmant, witzig, geistreich, taktvoll, sanft, aber auch voller leidenschaftlicher Hingabebereitschaft. Dazu konnte man jene süsse, illusionsfördernde Musik benutzen, im Dancing die Hits, die nur darum zu Hits werden, weil sie den geheimsten Sehnsüchten der Menschen entsprechen. Am Strand der gleiche Effekt aus dem Transistorradio, umsäuselt von sanftem Wind und anderen angenehmen Ereignissen. Meeresrauschen, glitzerndes Wellenspiel oder romantischer Mondschein und klarer Sternenhimmel.

Aber das alles nutzt sich natürlich im Lauf der Jahre immer stärker ab, weil alles nur Illusion ist.

Von der Menschenanbetung zum Narzissmus

Von der ehemaligen schwärmerischen Vergötterung des Mannes hatte ich, durch manche Enttäuschung verhärtet, angefangen, die Waffen der Weiblichkeit dafür einzusetzen, auch meinerseits die Männer zu demütigen. Manchmal spürte ich, dass meine Erotik eigentlich nichts anderes war, als die Sucht nach dem Gefühl, einen Mann mit den Reizen der Frau hörig zu machen, ihn auf die Knie zu zwingen. Was tatsächlich gelang. Ein vierzigjähriger Mann kann einer zwanzigjährigen Verführerin derart hörig werden, dass er sie auf den Knien anbettelt, bei ihm zu bleiben. Solche Szenen konnte ich mit grösstem Egoismus geniessen. Die Männer auf den Knien! Meine Eitelkeit war in höchstem Masse geschmeichelt. Auch wirkte das als Balsam für die Wunden, die mir untreue Partner zugefügt hatten.

So ergeht es vielen Menschen. Das ist folgerichtig. Wenn man so denkt, glaubt man, es sei auch damit getan, Scheidungen einzureichen und einen neuen Partner zu suchen. Man ist nicht imstande, die Fehler eines Menschen und die eigenen Fehler mit Hilfe von Gott zu tragen und zu beseitigen. Nein, man glaubt, durch die Flucht nach vorne könne man endlich den Idealzustand erreichen. Eine Illusion. Auch der nächste Partner hat Fehler. Und die eigenen Fehler sind auch stets vorhanden. Also bleiben die Probleme immer gleich.

Die dritte Berufung erfuhr ich mit 29 Jahren. Ich hatte mich, einem neuerlichen starken seelischen Druck nachgebend, zu einem Glaubenskurs in Zürich angemeldet. Wer dieses zweijährige Studium abschliesst, kann nachher Religionsunterricht erteilen. Schon nach vier Wochen kam die gewohnte Störung: Ein Mann begann um mich zu werben. Obwohl ich verheiratet war. Es kümmerte ihn gar nicht. Seine Bemühungen waren natürlich wieder höchst schmeichelhaft und sehr intensiv. Eines Abends, ich hatte mich mit ihm getroffen, kam ich zu spät zum Theologie-Kurs. Etwas ausser Atem drückte ich mich in die hinterste Bank und wollte, anstatt der Lehrerin zuzuhören, meinen angenehmen, erotischen Gedanken nachhängen.

Da fiel mein Blick auf eine Jesusdarstellung*, die gerahmt an der Seitenwand des Klassenzimmers hing. Das Bild zeigte das Gesicht des toten Jesus mit geschlossenen Augen. Ich weiss nicht, warum ich es mit grosser Faszination anschauen musste. Aber ich konnte den Blick nicht abwenden. Plötzlich, zu meinem unbeschreiblichen Erstaunen, öffnete das Chri-

* Es handelt sich um das Antlitz auf dem Leichentuch von Turin. (Siehe Erklärung dazu auf Seite 355.)

stusbild die Augen und schaute mich an in einer so unendlichen Trauer, dass ich darob zuinnerst getroffen war. Ich konnte nichts dagegen tun, die Tränen stürzten mir aus den Augen und hörten nicht auf. Eine Stunde lang versuchte ich, das Weinen aufzuhalten, verbarg das Gesicht in den Händen, deckte es mit dem Taschentuch. Die Erschütterung meiner Seele dauerte an. Die Augen des Christusbildes blieben offen. Immer wieder sagte ich mir: »Das gibt es nicht. Das ist nicht wahr. Ich habe Halluzinationen.« Dann schloss ich die Augen fest. Jedesmal, wenn ich die Augen öffnete und hoffte, es sei alles vorbei, war nichts vorbei. Christus schaute mich unverwandt an mit dieser grossen Traurigkeit. Ich hielt es nicht mehr aus. In der Pause verliess ich den Kurs und ging nach Hause. Auf der Strasse, im Tram, im Zug blieb ich tränenüberströmt. Ich wusste, dass dies die dritte Berufung gewesen war. Aber ich wollte sie auch dieses Mal nicht annehmen. Die Faszination des erotischen Abenteuers war wiederum stärker. Zuhause tat ich das, womit ich in jenen Jahren am besten in Stimmung kam, um meine Ersatzgötter zu geniessen. Ich benutzte dafür Musik, die am besten geeignet war, die Träumereien zu begleiten. Stundenlang hörte ich die gleichen Platten ab, vor allem die Schnulzen von Elvis Presley, in denen er irgend ein Mädchen vergöttert oder sich selber vergöttern lässt. Oder Lieder mit Texten wie »you are my everything«. Aussagen, wonach der Schlagersänger eindeutig einen Menschen anbetet und sagt: »Du bist mein alles, mein Einziges, mein Herrlichstes, mein Schönstes. Ich liebe nur dich, dich allein.« Diese Art von Schlagertexten haben sich seither in der Grundsubstanz nicht geändert. Sie werden auch in Zukunft dem menschlichen Vergötterungs-Bedürfnis entgegenkommen. Das ist das Geheimnis ihres Erfolges. Damit kann man Millionen von Menschen die gewünschten Illusionen verkaufen.

Mit meinem freien Willen hatte ich Jesus zum drittenmal abgelehnt. Ich lebte weiterhin so, wie es mir passte. Mein Ehemann ist ein ganz anderer Mensch. Er hat mir vorgelebt, was Liebe und Treue bedeuten. Trotzdem geriet ich, zwei Jahre nachdem ich mit ihm zusammengezogen war, in die Depression, die ich mir mit meinem Fehlentscheid selber eingebrockt hatte. Durch meine Weigerung, Gott um Hilfe zu bitten, manövrierte ich mich in die katastrophale körperliche Erschöpfung hinein, welche gar nicht nötig gewesen wäre.

Als ich, wie beschrieben im Kapitel »Heilung aus Depression«, in jener Nacht im Kloster geheilt worden war, nachdem ich die Sünden meines ganzen Lebens ehrlich bereut und Gott um Vergebung gebeten hatte, wusste ich: Jetzt will ich endlich meiner Berufung folgen! Von jetzt an wollte ich die Arbeit einer Religionslehrerin ausüben und meine ganze

Kraft dafür einsetzen, zu **sagen** und zu **bezeugen,** dass der **Glaube an Gott** und das **Erfüllen seiner Gebote das Wichtigste** sind, um **ein sinnerfülltes, glückliches Leben zu erhalten.**

Ich hätte es aber einfacher haben können. Hätte ich zumindest auf die zweite Berufung reagiert, wäre ich bereits seit 20 Jahren Religionslehrerin. Heute könnte ich zurückschauen auf zwei Jahrzehnte von sinnerfüllter Tätigkeit. Leider habe ich das verhindert durch meinen freien Willen. Für diese zwanzig verlorenen Jahre werde ich mich vor Gott verantworten müssen. Denn ER wird mich fragen: Was hast Du getan mit den Gaben, die ich Dir gab? Haben sie Zinsen gebracht? Früchte getragen? Dann werde ich nur auf einen mageren Ertrag hinweisen können. Er wäre fetter geworden, wenn ich bereits während zwanzig Jahren dem Ruf des Herrn Folge geleistet hätte.

Viele Menschen verhindern ihr Glück durch ihre falschen, gottfernen Willensentscheide. Genau so, wie ich es auch tat. Aber dann sollten wir nicht jammern und klagen und Gott die Schuld geben für unsere verkehrten Beschlüsse.

Der Mensch hat jederzeit die Gelegenheit, umzukehren und neu anzufangen. Mit Gott anfangen, mit IHM als Mittelpunkt im Dasein. Dann wird das Leben wirklich glücklich. Mann muss zum Beispiel nicht immer neue Partner suchen. Die Beziehung zu einem Menschen wird sinnvoll und täglich neu. Aber das geschieht erst, wenn wir Gott als Mittelpunkt wählen und unser Ich und unsere Sucht nach Selbstbestätigung zur Seite schieben.

Menschen, die mich früher kannten und meine Umkehr nicht persönlich miterleben konnten, sind sehr erstaunt. Sie sagen: »Früher war das eine schlimme Frau! Warum predigt sie jetzt plötzlich überall von Gott?« Ich verstehe diese erstaunte Frage. Sie entsteht auch aus jenem Irrtum, den eine gewisse Art von Psychologie ständig verbreitet. Diese Theorie glaubt, der Mensch könne sich nicht ändern, weil er durch seine vererbten Anlagen zu einem bestimmten Verhalten gezwungen und wie eine Marionette von diesen Erbfaktoren gesteuert werde. Es handelt sich hier um einen gefährlichen Irrtum, der von gottfernen Geistern verbreitet wird. Die Wahrheit lautet: Gott kann den belasteten Menschen aus seiner Verstrikkung befreien und zu einem neuen, veränderten und glücklichen Leben führen, sofern der Mensch das will.

Teil V

Es gibt noch ein anderes Leid

Es gibt Heilige, die sehr viel schweres körperliches und seelisches Leid ertragen mussten. Ist dieses Leid nicht von Gott gesandt?

Jesus fragt in seinen Offenbarungen die Seherin Mechthild von Hackeborn (13. Jahrhundert), ob sie von ihm einen Blumenkranz oder die Dornenkrone haben möchte. Sie entscheidet sich für die Dornenkrone. Von da an muss sie unsägliche körperliche Leiden ertragen, **stellvertretend** für andere Sünder, um für sie Busse zu tun. Aber sie durfte sich frei entscheiden. Der Herr hat sie gefragt.

Bei der Visionärin Anna Katharina geschieht das Gleiche. Jesus fragt sie: Willst du leiden anstelle anderer Menschen? So wie ich gelitten habe an Stelle der sündigen Welt? Und Anna Katharina sagt zu Jesus: »Ja, ich will!« Von da an befallen sie die Krankheiten anderer Menschen, die sie geduldig trägt, während diese Menschen geheilt werden.

Bei der Visionärin Schwester Faustine aus Polen (1930) erfahren wir den gleichen Vorgang. Jesus fragt sie in einer Entscheidung, ob sie bereit sei, als Opferseele zu wirken und Sühne zu leisten anstelle der Sünder? Auch sie stellt sich dem Herrn freiwillig zur Verfügung. Sogleich beginnen in ihr schreckliche körperliche und seelische Krankheiten zu wüten. Sie erträgt alles geduldig, demütig, mit grossem Mut, stellvertretend für die Sünder, die das nicht einmal wissen. Die grosse Liebestat einer unschuldigen Seele, welche das Liebesopfer von Jesus wiederholt. Sie opfert sich für Sünder, die sich **nicht mehr aus eigener Kraft** aus **ihren Verstrickungen** lösen können. Immer wieder spürt die Frau, dass Krankheiten auf sie fallen, gleichzeitig werden die vorher davon betroffenen Menschen befreit. So hilft sie Christus mit bei seiner Erlösungstat. Für unser gewohntes Denken von Schuld und Sühne ist das nur schwer fassbar, weil wir die un-fassbare Liebe des Christus nicht verstehen können oder Angst haben, sie zu erkennen, weil dabei der Unschuldige die Last des Schuldigen auf sich nimmt, mit dem ganzen Schmerz und der ganzen Bitterkeit und alles bis zum Schluss erträgt. Solches Leid aber wird uns Christus nie aufzwingen. ER hat alle seine ihm ergebenen Nachfolger zuerst gefragt, ob sie freiwillig bereit seien. Erkennungsmerkmal der echten Himmelsboten ist ihre Bereitschaft, **freiwillig** zu leiden, um damit, zusammen mit dem freiwilligen Leiden von Christus, mitzuhelfen am Erlösungswerk des Messias.

Ein Beispiel dafür lesen wir in einem Abschnitt des Lebensberichtes der Seherin Anna Katharina Emmerich:

Die eigentliche Aufgabe ihres Lebens war Leiden für die Kirche oder einzelne Glieder derselben, deren Not ihr im Geiste gezeigt wurde oder die sie um Gebet anflehten, ohne eben zu wissen, dass diese arme kranke Klosterfrau mehr für diese zu tun hatte, als einige Paternoster zu beten, ja dass sich ihr ganzes Leiden an Leib und Seele auf sie übertrug und dass sie es geduldig unter sehr schwierigen Umständen auskämpfen musste, denn ihr kam nicht gleich ähnlichen Personen einer früheren Zeit Verständnis und Gebet einer klösterlichen Genossenschaft zu Hilfe, sondern in ihrer Zeit und Welt war ihr Leiden allein an den Arzt gewiesen. In der Arbeit, solche übernommene Leiden auszukämpfen, machte sie, wie in der Feldarbeit ihrer Jugend, eine stete Gebetsanwendung auf entsprechende Beschwerden der Kirche und opferte, für e i n e n Kranken leidend, ihre Mühseligkeit für die ganze Kirche auf.

Ein allgemeines Beispiel ihres Mit-Leidens ist folgendes:

Mehrere Wochen lang stellten sich alle Leiden der äussersten Schwindsucht bei ihr ein. Die höchste Reizbarkeit der Lunge, alle Betten durchdringende Schweisse, erstickender Husten, steter Auswurf, ununterbrochenes, heftiges Fieber, man erwartete täglich ihr Ende, ja man hoffte es, so entsetzlich war ihr Leiden, und befremdend erschien ihr Kampf gegen grosse Reizbarkeit des Gemütes. Fiel sie augenblicklich in Unwill, so zerfloss sie in Tränen, ihr Leiden verdoppelte sich, sie konnte nicht leben, bis sie sich durch das Sakrament der Busse ausgesöhnt hatte. Immer hatte sie mit dem Unwill gegen eine Person zu kämpfen, welche seit Jahren ihr fern stand. Sie jammerte, immer diese Person, die sie doch gar nicht angehe, mit allerlei Verkehrtheiten vor sich zu sehen und weinte wohl in grosser Gewissensangst bitterlich, sie wolle sich nicht versündigen, an jenem Tage solle man ihr Leiden sehen. In dieser Zeit erschrak ein Freund nicht wenig, als sie, sich plötzlich aufrichtend, sprach: »Beten Sie die Sterbegebete mit mir!« Er tat dieses und sie antwortete ganz rüstig in der Litanei. Nach einer Weile ertönte die Sterbeglocke, und es kam jemand zu ihr, um Gebet für seine eben gestorbene Schwester bittend. Anna Katharina fragte unbefangen mit Teilnahme nach ihrem Leiden und Tode, da hörte der Anwesende die umständliche Beschreibung jener Schwindsuchtkrankheit, in welcher Anna Katharina bis heute gelegen und wie die Verstorbene aus

Elend und Beängstigung sich gar nicht zum Tode habe bereiten können, aber seit ein paar Wochen sei ihr viel leichter gewesen, und sie habe, den Unwill gegen eine gewisse Person besiegend, sich mit dieser und dann auch mit Gott versöhnt und sei unter dem Beistand derselben Personen, mit allen Sakramenten versehen, in Frieden gestorben. Anna Katharina reichte ein Almosen zur Beerdigung und Totenfeier. Sie schwitzte, hustete, fieberte nicht mehr, sie glich einem abgehetzten Menschen, der mit frischer Wäsche auf ein kühles Lager gebracht und erquickt worden ist. Ihr Freund sagte zu ihr: »Als Sie in diese Todeskrankheit fielen, ward die Frau besser und nur durch den Unwill gegen jene andere Frau abgehalten, sich mit Gott auszusöhnen. Auf einmal erhalten **Sie** den Unwill, und die Frau stirbt versöhnt, und nun ist Ihnen wieder ziemlich wohl. Ärgert Sie jene Person noch?« – Anna Katharina: »Behüte Gott, das kommt mir jetzt recht unvernünftig vor, aber wie ist es möglich, nicht zu leiden, wenn ein Glied meines Fingers leidet, wir sind alle ein Leib in Jesu Christo!« – »Gott sei Dank«, sagte der Freund, »nun haben Sie doch wieder Ruhe!« Sie aber lächelte und sprach: »Es wird nicht lange währen, es warten schon andere auf mich!« Hiermit wendete sie sich auf dem Lager um und ruhte. Wenige Tage nachher fiel sie in heftige Gliederschmerzen und alle Leiden der Brustwassersucht. Wir entdeckten die Kranke, mit welcher sie litt, und stündlich sahen wir deren Leiden plötzlich erleichtert oder zum höchsten Grade gesteigert, nachdem Anna Katharina heftiger litt oder eine Pause des Mitleidens hatte. Jeder wird die Schwierigkeit solcher Zustände einsehen, sie musste **aus Liebe fremde Krankheit** tragen, ja **fremde Versuchung** auf sich nehmen, auf dass jene anderen Musse zur Todesbereitung finde. Sie musste schweigend leiden, um fremde Not zu verbergen ja sie musste auch noch die Arzneimittel für die Krankheit und die Verweise für die fremde Versuchung geduldig hinnehmen und musste es tragen, andern verkehrt zu erscheinen, damit jene, für die sie litt, vor Gott bekehrt erscheinen dürfen. Einst sass ein schwer betrübter Freund in ihrer Nähe, sie lag in Entzückung und flehte plötzlich laut: »O mein Jesus, lass mich den schweren Stein ein wenig tragen.« Der Traurige fragte verwundert, was ihr fehle; sie erwiderte: »Ich bin auf der Reise nach Jerusalem, da liegt ein armer Mensch an meinem Wege, der schleppt einen Stein auf der Brust mit sich, der ihn schier tot drücket«; dann flehte sie wieder: »Gib mir den Stein, du kannst nicht mehr, gib ihn mir!« Und plötzlich sank sie, wie von grosser Last erdrückt, ohnmächtig in sich zusammen. Der Anwesende hatte nicht die Zeit, über ihren Zustand zu erschrecken, denn im selben Augenblick war all **sein drückender** Kummer wie von seiner Brust hinweggeblasen, und er fühlte sich so freudig als nie in seinem Leben.

Eine der grossen Opferseelen unserer Zeit ist Mutter Teresa aus Kalkutta. Sie hat 1979 den Friedensnobelpreis erhalten für ihre Liebesarbeit an den Menschen. Vierzigtausend Menschen hat sie, zusammen mit ihren Ordensfrauen, unter grössten Schwierigkeiten, aus dem Elend und Dreck der indischen Slums herausgeholt und liebevoll gepflegt. Auch diese Frau hat von Jesus den Ruf bekommen und die Frage: Willst Du das alles für mich tun? Willst Du dein Leben opfern für andere Menschen? Mutter Teresa ist dem Ruf von Christus gefolgt. Sie sagt: »Nicht für eine Million Dollar könnte ich einen Aussätzigen berühren. Ich kann es allein durch die Kraft, die mir Jesus Christus für meine Berufung geschenkt hat.«

Mutter Teresa hat dabei das Gleiche erfahren wie alle hingebungsvollen Opferseelen, die sich in den Dienst der Gottes- und Nächstenliebe gestellt haben! Durch alle die Schwierigkeiten und Probleme, verursacht durch eine gebrochene, von Hass und Zerstörung durchsetzte Welt, hat sie immer eine **Überfülle von geistigen Freuden** erhalten. Eine Fülle von innerem Frieden, Geschenke des Geistes. Sie erhielt Inspirationen zur Lösung der materiellen Probleme, sie erhielt geistigen Trost aus den Gebeten zum Dreifaltigen Gott, zum Vater, zu Christus, zum Geiste Gottes und zu Maria. Gott schenkte Mutter Teresa alles, was sie benötigte für ihr Wirken in Liebe. So wird Gott auch in uns wirken, wenn wir uns für sein Werk zur Verfügung stellen möchten. Jeder, der es versucht, macht diese herrliche Erfahrung.

Wollen wir es versuchen? Sie und ich – wir alle? Denn das ist der Wille von Gott: Dass wir alle seine frohe Botschaft weitertragen und die damit verbundene Mühe gerne auf uns nehmen.

Der Kuss Gottes

Zum Abschluss dieses Buches möchte ich etwas ganz Wichtiges jedem mitgeben, der bis hierher gelesen hat. Alles, was in diesem Werk über Gott gesagt worden ist, kann letztlich nur durch die persönliche Erfahrung in seiner vollen Tiefe erfasst werden. Wenn Teresa von Avila vom Entzükken der Ekstase spricht, die sie bei der Begegnung mit Gott erlebt hat, wie sollte sie das erklären können? Es ist ebenso wenig möglich, einem Menschen zu erklären, wie das Gefühl eines Kusses ist, wenn der Betreffende noch nie geküsst hat. Es ist auch unmöglich, einem Menschen den Geschmack von Trauben mit Worten zu erklären, denn Worte allein können niemanden über den Geschmack von Trauben aufklären, solange man die Trauben nicht selber im Munde spürt.

Darum können wir nie – auch nicht mit tausend Büchern – erklären, was ein Mensch mit Gott erfährt. Worte sind dafür zu dürr. Sie können nur Bericht erstatten, so wie dies in diesem Buch geschehen ist. Aber dann muss sich jeder Leser selber auf den Weg machen, damit er den Kuss Gottes in seiner Seele spürt.

Mancher Mensch (und ich selber auch) hat die erste Wirkung davon erfahren als erlösenden Tränenstrom. Tränen der Reue über begangene Sünden, Tränen der Freude über die plötzlich und stark erfahrene Gegenwart des liebenden Gottes.

Das Gebet in der Angst

»Angst fressen Seele auf«, sagte ein Mann afrikanischer Herkunft – und viele von uns kennen dieses Gefühl auch

Es gibt die ganz normale Angst, die uns befähigt, in einer akuten Gefahr zu flüchten oder einen gefährlichen Gegner mittels Aggression unschädlich zu machen. Diese Angst ist lebensrettend und notwendig für jedes Geschöpf, ob Mensch oder Tier.

Eine andere Ursache von Angst entsteht durch einen ungelösten, seelischen Konflikt, der vom Unterbewusstsein her als Angstgefühl aufbricht, weil die Seele damit die Konfliktlösung beschleunigen will.

Dann gibt es aber noch die andere Angst. Jene unheimliche, nicht fassbare Angst, von der viele Menschen sagen: Ich weiss nicht, woher sie kommt. Es geht mir eigentlich gut. Ich bin gesund, ich habe eine gute Arbeit, eine gute Partnerschaft, gesunde Kinder. Und trotzdem habe ich Angst. Ganz plötzlich taucht sie auf. Unerwartet überrascht sie mich. Mitten in einem Gespräch, irgendwo auf der Strasse. Oder zuhause, wenn ich alle meine Arbeit erledigt habe und mich ausruhen will. Sie ist plötzlich da, sie würgt mich, sie fährt mir durch alle Glieder, sie steigt aus dem Magen auf, würgt meine Kehle, und dann breitet sie sich in allen Gliedern aus als lähmendes Entsetzen. Ich gerate jeweils derart in Panik wegen dieses unheimlichen Geschehens, dass ich rasendes Herzklopfen bekomme, Schweissausbrüche habe und häufig in Ohnmacht falle. Diese Zustände wiederum erzeugen eine neue Angst. Ich fürchte, dass irgend jemand das alles bemerkt und mich für geisteskrank erklärt. Deswegen verkrieche ich mich immer öfter, ziehe mich zurück, schliesse die Türen, stelle das Telefon ab und will niemanden sehen. Was ist das? Ich wage kaum, darüber zu reden. Meine Familie ist schwer irritiert von mir. Sie sagen: Du hast doch alles. Es fehlt Dir nichts. Wir sind doch gut zu Dir!

Die Ursache dieser dritten Art von Angst liegt im metaphysischen Bereich der Einflüsse bösartiger Geistkräfte. Ärzte, welche die Existenz Gottes sowie auch die Existenz seines Gegners leugnen, können ihren Patienten, welche an dieser Angst leiden, natürlich nicht weiterhelfen. Ich kenne diese dritte Art von Angst selber. Es ist die schlimmste, weil sie nicht fassbar ist. Weder Ärzte noch Psychiater haben mich von ihr befreien können. Das ist erst gelungen durch tiefen Glauben und durch Gebet.

Das Gebet:

»Herr, mein Gott, Du hast versprochen, dass Du uns in aller Angst auf dieser Welt siegreich führen wirst. Du, Jesus, Sohn des lebendigen Gottes, hast uns versichert, dass Du die Angst überwunden hast und dass wir mit Dir zusammen die Angst besiegen. Heute habe ich wieder diese unheimliche Angst, von der ich nicht weiss, woher sie kommt. Gib mir Deine Kraft und Deine Inspiration. Zeige mir, ob es ein Zwiespalt ist oder ob die Angst nur ein Angriff Deines Gegners ist, des Satans. Wenn es ein Zwiespalt ist, Herr, mein Gott, dann zeige ihn mir. Inspiriere mich, gib mir Weisheit und Erleuchtung und zeige mir, wo der Zwiespalt liegt und wie ich ihn lösen kann.

Welchen Weg soll ich wählen? Schick mir Menschen und neue Ideen, damit ich Deine Lösungswege finde. Wenn es aber die Angst ist, Herr und Gott, die nur eine Attacke des Satans ist, um mich zu quälen, zu peinigen und um mein Vertrauen in Dich zu erschüttern, dann gib mir jetzt die Kraft Deines Heiligen Geistes. Wirf die Angst aus mir, stärke meine Liebe und mein Vertrauen zu Dir. Und ich werde sagen, im Namen Gottes, weiche von mir, Dämon, der mich an Gott irremachen will. Ich habe die Bosheit Satans erkannt und seine Tücke. Denn der Herr hat gesagt, wer dem Bösen furchtlos ins Gesicht sieht und es furchtlos beim Namen nennt, vor dem schleicht das Böse beschämt davon, gedemütigt und geschlagen. Der Herr hat gesagt, wer den einzigen Namen Gottes und den Namen seines geliebten Sohnes, Jesus Christus, gegen das Böse schleudert, bleibt im Siege Gottes! Dein Sohn Jesus hat die Schmerzen der Angst am Ölberg erlitten, weil ER unser ganzes Menschsein auf sich genommen und damit geheiligt hat. Herr, mein Gott, führe mich und mache mich mit Deiner Kraft zum Sieger über die Angriffe der bösen Macht. Lob sei Dir, Christus.«

Wir müssen uns im klaren sein, dass es sich um tückische Angriffe des Satans handelt, der weiss, wie sehr sich der Mensch vor der Angst fürchtet.

Angst sowie Angst vor der Angst, erzeugt Satan, um den Menschen zu verwirren. Es ist eine der stärksten Waffen des Feindes unserer Seele.

Ich kenne zahlreiche Menschen, die sich deswegen das Leben genommen haben. Und ich kann diesen Menschen ihre innere Not sehr gut nachempfinden. Es gibt heute auch Ärzte, die metaphysische Ursachen für Angst annehmen, denn sie stehen hilflos vor dem Phänomen der Geisteskrankheit, die nach wie vor mit Psychopharmaka gedämpft, aber nicht geheilt werden kann. Auf keinen Fall dürfen wir Menschen, welche von negativen Geist-Einflüssen belästigt werden, als Dämonen betrachten. Diese Menschen sind keine Dämonen, sondern sie sind bedauernswerte Opfer von dämonischen Angriffen und Störversuchen.

Die bittere Frage des Studenten

Ein 23jähriger Student, der bis hierher gelesen hatte, stellte mir folgende, bittere Frage:

In einem Kapitel des Buches »Die Brüder Karamasov« von Dostojewski gibt es eine Szene, in der ein Mann am Bett eines schwer leidenden, todkranken Kindes voller Zorn gegen Gott sagt: »Diese Eintrittskarte in den Himmel gebe ich gerne zurück.« Der Student fragte, warum Gott das Leiden der Unschuldigen, zum Beispiel dieses Kindes, zulasse? Und:

Warum hat Gott überhaupt eine Schöpfung entstehen lassen, da ER doch wusste, welches Ausmass an Leid nach dem Sturz der selbstverliebten Geister über die Schöpfung hereinbrechen würde?

Ich habe diese Frage in einem der ersten Kapitel mit dem Gedanken beantwortet, dass Gott als ein Gott der Liebe immer schöpferisch war, ist und sein wird. ER wird ewig lieben und liebend erschaffen. Diese Antwort ist dem Studenten offenbar nicht im Bewusstsein geblieben. Es könnte sein, dass mancher Leser diese Antwort auch vergessen hat. Darum möchte ich sie noch einmal, zum Abschluss dieses Buches, **zusammenfassend** beantworten, und zwar mit einer Gegenfrage: Können wir, die Geschöpfe, Gott Vorwürfe machen, weil ER dabei bleibt, ewig schöpferisch zu sein? Können wir IHM Vorwürfe machen, dass ER seinen ursprünglichen Plan verwirklichen will? Sein Schöpfungsplan ist durchkreuzt worden durch die Selbstverliebtheit und Auflehnung seiner ersten Geistgeschöpfe. Anna Katharina Emmerich erfährt in der Schöpfungsvision, dass Gott die leeren Plätze, Milliarden mal Milliarden, welche die gestürzten Geister hinterlassen haben, wieder auffüllen will. Nur deswegen begann ER eine zweite Schöpfungsphase mit Adam und Eva. Aber diese Geschöpfe liessen sich von den gestürzten Geistern verführen und fielen von Gott ab. Aber Gott will seinen Plan zu Ende führen und seine Schöpfung wieder vollständig machen. Jesus Christus sagt in einer Offenbarung an die französische Mystikerin Gabrielle Bossis: »Der Sinn des Menschenlebens ist es, heilig zu werden.« Damit wir als Heilige eingehen in den Himmel und dort die verwaisten Plätze der gestürzten Engel auffüllen. Dasselbe sagt Gott zu Anna Katharina Emmerich: »Der Herr hätte die materielle Schöpfung gar nicht angefangen, wenn seine Engel nicht von IHM abgefallen wären. Gott wäre mit ihnen, seinen erstgeschaffenen Geistwesen, glücklich gewesen.«

Können wir Menschen nun wirklich Gott einen Vorwurf machen, dass ER seinen Plan vollenden will? Wer sind wir, dass wir Gott Vorwürfe machen? Dürfen wir sagen: Gott hätte ja die gestürzten Engel vernichten können, oder: ER hätte spätestens Adam und Eva nach ihrem Abfall vernichten sollen, damit sich das Böse nicht durch weitere Generationen verbreiten kann.

Wir können Gott nicht anklagen. Gott ist die Gerechtigkeit. Und die Gerechtigkeit erfordert es, den ursprünglichen Plan durchzuführen. Es wäre Ungerechtigkeit, wenn Gottes Plan durch gefallene Geister für immer durchkreuzt bliebe.

Nun kommt ein zweiter, sehr wichtiger Faktor in das Ganze. Der Student – und mit ihm die meisten jungen Menschen – können diesen Faktor nicht erfassen, weil ihnen die entsprechende Erfahrung fehlt: es handelt sich um die Tatsache, dass der Mensch – auch wenn er vom Bösen angegriffen wird – eine ungeheure Kraft zum Durchhalten erhält, sofern er sich Gott zuwendet. Wenn diese Tatsache nicht immer wieder von Menschen erlebt und bezeugt worden wäre, bliebe auch die Tatsache der absoluten göttlichen Gerechtigkeit für uns keine Hilfe, angesichts des Schmerzes, den wir empfinden, beim Anblick der unschuldig Leidenden: hungernde Kinder, Kriegsopfer, gefolterte Gefangene, wir selber, wenn wir unverschuldet zu Opfern werden wie zum Beispiel jene drei Rekruten, denen im Militärdienst von fehlgeleiteten Granaten die Hände weggerissen wurden. Jeder von uns kennt genügend Fälle für unverschuldetes Leid.

Hören wir, was Jesus uns zu sagen hat über dieses Thema: »In der Welt seid ihr in Bedrängnis. Aber Mut, Ich habe die Welt besiegt.« (Joh. 16, 23)

»Fürchte keines der Leiden, die Dir bevorstehen.« (Off. 10)

Jesus (Neue Offenbarung): »Warum – so werdet Ihr, meine Kinder, dann fragen – müsst Ihr dennoch unter Angst und Trübsal leiden, wenn ich doch die Welt überwunden habe? Wie Ihr wisst, habe ich meinen Kampf und meinen Sieg nicht für mich, sondern für Euch ausgefochten und errungen. Jede Versuchung und jede Schwierigkeit meisterte ich dann und dort, wann und wo sie sich zeigte. Die Mächte des Unheils, des Bösen, wurden bis zum äussersten angespannt, um Mittel und Wege zu finden, womit ich vernichtet werden sollte. Sie blieben erfolglos; aber wie sehr sie fehlschlugen, war nur mir und meinem Vater bekannt, der in meinem unverzagten Geiste zu lesen im Stande war, während die Welt, ja selbst meine eigenen Jünger, nur noch eine ›verlorene Sache‹ sehen konnten. Als sie mich da verhöhnt, bespieen und gegeisselt hängen sahen, da betrachteten auch sie mich als überwunden. Wie hätten sie auch wissen können, dass mein Geist frei, ungebrochen und unberührt war?

Darum – da ich gekommen bin um den Menschen Gott zu zeigen – musste ich ihnen **Gott unüberwunden, unversehrt, unberührt vom Bösen** der Welt und seiner Macht zeigen. Der Mensch konnte nicht erkennen, dass mein Geist unangetastet vom Hass und von den Furien dieser Erde ins verborgene, heilige Haus des Vaters aufgestiegen war. Der Mensch konnte aber meinen wieder erstandenen Körper sehen und daraus lernen, dass sogar die letzten und bis zum äussersten gehenden Anstrengungen meiner Feinde nicht die Macht besassen, mich zu berühren.

Schöpft hieraus Mut, denn Ihr müsst meine Not und Drangsal mit mir teilen. Denn, wenn der Böse Euch nicht anfällt, dann müsst Ihr selbst böse sein. Wenn der Böse Euch aber herausfordert und anfällt, wenn Kampf und Prüfungen Euch Wunden schlagen, dann ist es darum, weil Ihr an meiner Seite steht und als Meine Freunde dem Hass des Bösen ausgesetzt seid.

Haltet aber guten Mut! Ihr kämpft Seite an Seite mit mir. Ich habe das Üble, das Böse überall überwunden, obschon die Menschen dies erst als über alle Zweifel haben erkennen können, als ich vom Tode auferstand. Und in meiner alles überwindenden Macht geht heute unversehrt Eures Weges.«

Diese Art, wie Jesus das Böse überwindet, bleibt für den Menschen unbegreiflich, solange er nicht selber inmitten von Leid die alles überwindende Kraft Gottes erlebt hat. Ich selber habe im Alter von 20 Jahren nichts davon begriffen, auch mit 30 Jahren wehrte ich mich noch gegen diese Lehre von Jesus.

Für viele Menschen ist Jesus das grösste Ärgernis der Welt. Sie können den Anblick des Kreuzes nicht ertragen. Auch in vielen Kirchen zeigt man das Kreuz ohne den Leib von Jesus, um das Leiden nicht sehen zu müssen. Manche Menschen suchen andere Religionen, in denen kein gefolterter Mensch am Kreuz sein Leben hingibt. Sie flüchten vor dem Kreuz, indem sie sagen: »Wir brauchen keinen Erlöser, wir schaffen das schon selbst. Mit guten Werken oder mit den Selbsterlösungsreligionen der asiatischen Welt.«

Dieser Ärger über das Kreuz ist begreiflich, weil jeder Mensch im tiefsten Inneren eine entsetzliche Angst hat vor dem Leiden und dem Ertragen von Schmerz. Mir ist es auch so ergangen. Lange wehrte ich mich gegen Christus und seine Lehre, bis ich endlich selber erfahren habe, wie gewaltig die Kraft Gottes ist, wenn man seine Hilfe anruft beim Angriff der bösen Kräfte. Ohne diese persönliche Erfahrung bleibt das Kreuz für jeden von uns ein Ärgernis, dem man ausweichen will.

Christus ist kein Theoretiker. ER hat uns nicht theoretisch erklärt, wie man das Böse überwinden solle. ER hat es freiwillig und bis zur äussersten Konsequenz durch eigenes Erleben gezeigt und ist dadurch unser Freund und Bruder geworden, solidarisch bis zum letzten Tropfen Blut, bis zur letzten Sekunde bitterster Einsamkeit, als ER auch noch die mystische Trennung vom Vater erdulden musste, in jener Sekunde, bevor sich sein Geist vom Körper löste. Wie Jesus in seiner Neuen Offenbarung erklärt hat, konnte der Vater seinen Sohn nicht begleiten in jener Sekunde, weil Gott das Leben ist und sich in keiner Form von Vergänglichkeit zeigen kann. Die Solidarität zum Menschen und zu dessen Tod hat Jesus freiwillig und ganz allein auf sich genommen, aus Liebe zu uns. Es gibt keinen grösseren Liebesbeweis, als wenn einer sein Leben hingibt für seine Freunde.

Ohne meine eigenen Leiderfahrungen, auch als Kind, wäre ich gar nicht berechtigt, über das ganze Thema auch nur ein Wort zu verlieren. Ich würde mich schämen über das Leiden zu sprechen, wenn ich es nicht selber in vielen Formen erlebt hätte.

Gott hat uns klar gemacht, dass wir auf dieser Welt kein Paradies erwarten dürfen, weil diese Welt gebrochen ist im Bösen. Das habe ich schon in früher Kindheit erfahren. Als 7jähriges Mädchen wurde ich von einer schweren Nierenentzündung befallen. Ich litt wochenlang unter starken Schmerzen. Instinktiv bat ich innerlich »lieber Gott, hilf mir«. Alle Kinderseelen sind nahe bei Gott und tragen in sich das Wissen um seine Gegenwart. Ich erinnere mich gut, dass ich inmitten der Schmerzzustände Frieden verspürte. Ich fühlte mich wie in einen grossen Arm gebettet, der mich trug. Anders kann ich das Gefühl nicht beschreiben. Meine Mutter weinte an meinem Bett. Ich weinte nicht. Bei Dostojewsky klagt der Mann am Bett des todkranken Kindes erbittert gegen Gott. Aber das Kind macht Gott keine Vorwürfe.

Im Alter von 13 Jahren wurde ich von einem betrunkenen Mann mit der Faust ins Gesicht geschlagen. Zweimal musste die stark verletzte Nase operiert werden. Die Schmerzen nach den Operationen waren sehr gross. Wegen der langen Narkosen war ich immer müde und hatte Konzentrationsschwächen, was sich ungünstig auf die Schulleistungen auswirkte und mir viel Mühe machte beim Wechsel in die Mittelschule.

Ich hatte aber nie das Gefühl, dass Gott mir diesen Schmerz angetan hatte. Ich wusste, dass mich »etwas Böses« in diesem betrunkenen Manne geschlagen hatte. Im Krankenhaus glaubte ich, ich sei im Himmel, denn ich wurde von einer Nonne gepflegt, die eine so grosse Liebe ausstrahlte, dass ich gar nicht mehr nach Hause zurückkehren wollte. Meine überaus liebevolle Mutter wurde beinahe etwas eifersüchtig auf diese Ordensfrau, die mich wie ein Engel pflegte.

Nach der Pubertät ging ich gottferne Wege, weil ich die Gebote Gottes nicht halten, sondern die sogenannte »freie Liebe« rücksichtslos ausleben wollte. Erst im Alter von 39 Jahren erkannte ich die Sinnlosigkeit dieser Lebensform und kehrte um zu Gott. Und was geschah? Nach der aufrichtigen Umkehr setzten Jahr für Jahr in ununterbrochener Reihenfolge die Schläge des Bösen ein. Eigentlich nicht verwunderlich. Denn es lag nicht im Interesse der bösen Kräfte, dass ich Gott die Treue hielt. Unserer Familie geschah wirklich fast alles, was der arme Hiob unter Satan erleiden musste. Mein Mann und ich liessen uns aber nicht abbringen von unserem Weg. Hartnäckig flehten wir Gott um Überlebenshilfe an. Mitten in der ärgsten Not erlebten wir die stärksten und überwältigsten Gotteserfahrungen. Wir fühlten uns getragen, gehalten, geführt. Unsere Probleme wurden auf unerwartete und optimalste Weise gelöst, eben so, wie Gott, der die allerhöchste Intelligenz ist, Probleme löst. Allein wären wir dazu nicht fähig gewesen. Es geschahen echte Wunder, die nicht etwa unserer Einbildungskraft entspringen, sondern im Detail nachzuweisen sind. Behörden, Ärzte, Verwaltungen, Freunde, Nachbarn, Verwandte sind unsere Zeugen. (Wir haben in den Kapiteln zuvor genauer darüber berichtet.)

Ein anderes Beispiel: Ein rumänischer Priester ist zwanzig Jahre lang in Gefängnissen seines Landes gefoltert worden. Nach dieser Zeit konnte er durch international tätige Organisationen endlich befreit werden. Dieser Priester ist nach 20 Jahren Folter körperlich und seelisch vollkommen gesund geblieben. Sein Gesicht leuchtet heute in einer herrlichen, klaren Schönheit. Ich habe diesen Mann selber gesehen, wie im entsprechenden Kapitel zuvor beschrieben wurde.

Viele Menschen, die nicht an die rettende Gegenwart Gottes glauben können, geraten in den Zerreissproben des Lebens in tiefe Verzweiflung und suchen Befreiung im Selbstmord. Ich bin selber in diese schwarzen Löcher der vermeintlichen Ausweglosigkeit gefallen und suchte zweimal den Tod. Dies geschah in jener gottfernen Phase meines Lebens. Ich möchte zu diesem Thema noch einmal den Arzt und Psychiater zitieren, Dr. med. Samuel Pfeifer, Chefarzt einer psychiatrischen Klinik in der Schweiz: »Gott hat uns nicht das Paradies auf Erden versprochen. Krankheit und Leiden gehören zu unserem Leben. Doch erlebe ich immer wieder, welchen inneren Frieden ein Mensch erfährt, der auch im Leiden um Gottes Gegenwart weiss. Das gibt Hoffnung, die über den Tod hinausreicht. Leider gibt es viele Menschen, die nicht willig sind, ihr Leben Gott zu übergeben und es verändern zu lassen. Das tut mir oft weh, doch ich muss ihnen diese Freiheit geben.«

Bei manchem Leser taucht nun gewiss folgende Frage auf:

»Muss man zuerst das Leid suchen, um Gott überhaupt kennen zu lernen?«

»Nein, gewiss nicht. Zuerst sollen wir uns freuen. Jesus sagt immer wieder: Freut Euch! Liebt und lacht! Sucht das Gute, freut Euch jeden Tag an der Schöpfung.«

Wir alle wissen, dass wir Gott in der Schönheit der Natur oder in einer Liebesbeziehung erleben können. Wenn wir überwältigt sind von der Schönheit eines Bergpanoramas, von Flusslandschaften, Seen und Meeren, wenn wir staunen über die Vielfalt und Schönheit der Farben und Formen in der Tier- und Pflanzenwelt, wenn wir glücklich sind in den Armen eines geliebten Menschen.

Wir müssen das Leid nicht suchen, denn solange wir in der gebrochenen Welt leben, wird uns das Böse ganz von selbst Unheil und Leid genug bescheren. Auch wenn wir nie ein besonders spektakuläres Leid erfahren, spüren wir doch die Summe der Nadelstiche, welche uns der Alltag beschert. Kein einziger Tag geht vorüber in vollkommener Harmonie. Es gibt immer irgendwo einen kleinen Nadelstich, der aber nicht von Gott kommt, sondern vom Umfeld der bösen Kräfte, in uns selbst oder in unserer Umgebung. Das gibt es nicht: Vierundzwanzig Stunden nur glücklich sein, noch kein Mensch hat es erlebt. Darüber schreiben Dichter und Philosophen seit Jahrhunderten und klagen oder wundern sich.

Jesus sagt uns, dass bereits die Erfüllung der täglichen Pflichten nicht leicht ist und einen hohen Wert besitzt, ja sogar eine weltweite stellvertretende Erlösungskraft in sich birgt ähnlich wie das Sühneleiden, von dem wir im Kapitel zuvor erfahren haben. Darum wünscht Jesus, dass wir Gott unsere tägliche Pflichterfüllung überreichen als ein Geschenk und Opfer der Liebe.

Jesus :

»Betrachtet die Erfüllung Eurer tagtäglichen Aufgaben und Pflichten als die Arbeit, die Ihr für mich ausführen könnt. Wenn Ihr in diesem Geiste handelt, dann wird auf all Eurem Tun ein Segen ruhen. Wenn Ihr daher Eure Dienst- und Pflichterfüllung mir anbietet, dann nehmt Ihr auch teil an meinem Lebenswerk, und helft mir damit, meine Welt zu erlösen.

Ihr werdet das jetzt noch nicht einsehen und begreifen können, aber die Kraft, der Einfluss Eures Opfers an anderer Stelle hat solch eine grosse, erlösende Wirkung, die weit über das hinaus geht, was Ihr Menschen hier auf Erden jetzt erfassen könnt.«

Wenn man diese Aufforderung von Jesus im Alltagsleben befolgt, erfährt man, wie nahe und wie stark der göttliche Geist wirkt. Dabei erfahren wir, was Jesus uns versprochen hat: Das Joch wird leicht, die Last wird süss. Wir wissen aus dem Alten Testament, dass drei Jünglinge wegen ihres Glaubens zu Gott zum Tode verurteilt, singend in den Feuerofen gegangen sind. Von zahlreichen anderen Märtyrern ist uns ebenfalls bekannt, dass sie die unglaublichsten Qualen mit einer für menschliche Begriffe unfassbaren Kraft ertragen haben.

Ich möchte zu bedenken geben, dass ich dieses Buch mit dem Titel »Das Unheil kommt nicht von Gott« geschrieben habe, **nachdem** die bösen Kräfte in mir und ausserhalb von mir alles daran gesetzt hatten, mich und meine Familie mit einer Flut von Unheil zu vernichten! Ein Arbeitgeber, der sich gekränkt fühlte, weil ich seine Annäherungen abwies, brachte mich mit Intrigen um meine Stelle, die ich zu jenem Zeitpunkt besonders nötig hatte. Er sagte mir zähneknirschend: »Ich werde Sie vernichten!« Andere Leute haben sich das Gleiche zum Ziel gesetzt und unternahmen grosse Anstrengungen gegen mich. Auch mein Mann wurde mit solchen Aktivitäten konfrontiert. Wenn wir uns inmitten der Angriffe und den anderen Schlägen des Bösen nicht tatsächlich Gott übergeben hätten, wären wir heute verbitterte und psychisch kranke Menschen. Durch die Kraft Gottes sind wir aber seelisch und geistig gesund geblieben. Auch die körperliche Gesundheit blieb bis heute erhalten. Wichtiger aber ist die Widerstandskraft der Seele. Mancher junge Mensch hat noch gar nicht lange genug gelebt, um solche Erfahrungen machen zu können. Ich rate jedem, seine erste Erfahrung gleich in der nächsten schwierigen Situation zu machen, indem er sich vollständig Gott übergibt. Er soll mit einfachen Worten den Herrn ansprechen. So wie man zum vertrautesten Freunde spricht. Denn Gott ist nicht irgend eine ferne Kraft im Universum, sondern ER lebt tief innen im Herzen eines jeden Menschen, ER atmet in uns und wartet auf unsere freiwillige Hinwendung zu IHM.

Gott schaut nicht aus Distanz dem Leiden zu, sondern ER lebt und leidet selbst in all seinen Geschöpfen

Jesus Christus hat seinen Aposteln und den Mystikern aller Zeiten immer wieder eingeprägt, dass der Dreifaltige Gott **in** uns **atmet, in** uns **lebt, in** uns **liebt,** aber auch **in uns und mit uns leidet.** Jesus erklärte auch immer wieder, es habe keinen Sinn, wenn der Mensch darüber nachgrüble, auf welche Art Gott das bewerkstelligen könne. Denn die Frage, wie Gott das kann, ist ebenso müssig wie die Frage, auf welche Art ER das unvorstellbar gewaltige Universum geschaffen und wie ER das Leben erzeugt hat. Der Mensch wird diese Vorkommnisse mit seiner begrenzten Denkfähigkeit nie durchschauen können. Jesus sagt, dass es uns genügen solle, IHN anzuschauen: »Wer mich sieht, sieht den Vater.« Und: »Was ihr dem Geringsten meiner Brüder tut, das habt ihr mir getan.« (Die Brüder von Jesus sind: alle Menschen dieser Erde, die jemals gelebt haben und jemals leben werden.) Wir sollen daran glauben: Der Dreifaltige Gott ist geheimnisvoll anwesend in Christus und in jedem Menschen dieser Welt.

Jesus (Neue Offenbarung):

»Keinem von Euch kann das Herz weh tun, ohne dass mein Herz denselben Schmerz fühlt.«

Wenn wir das einmal bewusst in unser Denken aufgenommen haben, verstehen wir auch das Jesuswort: »Liebet eure Feinde.« Denn auch im Feind lebt Gott. Nur wird die Gegenwart Gottes überdeckt und in den Hintergrund gedrängt durch die Persönlichkeit des Menschen, durch sein egoistisches »Ich«, welches sich freiwillig den zerstörerischen Geistesinspirationen zur Verfügung stellt und ihnen Raum und Wohnung gibt. Darum offenbart Jesus den Mystikern, dass sie zuerst diese egozentrische Ich-Persönlichkeit in sich bekämpfen und entfernen sollen. Denn das »Ich« ist seit der Erbsünde vom Bösen »besetzt«, durchsetzt, vermischt. Das »Ich« ist eitel, selbstgefällig, machthungrig. Es ist durchgemischt mit den Eigenschaften des gefallenen, arroganten Geistes von Luzifer, heute Satan. Dieses Böse, das sich vor das Göttliche schiebt, ist es, was uns mit Abscheu erfüllt, nicht nur bei unseren Feinden, sondern auch bei uns selbst!

Aus dem Bewusstsein heraus, dass Gott in jedem von uns lebt und leidet, verstehen wir auch die Taten einer Mutter Teresa in Kalkutta viel besser. Sie sagt, dass sie nur deshalb einen nach Verwesung riechenden Aussätzigen umarmen und küssen kann, weil sie in ihm den allmächtigen, gegenwärtigen Gott erkennt. Aus dem gleichen Grunde vergalt sie die Schläge ihrer Feinde nicht mit Schlägen, sondern mit Zeichen der Liebe. So wie es Christus getan hat. (Mutter Teresa ist zu Beginn ihres Wirkens von der indischen Regierung bekämpft worden. Schlägertrupps demolierten ihre Räumlichkeiten. Sie und ihre Ordensschwerstern wurden öfters tätlich angegriffen.)

Wichtigste Seelennahrung ist das Abendmahl

Jesus hat gesagt: »Ich bin das Brot des Lebens. Wer mich isst, wird ewig leben.«

Wiederum ist es notwendig, die Erfahrung **selber** zu machen. Nur wer regelmässig zum Abendmahl geht oder zur Kommunion, spürt, dass etwas in seiner Seele vor sich geht. Es gibt keine theoretische Erklärung dafür.

Niemand von uns kann sich vorstellen, **wie** Jesus seine Gegenwart in uns bewerkstelligt. ER hat von uns verlangt, dass wir dieses Geheimnis glauben sollen. Da wir von dieser Welt sind und nicht vom Himmel, werden wir mit unserem Verstand niemals begreifen, wie der Himmel in unsere Herzen kommen kann. Aber wir können glauben. Wir können es ausprobieren. Wir können die Wirkung spüren. Welches ist die Wirkung? Die Erfahrung des göttlichen Wirkens in unserer Seele ist: **Frieden.**

Das ist das Geschenk Gottes an die Menschen. »Meinen Frieden gebe ich euch«, hat Jesus gesagt.

DAS ist es, was unserer Welt so sehr fehlt. Das ist es, was Depressionen erzeugt: keinen Frieden in der Seele haben.

Wer einmal erfahren hat, wie herrlich der Frieden ist, der ihn erfüllt nach Empfang des heiligen Brotes und Weines im Abendmahl, der geht immer wieder zum Mahle des Herrn.

Es wird das eintreten, was viele, die es nicht erfahren haben (weil sie es nicht ausprobieren) erstaunt: »Warum geht dieser Mensch so gerne zum Gottesdienst?« Einer, der den Frieden Gottes gefunden hat, möchte diesen Frieden nicht mehr verlieren. Darum ist ihm daran gelegen, in der Gemeinschaft anderer Gläubigen am Abendmahl teilzunehmen.

Noch einmal betone ich: Theoretisch kann man Hunderttausende von Büchern darüber schreiben – es nützt nichts. Wenn der Mensch es nicht selber tut, erfährt er nichts.

So sage ich denn zum Schluss: **»Tun wir es!«**

»Der Christ der Zukunft wird ein Mystiker sein – oder er wird nicht mehr sein.«

Karl Rahner, Theologe

Diese späte Erkenntnis Rahners, der früher die Mystiker kritisierte, ist von epochaler Bedeutung für uns alle. Christus selber bestätigt diese Aussage in Werken, die den Menschen des 20. und 21. Jahrhunderts geschenkt werden. (Siehe Quellenverzeichnis). Über das Geheimnis der Gottesbegegnung einzelner Seelen zu lesen, ist für jeden von uns ein immer neues Wagnis. Das Lehramt der Kirche betont, *dass die Bibel allein* letzte Gültigkeit haben soll, lässt aber dem Gläubigen oder Suchenden die *Freiheit*, mystische Ereignisse überdenken zu dürfen. In der Folge lesen Sie aus dem Werk Maria Valtortas. Der 1999 selig gesprochene, aber früher oft heftig verfolgte und kritisierte, ehrwürdige Diener Gottes Padre Pio, Kapuziner in San Giovanni-Rotondo, hat vorausgesagt, dass das Werk Maria Valtortas wirkungsvoll in der ganzen Welt verbreitet werde.

Lieber Leser, Sie haben die Freiheit, sich Ihre eigene Meinung zu bilden und innerlich zu fragen: Stärkt diese Mystik meinen Glauben? Trösten diese Aussagen meine Seele? Ober bleibt mir alles fremd? Entscheiden Sie selbst – *in Ihrem Herzen*.

Auf den folgenden Seiten lesen Sie aus der Botschaft, in welcher Jesus von 1935 bis 1947 der Seherin Maria Valtorta, Italien, das ganze Evangelium noch einmal berichtet, vertieft und erklärt hat. Der Herr nennt die Gründe dafür ganz klar. Jesus: »Der eigentliche Grund, warum euch dieses Werk gegeben wurde, ist, dass ich alle bestärke, welche glauben an:

– die Übernatur der Bibel

– die Gottheit Christi; die Wahrheit der realen und vollkommenen Gottheit und Menschheit des Christus, im Glauben wie auch in seiner überlieferten Geschichte (Evangelien, Apostelgeschichte, Apostelbriefe, Überlieferung);

– die Lehre von Paulus und Johannes, und der Konzilien von Nizäa, Ephesus und Chalcedon, als meine wahre Lehre, die wörtlich von mir stammt und Maria als Gottesgebärerin nennt und bestätigt;

– meine unbegrenzte, weil göttliche und vollkommene Weisheit;

– den göttlichen Ursprung der Sakramente;

– die Universalität und Kontinuität bis ans Ende der Zeiten des von mir für alle Menschen gegebenen Evangeliums;

– die von Anfang an vollkommene Natur meiner Lehre, die sich nicht entwickelt hat durch schrittweise Veränderungen, sondern immer so gewesen ist: die göttliche, vollkommene, unveränderliche Lehre Christi aus der Zeit der Gnade, des Himmelreiches und des Reiches Gottes in euch. Die Frohe Botschaft für alle, die nach Gott dürsten!

In den Priestern und Laien soll eine lebendige Liebe zum Evangelium und zu dem, was Christus betrifft, geweckt werden. Vor allem eine erneuerte Liebe zu meiner Mutter, in deren Fürbitte das Geheimnis des Heils der Welt liegt. Sie, meine Mutter, ist die Siegerin über den verfluchten Drachen. Stärkt ihre Macht durch eure erneuerte Liebe zu ihr und durch den erneuerten Glauben und die erneuerte Kenntnis dessen, was sich auf sie bezieht. Maria hat der Welt den Heiland geschenkt. Die Welt wird auch durch sie gerettet werden.

III. Dieses Werk soll für die Seelsorger und Seelenführer eine Hilfe sein bei ihrer Aufgabe, da es die verschiedenartigsten Menschen beschreibt, die mich umgaben, und die unterschiedlichen Mittel, die ich anwandte, um sie zu retten.

Wahrlich, ich sage euch, nicht einmal nachdem ihr diese Beschreibung meines öffentlichen Lebens gelesen und angenommen habt, werdet ihr alles über mich wissen. Ich hätte durch die Anstrengung, alle Tage meines Wirkens aufzuzeichnen, samt allem, was ich an jedem einzelnen Tag getan habe, meinen kleinen Johannes* umgebracht, wenn ich ihm alles zu wissen gegeben hätte, damit er es euch übermittelt! »Es gibt noch vieles andere, was Jesus getan hat. Wollte man das im einzelnen niederschreiben, so könnte, glaube ich, selbst die Welt die Bücher nicht fassen, die man schreiben müsste«, sagt Johannes. Ohne zu übertreiben sage ich euch wahrheitsgemäss, hätte man jede einzelne meiner Taten aufschreiben wollen, jede einzelne Unterweisung, jede Busse und jedes Gebet, wären die Säle einer eurer Bibliotheken nötig, und einer der grössten, um alle Bücher unterzubringen, die von mir berichten. Und wahrlich, ich sage euch auch, viel nutzbringender wäre es für euch, so viel verstaubte und schädliche Wissenschaft zu verbrennen, um Platz für meine Bücher zu schaffen, da ihr so wenig von mir wisst und so sehr die meist Schmutz und Häresie verbreitende Presse verehrt.

---

* So nennt Jesus die Seherin Maria Valtorta gelegentlich

Dieses Werk veranschaulicht die Macht meines Wortes und seine verschiedenen Wirkungen, je nachdem, ob es die Schar der Menschen guten Willens hörte oder die Schar der anderen.

Die Apostel und Judas. Da habt ihr die beiden entgegengesetzten Beispiele. Die ersteren, äusserst unvollkommen, rauh, unwissend, heftig, aber mit gutem Willen. Judas, gebildeter als die Mehrzahl von ihnen, verfeinert durch das Leben in der Hauptstadt und im Tempel, aber nicht guten Willens. Beobachtet die Entwicklung zum Guten bei den ersten, ihren Aufstieg. Beobachtet die Entwicklung zum Bösen beim zweiten, seinen Abstieg.

Diese Entwicklung und Vervollkommnung der Elf sollten vor allem jene betrachten, die durch einen geistigen Sehfehler gewöhnt sind, die Wirklichkeit der Heiligen zu verfälschen und in dem Menschen, der in hartem Kampf gegen die finsteren, bedrückenden Mächte zur Heiligkeit gelangt, ein unnatürliches, leidenschaftsloses, farbloses Wesen sehen, und daher auch ein Wesen ohne Verdienste. Denn Verdienste erwirbt man gerade durch den Sieg über die ungeordneten Leidenschaften und Versuchungen aus Liebe zu Gott und um das letzte Ziel zu erreichen: die ewige Freude in Gott. Besonders beobachten möge es auch, wer glaubt, das Wunder der Bekehrung müsse allein von Gott kommen. Gott gibt die Mittel zur Bekehrung, aber er vergewaltigt den Willen des Menschen nicht, und wenn der Mensch sich nicht bekehren will, hat er vergebens erhalten, was dem anderen zur Bekehrung dient.

Auch jene mögen es beobachten, die die mannigfachen Wirkungen meines Wortes nicht nur auf den Menschen als Mensch prüfen, sondern auch auf den geistigen Menschen. Nicht nur auf den geistigen Menschen, sondern auch auf den Menschen als Mensch. Mein mit gutem Willen aufgenommenes Wort verändert sowohl den einen als auch den anderen und führt zu innerer und äusserer Vollkommenheit.

Die Apostel, die aufgrund ihrer Unwissenheit und meiner Demut mit allzu grosser Vertraulichkeit mit dem Menschensohn umgingen – ich war für sie ein guter Lehrer, weiter nichts, ein demütiger und geduldiger Meister, mit dem man sich gelegentlich übermässige Freiheiten herausnehmen durfte, aber es war nicht Ehrfurchtslosigkeit, es war entschuldbare Unwissenheit. Die Apostel, streitsüchtig untereinander, egoistisch, eifersüchtig in ihrer Liebe und auf meine Liebe, ungeduldig dem Volk gebenüber, etwas eitel, »die Apostel« zu sein , begierig nach dem Staunen des Volkes, das ihre Begabung mit ausserordentlicher Macht hervorrief, diese Apostel verwandelten sich langsam, aber beständig in neue Menschen, indem sie zunächst ihre Leidenschaften beherrschten, um mich nachzuahmen und mich zufriedenzustellen, und dann, nachdem sie mein wahres Ich immer mehr erkannten, ihre Art und Weise mich zu sehen und zu lieben änderten und mich als göttlichen Herrn behandelten. Sind sie etwa am Ende meines irdischen Lebens noch die oberflächlichen und fröhlichen Gefährten der ersten Zeit? Sind sie, besonders nach der Auferstehung, noch die Freunde, die den Menschensohn als Freund behandeln?

Nein. Sie sind zuerst die Diener des Königs und dann die Priester Gottes. Ganz anders, vollkommen verändert.

Daran sollten jene denken, die das Wesen der Apostel ungehörig finden und es als unnatürlich betrachten. Es war so, wie beschrieben. Ich war kein schwieriger Lehrer und kein stolzer König, und auch kein Meister, der die anderen Menschen für seiner unwürdig hält. Ich habe Verständnis für sie gehabt. Ich wollte erziehen, formen, und habe grobe Materie genommen. Ich wollte leere Gefässe mit Vollkommenheiten aller Art füllen, zeigen, dass Gott alles kann, dass er einen Stein in einen Sohn Abrahams, einen Sohn Gottes verwandeln kann, und ein Nichts in einen Meister, um die auf ihre Wissenschaft so stolzen Meister zu beschämen, die sehr oft den Duft der meinen verloren hat.

VII. Schliesslich sollt ihr durch dieses Werk das Geheimnis des Judas kennenlernen, das Geheimnis, das der Untergang einer Seele ist, die Gott mit aussergewöhnlichen Gaben bedacht hat. Ein Geheimnis, das sich wahrlich allzu oft wiederholt und das Herz eures Jesus aufs schmerzhafteste verwundet.

Ich wollte euch zeigen, wie man fallen und vom Diener und Sohn Gottes zum Dämon und Gottesmörder werden kann, der Gott in sich tötet, da er die Gnade tötet, damit ihr euren Fuss nicht auf Wege setzt, von denen man in den Abgrund stürzt, und um euch zu lehren, wie man die törichten Lämmer davor bewahrt, sich diesem Abgrund zu nähern. Gebraucht euren Verstand, wenn ihr die furchtbare und doch häufig anzutreffende Gestalt des Judas studiert, der in sich, gleich einem Schlangenknäuel, alle Hauptlaster vereint, die euch begegnen und die ihr in diesem oder jenem bekämpfen müsst. Dies ist die Lektion, die ihr vor allem lernen müsst, denn sie wird euch am nützlichsten sein bei eurer Aufgabe als Meister des Geistes und Seelenführer. Wie viele machen es in allen Lebenslagen wie Judas, übergeben sich Satan und finden den ewigen Tod!

Sieben Gründe, wie auch sieben Teile:

I. Das Vorevangelium (von der ohne Erbschuld empfangenen reinen Jungfrau, bis zum Tod des heiligen Joseph);
II. Das erste Jahr des öffentlichen Lebens;
III. Das zweite Jahr des öffentlichen Lebens;
IV. Das dritte Jahr des öffentlichen Lebens;
V. Vor der Passion (vom Tebet bis Nissan, also vom Todeskampf des Lazarus bis zum Gastmahl in Bethanien);
VI. Die Passion (vom Abschied von Lazarus bis zu meinem Begräbnis und die folgenden Tage bis zum Ostermorgen);
VII. Von der Auferstehung bis Pfingsten.

Diese Einteilung soll beibehalten werden, wie ich es sage, denn so ist sie richtig.

Und nun? Was habt ihr eurem Meister zu sagen? Ihr sagt mir nichts. Aber in eurem Herzen sprecht ihr, und wenn ihr könnt, sprecht ihr mit dem kleinen Johannes. Aber in keinem dieser beiden Fälle sprecht ihr mit der Gerechtigkeit, die ich in euch sehen möchte. Denn mit dem kleinen Johannes so nennt Jesus die Seherin Maria Valtorta, sprecht ihr, um ihn zu quälen, und tretet die Liebe zur Christin, zur Mitschwester, zum Werkzeug Gottes mit Füssen. Wahrlich ich sage euch noch einmal, es ist keine friedvolle Freude, mein Werkzeug zu sein: Es ist Mühe und ständige Anstrengung und vor allem Schmerz, denn die Welt hält für die Jünger des Meisters, wie für den Meister selbst, nur Schmerz bereit; deshalb müssten wenigstens die Priester und besonders die Mitbrüder diesen kleinen Märtyrern helfen, die unter ihrem Kreuz voranschreiten ... Und warum erhebt ihr in eurem Herzen, wenn ihr mit euch selbst redet, hochmütige, neidische, ungläubige und andere Klagen! Ich werde euch die Antwort auf eure Beschwerde und eure empörte Verwunderung geben.

Am Abend des letzten Abendmahls habe ich zu den Elf, die mich liebten, gesagt: »Wenn der Geist, der Tröster kommt, wird er euch an alles erinnern, was ich euch gesagt habe.« Wenn ich sprach, hatte ich immer ausser den Anwesenden all jene vor Augen, die meine Jünger im Geiste sein würden, mit Aufrichtigkeit und festem Willen. Der Heilige Geist, der euch schon durch seine Gnade die Fähigkeit verleiht, euch an Gott zu erinnern, führt die Seelen auch aus der von der Erbsünde verursachten Dumpfheit und befreit sie von der Verfinsterung, die als trauriges Erbe Adams die Erkenntnisfähigkeit der Seelen mindert, die Gott geschaffen hat, damit sie sich seines Anblicks und seiner geistigen Erkenntnis erfreuen. Er vollendet sein Werk als Meister, indem er die Herzen derer, die er leitet und die Kinder Gottes sind, an alles erinnert, was ich gesagt habe und was im Evangelium steht. Erinnern heisst hier, den Geist des Evangeliums beleuchten. Denn es nützt nichts, sich der Worte des Evangeliums zu erinnern, wenn man ihren Geist nicht versteht.

Und der Geist des Evangeliums, der Liebe ist, kann von der Liebe verständlich gemacht werden, also vom Heiligen Geist; so wie er der wahre Verfasser des Evangeliums ist, so ist er auch der einzige Kommentator, denn nur der Autor eines Werkes kennt dessen Geist, auch wenn es ihm nicht gelingt, ihn seinen Lesern verständlich zu machen. Aber dort, wo ein menschlicher Autor nichts vermag, da jede menschliche Vollkommenheit Mangel aufweist, kommt der Geist der Vollkommenheit und der Weisheit zu Hilfe. Denn nur der Heilige Geist, der Urheber des Evangeliums, ist es auch, der es in der Tiefe der Seelen der Kinder Gottes in Erinnerung bringt, erklärt und vervollständigt.

»Der Tröster, der Heilige Geist, den der Vater euch in meinem Namen senden wird, wird euch alles lehren und euch an alles erinnern, was ich euch gesagt habe.«

»Wenn aber jener kommt, der Geist der Wahrheit, wird er euch in die ganze Wahrheit einführen, denn er wird nicht aus sich selbst reden, sondern alles, was er hört, wird er reden, und was zukünftig ist, euch verkünden. Er wird mich verherrlichen; denn er wird von dem Meinigen nehmen und es euch verkünden. Alles, was der Vater hat, ist mein; darum habe ich gesagt: Er nimmt von dem Meinigen und wird es euch verkünden.«

Solltet ihr dann einwenden, dass man nicht versteht, warum der Heilige Geist, der doch der wahre Autor des Evangeliums ist, sich nie an all das erinnert hat, was in diesem Werk steht und was Johannes in den abschliessenden Worten seines Evangeliums andeutet, so antworte ich euch, dass die Gedanken Gottes anders sind als die der Menschen und immer gerecht und unanfechtbar.

Jesus erklärt den evangelikalen Christen, die meinen, der Lebendige Gott habe seit 2000 Jahren nie mehr gesprochen, folgendes: Wenn ihr entgegenhaltet, daß die Offenbarung mit dem letzten Apostel abgeschlossen und nichts hinzuzufügen ist, da derselbe Apostel in der Apokalypse sagt: »Wer etwas hinzufügt, dem wird Gott die Plagen zufügen, von denen in diesem Buche geschrieben steht«, und dies gilt für die ganze Offenbarung, deren letzte Krönung die Apokalypse des Johannes ist, dann antworte ich, dass mit diesem Werk nichts zur Offenbarung hinzugefügt wird, sondern nur die Lücken gefüllt werden, die aus natürlichen Ursachen und übernatürlichem Wollen entstanden sind. Und wenn es mir gefallen hat, das Bild meiner göttlichen Liebe zu rekonstruieren, wie der Restaurator eines Mosaiks die fehlenden oder verblichenen Steinchen ersetzt und dem Mosaik seine volle Schönheit wiedergibt, und wenn ich mir vorbehalten habe, es in diesem Jahrhundert zu tun, in dem die Menschheit dem Abgrund der Finsternis und des Schreckens zueilt, könnt ihr es mir verbieten? Könnt ihr vielleicht sagen, dass ihr dies nicht braucht, ihr mit eurem umnebelten, tauben und dem Licht, den Stimmen und den Einladungen des Himmels so wenig zugänglichen Geist?

Wahrlich, ihr solltet mir dankbar dafür sein, dass ich das vorhandene Licht durch neue Erkenntnisse vermehre, das Licht, das euch nicht mehr genügt, um euren Erlöser »zu sehen«; den Weg, die Wahrheit und das Leben zu sehen, in euch die geistige Rührung der Gerechten meiner Zeit aufsteigen zu fühlen und durch diese Erkenntnis zu einer Erneuerung eurer Seelen in der Liebe zu gelangen, die eure Rettung, weil Aufstieg zur Vollkommenheit, bedeuten würde.

Ich sage nicht, dass ihr »tot« seid. Ihr schlaft nur, dämmert dahin. Wie die Pflanzen im Winter. Die göttliche Sonne spendet euch ihren Glanz. Erwacht und preist die Sonne, die sich euch schenkt. Nehmt sie mit Freuden an, damit sie euch erwärme, von aussen bis in die Tiefe, damit sie euch auferwecke und mit Blumen und Früchten bedecke.

Die Gnade eures Herrn Jesus Christus sei mit allen, die mein baldiges Kommen erkennen und die, auf dass es sich erfülle zu ihrer Verteidigung, darum bitten mit dem Ruf der Liebe:

»Komm, Herr Jesus!«

Jesus zu den zweifelnden Theologen des 20. Jahrhunderts:

Jesus sagt:

»Wenn ich dir (Maria Valtorta) unbekannte Szenen meines öffentlichen Lebens enthülle, dann höre ich schon den Chor der kritischen Gelehrten sagen: »Aber dieses Geschehnis wird in den Evangelien nicht erwähnt.

Wie kann sie behaupten: ›Ich habe dies gesehen?‹« Diesen antworte ich mit den Worten des Evangeliums.

»Und Jesus ging in alle Städte und Dörfer und lehrte in den Synagogen, predigte das Evangelium des Reiches und heilte alle Leiden und Krankheiten«, sagt Matthäus.

Und weiter: »Geht und berichtet Johannes, was ihr seht und hört: Die Blinden sehen, die Lahmen gehen, die Aussätzigen werden rein, die Tauben hören, die Toten stehen auf, und den Armen wird die Frohe Botschaft verkündet.«

Und weiter: »Wehe dir, Chorazim! Wehe dir, Bethsaida! Wenn in Tyrus und Sidon die Wunder geschehen wären, die in eurer Mitte geschehen sind, dann hätten sie längst in Sack und Asche Busse getan ... Und du, Kapharnaum, wirst du vielleicht bis zum Himmel erhoben werden? Du wirst bis zur Hölle hinabsteigen; denn wenn in Sodom die Wunder geschehen wären, die in dir geschahen, so würde es heute noch bestehen.«

Und Markus: » ... und es folgten ihm viele aus Galiläa, Judäa, Jerusalem, Idumäa und von jenseits des Jordan. Auch aus der Gegend von Tyrus und Sidon kam viel Volk zu ihm, das von seinen Taten gehört hatte ...«

Und Lukas: »Jesus ging in die Städte und Dörfer und predigte und verkündete die Frohe Botschaft und das Reich Gottes, und mit ihm waren die Zwölf und einige Frauen, die von bösen Geistern und Krankheiten befreit worden waren!«

Und mein Johannes: »Danach ging Jesus auf die andere Seite des galiläischen Meeres und viel Volk folgte ihm, denn es sah die Wunder, die er an den Kranken gewirkt hatte.«

Und da Johannes bei allen Wundern zugegen war, die ich in diesen drei Jahren gewirkt habe – welcher Art sie auch immer waren – gibt der Lieblingsjünger folgendes unbegrenztes Zeugnis: »Das ist der Jünger, der diese Dinge gesehen und sie aufgeschrieben hat, und wir wissen, dass sein Zeugnis wahr ist. Es gibt aber noch vieles andere, was Jesus getan hat. Wollte man jedoch alles im einzelnen niederschreiben, so würde – glaube ich – die ganze Welt nicht genügen, um die Bücher, die geschrieben werden müssten, aufzunehmen.«

Was sagen die schwierigen Gelehrten nun?

Wenn meine Güte, um eine mich Liebende zu trösten, die für euch mein Kreuz trägt – sie hat es mir von den Schultern genommen, weil sie mich so sehr liebt, dass sie lieber sterben möchte, als mich betrübt zu sehen – wenn meine Güte, um euch aus der tödlichen Lethargie zu wecken, euch Episoden meines Wirkens enthüllt, wollt ihr dann diese Güte tadeln?

Wahrlich, ihr verdient es nicht, dieses Geschenk und diese Mühe eures Erlösers, der euch aus dem Sumpf ziehen möchte, in dem ihr erstickt. Da ich euch aber das Geschenk mache, nehmt es an und erhebt euch. Es sind neue Noten im Chor, die meine Evangelien singen. Wenn sie wenigstens dazu dienten, eure Aufmerksamkeit zu wecken, denn ihr kennt die Episoden der Evangelien sehr schlecht und lest sie voller Unachtsamkeit.

Oder denkt ihr, dass ich in drei Jahren nur die wenigen berichteten Wunder gewirkt habe? Glaubt ihr vielleicht, dass nur die wenigen genannten Frauen geheilt worden sind? Wenn der Schatten des Petrus schon genügte, um zu heilen, was wird dann erst mein Schatten gewirkt haben? Und mein Atem? Und mein Blick? Denkt an die blutflüssige Frau: »Wenn es mir gelingt, den Saum seines Gewandes zu berühren, dann bin ich geheilt.«

Und es war so. Unaufhörlich ging die Kraft des Wunders von mir aus. Ich war gekommen, um zu Gott zu führen und die Schleusen der Liebe zu öffnen, die seit dem Tag des Sündenfalles verschlossen waren. Jahrhunderte zurückgehaltener Liebe ergossen sich wie Flüsse über die kleine Welt von Palästina. Die ganze Liebe Gottes für den Menschen, die sich endlich entfalten konnte, wie sie es ersehnte, um die Menschen zuerst mit der Liebe und dann mit dem Blut zu erlösen.

Ihr werdet mir vielleicht sagen: »Aber warum denn diese, die ein so elendes Wesen ist?« (Gemeint ist wiederum die Seherin Maria Valtorta.) Ich werde euch antworten, wenn sie, die ihr so verachtet und die ich so liebe, weniger erschöpft ist. Ihr würdet das Schweigen verdienen, das ich für Herodes hatte. Doch es ist mein Versuch, euch zu erlösen, euch, die ihr wegen des Stolzes am schwierigsten zu überzeugen seid.«

Jesus äussert zudem seinen tiefen Schmerz darüber, dass führende Theologen sein Werk als »private« Offenbarung bezeichnen, anstatt dieses, sein Geschenk der Liebe, als öffentliches Lehrmittel für alle Christen zu verwenden.

Hätte man das getan, gäbe es zum Beispiel nicht die vielen Irrtümer, welche über seine Mutter verbreitet werden.

Jesus: »Bei Gott ist alles möglich. Ich habe das Grab aus eigener Kraft und ohne Hilfe verlassen. Maria kam zu mir, zu Gott, in den Himmel. Dies ist eines der leuchtendsten Wunder Gottes. Aber kein einzigartiges, wenn man an Henoch und Elias denkt, die dem Herrn teuer waren und von der Erde genommen wurden, ohne den Tod kennenzulernen, und an einen nur Gott und den Bewohnern des Himmels bekannten Ort gebracht wurden. Sie waren Gerechte, aber ein Nichts im Vergleich zu meiner Mutter, die an Heiligkeit nur Gott nachsteht.

Deshalb gibt es keine Reliquien vom Leib und vom Grab Marias. Denn Maria hatte kein Grab, und ihr Leib wurde in den Himmel aufgenommen.«

Jesus gibt daraufhin seiner Mutter das Wort.

Maria: »Die Empfängnis meines Sohnes war eine Ekstase. Die Geburt eine noch grössere Ekstase. Mein Übergang von der Erde in den Himmel die Ekstase der Ekstasen. Nur während der Passion machte keine Ekstase meine furchtbaren Leiden erträglicher.

Das Haus, aus dem ich in den Himmel aufgenommen wurde, war eine der unzähligen Grosszügigkeiten des Lazarus gegenüber Jesus und seiner Mutter. Das kleine Haus in Gethsemane war nahe dem Ort der Himmelfahrt Jesu. Es hat keinen Sinn, nach Überresten zu suchen. Bei der Zerstörung Jerusalems durch die Römer ist auch dieses Haus zerstört worden, und seine Ruinen sind im Laufe der Jahrhunderte verschwunden.«

»Wie die Geburt meines Sohnes für mich eine Ekstase war, und ich aus der Verzückung in Gott, in die ich zu dieser Stunde geriet, erst wieder erwachte und auf die Erde zurückkehrte, als ich das Kind in den Armen hielt, so war das, was man fälschlicherweise meinen Tod nennt, eine Verzückung in Gott.

Da ich mich fest auf das Versprechen verliess, das ich im Feuer des Pfingstmorgens erhalten hatte, glaubte ich, dass der Augenblick des letzten Besuches der Liebe, der mich mit sich nehmen würde, sich ankündigen würde durch eine Zunahme der Liebesglut, die immer in mir brannte. Und ich irrte mich nicht.

Je älter ich wurde, desto stärker wurde in mir der Wunsch, mich mit der ewigen Liebe zu verschmelzen. Dieses Verlangen wurde gefördert durch den Wunsch, mich mit meinem Sohn zu vereinigen, und durch die Gewissheit, dass ich auf Erden nie so viel für die Menschen tun könnte wie durch mein Gebet und Wirken am Thron Gottes. Und mit immer grösserer Sehnsucht und mit allen Kräften meiner Seele schrie ich zum Himmel: »Komm, Herr Jesus! Komm, ewige Liebe!«

Die Eucharistie, die für mich dasselbe war wie der Tau für die dürstende Blume, war Leben, ja; aber je mehr Zeit verging, desto weniger konnte sie der unbeschreiblichen Sehnsucht meines Herzens genügen. Es genügte mir nicht mehr, mein göttliches Kind in mich aufzunehmen und es in den heiligen Gestalten in mir zu tragen, wie ich es in meinem jungfräulichen Fleisch getragen hatte. Mein ganzes Sein verlangte nach Gott dem Einen und Dreieinen, aber nicht unter dem von meinem Jesus gewählten

Schleier, unter dem er das unergründliche Geheimnis des Glaubens verbarg, sondern so, wie er war, ist und sein wird als Mittelpunkt des Himmels.

Mein Sohn entzündete mich bei seinen eucharistischen Begegnungen mit Umarmungen unendlicher Sehnsucht, und jedesmal, wenn er mit der ganzen Macht seiner Liebe zu mir kam, riss er in einer ersten Aufwallung beinahe meine Seele mit sich. Dann verweilte er mit unendlicher Zärtlichkeit in mir, nannte mich »Mama«, und ich fühlte seine Sehnsucht, mich ganz bei sich zu haben.

Ich wünschte nichts anderes mehr. Nicht einmal den Wunsch, über die entstehende Kirche zu wachen, hatte ich mehr in der letzten Zeit meines irdischen Lebens. Alles war aufgegangen in dem Wunsch, Gott zu besitzen, da ich überzeugt war, dass alles vermag, wer Gott besitzt.

Ihr Christen solltet zu dieser totalen Liebe gelangen. Alles, was irdisch ist, sollte für euch an Wert verlieren. Strebt nur nach Gott. Wie reich werdet ihr sein in dieser Armut der Sehnsucht, die unermesslicher Reichtum ist. Gott wird sich zu eurer Seele neigen, um sie zuerst zu unterweisen und dann an sich zu nehmen, und mit ihr werdet ihr zum Vater, zum Sohn und zum Heiligen Geist aufsteigen und sie in der seligen Ewigkeit kennenlernen und lieben und ihren Reichtum der Gnade für die Brüder besitzen. Nie kann man so viel für die Brüder tun, wie wenn man nicht mehr unter ihnen weilt, sondern sich als Licht mit dem göttlichen Licht vereint hat.

Die Annäherung der ewigen Liebe offenbarte sich, wie ich es geahnt hatte. Alles verlor Licht und Farbe, Stimme und Gegenwart unter dem Glanz und der Stimme, die für mein geistiges Auge sichtbar vom Himmel kamen und sich auf mich senkten, um meine Seele aufzunehmen. Man sagt oft, dass ich gejubelt hätte, wenn mir in jener Stunde mein Sohn beigestanden hätte.

Doch mein Jesus war mit dem Vater durchaus anwesend, als die Liebe, also der heilige Geist, die dritte Person der ewigen Dreieinigkeit, mir den dritten Kuss meines Lebens gab, den so göttlich mächtigen Kuss, dass ich in ihm meine Seele aushauchte und sie sich in der Betrachtung verlor gleich dem von der Sonne aufgesogenen Tautropfen im Kelch der Lilie.

Und mit jubelnder Seele stieg ich auf zu Füssen der Drei, die ich immer angebetet hatte. Und dann, im gegebenen Augenblick, zog ich wie eine in Feuer gefasste Perle – zuerst getragen, dann gefolgt von der Schar der Engelgeister, die gekommen waren, um mir bei meiner ewigen Geburt für den Himmel beizustehen, schon vor der Schwelle der Himmel von meinem Jesus erwartet und auf der Schwelle von meinem gerechten irdischen

Bräutigam, den Königen und den Patriarchen meines Geschlechtes, den ersten Heiligen und Märtyrern – nach so viel Schmerz und Demut der armen Magd des Herrn als Königin in das Reich der immerwährenden Freude ein. Und der Himmel schloss sich wieder in der Freude, mich zu besitzen, seine Königin zu besitzen, deren Leib als einziger unter allen sterblichen Körpern vor der letzten Auferstehung und dem Jüngsten Gericht verherrlicht worden war.«

Jesus zum Wesen seiner Mutter:
»Verlangt ihr vielleicht, daß ich euch, weil ihr zwanzig Jahrhunderte später diese Seiten lest, in einer Zeit, in der die Perversität des Lebens so viel Liebe getötet hat, eine Maria von Nazareth zeige, die der oberflächlichen, lieblosen Zeit gleicht? Maria ist, was sie ist, und das sanfte, reine, liebevolle Mädchen aus Israel, die Braut und jungfräuliche Mutter Gottes, wird nicht zur übermässig, ja krankhaft empfindsamen oder eiskalt egoistischen Frau werden.

Jenen, die die Liebe Jesu zu Maria für übermässig halten, sollen daran denken, dass in Jesus Gott war und dass der eine und dreieine Gott Trost darin fand, Maria zu lieben, sie, die ihn für den Schmerz entschädigte, den die ganze Menschheit ihm zufügte, sie, durch die Gott sich wieder seiner Schöpfung erfreuen und seinen Himmel bevölkern konnte. Und sie sollen bedenken, dass Liebe nur schuldig wird, und ausschliesslich dann, wenn sie Unordnung schafft, also wenn sie dem Willen Gottes und der zu erfüllenden Pflicht entgegensteht.

Nun überlegt: Hat die Liebe Marias das getan? Hat meine Liebe das getan? Hat sie mich aus eigensüchtiger Liebe davon abgehalten, den Willen Gottes ganz zu erfüllen? Habe ich etwa aus ungeordneter Liebe zu meiner Mutter meine Aufgabe vernachlässigt? Nein, die eine wie die andere Liebe hat nur den einen Wunsch gehabt: dass sich der Wille Gottes für das Heil der Welt erfüllen möge. Und die Mutter hat sich immer wieder von ihrem Sohn verabschiedet, und der Sohn sich von seiner Mutter, und sie hat den Sohn dem Kreuz des öffentlichen Lehramtes und dem Kreuz auf Kalvaria überlassen, und er die Mutter der Einsamkeit und der Qual, auf dass sie die Miterlöserin werde; und wir achteten nicht auf unsere Menschlichkeit, die verwundet wurde, und auf unsere Herzen, die der Schmerz zerriss. Ist dies Schwäche? Sentimentalität? Es ist vollkommene Liebe, o ihr Menschen, die ihr nicht zu lieben wisst und die Liebe und ihre Stimme nicht mehr versteht.

Jesus 1976 zum Priester Ottavio Michelini:
In der Kirche kommt dem Priestertum ein Platz von höchster Bedeutung zu

Das ist die edelste und schwierigste Aufgabe, die der Zeit anzupassen ist. Das Geheimnis der Kirche erstreckt sich auch auf das Priestertum, das in seinem hierarchischen Aufbau einen Platz von höchster Bedeutung einnimmt.

Aus meinem Priestertum entspringt das Königtum; ich bin der höchste und ewige König. Durch mich ist alles erschaffen worden, und alles gehört mir. An diesem Königtum und ewigen Priestertum gebe ich denen Anteil, die von Ewigkeit her von meinem himmlichen Vater auserwählt sind.

Der Auserwählte, ein menschliches Geschöpf, wird mit meiner göttlichen, königlichen, priesterlichen Würde bekleidet, mit einem Auftrag in meiner Kirche; er wird mein unmittelbarer Mitarbeiter und Miterlöser für die Verwirklichung des Geheimnisses der Erlösung. Mein Sohn, erkläre dir mit menschlichen Worten die menschliche und göttliche Grösse der Natur, der Macht, der Würde des Priesters. Es ist nicht möglich, denn eure Worte, eure Ausdrucksmöglichkeiten können das Göttliche, das Übernatürliche, das Ewige und Unendliche nicht erklären ... Wenn aber meine Priester aufmerksam über das Mysterium, an dem sie teilnehmen, nachdenken, kann das mithelfen, dass sie sich ihrer grossen Verantwortung bewusster und in der Erfüllung ihrer Aufgabe eifriger werden.

Mein Sohn, für heute genug! Wir werden unser Gespräch wieder aufnehmen, denn es ist noch in keiner Weise erschöpft.

Ich segne dich, und mit dir segne ich alle, die dir besonders teuer sind. Liebe mich und opfere mir deine Leiden und Gebete für die Bekehrung vieler meiner Priester auf. *26. November 1976*

»Das kirchliche Lehramt hat den übernatürlichen Charakter der zeitgenössischen Mystik (z.B.: M. Valtorta, Medjugorje, Vassiliki Ryden) noch nicht bestätigt, aber zur Lektüre freigegeben. Als Seelsorger, Theologe und Ordensmann kann ich bezeugen, dass die Werke von Valtorta, Medjugorje und Vassula Ryden (siehe nächste Seiten) für mich wie für viele ein grosses Gnadengeschenk sind. Ebenfalls für Hunderte von Bischöfen auf der ganzen Welt und Millionen von Gläubigen.« (Tilbert Moser, Franziskaner, Priester, Seelsorger, Theologe und Israel-Kenner, moderiert regelmäßig Radiosendungen in Deutschland, leitet Seminare und Gebetstreffen im In- und Ausland.)

Jesus klagt über die Weigerung der Menschen, auf ihn zu hören. Deshalb spricht ER erneut seit 1987 zu einer in Ägypten geborenen griechisch-orthodoxen Christin namens Vassula Ryden.

Jesus bittet in grösster Dringlichkeit um Verbreitung seines Liebesrufes an die Menschen. Jesus richtet seine Bitte besonders an die geteilte Kirche und an seine Priester. Jesus bittet, alles, was Papst Johannes XXIII. gesagt hat, wörtlich als direkte Botschaft von Gott zu betrachten. Jesus trauert, dass sein Ruf an Erzbischof Marcel Levebre, das Schisma zu vermeiden, von diesem nicht akzeptiert worden sei.

Weiter ruft Christus eindrücklich zur Wiedervereinigung aller christlichen Kirchen der Welt auf. Dazu nimmt er Stellung zu den Vorwürfen, Seher und Stigmatisierte seien psychisch Kranke, Autosuggestive oder autistische Persönlichkeiten und erklärt mit Bestimmtheit, dass dies nicht zutrifft. Er, Vater, Sohn und Heiliger Geist, sei der lebendige Gott und habe zu allen Zeiten Propheten und Seher berufen. Ganz besonders in der heutigen Zeit rufe Gott immer häufiger Menschen, die Seine Botschaft verbreiten sollen. Darunter seien Kinder, Jugendliche, Männer und Frauen aus jedem Stand. Es handle sich dabei nicht um Sensationen, sondern um die Manifestation der überfliessenden und unbegreiflichen Liebe Gottes, der nie aufhört, seine zweifelnde Schöpfung zu sich zurückzurufen.

Die Gespräche mit Jesus sind bereits in vierzig Sprachen übersetzt und in mehreren Millionen Exemplaren erschienen. Vassula ist vom Weltkirchenrat empfangen worden sowie von den Oberhäuptern der griechisch-orthodoxen und russisch-orthodoxen Kirchen.

Internet-Adressen:
www.tlig.org und www.hvidt.com
(Informationen in 8 Sprachen)

Wer ist Vassula?

Vassula wurde am 18. Januar 1942 in Ägypten von griechischen Eltern geboren. Sie ist mit einem Beamten des F.A.O. verheiratet und hat zwei Söhne im Jugendalter. Der Beruf ihres Ehemannes hat sie von Land zu Land geführt: 16 Jahre in Afrika (Sierra Leone, Äthiopien, Sudan, Mozambique, Lesotho), dann einige Jahre in Asien, Bangladesh.

In ihrer Kindheit hatte die dem orthodoxen Glauben zugehörige Vassula einen Traum, den sie heute als prophetisch deutet: Sie sah ihre geistige Vermählung mit Christus, zu welcher sie die hl. Jungfrau Maria zurechtgemacht hatte. Der Traum geriet – wie so oft – in Vergessenheit.

Erwachsen geworden, war sie bald ganz vom Leben vereinnahmt, eine verwöhnte Frau aus der oberen Schicht der Gesellschaft. Sie war eine begabte Malerin mit grossem Erfolg und weltlichen Beziehungen; sie war nationale Tennismeisterin und Modell in der Hauptstadt Bangladesh. Aber das alles ist für sie heute vorbei, überholt, seitdem ihr Schutzengel sie im November 1985 für die Botschaften vorzubereiten begann. Bald war es Christus selber, der sie führte und von dem sie lernte, Seine Stimme zu hören. Sie lebt jetzt nur noch für Ihn. Jeden Tag betet sie sechs Stunden lang, während denen das Gespräch mit Jesus stattfindet, bei welchem sie die Botschaften erhält.

Ihre blonde Erscheinung strahlt ein harmonisches Gleichgewicht aus, das einem tiefen Frieden entspringt. Ihr perfektes Masshalten, ihre Zurückhaltung, ihre Bescheidenheit gehen Hand in Hand mit einer grossen inneren Sicherheit.

Vassula hatte keine religiöse Bildung genossen. Die Botschaften, die sie niederschreibt, übersteigen sie. Sie sind für sie wie eine verhaltene Gnade, die sie mit einer verborgenen Kraft aufnimmt. Während 30 Jahren (1955–1985) hatte sie, die aus einer orthodoxen Familie stammt, nie eine Kirche betreten, ausgenommen bei weltlichen Verpflichtungen wie Hochzeiten und Beerdigungen. Die Privatoffenbarungen führten sie zu einer totalen Bekehrung. Sie hat nur noch einen Wunsch: bei Jesus zu sein im ewigen Leben, das jetzt schon ihr Leben ist.

»Das wahre Leben in Gott« (Buchtitel durch Jesus gegeben)
Welches ist die Botschaft Jesu für uns – durch Vassula? Jesus sagt: »Von Zeit zu Zeit komme Ich, um alles, was Ich dich schon gelehrt habe, aufzufrischen« (1. 3. 1987). – »Meine Botschaft ist eine Botschaft des Friedens und der Liebe ... Ich komme, um dieser Welt Meine Barmherzigkeit zu zeigen« (8. 3. 1987).

Aus der Vielzahl der Erscheinungen und Offenbarungen in unserer Zeit und in Übereinstimmung mit dem Evangelium wird deutlich, dass das Ende dieser **Epoche** nahe ist. Es ist ein Kampf im Gange, bevor Satan seine Macht verlieren wird. **Nicht das Ende der Welt** wird angekündigt, sondern **eine Zeit der Bedrängnis,** auf die eine neue Ära der Liebe und des Friedens für die, die durchhalten, folgt. Wir befinden uns am Vorabend dieser dunklen Tage. Allerdings, wir leben dabei nicht in einer Zeit des Gerichts, sondern der Barmherzigkeit. Jesu Worte an Vassula: »Vassula, deine Generation hat jeden Sinn für die geistigen Werte verloren« (26. 8. 1987).

»Die Welt hat nicht aufgehört, Mich zu beleidigen. Ich Meinerseits habe nicht aufgehört, sie an Meine Existenz zu erinnern und daran, wie sehr Ich sie liebe. Mein Kelch der Gerechtigkeit ist voll, Schöpfung! Meine Gerechtigkeit lastet schwer auf euch! ... Mein Schrei hallt wider und erschüttert den ganzen Himmel. Meine Engel zittern vor dem, was geschehen wird. Ich bin Gott der Gerechtigkeit, und Meine Augen sind müde, die Heuchelei, die Gottlosigkeit und Sittenlosigkeit mitanzusehen.

Meine Schöpfung ist mit ihrem Zerfall eine Wiederholung dessen geworden, was Sodom war. Ich werde euch durch Meine Gerechtigkeit erschüttern, wie Ich die Sodomiten erschüttert habe. Erweckt Reue, Schöpfung, bevor Ich komme« (1. 9. 1987). Als Vassula, gleichsam die Schöpfung vertretend, darauf hinwies, dass Seine Kinder bloss eingeschlafen seien, antwortete Er: »Sie schlafen eine Stunde nach der anderen, ein Jahr nach dem anderen.«

Jesus sagt, Er habe viele Zeichen und Warnungen geschickt, die aber vernachlässigt worden seien. In Vassula haben wir dann eine andere Botschaft Seines Erbarmens: »Du bist eines der zahlreichen Zeichen ... « (8. 1. 1987).

Und Jesus bestätigt, was uns alle erstaunt hat, nämlich: dass die Zeit schon angebrochen ist, in der sich der heilige Geist über alle, die darum bitten, ergiessen wird, und die Wunder und Erscheinungen sich vermehren werden: »Ich sage euch feierlich, dass Ich weiterhin Meinen Heiligen Geist auf eure Söhne und Töchter legen werde, und zwar so, wie noch nie während vieler Generationen, um euch aus Meiner eigenen Hand zu ernähren, und um Mein ganzes Gesetz in eurem Herzen zu errichten« (Botschaft des Heiligsten Herzens für England, im Februar 1991).

»Ich, der Ich dein Erlöser bin, bestätige dir, dass alle Botschaften, die zur Liebe und zum Frieden aufrufen, vom Vater und von Mir kommen. Sie sollen den Verlorenen helfen, den Weg zu Mir zurückzufinden« (10. 10. 1986). Das ist die gute Nachricht: »Je schwächer und elender ihr seid, um so mehr suche und liebe Ich euch« (18. 3. 1987). Es ist unser unglaubliches Privileg, dass Jesus durch Vassula einem jeden von uns sagt: »Ich liebe dich so sehr, dass du es nie verstehn wirst« (8. 1. 1987). – »Ich, dein Gott, liebe dich bis zur Torheit« (10. 12. 1986). Und am eindringlichsten: »Die Liebe liebt dich« (29. 8. 1987).

Lesen Sie das Buch und teilen Sie Vassulas Erfahrung mit dem Herrn. Dieses Teilen wird einen Teil ihrer eigenen Erfahrung mit dem Herrn ausmachen.

P. Robert Faricy SJ, Professor an der Gregoriana/Rom
Sr. Lucy Rooney SND

Der zweite Band der Botschaften des heiligsten Herzens Jesu erstreckt sich über die Zeitspanne vom 13. Oktober 1987 bis 6. März 1989.

War der erste Band dazu bestimmt, den Leser in das geistliche Leben hineinzugeleiten – mancher fühlte sich an das Hohelied erinnert oder genoss einfach die auf ihn ausstrahlende Einheit des Geistes, des Herzens und der Tat mit Gott, der die Liebe selbst ist –, so vertieft nun der zweite Band den ersten in bezug auf die spezielle Berufung Vassulas. Es ergeht eine freundschaftliche Einladung, auf dem Weg der Heiligkeit fortzuschreiten. Es ergeht aber auch der Aufruf, der Welt die Liebe Gottes und die Wünsche Gottes für die Zeit, in der wir leben, bekanntzumachen.

Dieses Buch trägt apokalyptische Züge, nicht als ob es das Ende der Welt verkünden wolle, sondern weil es ein neues Pfingsten voraussehen lässt. Es wirft auf prophetische Weise Licht auf unsere Zeit, indem es auf die Dringlichkeit der persönlichen Bekehrung hinweist, auf die Lage der Kirche und auf die Zukunft, die Gott uns bereiten will. Gott verlässt Sein Volk nie. In Zeiten der Krise richtet er die Menschen auf und stärkt die Wankelmütigen. Durch Vassula fleht Gott uns an, uns auf das »neue Pfingsten« einzustellen, das Jesus durch die Heilige Schrift vorausgesagt hat (Joël 3, Apg 2), und für das Papst Johannes XXIII. so viel gebetet hat.

Wie die ersten Christen sich zu inständigem Gebet versammelten, um die Herabkunft des heiligen Geistes zu erwarten, so sind auch wir aufgerufen, das Gleiche zu tun.

In diesem zweiten Buch verlangt Jesus mit Nachdruck, dass die Botschaft der Hoffnung auf der ganzen Welt verbreitet werde. Sie verspricht, auf diesen Aufruf eine Antwort zu geben. Sie stimmt mit Botschaften anderer Erscheinungen überein und erinnert an die tragischen Folgen dort, wo man sie nicht ernstgenommen hat. Die Botschaft verfolgt zwei Hauptziele: die Einheit der Kirche und die Bekehrung Russlands.

Man möge die beeindruckende Botschaft vom 4. Januar 1988 lesen, wie Russland wie ein totes Mädchen, das Christus auferweckt, gezeigt wird. Es wird ein Bündnis der Liebe und des Friedens mit Gott schliessen, und Jesus wird Sein Versprechen der Einheit der Kirche und des Menschengeschlechtes verwirklichen: *»Ich komme, um euch alle zu vereinigen.«*

Das Wort »wir«, das Jesus verwendet, wenn Er von der Einheit spricht, lädt uns ein, Seine evangelische Lehre neu zu entdecken: »Ich bin der Weinstock; ihr seid die Rebzweige« (Joh 15,5). Wir sind eins, ein einziger, der mit Ihm lebt. Kraft unserer christlichen Würde wird jede Tätigkeit, die in Einheit mit Christus geschieht, heilig und Gott angenehm. Mit dem Apostel Paulus können wir sprechen: »Nicht mehr ich lebe, sondern Christus lebt in mir« (Gal 2,20). Wir sind eingeladen, »geistige Opferaltäre«

zu werden, die Gott, unserem Vater, dargebracht werden (1 Petr 2,5; Röm 12,1).

Die Teilnahme am erlösenden Kreuz Christi ist zugleich Last und Ruhm des christlichen Lebens: »Es ist der Ruhm Meines Vaters, dass ihr viele Frucht bringt«, sagt uns Jesus bei Johannes 15,8.

Im Laufe der Botschaften erscheint die heilige Jungfrau Maria wie die »Magd des Herrn«. Den Ratschlägen ihres Sohnes fügt sie ihre mütterlichen Ratschläge hinzu. Sie bezeichnet sich selbst als »die von der Sonne bekleidete Frau« (Offb 12,1). Sie wird den Satan, der gegen sie und gegen uns Krieg führt, besiegen.

Dieses Buch ist eine ernste Warnung an jene, die die Macht des Heiligen Geistes, die Wunder, das Wort Gottes ablehnen. Dieser Mangel an Glauben, diese negativen Kritiken treiben die Lämmer auseinander und versperren den Weg zu Gott. Solche Haltungen fördern den herrschenden Atheismus.

Die hier geschenkte Offenbarung ist reich an Hinweisen auf die heilige Schrift und zeugt von einer großen Treue zu deren Auslegung im Sinne der Tradition der Kirche. Sie offenbart uns den verborgenen Reichtum des Wortes Gottes, insbesondere in bezug auf das Priestertum.

Die ersten Priester, von denen die heilige Schrift spricht, waren Kain und Abel. Das Opfer Abels war Gott angenehm; dasjenige Kains war es nicht. Aber anstatt Reue zu zeigen, tötete Kain aus Eifersucht seinen Bruder. Dieses erste Drama kündigt viele andere an, insbesondere die Passion Christi.

Wir alle sind Sünder, Priester wie Laien. Es ist gut, davon Kenntnis zu nehmen, um die nötige Unterscheidung zu machen zwischen Gut und Böse und die Wahl zu treffen, die sich aufdrängt.

Das, zusammengefasst, sind die Hauptgedanken dieses Buches. Es bleibt dem Leser anheimgestellt, darin selbst zu entdecken, und in diesem zweiten Band das Fortschreiten einer harmonischen Dynamik herauszuspüren. Er wird mit jedem Tag tiefer eindringen in eine sehr ernst zu nehmende Botschaft für unsere Zeit, in eine Botschaft, die diskret, eindringlich und kraftvoll ist. »Wer Ohren hat zu hören, der höre!«

Father James Fannan
Professor der Philosophie

Buch-Ausschnitte (1988):
Vassula: »Jesus bat mich, die Heilige Schrift zu öffnen und den folgenden Abschnitt abzuschreiben: ›Es wird eine Zeit kommen, da wird man die gesunde Lehre nicht mehr ertragen, sondern nach eigenem Gutdünken sich

Lehrer zusammensuchen, um den Ohren zu schmeicheln. Von der Wahrheit werden sie das Ohr abwenden und Fabeleien sich zuwenden‹« (2 Tim 4,3–4).

Jesus: »Vassula, bete, bete, bete für die Bekehrung. Satan verstärkt seine Einwirkung auf Meine Schöpfung, um sie mit sich in die Grube zu ziehen. O Schöpfung! Wie schwach bist du – wie schrecklich schwach bist du! Jegliche Offenbarung, die die heilige Eucharistie ablehnt und sie als Ritual bezeichnet oder das unbefleckte Herz deiner heiligen Mutter zurückweist, kommt nicht von Mir. Ich, der Herr, liebe euch grenzenlos und möchte euch noch einmal warnen vor diesen falschen Propheten.

Der Tag ist nahe, da Ich über diese gelehrten Menschen kommen und ihre ganze sogenannte Weisheit und ihre Feindschaft gegenüber Meiner Gottheit vernichten werde. Ich werde sie mitsamt den Wurzeln ausreissen, damit sie niemals mehr gedeihen werden. Sie sind von Mir abgefallen, ja sie haben sich bereits daran gewöhnt, in der Abtrünnigkeit zu wandeln. Zum Führer und Reisegefährten haben sie den Rationalismus. Er ist die Waffe, um gegen Meine Gottheit zu kämpfen. Wenn einer nach Erkenntnis dürstet, so möge er zu Mir kommen und trinken, denn Ich werde ihm lebendiges Wasser reichen. Geht nicht hin, um die Lehren menschlicher Erkenntnis zu trinken, das, was sich des Menschen Verstand zurecht gedacht hat. Wer das tut, stellt die menschliche Ehre vor die Ehre, die von Gott kommt. Deshalb sage Ich zu jenen: Wehe euch, wenn die Welt gut von euch spricht! Der Tag wird kommen, wo sie vom Boden aus sprechen müssen, doch ehe ihre Stimme Mich erreichen kann, werden sie vom Staub und der dicken Kruste ihrer Sünden erstickt sein. Dann wird Gerechtigkeit herrschen.

Ich sage euch feierlich, dass in diesen kommenden Tagen Satan und all die bösen Geister nicht mehr im verborgenen wirken werden wie bisher. Nein, die Zeit ist jetzt angebrochen, wo er und jene üblen Geister sich offen jedem Einwohner der Erde zeigen werden. Satan wird falsche Propheten aussenden – sie werden zahlreich sein wie der Sand am Meer –, um Verwirrung unter euch zu stiften und sogar noch die Erwählten zu täuschen. Also nehmt euch in acht, damit keiner euch hinters Licht führe. Dieses Zeichen ist das Vorzeichen am Vorabend Meiner grossen Zeichen, die kommen sollen.

Der Dämon gleicht heute einer wilden Bestie, die verwundet ist und dadurch noch gefährlicher wurde. Doch fürchtet euch nicht, ihr, die ihr Mich liebt, Ich will euch die Sicherheit gewähren, nach der ihr seufzt. Doch wehe jenen, die Mein Heiligtum beschmutzten, indem sie den grossen Glaubensabfall in Meiner Kirche herbeiführten.

Wahrlich Ich sage euch: In den Lagern, wo die Schakale wohnen (geldgierige Machtmenschen), wird bald eine Strasse verlaufen; sie wird ohne Befleckung sein und heiliger Weg genannt werden. Kein Unreiner wird auf ihm wandeln, sondern nur die Lebendigen, welche wissen, wie man Mich recht verehrt.

Ich bin es. Zweifle nie daran, daß Ich, Jesus Christus, es bin. Ich habe euch von Meinem Kreuz herab gerufen. Es war in Meiner Todesnot, um euch zu zeigen, wo Ich, der Ich das Haupt der Kirche bin, heute zu finden bin. Das Abbild von Mir, wie Ich tot in den Armen Meiner Mutter liege (Statue von Maria mit Jesus nach der Kreuzigung, in San Sylvestro/Rom), ist eine symbolische Weise aufzuzeigen, wie euer Glaubensabfall Meine Kirche verriet. Du siehst, Tochter, Ich führte dich dahin, um dir bildhaft den Zustand Meiner gegenwärtigen Kirche zu zeigen. Du hast auf die Trauer Meiner Mutter geschaut und in ihren Armen Meinen toten Körper gesehen — Meinen Körper, der da ist verraten, zerbrochen, gegeisselt, durchbohrt und gekreuzigt. Und das ist genau das Abbild Meiner Kirche heute. Meine Mutter weint über sie blutige Tränen, so wie sie über Meinem Körper auf Golgatha geweint hat. Doch in sehr kurzer Zeit wird sie (die Kirche) erneuert werden, umgewandelt und auferweckt, so wie Ich, der Herr, auferweckt worden bin. Sie wird nicht länger in diesem beklagenswerten Zustand darniederliegen. Meine Feinde hatten Meinen Tempel zerstört, doch mit Meiner Kraft, die von oben herabkam, und mit Meiner Gnade richtete Ich, der Herr, Meinen Tempel in drei Tagen wieder auf.

Ich verspreche euch, daß Meine Kirche wieder aufblühen wird und Ich sie erneuert und umgewandelt haben möchte, so, wie Ich umgewandelt wurde durch Verklärung. Ich will Meinen Tempel, Meine Kirche neu erbauen, und Ganzheit (unversehrte Integrität) wird das Linnen um ihre Taille sein, Treue wird der Gürtel um ihre Hüften (Jes 11,5), und Reinheit wird ihre Fackel sein, um all jene zu führen und zu läutern, die Meinen Namen verunehrt haben.

Denn Ich, der Herr der Herren, das Lamm, werde in der Kirche leben und freudig empfangen, wie ich nach meiner Auferweckung von den Meinen empfangen worden bin. Dann werde auch Ich wie eine Mutter, die ihr Kind tröstet, euch noch mehr trösten, Ich will mit Meiner großen Liebe meine Arme um euch breiten. Ach, geliebte Kinder, Ich bereite für euch einen neuen Himmel und eine neue Erde, um darin zu leben, eine Erde, die voller Früchte ist, die vom Baum des Lebens kommen. Dessen Früchte werden die Namen des Friedens, der Heiligkeit und der Liebe tragen, weil ihre Wurzel Liebe ist.

»Das Unheil kommt nicht von Gott!«
bestätigt die Mutter von Jesus in einem Gespräch mit Vassula.
Maria: »Ich bin erschüttert beim Anblick des Schrecklichen, der Bosheiten dieser dunklen Welt und des Glaubensabfalls, der bis ins Heiligtum vorgedrungen ist. Katastrophen, Hungersnöte und Elend, Kriege und Seuchen – dies alles habt ihr selbst auf euch gezogen. Alles, was von der Erde kommt, kehrt auch zur Erde zurück. Die Erde zerstört sich selbst; es ist nicht Gott, der euch all diese Verheerungen schickt, wie viele von euch dazu neigen, das zu glauben. Gott ist gerecht und allbarmherzig. Betet viel, betet mit eurem Herzen für die Bekehrung und die Rettung eures Zeitalters. Meine Kinder, betet mit mir, ich brauche eure Gebete! Betet, und ich werde die Gebete Gott darbringen. Ich versichere euch, daß ich bei euch bin, wohin ihr auch geht. Ich verlasse euch nie, denn ihr seid meine Kinder. Ich segne euch alle.« An anderer Stelle: »Medjugorje ist echt!«

In diesem Zusammenhang muss zu dem Krieg in Jugoslawien gesagt werden, dass die Mutter Jesus seit 1981 in Medjugorje flehte, das **ganze** Volk möge sich vom **kommunistischen Atheismus** und **Egoismus zu Gott bekehren.** (Jesus bestätigt bei Vassula, dass die Erscheinungen von Medjugorje echt sind.) Das taten aber nur **wenige Ortschaften um Medjugorje** – der **Rest des Landes kümmerte** sich **keineswegs um diese Bitte von Maria,** sondern verharrte in selbst gewählter Ablehnung der Botschaft. Es ist aber nie die »Rache Gottes«, wenn ein Krieg tobt. Wer im Egoismus verharrt, wird auch mit Waffen seinen Egoismus durchsetzen. Weder Gott noch die Mutter von Jesus können Kriegführende an der Ausübung ihres **freien Willens hindern.** Maria rief zur Umkehr – die Menschen weigerten sich, ihr zu folgen. Der Krieg ist also keine Strafe Gottes und auch kein Versagen von Maria, sondern einzig und allein der Entscheid der gottfernen bösen Kräfte, die sich für Krieg, Folter und Gewalt entschieden haben und lange Zeit weder Bekehrung noch den Willen zum Frieden bekundet haben.

Jesus zu einer Gebetsgruppe von Jugendlichen (bei Vassula):

»Wer immer es sich einfallen lässt, mich Meinen Kindern als streng fordernden und leicht erzürnten Gott vorzustellen, schadet Meiner Kirche. Ich bin geduldig und nicht so schnell zu verärgern; schnell bin Ich vielmehr, wenn es darum geht, zu vergeben und zu vergessen. Keiner sollte sagen, Ich sei nur für die heiligmäßig lebenden Menschen da. Jeder weiss doch, dass Ich hingehe und die Kranken und Elenden auflese; ja, gerade ihre Erbärmlichkeit weckt Mein Erbarmen; ihre Unfähigkeit, Mich zu erreichen aktiviert erst recht Meinen Eifer, sie zu Mir hochzuziehen und an Mein Herz zu pressen. Ich bin Jesus, und Jesus heisst Heiland und Retter. Ich komme, euch zu retten – und nicht, euch zu verdammen.

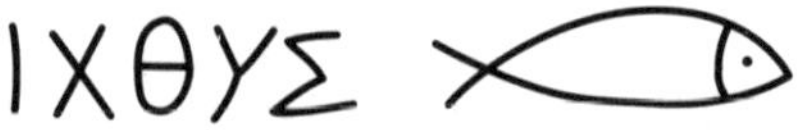

(Dieses Zeichen hat Jesus selber durch Vassula gegeben – das Zeichen der Urchristen.)

Dieses Gebet wurde Vassula von Jesus gegeben:
»Geht hinaus zu allen Völkern und lehrt sie, folgendes Gebet zum Vater zu sprechen«:

Barmherziger Vater,
lass diese, die hören und immer wieder hören
und doch nicht verstehen
jetzt Deine Stimme hören und verstehen,
dass Du der Allerheiligste bist.

Öffne die Augen derer,
die sehen, aber doch nicht erkennen,
damit sie jetzt mit ihren Augen
Dein heiligstes Antlitz und Deine Herrlichkeit sehen.

Lege Deinen Finger auf ihr Herz,
damit ihr Herz sich öffne
und Deine Treue begreife.

Um all dies bitte ich Dich,
gerechter Vater,
auf dass alle Völker
bekehrt und geheilt werden
durch die Wunden Deines geliebten Sohnes
Jesus Christus,
Amen.

Das Turiner Grabtuch ist echt

Der Turiner Gerichtsmediziner Prof. Luigi Bollone versicherte, dass das Grabtuch doch echt sei, nämlich fast 2000 Jahre alt. »Die anderen Wissenschaftler hatten nur Stoffproben vom Rand des Grabtuchs, das immer wieder ausgebessert worden war. Ich durfte 12 Fäden aus dem inneren Teil untersuchen«, konterte er. Der mysteriöse Körperabdruck auf dem Grabtuch Jesus zeigt einen mageren, langhaarigen Mann, der auf jeden Fall später als im Jahre 29 darin eingebettet worden war. »Auf den Augenlidern lagen römische Münzen mit dem Wort ›Nazarenus‹, die sich in den Stoff eingeprägt haben. Und so was hätte kein Fälscher im Mittelalter zustande gebracht, ergänzte Professor Bollone.

Jesus erklärt Vassula 1987, dass es sich beim Grabtuch von Turin tatsächlich um jenes Tuch handle, welches um seinen Leib gewickelt war. Der Abdruck seines Gesichtes und Körpers sei auf übernatürliche Weise entstanden. Jesus empfiehlt uns, das Grabtuch zu besuchen, uns direkt darunter zu stellen, denn es fliessen grosse Gnaden auf jeden Gläubigen, der das tut.

Aus dem zweiten Buch an Vassula:
2.10.1987
»Ich bin es, Jesus. Alle sollen wissen, dass jedes Bild von Mir und Meiner Mutter verehrt werden soll, denn sie stellen Uns dar, wie Mein Kreuz Mich darstellt. Alle sollen wissen, dass Mein heiliges Grabtuch tatsächlich echt ist. Mit ihm wurde Ich zugedeckt.«

Grabtuch von Turin

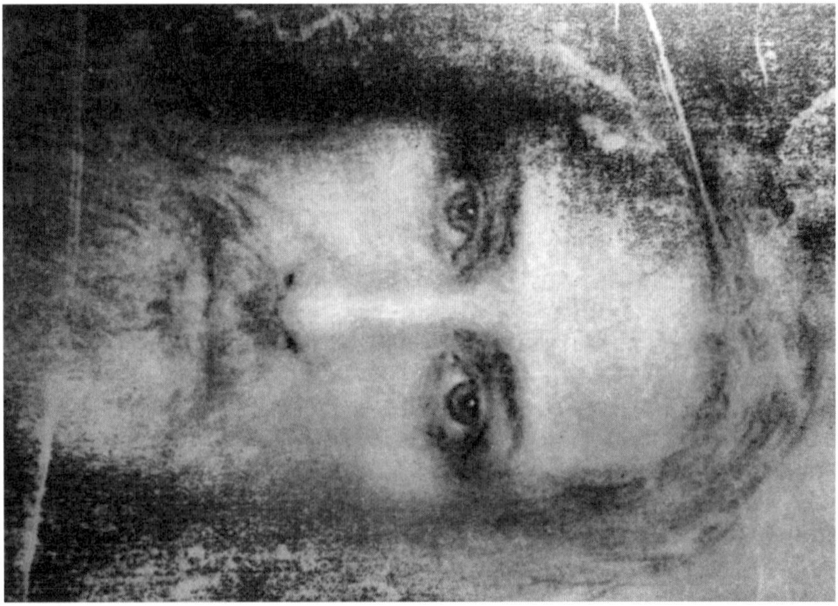

Die Interpretation dieses Bildes bleibt jedem Betrachter freigestellt

Wer die Informationen der Mystiker nicht kennt, kann im weltweit zunehmenden Glaubensabfall rasch Opfer der Irrlehren werden

Beispiel: Ein deutscher Geologe und Historiker behauptet in einer Fernsehsendung im August 1991:
»Ich werde das **Judentum und das Christentum ausrotten,** indem ich mit chemischen Gesteinsproben den **geologisch genauen Beweis** erbringe, dass das ganze **Alte und Neue Testament die Erfindung eines lügnerischen Volkes** ist, welches seine Feigheit mit wichtigtuerischen Berichten über einen sogenannten ›Gott‹ und eine sogenannte ›Auserwählung‹ hat überdecken wollen. Ein Beispiel unter vielen: Jericho war zum Zeitpunkt, den die Bibel angibt, ein Trümmerhaufen und keine Stadt. Das ist eindeutig nachweisbar anhand von Gesteinsproben. Das Gleiche gilt für alle anderen Zeitangaben in der Bibel, welche dem Alter der modernen Gesteinsproben in keinem Falle entsprechen.«

Wer hat diese fürchterliche Behauptung aufgestellt und welches ist die Antwort darauf?

Hier die Einzelheiten: Im August 1991 schaltete ich mich zufällig in eine Fernsehsendung ein. Wir hatten eben einen neuen Apparat gekauft mit circa 26 Kanälen. Ich wusste nicht, wo auf meiner Fernbedienung der Knopf ist, mit dem man auf dem Bildschirm die Senderzahl abrufen kann. Mein Mann war im Ausland, es war circa 22.30 Uhr, ich konnte niemanden zu Rate ziehen. Deshalb konnte ich nicht herausfinden, auf welchem der vielen Kanäle ich mich befand. Sonst hätte ich gegen den Sender gerichtlich Beschwerde eingereicht, wegen öffentlicher Diffamierung des jüdischen Volkes.

Der ungefähr 40jährige Wissenschafter, Geologe und Historiker, wie er sich nannte (leider wurde der Name nicht eingeblendet), hatte in Israel vor dem gigantischen Hintergrund der Wüste Juda einen »dokumentarischen Beweisfilm« gedreht. Darin zeigte er seine technischen Messgeräte und verkündete wörtlich: »Es ist nur noch eine Frage der Zeit, d. h., es dauert noch ein paar wenige Jahre, bis wir Geologen mit chemischen Gesteinsproben lückenlos nachweisen können, dass die ganze Bibel ein Märchenbuch ist.«

Er brachte das Beispiel, welches oben erwähnt wurde: »Das israelische Volk hat die Stadt Jericho keineswegs im Kampf und mit Trompetenschall eingenommen, denn es hat zu jenem Zeitpunkt gar keine Stadt Jericho existiert.

Im Gegenteil:

An jenem Ort befand sich nur ein kümmerlicher kleiner Steinhaufen. Also haben die Juden diese Eroberung nur erfunden, um sich den Anschein von Heldentum zu geben.

Er betonte nun mehrmals, dass jedes Ereignis in der Bibel deswegen in Frage gestellt werden könne, weil das Alter der Gesteinsproben in keinem Falle mit der überlieferten Jahreszahl der biblischen Ereignisse übereinstimme.

Es gibt seit dem Jahre 1800 eine genau auf diese Behauptung ausgerichtete Anwort Gottes

Wie lautet sie und wer bekam die Information?

Im Jahre 1800 hat Gott der stigmatisierten Ordensfrau der Benediktinerinnen, Anna Katharina Emmerich, folgende Information gegeben: Die alten Ägypter haben aus Eitelkeit die Zeitrechnung gefälscht, um zu ihren Ehren bei der Krönung von Pharaonen die Jahreszahlen aufrunden zu können, um sich mit imposanten Jahreszahlen Denkmäler zu setzen.

Hier der genaue Wortlaut der Vision:

Unsere jetzigen Gelehrten, welche über Ägypten schreiben, sind in großem Irrtum, weil sie so vieles bei den Ägyptern für Geschichte, für Erfahrung und Wissenschaft halten, was sich doch nur auf falsche Visionen und Sterndeuterei gründet.

Die Gelehrten aber halten dergleichen dämonische Eingebungen und solches Treiben für unmöglich, verwerfen es und schätzen darum die Ägypter für älter, weil sie früher schon so tiefsinnige und gelehrte Dinge gehabt haben sollen.

Ich sah aber, wie sie schon bei der Ankunft der Semiramis in Memphis in allerhand Hoffart und Verwirrung mit ihren Zeitrechnungen gewesen sind. Sie wollten immer als das älteste Volk erscheinen und machten eine Menge verwirrter Zeiten und Königsgeschlechter. Sie kamen dadurch ganz außer alle wahre Zeitrechnung, und da sie mehrmals ihre Berechnungen änderten, wußten sie fast keinen Bescheid mehr. Dazu kam, daß sie jeden Irrtum durch große Gebäude und durch große Inschriften zu verewigen suchten, wodurch die Verwirrung erst recht fest wurde. So rechneten sie lange Zeit die Alter der Vorfahren und Nachkommen so nacheinander, als wäre der Todestag des Vaters der Tag der Entstehung des Sohnes. Die Könige, die mit den Priestern immer über die Zeitrechnung stritten, schoben Vorfahren ein, die nie gelebt hatten; auch wurden die vier gleichnamigen Könige, welche zu gleicher Zeit in Thebä, Heliopolis, Memphis und Sais regierten, nacheinander aufgezählt. Ich sah auch, daß einmal ein Jahr zu 970 Tagen gerechnet, dann wieder Jahre wie Monate gezählt wurden. Auch sah ich einen Götzenpriester eine Zeitrechnung machen, wo für 500 Jahre immer 1100 herauskamen.

Ich habe diese falschen Zeitberechnungen und das Treiben der Götzenpriester unter der Sabbatslehre in Aruma gesehen, wo Jesus vor den Pharisäern von dem Beruf Abrahams und seinem Aufenthalt in Ägypten und dabei gegen die ägyptische Zeitrechnung sprach.

Ich sah in jenen Zeiten auch Leute, welche den **Seth als einen Gott sehr hoch verehrten** und weite, gefährliche Reisen an sein vorgebliches Grab machten, das sie in Arabien glaubten. Es ist mir, als leben noch von diesen Leuten, und als ziehen sie durch türkisches Gebiet, wo sie gerne durchgelassen werden, noch zu diesem Grabe.

Immer mehr Bücher gegen Christus

Auf den Bestseller-Listen der Buchläden stehen von Jahr zu Jahr häufiger Bücher gegen Christus, seine Mutter sowie seine Getreuen. Sensationell und spannend aufgemacht, verbreiten diese Berichte Lügen und Halbwahrheiten, die jedoch geschickt durcheinander gemischt sind mit Tatsachen und erfundenen Beigaben. Auf diese Art werden Leser, die den Betrug nicht durchschauen, weil sie entweder zu wenig wissen oder noch

Anmerkung zu den ägyptischen Gottheiten:

* Isis (ägyptisch Eset), altägyptische Göttin, Schwester und Gemahlin des Osiris, war eine der volkstümlichen Gottheiten des heidnischen Altertums. Ihr berühmtestes Heiligtum stand auf der Insel Philä. Auch im heidnischen Rom breitete sich der Isiskult stark aus, bis das Christentum ihn verdrängte.

** Osiris, Sohn des ägyptischen Erdgottes Geb und der Himmelsgöttin Nut, Gemahl seiner Schwester Isis, Vater des Horus. Er wurde zum Sonnengott und zum Herrscher des Totenreiches. Sein Bruder Seth tötete ihn und zerstückelte seine Leiche in 14 Teile.
Von Seth gibt es über spiritistische Medien verkündete Irrlehren, die heute in esoterischen Büchern vorliegen.

ganz am Beginn ihrer Suche nach Glauben sind, verwirrt und getäuscht.

Einer der bekanntesten Fälscher-Berichte ist das Buch »Verschluss-Sache Jesus«. Sachlich und zuverlässig bringt der Bibelwissenschafter Professor Max Küchler aus Fribourg (Schweiz) Klarheit in die böswillig verdrehten Aussagen der Autoren. (Sein Bericht ist erhältlich über Bibelpastorale Arbeitsstellen.)

Von den Thesen in den Büchern gewisser ehemaliger Priester haben sich bereits die protestantische und katholische Kirche offiziell distanziert. Die privaten Glaubenssätze dieser Theologen, die sie gerne in den Medien verkünden, stimmen nicht mehr mit der Lehre Jesu überein. Diese Werke können eher dem diffusen New-Age-Bereich zugeordnet werden. Da ein Teil von Presse, Rundfunk und Fernsehen dem Atheismus oder New Age angehört, werden solche Ideen gerne verbreitet. Wer sich dagegen wehren will, kommt in den Medien kaum zu Wort. Hingegen werden immer öfter Filme, Zeitungsberichte oder Theaterstücke gezeigt, welche eindeutig gegen Christus und seine Mutter gerichtet sind, sie in falschem Lichte darstellen oder sogar der Lächerlichkeit preisgeben. Einige Medienschaffende haben sich auch zum Ziel gesetzt, den Papst immer wieder zur Zielscheibe von hämischem Spott zu machen. **Spricht der Dalai Lama,** Oberhaupt der Buddhisten, auf seinen Weltreisen von **Frieden, sexueller Enthaltsamkeit** und **Gebet zur inneren Erleuchtung des Menschen, wird ihm zugejubelt. Erklärt der Papst genau dasselbe, wird er verhöhnt.**

Wie in diesem Buch bereits auf Seite 239 erwähnt, wird der Markt auch weiterhin überflutet von esoterischen Büchern über die angebliche Wiedergeburt der Seele. Da dieses Thema immer stärker an Boden gewinnt, lege ich die Aussagen von Jesus vor, die er der Mystikerin Maria Valtorta wörtlich gegeben hat:

Was sagt Jesus zum Thema Seelenwanderung?

Hier seine Antwort, gegeben an Maria Valtorta:
»Höre! Du musst nicht glauben, weil die Geister eine Erinnerung an die Wahrheit haben, damit bewiesen ist, dass wir mehrere Leben leben. Du bist schon genügend belehrt worden, um zu wissen, wie der Mensch erschaffen wurde, wie er gesündigt hat und wie er bestraft wurde. Es ist dir erklärt worden, wie Gott in jeden Menschen eine einzelne Seele legt. Diese wird von Fall zu Fall geschaffen und nicht wieder für nachfolgende Inkarnationen verwendet.

Diese Gewissheit müsste meine Behauptung über die Erinnerungen der

Seelen zunichte machen. Der Mensch kann sich erinnern, und zwar mit seinem besten Teil: der Seele. Woher kommt die Seele? Jede Menschenseele? Von Gott. Wer ist Gott? Der intelligenteste, mächtigste, vollkommenste Geist. Dieses wunderbare Wesen, die Seele, die Gott nach seinem Ebenbild geschaffen hat als unbestreitbares Zeichen seiner Heiligsten Vaterschaft, fühlt die Gaben, die dem eigen sind, der sie geschaffen hat. Sie ist daher intelligent, geistig, frei und unsterblich wie der Vater, ihr Schöpfer. Vollkommen entspringt sie dem göttlichen Gedanken, und für ein Tausendstel eines Augenblickes sieht sie der Seele des ersten Menschen gleich: eine Vollkommenheit, die die Wahrheit als Geschenk einschliesst. Ein Tausendstel eines Augenblickes. Wenn sie dann gebildet ist, wird sie durch die Erbschuld verletzt. Um es dir besser verständlich zu machen, sage ich dir, dass es so ist, als ob Gott schwanger wäre mit der Seele, die er erschafft, und das Geschöpf bei der Geburt durch ein unauslöschliches Zeichen verwundet würde. Verstehst du mich?«

Maria Valtorta: »Ja. Solange sie gedacht ist, ist sie vollkommen. Ein Tausendstel eines Augenblickes. Dann wird der Gedanke Wirklichkeit, und diese ist dem aus der Sünde entstandenen Gesetz unterworfen.«

Jesus: »Du hast gut geantwortet! Die Seele inkarniert sich im menschlichen Körper und bringt mit sich, als geheime Perle, im Geheimnis ihres geistigen Seins, die Erinnerung an das Schöpfer-Wesen, also die Wahrheit. Das Kind wird geboren. Es kann gut, sehr gut und ebenso treulos werden. Alles kann es werden, weil es frei ist in seinem Willen. Über seine »Erinnerungen« wirft der dienende Engel sein Licht und der Verführer seine Finsternis. Je nachdem der Mensch nach dem Licht verlangt und damit auch nach immer grösseren Tugenden, wird die Seele Herrin seines Wesens, und es vermehrt sich in ihr das Erinnerungsvermögen, so als ob die Tugend die Wand immer dünner werden liesse, die zwischen der Seele und Gott besteht. Deshalb fühlen die **Tugendhaften aller Länder** die Wahrheit, zwar nicht vollkommen, weil sie getrübt wird durch gegensätzliche Lehren oder tödliche Unkenntnis, aber doch in ausreichendem Mass, um den Völkern, denen sie angehören, Anhaltspunkte für eine sittliche Bildung geben zu können. Hast du verstanden? Bist du überzeugt?«
Maria Valtorta:
»Ja! Zusammengefasst: die Religion der heroisch geübten Tugenden bereitet die Seele auf die wahre Religion und die Erkenntnis Gottes vor.«

Zeugnisse junger Mystiker unserer Zeit

Sehr geehrte Frau Weil,
ich möchte mich bei Ihnen mit diesem Brief für unser Gespräch bedanken und betonen, dass ich Ihr Buch zu einem der besten zähle, die ich bisher in meinem jungen Leben gelesen habe.

Es ist logisch aufgebaut, gut gegliedert, in verständlichem Deutsch geschrieben, und der Inhalt ist nahrhaft für die Seele. Ich finde es sehr mutig von Ihnen, wie offen Sie gegen den Schluss des Buches über Ihr eigenes Leben berichten.

Liebe Frau Weil, es wäre wertvoll gewesen, glaube ich, wenn wir uns über die Herrlichkeit Gottes noch einige Gedanken gemacht hätten: Wie Er sich den Menschen in ihren Herzen offenbart. Wissen Sie, mir hat Er sehr viel gegeben. Er hat mir ein neues Leben geschenkt, Er hat zu mir gesprochen, Er war mir nahe, Er hat mir gezeigt, dass Er immer auf mich gewartet hat:

Er hat mich geliebt, als ich Ihn hasste, Er hat mich gesucht, als ich mich von Ihm entfernte und Ihn vergass. Er hat vor Schmerz geweint, als ich Ihm mitten ins Gesicht spuckte. Und trotzdem blieb ich wichtig in Seinen Augen. Er, der Gott, von dem ich glaubte, Er offenbare und zeige sich nur wenigen Heiligen, von dem ich glaubte, Er wolle nichts von mir wissen, hat zu mir in meinem Elend gesprochen: »Ich, der Herr liebe dich und schenke dir eine Beziehung zu Mir. Ich zeige dir den Weg und verspreche dir: Ich werde dich begleiten.«

Oh Herr! Allmächtiger Gott! Ich danke Dir für Deine unendliche Liebe und Barmherzigkeit, die Du für uns alle hast! Amen, Halleluja!

Liebe Frau Weil, eigentlich hatte ich gar nicht gedacht, diesen Teil des Briefes, den Sie gerade gelesen haben, zu schreiben. Aber meine Hand ist wie ins Rollen geraten, und so habe ich es mit grosser Freude im Herzen für Sie geschrieben. Ich wünsche Ihnen und Ihrer Familie alles Gute und ich werde bei Gott unserm Herrn, für Sie beten. Ich glaube, Ihr Buch wird noch viele Menschen erreichen …

Flavio (18 Jahre), Schüler, Stadt Zürich, im Mai 1993

Denise, junge Mutter (Kanton Zürich): »Seit ich das Buch gelesen habe ›Das Unheil kommt nicht von Gott‹, bin ich frei geworden von den esoterischen Lehren des New Age.

Ich fand Erlösung und Frieden in jenem Kloster, welches Jutta Weil auch als Ort der Heilung erfuhr. Seither hat sich mein Leben vollständig verändert. Ich vertraue Jesus alles an und weiss, dass er aus Schlechtem Gutes machen kann. So bete und singe ich, so oft ich allein bin, zum Beispiel, wenn ich mit dem Moped zur Arbeit fahre: O Gott! Wie ich Dich liebe und brauche! Jesus, ohne dich könnte ich nicht mehr sein. Wie konnte ich ohne dich nur leben?

Ich danke dir für alles, was du mir gegeben hast und mir noch geben wirst. Ich liebe dich. O wie sehr liebe ich dich.

Ich bin protestantisch aufgewachsen, hatte aber schon als Kind eine grosse Sehnsucht nach der katholischen Kirche. Ich begleitete meine katholischen Schulkolleginnen gerne in ihre Kirche und beneidete sie, katholisch sein zu dürfen. Vor kurzem nun habe ich konvertiert zum katholischen Glauben und bin sehr glücklich darüber. «

Denise, Frühling 1993

Joanna (26 Jahre):
»Als junges Mädchen leitete ich als protestantische Christin Konfirmandenlager. Aber mir fehlte in der reformierten Kirche immer die Wärme. Ich hatte immer eine Art Heimweh, wenn ich in eine katholische Kirche kam. Und so konvertierte ich zum katholischen Glauben, worüber ich sehr glücklich bin. Das Buch ›Das Unheil kommt nicht von Gott‹ hat meinen Glauben vertieft und bestärkt. Folgendes Gebet betete ich an einem

Fronleichnamsfest, dem katholischen Fest zur Ehre der Einsetzung des Allerheiligsten Altarssakramentes:

Lass dein Angesicht über uns leuchten o Herr, dein Angesicht, die leuchtende weisse Hostie im Herzen der Monstranz.

Leuchte in unsere Welt hinein, die geschäftig an deinem Angesicht vorbeirennt. Leuchte in meine Seele, nähre mich. Ohne Nahrung bin ich zu schwach. Leuchte o Herr, dass ich Licht werde.«

In der Bibel steht, dass Gott Kindern und Jugendlichen Gesichte und Visionen geben werde. So wie die Kinder aus Fatima, Lourdes und Medjugorje und viele andere auf der ganzen Welt Botschaften Gottes hörten, so erfuhr dies auch ein kleiner Junge, Jimmy, elf Jahre alt, Schüler (Kanton Zürich). Er hatte zwei gewaltige Träume von Gott, die ihn stark erschütterten. Er erzählte sie weinend vor Glück seiner Mutter, weinte dann aber auch aus Heinweh und Sehnsucht nach Gott, ähnlich wie ich es im Kapitel beschreibe »Ein Kind träumt von Jesus«, Seite 309.
Jimmys Traum: »Ich träumte, ich sei auf einer grossen Wiese. Mitten drin stand ein Kästchen. Daraus strahlte Licht, und eine Stimme sprach zu mir: Jimmy, ich gebe acht auf Dich. Ich wusste, dass Gott zu mir sprach.
Ich war überglücklich und wollte unbedingt bei ihm bleiben. Als ich ihn nicht mehr hörte, war ich sehr traurig. (Jimmy hatte das Symbol für das Geschenk Gottes gesehen, sich »herabzulassen« auf die Welt, im Alten Testament in der Bundeslade der Israeliten, im Neuen Testament in alle Tabernakel der Welt, welche »kleine Kästchen« sind.) Der Mystikerin Vassula bestätigt Jesus immer wieder, dass er selbst auf ganz besondere Art in allen Tabernakeln anwesend sei.

Von Jimmys Mutter weiss ich, dass der elfjährige Bub (ohne katholische Erziehung) eines Tages auf dem Flohmarkt ein Kruzifix kaufte, es über seinem Bett aufhängte und davor auf den Knien betete. Er äusserte den Wunsch, katholisch werden zu dürfen, weil ihm im protestantischen Religionsunterricht etwas fehle, er könne aber nicht genau sagen, was.

Jimmy (1992)

Jüdische Mystiker als Christus-Verkündiger

Der Krisenherd Nahost hält uns in Atem. Wir spüren: Der Konflikt geht über politische und wirtschaftliche Fragen hinaus. Es handelt sich um eine geistliche Auseinandersetzung, deren Mittelpunkt Israel, Gottes Volk, und Jerusalem, die heilige Stadt, sind. Alte Fragen in neuer Zuspitzung: Wer ist das jüdische Volk? Welchen Platz geben wir Israel?

Es ist eine ausserordentliche Hilfe, die Stimme von Juden zu hören, die seit über 20 Jahren in Israel leben und ganz Jesus als dem Messias Israels und Herrn der Welt vertrauen. Wir lernen die tiefen und grossen Zusammenhänge, in welchen Israel zu sehen ist, neu verstehen, und erhalten Klärung in einer der wichtigsten Fragen unserer Zeit.

Benjamin Berger

Ruben Berger

Benjamin und Ruben Berger sind in New York in jüdisch-orthodoxer Familie aus Europa aufgewachsen. Ein Teil der Angehörigen wurde in Auschwitz umgebracht. Studium der Architektur (Benjamin), der französischen Literatur und der Cinematographie (Ruben). Nach inneren Krisen begegnen sie dem lebendigen Gott ihrer Väter und erkennen Jesus als den Messias Israels. Umzug nach Israel. Später Berufung zum Aufbau einer messianischen Gemeinde in Jerusalem. Vielfältige Vortragstätigkeit in ost- und westeuropäischen Ländern.

(Auffallende Übereinstimmung ihrer Botschaften mit den Jesusworten bei Vassula!)

Zwei Priester, welche gleichzeitig Physiker sind, bestätigen die Schöpfungs-Vision

Dr. rer. nat. Karl Philberth (Priester)

Ein Botschafter darf seinen Dienst erst antreten, wenn er sich vorgestellt hat. So darf ich meinen Bruder Bernhard und mich kurz vorstellen. Wir sind beide freiberuflich tätige Naturwissenschaftler und seit etwa 17 Jahren Priester der katholischen Kirche. Wir arbeiten eng zusammen. Ich verdanke meinem Bruder sehr viel. Nicht zuletzt, dass ich die IVCG kennengelernt habe und in ihr als Referent immer wieder tätig sein darf. Schon seit unserer Schulzeit war es unsere Wunschvorstellung, selbständig zu sein. Das ist uns geschenkt worden. Wir leben von Industrieerfindungen und -entwicklungen. In den verschiedensten Ländern sind uns ingesamt über hundert Patente erteilt worden. Durch Publikationen und Beratungen haben wir zur Patentrechtsreform beigetragen.

Dann hat uns das Schicksal immer wieder nach Australien geführt, wo wir als Pfarrer einer deutschsprachigen Pfarrei tätig waren. Hier in Deutschland ist das anders. Denn unser Bischof Rudolf Graber hat uns vor 17 Jahren zu Priestern geweiht unter der ausdrücklichen Bedingung, dass wir nicht im regulären kirchlichen Dienst aufgehen, sondern unsere bisherige Tätigkeit weiterführen: Forschung, Schreiben von Büchern und Fachaufsätzen, Vorträge und Seelsorge. Der Bischof hat uns unter dem ganz ungewöhnlichen Titulum Patrimonii geweiht; das heisst nicht zum bezahlten Dienst, sondern auf selbständige Versorgung. Das geschah auch um unser Glaubwürdigkeit willen, damit niemand vielleicht doch meinte: »Jetzt ist ihnen keine neue Erfindung mehr eingefallen, drum gehen sie auf die fromme Tour. « Der Herr hat unsere Erfindungen in einer Weise gesegnet, dass wir jetzt fast all unsere Zeit in den Dienst des Herrn stellen können.

Wenn uns jemand als Abenteurer bezeichnen würde, dann wäre das gar nicht so falsch. Aber nicht Abenteurer als Selbstzweck, sondern vom Willen Gottes zu Abenteurern gemacht. Ich war wiederholt auf Grönlandexpeditionen im Zusammenhang mit einem Projekt, das von meinem Bruder ausgeht und von mir mathematisch durchgeführt wurde: Die Beseitigung des Atommülls in den Eisschilden der Erde.

Ein Botschafter muss eine Botschaft haben. Als Priester und Naturwissenschaftler fühle ich mich gerufen zu einer zweifachen Botschaft. Der

Frohen Botschaft von der Liebe Gottes aus dem Buch der Heiligen Schrift und der sichtbaren Botschaft von der Herrlichkeit Gottes aus dem Buch der Natur. Im letzten Jahrhundert standen christlicher Glaube und naturwissenschaftliche Erkenntnis in unversöhnlichem Widerstreit. Heute ist das ganz anders. Glaube und Wissen vereinigen sich. Mit Recht heisst es in Psalm 19: »Die Himmel rühmen die Herrlichkeit Gottes, vom Werk seiner Hände kündet das Firmament.« Alle Geister des Himmels und alle Sterne des Firmaments verherrlichen den Dreieinigen Gott, den Vater, den Sohn und den Heiligen Geist. Mein Bruder hat einige Bücher geschrieben. An einem davon durfte ich mitarbeiten. Die Botschaft dieses Buches ist sehr einfach: Die Schöpfung ist Abbild des Dreieinen Schöpfers, der in den drei Personen Vater, Sohn und Heiliger Geist ein einziger Gott ist.

Ein Botschafter kann nur dann glaubwürdig sein, wenn seine Botschaft glaubwürdig ist. Die Heilige Schrift, das Wort Gottes, ist die Grundlage unseres christlichen Glaubens. Wir hier in diesem Kreis sind getragen von der Überzeugung, dass die Bibel das absolute Wort Gottes ist. Aber wie klein ist draussen in der Welt die Schar derer geworden, die das noch kompromisslos glauben. Ich muss das immer wieder in der Seelsorge mit Erwachsenen, mit Jugendlichen, ja sogar Kindern erfahren. Die Heilige Schrift ist nicht mehr die Grundlage, wenn ich so sagen darf, sondern ein Weisheitsbuch, aus dem sich die Menschen in dem Masse bedienen, in dem es ihnen gerade passt. Geradezu klassisch hat das ein etwa 16jähriges Mädchen in einer Schule für besonders Begabte formuliert: »Ja, ich halte sehr viel von der Heiligen Schrift. Ich übernehme alles, was nicht der Vernunft widerspricht.« Eine solche Einstellung kommt nicht nur aus der Wohlstandssattheit vieler Mitbürger. Es ist auch das Werk von Totengräbern aus dem pseudonaturwissenschaftlichen und aus dem pseudotheologischen Lager.

Im letzten Jahrhundert feierte die Göttin Vernunft Orgien. Es war die Zeit, in der man nach dem damaligen Stand der Naturwissenschaft bewiesen zu haben glaubte, dass die Materie ewig ist, dass es keinen Gott gibt, sondern nur Funktionen der Materie, dass es eine menschliche Willensfreiheit nicht gibt. Es ist mir als Physiker eine grosse Freude, erfahren und künden zu dürfen, dass diese Lehren heute als überholt anzusehen sind. Nicht etwa nur aus dem Glauben überwunden, sondern durch die harten Tatsachen, durch Messergebnisse, durch Beobachtungen, durch Auswertungen. In der freien Welt hält kaum mehr ein massgeblicher Wissenschaftler die Materie für ewig. Es ist allgemeine wissenschaftliche Meinung, dass der Kosmos 20 Milliarden Jahre alt ist. Es begann mit der Ursingularität. Das ist der Anfang des Kosmos, das Geheimnis, vor dem wir Christen in Ehrfurcht uns verneigen: der Urschöpfungsakt Gottes. Die Materie, die man an die Stelle Gottes gesetzt hatte, die man für ewig, für allumfassend, für allmächtig postuliert hatte – sie ist entthront. Sie hat auch in der Naturwissenschaft wieder ihre dienende Rolle angenommen.

Aber der Materialismus ist subtiler geworden. Ideologen des Diamat (das heisst dialektischer Materialismus) sagen oft: »Wir sind doch keine platten Materialisten mehr.« Das mag sein. Aber nichts ändert sich an der Tatsache, dass der Götze des Materialismus entthront ist und damit all die subtileren, die weiterentwickelten These des Diamat gegenstandslos geworden sind. Wenn man das weiss und die konkreten Verhältnisse kennt, ist man um so mehr erschüttert, wie sehr ein bereits überholter Materialismus heute noch in den Schulbüchern sein Unwesen treibt.

Wenn Sie mir nicht glauben, lassen Sich sich von Ihren Söhnen, Töchtern und Enkelkindern einmal Schulbücher geben. Beispielsweise aus der Biologie. Da können Sie in den Zeilen oder zwischen den Zeilen Dinge lesen, die heute einfach nicht mehr zu verantworten sind; Tendenzen, die glauben machen möchten, dass die Materie zu sich selbst gekommen ist. Botschafter Christi sein heisst auch, solchen Dingen nachzugehen, sie nicht nur in gelehrten Zirkeln zu erörtern, sondern darauf zu sehen, dass unsere Schuljugend nicht überkommenen Vorstellungen ausgeliefert wird.

Ich muss auch die theologischen Totengräber erwähnen. Unter dem Motto »die Heilige Schrift ist ja kein wissenschaftliches Lehrbuch« wird entmythologisiert. Und das beginnt zunächst scheinbar harmlos bei einigen Realaussagen, etwa des Alten oder des Neuen Testaments und geht dann über die Wunder Jesu bis hin zur Auferstehung. Zum Schluss ist dann schliesslich sogar der Glaube an den persönlichen Gott selbst ein Mythos. Sie kennen vielleicht die Lehren von Bultmann oder die Frankfurter Schule. Da werden Aussagen geprägt, die Zunächst sehr eindrucksvoll klingen. »Der Herr Jesus ist im Glauben seiner Gemeinde auferstanden.« Wenn man dann sagt: »Ich hätte aber doch gern gewußt, wie das mit dem heiligen Thomas war, ob er wirklich den auferstandenen Herrn betastet hat?« Dann lautet die Antwort etwa so: »Die Tatsächlichkeit dieser Aussage ist doch gar nicht wichtig: Dieser Bericht ist Ausdruck einer Glaubensüberzeugung der damaligen Gemeinde.«

Ich bin meinem Denken nach Ingenieur, wie ich es schon in jungen Jahren war. Ich kann mit solchen Wortspielen nichts anfangen. Ich möchte einfach wissen, so wie das Kind fragt, wenn es eine Geschichte hört. »Ist das nun wahr oder ist das nur Erzählung?« Es ist erfreulich, dass es starke Gegenbewegungen gegen diese Entwicklung gibt, dass es Menschen gibt, die diese Gefahr klar erkannt haben, die sich diesem Kult der progressiven textkritischen Exegese widersetzen. Greifen wir etwa die Wunder Jesu heraus. Man hört immer wieder von progressiven Theologen sagen: »Aber, Herr Kollege, das ist doch gar nicht so wichtig, ob Jesus wirklich Blinde sehend, Taube hörend, Lahme gehend gemacht hat, ob er Tote wieder zurück ins Leben geführt hat, ob er Brot für viele geschaffen hat, ob er auf dem See gegangen ist.« Aber ich muss gestehen, ich schäme mich nicht, mir eine gewisse Primitivität des Denkens bewahrt zu haben und einfach zu sagen: Mir ist es wichtig, ob die Tochter des Jairus tot da gelegen hat und dann zum Leben zurückgekommen ist. Mir ist es wichtig, ob die Wunder des Herrn Tatsachen sind.

Es geht ja um die Glaubwürdigkeit der Heiligen Schrift. Die Heilige Schrift ist doch kein Selbstsbedienungsladen, aus dem man sich herausnimmt, was gerade im Moment in die eigene Vorstellung passt oder nicht. Sie kennen vielleicht den Stil der Prediger, die nach Verlesung des Evangeliums erst einmal fragen, was die eigentliche Botschaft ist. Alles, was der Prediger im Moment noch zu glauben geruht, das ist für ihn die eigentliche Botschaft, und was er über Bord geworfen hat, das ist nur unwesentliches Verpackungsmaterial. Einem königlichen Herold möchte ich nicht raten, mit der Botschaft seines Herrn so umzugehen. Wer gibt denn einem Herold das Recht, die Botschaft nach eigenem Gutdünken in angeblich wichtige und unwichtige Teile zu zerlegen? Mehr Achtung vor der Heiligen Schrift!

Gegen diese Entwicklung gibt es Gegenbewegungen, die man Fundamentalismus oder Kreationismus nennt. Rein vom Wort her, würde ich sagen, ist jeder Christ ein Fundamentalist und Kreationist. Ein Fundamentalist in dem Sinne, dass wir doch alle auf einem Fundament stehen, dem Fundament der Heiligen Schrift. Und ein Kreationist in dem Sinne, dass wir doch alle daran glauben, dass es einen personalen Schöpfer gibt, den lebendigen Gott. Und doch kann ich mich nicht identifizieren mit Fundamentalismus und Kreationismus als Terminus Technicus. Ich bewundere und achte solche Christen. Mit welcher Überzeugung, mit welcher Stosskraft, mit welcher Opferbereitschaft werfen sie sich diesen tückischen Irrlehren wie Dialektischer Materialismus oder progressive Theologie entgegen! Aber ich kann oft die Weise, wie sie denken und argumentieren, nicht nachvollziehen. Als Beispiel nenne ich den sogenannten Kurzzeitkreationismus, d. h. Die Behauptung, dass aufgrund der Heiligen Schrift

die gesamte Schöpfung höchstens 10 000 Jahre alt sei und dass alle Tierarten durch einen primären Schöpfungsakt geschaffen worden seien. Ich halte das für eine nicht sinngemässe Interpretation der Heiligen Schrift. Zwar habe ich keine Angst um das Seelenheil dieser Mitchristen und habe keine Zweifel daran, dass sie es gut meinen. Dennoch sehe ich in solchen Behauptungen eine Gefahr für die Botschaft.
Als Naturwissenschaftler weiss ich, wie zuverlässig und auf die verschiedensten voneinander unabhängigen Argumente gestützt die heutigen Vorstellungen vom Alter unserer Erde, von dem Auftreten der ersten Spuren des Lebens und vom Alter des Kosmos selbst sind. Wenn wir erklären, dass aufgrund der Heiligen Schrift die ganze Schöpfung nur zehntausend Jahre alt sein kann, dann geben wir den Atheisten einen Trumpf in die Hand. Denn sie brauchen nur zu sagen: Wenn ihr behauptet, das stünde so in der Bibel, dann beweist ihr selbst, dass eure Heilige Schrift ein Märchenbuch ist.

Da ist noch ein weiteres Argument. Ich kenne sehr viele Wissenschaftler, die dem christlichen Glauben nicht abgeneigt sind. Wenn man denen aber sagt: »Was du in deinem Institut als Geologe, als Paläontologe, als Glaciologe oder als Astronom denkst und tust, das musst du alles als falsch auf die Seite werfen, sonst kannst du die Bibel nicht annehmen«, dann werden sie leicht für ihre Wissenschaft und gegen die Heilige Schrift Stellung nehmen. Das ist gerade die Botschaft, die mir so wichtig ist: dass wir heute Glaube und Wissenschaft nicht mehr als Alternative vor uns haben, sondern Glaube und Wissenschaft zusammenkommen.

Wenn ich von Wissenschaft spreche, meine ich natürlich nicht deren ideologisierte Scheinaussagen oder Fehlinterpretationen, sondern diejenigen Erkenntnisse, welche heute vom unbefangenen Fachmann als gesichert angesehen werden können. Naturwissenschaftliche Aussage und biblische Aussage, soweit sie überhaupt denselben Gegenstand betreffen, stimmen nach heutigem Stand so gut überein, dass man darin geradezu einen Beweis, oder vorsichtiger gesagt, eine Verifikation für die Geistinspiriertheit der Heiligen Schrift sehen kann. Wenn Sie sich für diese Fragen interessieren, darf ich Ihnen ein Buch von Karel Claeys aus dem Christiana-Verlag empfehlen. Es hat den Titel »Die Bibel bestätigt das Weltbild der Naturwissenschaft«. Der Autor zeigt darin lückenlos auf, dass das, was das Alte Testament hinsichtlich der sichtbaren Natur aussagt, nicht veraltete Vorstellungen (etwa das babylonische Weltbild) oder dichterische Schwärmereien sind, sondern dass es durchwegs mit dem in Einklang steht, was man heute weiss, aber damals noch nicht wissen konnte. Damals wusste es nur der Geist, der das Universum geschaffen und die Heilige Schrift inspiriert hat.

Darf ich Ihnen das – so wenig überzeugend es auch der Kürze wegen herauskommen mag – gleich am Beispiel der ersten Sätze der Heiligen Schrift, des Schöpfungsberichtes, demonstrieren. Denn gerade diesbezüglich muss ich immer wieder hören, nicht nur von Glaubensgegnern, sondern auch von Theologen: »Was wollen Sie denn, das ist doch nichts anderes als die Beschreibung des altorientalischen Weltbildes, das stimmt doch mit der heutigen Erkenntnis nicht überein und braucht es auch gar nicht, denn es kommt auf etwas anderes an.« Ich möchte es aber lieber Gott selbst überlassen, ob es darauf ankommt oder nicht.

Tatsächlich gibt es eine Übereinstimmung. Gehen wir die Schöpfungstage durch. Es heisst: Am ersten Tag »Es werde Licht.« Am zweiten Tag »Die Scheidung der Wasser«. Am dritten Tag »Das Festland und die Kräuter«. Am vierten Tage »Sonne, Mond und Sterne«. Am fünften Tage »Fische, Vögel«. Am sechsten Tage »Grosstiere und der Mensch«. Oft hört man sagen: »Das kann doch gar nicht stimmen! Denn erstens ist die Sonne mindestens ebenso alt wie die Erde, kann also nicht am vierten Tag geschaffen worden sein. Und zweitens: Wovon sollen denn die schon am dritten Tag geschaffenen Kräuter leben? Sie brauchen doch Photosynthese, die es aber ohne Sonne gar nicht geben kann.«

Dabei ist alles so einfach. Der Schöpfungsbericht stimmt, nur muss man ihn sinngemäss, nämlich kindlich, betrachten. Und gerade als relativistischer Physiker weiss ich, dass das nicht nur erlaubt, sondern sogar angemessen ist. Die Wahl des Bezugspunktes ist frei. Und welcher Bezugsort könnte denn dem biblischen Bericht zugrundegelegt sein, wenn nicht der Platz, wo sich später die Heilsgeschichte abspielen sollte, nämlich unsere Erdoberfläche? Wie war das von unserer Erdoberfläche aus gesehen, wenn wir vor viereinhalb Milliarden Jahren beginnen?

Die Astrophysiker stellen sich heute vor – ohne Rücksicht auf das, was in der Heiligen Schrift steht oder nicht steht – dass die frisch entstandene Erde sehr heiss war. Eine dichte Wolkenhülle, so wie heute um die Venus, bedeckt den Planeten. Es ist dunkel auf der Erde. Die fortschreitende Abkühlung bringt zunehmende Ausregnung. Unter der dünner werdenden Wolkendecke wird es heller. Erster Tag: Es wird Licht: Zweiter Tag: Die Wasser scheiden sich. Immer mehr ausgeregnetes Wasser ist auf der Erde. Aber noch ist das als Wolken verbleibende, atmosphärische Wasser so dicht, dass man die Sonne, den Mond und die Sterne nicht sehen kann. Am dritten Tag formieren sich die Wasser auf der Erde. Durch das Kräftespiel zwischen Erosion und genetischen Kräften entstehen Meere und

Flüsse, Land und Berge. Noch bevor die Wolkendecke erstmals aufreisst, ist bereits genügend Licht da, um grünen Pflanzen, zunächst erst Algen, ausreichend Strahlungsenergie für die Photosynthese zu geben. Die Pflanzen und Kräuter, von denen zum dritten Schöpfungstag berichtet ist, konnten in dem die Wolkenschicht durchdringenden Licht existieren und sich entfalten. Am vierten Tag beginnt die Wolkendecke aufzureissen. Sonne, Mond und Sterne sind vom Erdboden aus zu erkennen. Am fünften Tag entfalten sich die Fische und Vögel, am sechsten Tag erscheinen die Grosssäugetiere und dann zum Schluss der Mensch. Die Reihenfolge stimmt genau.

Noch eine Bemerkung zum Wort »Tag«. Da steht im Hebräischen das Wort jom, das heisst Zeitabschnitt. Meistens bedeutet dieses Wort Erden-Tag. Denn der Tag ist der elementarste Zeitabschnitt auf diesem Planeten. Aber jom heisst auch allgemein Zeitabschnitt. Um solche Zeitabschnitte – also nicht 24-Stunden-Tage – handelt es sich im Schöpfungsbericht.

Ich bitte nochmals um Nachsicht, wenn ich nun versucht habe, in drei bis fünf Minuten etwas darzustellen, was in dieser Kürze wohl schwer überzeugt. Es sollte nur beispielhaft zeigen: Man muss die Fakten nicht an den Haaren herbeiziehen, um sagen zu können, die Heilige Schrift sei im Urtext so formuliert, dass sie die reale Wirklichkeit, wie sie der Naturwissenschaftler heute erkennt, mit umfasst. Ob sich der damalige Schreiber dessen bewusst war, ist eine ganz andere Frage.

Ich habe den Anfang der Heiligen Schrift erwähnt. Lassen Sie mich nun auch das Ende der Heiligen Schrift erwähnen, die Apokalypse. Sie wissen, wie wenig man im allgemeinen damit anfangen kann.

Es ist alles ganz einfach. Kenner, die bereits Bescheid wissen, die von den Schrecken nicht neu erschreckt werden, für die ist es ein Trostbuch. Es zeigt ihnen, dass wir nicht der Willkür von Regierenden, nicht dem Automatismus sich entwickelnder Waffensysteme ausgeliefert sind, sondern in der Hand Gottes ruhen. Die Frage. Katastrophe oder Bewahrung? liegt bei Gott. Gott wartet darauf, uns die Katastrophe ersparen zu können, wenn wir nämlich umkehren, wenn wir endlich anfangen, seine Gebote ernstzunehmen, wenn wir endlich anfangen, das menschliche Leben zu achten, auch das ungeborene; auf dass er unser Leben erhalte. Auch dieses Buch zeigt auf: Hier sind Dinge ausgesagt, die vor zweitausend Jahren niemand wissen konnte. Es muss sich um echte Prophetie handeln.

Solche Überlegungen kommen in der Welt des Wissenschaftlers und des Technikers an. Vielleicht werden Sie das für eine ungeistige Argumentation halten. Mag sein, aber dennoch: Der heutige Mensch denkt, ob zu recht oder zu unrecht, in den Vorstellungen der täglich gewohnten technischen Zusammenhänge. Mit der gewohnten Denkweise möchte er schliessen, ob die Bibel das vom Heiligen Geist eingegebene Buch ist oder nicht. Ich konnte immer wieder feststellen, dass solche sachbezogenen Hinweise oder Ausführungen den Menschen etwas geben, sogar scheinbar hartgesottene Menschen überzeugen können. Der Ingenieur sagt einfach: Wenn das Reale, das man doch damals noch gar nicht wissen konnte, stimmt, warum sollte dann das Geistliche nicht stimmen?

Damals hat Jesus seine Landsleute ermahnt: »So glaubt doch wenigstens um der Wunder willen.« Angeregt vom Katholischen Bildungswerk in Waldshut habe ich einige Vorträge über die Wunder Jesu aus theologischer und naturwissenschaftlicher Sicht gehalten. Als ich zunächst etwas zögernd zusagte, da war mir noch nicht bewusst, dass dieses Thema eine grössere Tragweite hat, als ich mir ursprünglich vorgestellt hatte. Denn gerade die progressiven Theologen sind sehr geschickt in ihren Formulierungen. Sie gebrauchen Ausdrücke, von denen wir leicht meinen: »Das ist doch das, was wir auch sagen, vielleicht in einem anderen Zungenschlag.« Aber dort, wo es um die Wunder Jesu geht, da scheiden sich die Geister. Wie oft begegnet man auch bei namhaften Gelehrten grundlegenden

Zweifeln an der Historizität und Faktizität der Wunder Jesu. Ausgerechnet Theologen argumentieren dabei gern, solche Wunder seien unvereinbar mit den Naturgesetzen. Mich reizt es dann, zu sagen: »Die Vereinbarkeit mit den Naturgesetzen wollen Sie bitte mir als Naturwissenschaftler überlassen.« Gerade der schöpferische Wissenschaftler zeichnet sich dadurch aus, dass er nicht in seinen Erkenntnisstand passende Tatsachen gelten lässt. In der Frage der Wunder Jesu geht es um die Glaubwürdigkeit der Heiligen Schrift. Ich habe diesbezüglich zum Teil harte Diskussionen gehabt. Und zwar weniger mit Christen des täglichen Lebens, als vielmehr mit Katecheten, also mit den Menschen, die unsere Kinder und Jugendlichen unterrichten. Gelehrte Bücher sind über diese Fragen geschrieben worden, die man kaum lesen, geschweige denn jetzt erörtern kann. Aber auch hier kommen einfache Argumente am besten an. Ich muss gestehen, dass ich selbst eine Schwäche für einfache Argumente habe. Aus erster Hand kenne ich eine Reihe von Wundern, die die naturwissenschaftlichen Gesetze ausser Kraft setzen, und wenn das auch in den vorausgehenden Jahrhunderten geschehen ist – warum soll dann ausgerechnet Jesus selber keine Wunder gewirkt haben?

Einfache Gedankengänge überzeugen. Unsere technische Intelligenz denkt einfach. Lassen Sie mich noch ein Beispiel anführen. Was wird heute gestritten um die Evolution! Ich bin viel tiefer hinein verwickelt worden als mir lieb ist und kann das Wort »Evolution« kaum mehr hören. Es ist missverständlich. Der eine meint damit einen atheistischen Darwinismus. Der andere meint damit die Tatsache, dass die Lebewesen im Laufe der Erdgeschichte immer differenziertere und höher entwickelte Formen zeigen. Um diesem Missverständnis aus dem Wege zu gehen, gebrauche ich am liebsten das Wort »höherführende Schöpfung«.

Ich bin überzeugt, dass es vor drei Milliarden Jahren nur ganz primitive Lebewesen gegeben hat und dass dann im Lauf der Erdgeschichte immer höherentwickelte Wesen aufgetreten sind. Ich bin ebenso überzeugt, dass alles Schöpfung Gottes ist. Das lässt sich wissenschaftlich belegen, fast möchte ich sagen, nachweisen. Es gibt eine Höherentwicklung, aber keine Entwicklung aus sich selbst, sondern Gottes immerwährende Schöpfung: Creatio Continua. Gottes Geist schwebte über den Wassern, damals und heute. Doch ist die Debatte noch lang nicht ausgestanden. Der Dialektische Materialismus gibt so rasch nicht auf. Es gibt auch Spitzenwissenschaftler, die teils aus methodischen Gründen, teils vielleicht sogar aus eigener Überzeugung immer noch die These vertreten: »Es könnte gut sein, dass die Materie zu sich selbst gekommen ist durch Autokatalyse, durch Replikation der DNS usw.; dann könnten sich nach dem Schema Dar-

wins, nämlich allein durch Variationen plus Selektionen bzw. neodarwinistisch allein durch Mutationen plus Selektionen, alle hochstehenden Tiere und schliesslich der Mensch entwickelt haben«. Dazu meine Frage. »Haben Sie schon einmal selber Apparate gebaut? Ich habe das in meinen jungen Jahren zur Genüge getan, mit dem Lötkolben Elektronik-Bauelemente zusammengefügt. Jeder, der Apparate gebaut hat oder viel mit ihnen umgeht, der weiss, dass gerade die komplizierten Apparate einen fatalen Hang haben, kaputt zu gehen. Darum ist heute ohne Servicevertrag kein Gerät zu verkaufen. Diese Tendenz zum Versagen kennzeichnet alle sich selbst überlassenen materiellen Güter. Aber wenn das Reh seine Jungen hat und die Jungen haben wieder Junge und die wieder Junge und diese wieder, tausendmal, millionenmal und mehr – dann soll das alles vollautomatisch klappen? Dann soll das alles, statt kaputt zu gehen, sich sogar noch höher entwickeln? Für mein einfaches Ingenieurs-Denken ist das unverständlich. Für mich ist alles klar. Es muss eine schöpfende geistige Führung geben. Ohne diese käme alles zum Stillstand: Die Industrieprodukte, die Industrie selbst und die biologischen Organismen.
Ich möchte nicht abschliessen, ohne eine Lanze für meine Kollegen Techniker zu brechen. Sie tragen manchmal schwer an der grossen Verantwortung, die auf ihnen lastet. Viele Menschen sind bereit, ihnen Vorwürfe zu machen, aber sehr wenige sind bereit, ihnen zu helfen, diese Verantwortung mitzutragen. Das erlebe ich immer wieder. Die technische Intelligenz fühlt sich bei ihrer Arbeit oft im Stich gelassen. Allzu vielen Menschen ist eine ebenso ignorante wie aggressive Haltung bezüglich wissenschaftlich-technischer Fragen zum Selbstzweck, ja geradezu zur Ersatzreligion geworden. Schwere Probleme stehen vor uns. Denken wir etwa an den Welthunger, die Fragen der Atomkernenergie, die Probleme im Zusammenhang mit den Möglichkeiten der Gentechnologie. Was wir brauchen sind nicht selbstgerechte Extremstandpunkte, sondern Zusammenarbeit in christlicher Mitverantwortung. Einer trage des anderen Last – das gilt auch hier.

Als typisches Beispiel eine kleine Anekdote: Ich hörte einen Vortrag über Gentechnologie von einem Fachmann des Max-Planck-Instituts. Danach spreche ich mit ihm privat und sage dezent: »Herr Kollege, es ist schön, dass Sie und ich als Naturwissenschaftler uns auch Gedanken über die einschlägigen ethischen und theologischen Probleme machen. Aber sollten wir nicht auch Fach-Theologen zu Rat ziehen?« Ich sehe ihn noch heute vor mir, wie er tief erregt sagt: »Davon bin ich ganz abgekommen. Das bringt gar nichts. Das habe ich einige Male probiert. Die sprechen eine andere Sprache.« Ich gestehe, solche Erfahrungen musste ich auch sammeln, wenn es um Fragen nach konkretem technischem Handeln ging. »Soll ich jetzt ein Kernkraftwerk bauen, an der Landesverteidigung mitarbeiten, ein Arzneimittel gentechnologisch herstellen, ja oder nein? Dann bekommt man leicht zur Antwort: »Wenn es dem Willen Gottes entspricht, wenn es den Menschen hilft, dann ja – andernfalls nein.« Das ist natürlich ganz richtig, aber es ist insofern keine konkrete Hilfe, als der gläubige Techniker – und nur ein solcher fragt überhaupt die Theologen – das ohnehin weiss. Bei genauerem Nachfragen muss man dann meistens hören: »Wir kennen uns da zu wenig aus.« Noch ein Beispiel: Man sitzt zu Tisch mit Menschen, die ernst machen mit ihrem Christsein. Das Gespräch kommt auf Gentechnologie. Man hört Stimmen, die selbstsicher ein absolutes Nein sagen zu allem, was damit zusammenhängt. Das ist gut gemeint, aber es hilft nicht weiter und kann leicht zur lieblosen Überheblichkeit werden. Weder aus der Heiligen Schrift noch aus der christlichen Lehre lässt sich ein derartiges Absoluturteil begründen. Wie problematisch solche Extrem-Standpunkte sind, das wird dann gewöhnlich klar, wenn ich die Frage nach dem Insulin für Diabetiker (Zuckerkranke) anschneide. Diabetes wird immer mehr zur Volkskrankheit, und damit wird die Frage nach der Insulin-Beschaffung immer wichtiger. Früher behandelte man Diabetiker gewöhnlich mit Schweine-Insulin. Dieses war teuer, nicht in beliebiger Menge beschaffbar und rief bei manchen Diabetikern Allergien hervor. Heute behandelt man mit Insulin, das von gentechnologisch veränderten Bakterien erzeugt wird. Dieses Insulin ist billig, in beliebiger Menge produzierbar und identisch mit demjenigen Insulin, das der gesunde menschliche Körper selbst herstellt. Wer »nein« zu dieser Gewinnungsweise sagt, sollte sich überlegen, ob das eine christliche Haltung gegenüber zahllosen Diabetikern ist, Kindern und Erwachsenen in armen und reichen Ländern. Wer »ja« dazu sagt, sollte sich klar sein, dass er damit schon ein »Teil-Ja« zur Gentechnologie gesagt hat. Hinter diesem ersten Teil-Ja warten weitere. Beispielsweise könnte es durchaus möglich werden, Weizen gentechnologisch so zu verändern, dass er sich sozusagen mit dem Luft-Stickstoff selbst düngt – so wie es die Lupine schon immer tut. Das wäre ein unvorstellbarer Erfolg gegen den Welthunger. Aber ist das nicht schon zu weitgehende Anmassung des Menschen gegenüber der Schöpfung und damit dem Schöpfer selbst?

Ernste Fragen stehen vor der Menschheit. Ich wollte sie nur kurz anreissen – nicht um einen so oder anders gearteten Standpunkt zu vertreten, sondern um die Art der Problemstellung vor Augen zu führen. Zu allen Christen, allen Philosophen und Theologen möchte ich beschwörend sagen: Lassen Sie die an solchen Brennpunkten stehenden Wissenschaftler und Techniker nicht im Stich, helfen Sie ihnen. Übernehmen Sie auch mit Verantwortung. Freilich riskiert man damit, sich in zehn oder zwanzig Jahren vielleicht eingestehen zu müssen, dass man die falsche Entscheidung getroffen hat. Als Christen müssen wir die Verantwortung für Gottes Schöpfung miteinander tragen. Christus hat den Menschen in ihren ganz konkreten Sorgen und Nöten geholfen, er hat ganz konkrete Ratschläge gegeben. Folgen wir als Botschafter Christi seinem Beispiel und ziehen wir uns nicht wie Heuchler hinter Unverbindlichkeiten zurück. Gott allein ist ewig. Er allein setzt absolute Massstäbe. Alle menschlichen Massstäbe und Urteile sind relativ, unterliegen der Abwägung. Wenn wir den Menschen in ihrer drückenden Verantwortung helfen wollen, müssen wir ihnen helfen, das Wort Gottes im konkreten Handeln, auch im konkreten naturwissenschaftlichen und technischen Handeln, in die Tat umzusetzen.

Der heutige Mensch will die Botschaft Gottes, die Botschaft der ewigen Wahrheit hören. Er hungert geradezu danach, vielleicht mehr als früher. Wenn er der Frohen Botschaft auch Gegenargumente, manchmal sogar Aggressionen entgegensetzt, dann ist das oft aus der verzweifelten Hoffnung, dass sie entkräftet und aufgefangen werden. Der Mensch ist auf die Wahrheit angelegt, er verlangt innerlich danach, selbst wenn er sich dagegen auflehnt. Denn die Wahrheit ist zeitlos. Nur ihr äusseres Kleid ist zeitabhängig. Jesus Christus, das ewige Wort Gottes, ist gekommen, Zeugnis für die Wahrheit abzulegen. Durch Jesus, mit ihm und in ihm hat der Mensch, ob geboren oder noch ungeboren, eine unantastbare Würde als Abbild des Schöpfers, als Kind Gottes. Botschafter Christi sein, das heisst zugleich dem Herrn wegbereitend vorausgehen und kreuztragend ihm nachfolgen, das heisst zugleich Gottes Königsherrschaft verherrlichen und den Menschen das Heil bringen, das heisst zugleich bis zum Himmel erhoben sein und doch unwürdiger Knecht. Lobpreis und Dank sei dem Dreieinen Gott, dem Vater, dem Sohn und dem Geist, für diese Berufung.

Dr. Karl Philberth, Peter-Rosegger-Str. 6, D-82178 Puchheim

Die Gebrüder Bernhard (1927) und Karl Philberth (1929) sind selbständige Physiker in Puchheim bei München. Die Konzeptionen von Bernhard Philberth wurden von Karl Philberth mathematisch formuliert.

Beide sind Mitglieder der Akademie der Wissenschaften von Besançon/Frankreich und der internationalen glaziologischen Gesellschaft in London. Bernhard Philberth ist zudem Mitglied der ältesten Akademie der Erde in Chieti/Italien und der Physikalischen Gesellschaft Japans in Tokio. Von ihm geschriebene Bücher: Christliche Prophetie und Nuklearenergie; Der Dreieine; Das All; Überleben ohne Erfindungen?

Bernhard Philberth ist Urheber des Projekts der Beseitigung der radioaktiven Reaktor-Abfälle in den Eiskappen der Erde (Akademie der Wissenschaften in Paris, C. R. 14/59; IAEO, Monaco-Konferenz 1959).

Karl Philberth promovierte in Paris, war Leiter des amerikanischen und des europäischen Projekts thermischer Tiefbohrung in arktischen Eisschilden (»Philberth-Sonde«) und vertrat die Bundesrepublik Deutschland auf internationalen Konferenzen. Er ist Gastprofessor an der Philosoph.-Theolog. Hochschule Heiligenkreuz bei Wien.

Die Gebrüder Philberth sind die Entdecker des »relativistischen Zeitgradienten« (Akademie der Wissenschaften in Paris, C. R. 4/63). Aus ihrer Feder stammen viele Veröffentlichungen in den Akademien der Wissenschaften von Paris, Brüssel und Genua sowie in Fachzeitschriften von Deutschland, Frankreich, Schweiz, Polen, England, Amerika und Australien.

Praktisch arbeiten beide Brüder auch auf dem Gebiet der Elektrophysik. Sie erhielten über 100 Patente auf physikalisch-technische Erfindungen, von denen einige wie der »Philberth-Transformator« weltweit bekannt geworden sind. Fachveröffentlichungen zu aktuellen Problemen von Kernenergie, Umweltschutz, Energiewirtschaft und Patentrecht haben unter anderem in der Bundesgesetzgebung ihren Niederschlag gefunden. Die Gebrüder Philberth sind beteiligt an Sammelwerken und fanden Aufnahme in Sekundärberichten u. a. der Akademie der Wissenschaften in Moskau; siehe in Kürschners Gelehrtenkalender, im Who is Who in Europa, im Who is Who in the World sowie in der International Biography.

Zur Autorin

Ausbildung und Tätigkeit:

Kurt und Jutta Weil – zur Zeit der Heilungsereignisse

Primar-, Sekundar- und Diplom-Mittelschule, Kantonsschule Winterthur.

Redaktions-Assistentin an der »Neuen Zürcher Zeitung«: Redaktionelle Übersetzungsarbeit, Französisch für den Bereich Maghreb-Staaten, Marokko, Algerien, Tunesien.

Klassisches und modernes Ballett als nebenberufliche Zusatzausbildung, moderner Ausdruckstanz nach Matt Mattox und Luigi Facciuto, Zürich und New York.

Journalistische Arbeiten in den Bereichen Lebensberatung, Kultur und Unterhaltung bei »Tages-Anzeiger«, »Nebelspalter«, »Brückenbauer«, »annabelle«, »Schweizer Woche«. Aktuelle Berichte, Reportagen, Kurzgeschichten, Glossen, Humoresken.

Entwicklung eines eigenen Systems des Körper-Trainings. Dieses System geht direkt auf die Bedürfnisse des modernen Menschen ein (gezielter Muskelaufbau, schonende Behandlung von Wirbelsäule und Gelenken, Möglichkeiten zur wirksamen Entspannung).

Theologie-Studien
Studium der Psychosomatischen Basistherapie bei Professor Dr. Balthasar Staehelin, Universität Zürich (Verbindung von Psychologie und Theologie).

Praktische Anwendung der Therapie · Schriftstellerische Arbeit

Seit 1979
Öffentliche Arbeit: Körpertraining für Erwachsene

Anti-Stress-Kurse bei Sulzer-Escher-Wyss, Zürich
(im Auftrag des Betriebsarztes)

Anti-Stress- und Meditationskurse (kostenlos für die Teilnehmer) am Studentenfoyer der Universität Zürich (1984–1991) und im Freizeit-Zentrum Migros, Greifensee.

Ergänzung zu Seite 366:

Jüdische Theologen, welche Jesus als Messias anerkennen

Zum Buch von David Flusser »Das Christentum – eine jüdische Religion«

David Flusser ist der zur Zeit wohl bekannteste jüdische Jesusforscher. Er empfiehlt den Christen, Jesus als jüdischen Bruder anzuerkennen und lehrt die Juden, Jesus als einmalig, als göttlich zu sehen. David Flusser ist Professor für Neues Testament und frühes Christentum an der Hebräischen Universität Jerusalem. Nach dem Verlust seiner Familie im Konzentrationslager ist es ihm ein Anliegen, den gemeinsamen Glauben als Grundlage der Erneuerung heutiger Spiritualität zu beleben und die Christen an ihre lebendige Wurzel zu erinnern.

Benjamin Berger. Aufgewachsen in einem jüdischen Ghetto in New York; orthodoxe Tradition; fast die ganze Verwandtschaft von ihm in Auschwitz von den Nazis ermordet. Studierte in Amerika und übte seinen Beruf einige Jahre in Dänemark aus. Hatte vor 20 Jahren plötzlich eine sehr starke Begegnung mit dem Gott Abrahams, JAHWE. Während dieser Begegnung mit Gott empfing Benjamin Berger als starke Gewissheit die Botschaft Gottes, dass Jesus der erwartete Messias sei.

Zuvor hatte Berger überhaupt nicht mehr an Gott geglaubt, wegen der Greuel der Konzentrationslager. Nach der Gottesbegegnung war Berger tief erschüttert. Er ging nach Hause, wo sein Bruder, ebenfalls Atheist, den Heiligen Geist empfing und in der gleichen Stunde bekehrt war. Auch er predigt nun Christus als unseren Erlöser. Beide Brüder haben ihre Berufe aufgegeben und sind einer Berufung Gottes nach Jerusalem gefolgt, wo sie eine messianische Gemeinde leiten und angefangen haben mit der Bekehrung ihrer jüdischen Mitbürger. (Regelmässige Vortragsreisen in ganz Europa.)

Was sagen Experten zum Buch?

Pfarrer Hans Hitz:
Ein echtes und starkes Glaubensbuch

Spannende Dokumentation einer modernen Frau über die brennenden Probleme unserer Zeit, lebendig und neu formulierte Tatsachen über die Gotteserfahrung heute. Journalistisch sehr gekonnte Weisung auf der Suche nach dem Wahren: nach Gott. Ein Glaubensbuch modernster Art. Empfohlen von Pfarrer Hans Hitz, früher Leiter von Jugend-Sport-Lagern in Randa bei Zermatt.

Martin Stössel, Theologe:
Ein grossartiges Buch, das Mut macht zu einem neuen sinnvollen Leben

Im ersten Teil zeichnet die Autorin Zugänge zu Gott auf, lässt sich auf die Fragen des 18jährigen Sohnes ein, dessen Schulkollegen sagen, dass Gott nicht existiere. Die Frage nach der Zufälligkeit der Welt kommt genauso zur Sprache wie die Zuverlässigkeit der Bibel im Zeitalter der hochentwickelten Technik und Wissenschaft. Und das Böse? Ist es nicht das einleuchtendste Argument gegen Gott? Auf einem faszinierenden Denkweg durch die Jahrhunderte, seit den Propheten des Alten Testaments, über die Vision der Anna Katharina Emmerich bis in unser Jahrhundert hat sich Gott in der menschlichen Geschichte offenbart, wie die Autorin klar aufzeigt.

Der zweite, umfangreichste Teil ist der Person Jesu, seiner Bedeutung und seinem göttlichen Wesen gewidmet. Der unkundige Bibelleser braucht sich nicht vor einer Unmenge von Zitaten aus der Bibel zu fürchten. Es wird in einer zeitgemässen Sprache erzählt, als Weg zu einer personalen Begegnung mit der befreienden Wirklichkeit des historischen Jesus. Hier wird die Lektüre zu einem Ereignis: dass Gott sich in seiner Menschlichkeit in Jesus offenbart hat. Dies befreit unser Denken und verändert unser Dasein und unsere Welt, in der wir leben.

Die abschliessenden Kapitel sind zum Teil autobiographisch und erzählen ganz persönlich von der erlösenden und freimachenden Begegnung mit Jesus. In ergreifender Offenheit berichtet die Autorin von ihrem eigenen Unheil, persönlichem Leid, von Irrwegen und der schmerzhaften Suche nach Gott. Den Gott der bedingungslosen Güte hat sie in ihrem Leben selbst als ihre Erlösung erfahren, von der sie Zeugnis gibt.

»Das Unheil kommt nicht von Gott« ist ein grossartiges Buch, das Mut macht zu einem neuen, sinnvolleren Leben mit Gott. In einem Kapitel schreibt Jutta Weil von diesem Neubeginn: »Darum können wir nie – auch nicht mit tausend Büchern – erklären, was ein Mensch mit Gott erfährt. Worte sind dafür zu dürr. Sie können nur Bericht erstatten, so wie dies in diesem Buch geschehen ist. Aber dann muss sich jeder Leser selber auf den Weg machen, damit er den Kuss Gottes in seiner Seele spürt. Mancher Mensch (und ich selbst auch) hat die erste Wirkung davon erfahren als erlösenden Tränenstrom. Tränen der Reue über begangene Sünden, Tränen der Freude über die plötzlich und stark erfahrene Gegenwart des liebenen Gottes.« Selten wurde so leidenschaftlich, so persönlich und offen über Gott geschrieben.

Die Offenheit, mit der in diesem Buch all die Fragen und Einwände, die Zweifel und Proteste gegen Gott zur Sprache kommen, ist in zweierlei Hinsicht befreiend: erstens eröffnet dieser Weg auch dem Bibel-Unkundigen und Laien im eigentlichen Sinne des Wortes den Horizont für ein angstfreies und sinnvolles Leben. Zweitens wird der Leser selbst aufgefordert, an diesem Gespräch über und vielleicht mit Gott teilzunehmen. Solche Bücher werden zu einem echten Ereignis für den Leser. In den Massen von literarischen Produkten, zum Beispiel an einer Frankfurter Buchmesse, sind solche Kostbarkeiten immer seltener.

(Martin Stössel studierte Theologie und Sport (Triathlonspezialist). Verdiente sein Studium als Skilehrer für Jugendliche und Flight Attendant.

Pfarrer Alois Zingg:
»Die Suchenden werden finden – alle Schichten werden aufhorchen.«

Das Buch ist glaubwürdig. Die Suchenden werden finden. Alle Schichten werden aufhorchen. Die Autorin schreibt lebendig und packend, interessant und überzeugend, ohne rechthaberisch, »missionarisch-sektenhaft« zu wirken. Viele werden sie hören. Sie spricht lebendig vom Lebendigen. Alle werden das Buch lesen, Männer und Frauen, besonders die durstigen und hungernden Jugendlichen, Gläubige und Ungläubige, Gesunde und Kranke. Man glaubt ihr, weil sie durch Schmerzen die Freude gefunden hat. Sie ist überzeugt, lässt uns frei in unserem Denken und unserer Entscheidung. (Alois Zingg, Pfarrer und Pädagoge, Lehrer und Meditationsleiter am Töchterinstitut Wurmsbach, Abtei Mariazell bei Rapperswil, wurde 1997 in die Ewigkeit abberufen, daher werden die ab Seite 266 beschriebenen Kurse nicht mehr durchgeführt.)

… und noch drei Stimmen aus ganz verschiedener Richtung:

Bundesrat Flavio Cotti (Bundespräsident der Schweiz, 1991) in einem Brief an die Autorin:

»Ich danke Ihnen für das Buch. Ich bin sehr berührt. Auch ich bin der Meinung, dass unser Leben nur im festen Glauben an Gott bestehen kann.« – Sonja Sieber, Gattin von Pfarrer Ernst Sieber, Obdachlosen-Seelsorger von Zürich:

»Mit Ihrem starken Buch haben Sie mein Herz in Bewegung gebracht. Alle leidenden Menschen sollten es lesen. Was mir besonders Eindruck macht, ist diese befreiende Ehrlichkeit.« – Christine Steiger, Journalistin, (»Weltwoche«, Zürich): »Ich habe das Buch gelesen wie einen Krimi und fand die Lektüre ungemein anregend. Ich habe Lust bekommen, über gewisse Themen nachzugrübeln. Das ist doch schon sehr viel. Was wollen Sie mehr von einem einstigen ›Heidenkind‹ wie mir?«

Professor Dr. Markus Brodmann, Mathematiker, Universität Zürich:

Dieses Buch war für mich ein »geistiges Schwert«, eine geistige Kampfaufforderung, der ich mich nicht entziehen konnte.

Als das Buch noch im Entstehen war, erhielt ich von der Autorin Auszüge aus dem Manuskript. Bereits damals wurde mein Weltbild erschüttert durch die zentrale Botschaft des Buches, dass das Unheil nicht von Gott kommt, sondern dem Bösen entspringt, dem sich die Schöpfung mit dem Sündenfall öffnete. Obwohl ich mich lange dagegen sträubte, wurde diese Botschaft für mich zum Anlass, mich kompromisslos mit meinem Glauben auseinanderzusetzen. Diese Auseinandersetzung machte mir schliesslich klar, dass der Glaube nicht irgendeine Weltanschauung ist, sondern eine fundamentale Lebenskraft. Die geistige Kraft des Buches entspringt dem klaren Bekenntnis der Autorin zu Jesus Christus als Sohn Gottes und Erlöser. Dieses Bekenntnis fordert den Leser zur persönlichen Stellungnahme heraus. Wer sich mit diesem Buch auseinandersetzt, wird es nicht als lauer Christ zur Seite legen können. Es muss wirklich aus göttlicher Inspiration entstanden sein.

Annette Frede, eine junge protestantische Ärztin aus Düsseldorf:

»Seit langem machte ich einen großen Bogen um Jesus Christus. Ich wollte den anderen Religionen gegenüber tolerant bleiben. Gott offenbart sich doch schließlich überall. Wie konnte ich mich da zu **einer** Religion bekennen? Zumal kennen wir alle die Argumente gegen unsere Kirche.

Nach einem sehr langen Umweg über Esoterik und verschiedene religiöse Weltanschauungen stieß ich auf die katholische Mystik. Ich ging sogar wieder in die Kirche und betete wieder regelmäßig, aber die Tatsache, dass Jesus Christus Gottes Sohn ist, ging weder richtig in mein Hirn noch in mein Herz.

Der zündende Funke kam mit dem Buch von Jutta Weil-Lamprecht »Das Unheil kommt nicht von Gott«.

Ich wünsche Ihnen von Herzen, daß dieser Funke auch auf Sie überspringt! «

Der Herausgeber:

Pater Dr. Flavius J. Regli, Kapuziner, studierte Theologie, Philosophie, Sozial- und Wirtschaftswissenschaft. Er war zehn Jahre Arbeiter-Seelsorger im kargen Berggebiet der Grande-Dixence im Wallis, den höchstgelegenen Kraftwerken der Welt. Danach folgten Einsätze in Italien und Südamerika. Heute lebt Pater Flavius Regli in Biel als Seelsorger. Er ist nicht nur ein liebevoller Menschenbetreuer, sondern auch begeisterter Alpinist. Sowohl geistig als auch körperlich erbringt er seit jeher Höchstleistungen. So besiegt er die Viertausender im Walliser Berggebiet ebenso unerschrocken wie den Kilimandscharo in Afrika. Was dieser mutige Priester zur Mystik und zum vorliegenden Buch meint, lesen Sie hier:

»Rückblickend muss ich heute sagen: Alles im Leben ist Gnade, Geschenk der Liebe Gottes. Glücklich kann ein Mensch nur werden durch eifriges Gebet. Daraus erblüht eine innere Gotteserfahrung, die alles Vergängliche und Vergleichbare unendlich übersteigt: Gebet wirkt heilend für Gemüt, Herz, Geist und Leib.

Der moderne Mensch lebt oder vegetiert zumeist in der blossen Sinnessphäre und Oberflächlichkeit. Wer aber in Jesus Christus lebt, ist eine neue Schöpfung. Die heutige, zumeist nur von aussen gesteuerte Jugend muss wieder in jugendlicher Kraft nach Gotteserfahrung suchen, sonst amüsiert sie sich zu Tode. Gott will, dass jeder Mensch in dieser Welt ein glücklicher Mensch wird. Ist Christus Jesus nicht ein glücklicher Junge gewesen? Er preist seinen Vater im Himmel über alles. Nur in Jesus Christus, dem gekreuzigten und auferweckten Jesus Christus, ist der verborgene Schatz des Glückes. Mächtige Meereswellen seiner Liebe brausen in Dein Herz und bringen Dir Leben, Kraft und den neuen Geist des Friedens. Jesus sagt Dir: Komm und sieh und folge mir: Du wirst sehen und erfahren, was Dir bisher fehlte und dich glücklich macht. Die ersten Jünger Jesu haben gesagt: Wir haben gefunden! Auch Du sollst in ihm Dein Lebensglück finden.

Das geistvolle Buch: Das Unheil kommt nicht von Gott, von Jutta Weil, vermag dem Leser helle Horizonte aufzureissen und mächtige Anstösse zu vermitteln. Wer sein Leben liebt und glückliche Tage sehen will, der sehe selber: ›Nimm und lies!‹« (Im Herbst 1994 hat Pater Flavius auf einer Bergtour am Kilimanjaro unsere Welt verlassen).

Eine protestantische Christin findet das Buch durch einen Traum

Frau Wigi (Hedwig) Hanselmann, protestantische Christin, Betreuerin von Schwerstkranken, wohnhaft in Oberuzwil, Schweiz:

»Wie ich das Buch ›Das Unheil kommt nicht von Gott‹ endeckte? Nach Besuchen bei Schwerstkranken lag ich abends erschöpft im Bett mit der quälenden Frage: Warum lässt Gott all das zu? Anschliessend wurde ich durch Meditation und Fürbittengebete in einen erholsamen Schlaf begleitet. Mir träumte folgendes: ›Deine Fragen werden beantwortet. Habe Geduld. Morgen kommt mit der Post eine Zeitschrift mit dem Namen ›Zeichen der Liebe‹. Dort schlage die Seite 18 auf und handle!‹ – Oft erlebe ich so intensive Traumantworten – deshalb war auch dieser Traum nach dem Erwachen noch ganz lebendig in mir. Das erwähnte, wunderschöne Heft lag, ich hatte ungeduldig auf die Post gewartet, im Briefkasten. Ich öffnete es schnell auf Seite 18 und fand das Buchinserat. Sofort bestellte ich dieses Werk. Nun lese ich meinen todkranken Schützlingen daraus vor und erlebe bei ihnen ein grosses Echo. So wie mein Vorbild, Mutter Teresa, versuche auch ich, jenen aus dem Netz gefallenen Menschen zu helfen, wie Jesus Christus, unser Heiland, es von uns wünscht.« Wigi begleitet seit vielen Jahren Krankentransporte nach Lourdes und übernimmt die schweren Arbeiten (Rollstühle fahren, Patienten betreuen). Wigi hat auch keine Scheu, in kath. Klöstern Exerzitien zu besuchen.

Frère Roger, ein reformierter Theologe, hat in Taizé (Süd-Burgund) vor 50 Jahren eine ökumenische Brudergemeinschaft gegründet, die ein Leben in Armut, Gebet und Keuschheit führt, ähnlich wie dies in katholischen und buddhistischen Klostergemeinschaften der Fall ist. Seit Jahrzehnten ist dieser Ort für Hunderttausende von Jugendlichen aus allen Nationen der Welt ein Treffpunkt zur Besinnung geworden. Niemand weiß, warum Taizé eine so starke Anziehungskraft auf Jugendliche ausübt. Denn geplant war nur eine kleine Brudergemeinschaft. Aber hier finden die Jugendlichen aller Konfessionen in der Stille, im Gesang und Gebet Ruhe und Trost in ihren drängenden Sinnfragen.

Frère Roger: »Kein Leid, keine Krankheit, kein Unheil kommt von Gott« –

ist eine der Hauptaussagen dieses Seelsorgers. Seine Meinung: »Unsere Aufgabe ist es, leidenden Menschen mit all unseren Kräften zu helfen. Jesus Christus ist bei jedem von uns alle Tage bis an das Ende der Zeiten. Und so kann in unserem Leben ein ganz kleines, ja ganz verborgenes Ereignis der Erwartung dazu führen, daß Quellen aufbrechen: Güte des Herzens, Selbstlosigkeit und auch jener innere Einklang, der aus dem Leben des göttlichen Geistes kommt, der in uns ausgegossen ist.«

Frère Roger: Ein Sinn für das Leben

Wo du auch bist auf der Erde – du möchtest das Geheimnis ergründen, das im Innersten deines Herzens liegt: Ahnst du in dir, und sei sie flüchtig, die stille Erwartung einer Gegenwart?
Dieses schlichte Erwarten, dieses einfache Verlangen nach Gott ist bereits der Anfang des Glaubens.
Gott könnte ohne unser Gebet auskommen. Es ist sein Geheimnis, daß er so großen Wert darauf legt.
Er versteht alle Sprachen der Menschen. Dich still in seiner Nähe halten, heißt schon beten: Deine Lippen bleiben geschlossen, aber dein Herz spricht zu ihm. Durch den Heiligen Geist betet Christus in dir, mehr als du denkst.
Läßt du dich darauf ein, mit deinem Leben das Gedicht einer Liebe zu ihm zu schreiben? Findest du Wege, ihn, den Auferstandenen, selbst in der dürstenden Erde deines Leibes und deines Geistes zu erwarten?

Interview mit Frère Roger:

Seit dem Ende der fünfziger Jahre kommen zahlreiche Jugendliche nach Taizé. Und nun sind es Jahr für Jahr Zehntausende aus allen Erdteilen. Überrascht Sie ihr Kommen?

Wenn Sie wüßten, wie erstaunt wir Brüder sind! Warum kommen so viele Jugendliche? Selbst mitten im Winter. Wenn man mich fragte, was wir uns für sie am meisten wünschen, würde ich antworten: daß sie im gemeinsamen Gebet, in den Gesprächen und in der Stille, auf der Suche nach den Quellen des Glaubens einen Sinn für ihr Leben finden. Jedem von ihnen möchte ich sagen: Christus, der Auferstandene, hat dich zuerst geliebt.

Zahlreiche Jugendliche sind heute enttäuscht. Wir möchten mit ihnen überlegen, wie man einen neuen Anlauf nehmen, wie man sich darauf vorbereiten kann, verantwortliche Aufgaben zu übernehmen.

Als die Jugendlichen vor über dreissig Jahren immer zahlreicher kamen, dachten wir nicht, daß der Zustrom über längere Zeit anhalten würde Wir bauten in drei Kilometer Entfernung einige Unterkünfte. Von dort kamen sie dreimal am Tag zu den gemeinsamen Gebeten. Schnell begriffen wir, dass es nicht einer dem Evangelium gemässen Gastfreundschaft entsprach, sie so weit entfernt unterzubringen. Deshalb brachten wir sie hier in Taizé unter, in kleinen und großen Zelten und in Baracken.

Wie schaffen Sie es heute, eine so große Zahl Jugendlicher aufzunehmen, die einen Raum zum Gebet brauchen, die versorgt werden wollen?

Wer die Gastfreundschaft des Evangeliums üben will, kommt nicht umhin, auf die Worte Christi zu hören: »Glücklich, die im Herzen einfach sind«. Christen ist es geschenkt, in schlichter innerer Einfachheit, und das heißt auch mit sehr geringen materiellen Mitteln, andere in einem Masse aufzunehmen, wie sie es selbst nicht für möglich hielten.

Was suchen die Jugendlichen bei ihnen, und was gibt ihnen Taizé?

Wir tun alles, damit sie zum Wesentlichen finden können, zunächst beim dreimal täglichen Gebet. Das Abendgebet dauert immer sehr lange. Wir bleiben mit einigen Brüdern noch lange in der Kirche und singen mit den Jugendlichen im Gebet weiter. Und an ausnahmslos allen Abenden im Jahr hören wir in der Kirche Jugendlichen zu, die unter vier Augen etwas Persönliches sagen möchten.

Dieser zweite Teil des Abendgebets ist ganz spontan und für uns, unser Herz, sehr wichtig. Es kommt darin eine Art Dynamik des Vorläufigen zum Ausdruck; wir singen, ohne die Folge der Gesänge vorher festgelegt zu haben. Nach jedem Gesang fragen wir uns: Welcher Gesang wird nun das Gebet wohl am besten weitertragen? Wir sagen uns: Für die Jugendlichen ist es wesentlich, dass sie beten können und daß wir mit ihnen beten können. Der ganze Mensch ist an diesem Gebet beteiligt.

Und von Anfang an gab es täglich bei allen drei Gebeten eine Zeit der Stille.

Gebet, Gesänge, Stille — kann das nicht zu Weltflucht führen?

Jemand sagte mir einmal: »Ich weiß, daß die Stille, das gemeinsame Gebet, die Kontemplation in Taizé immer tief mit der Suche nach Gerechtigkeit, mit dem Hinhören auf die Armen der Welt verbunden sind.«

Das stimmt. In den Vereinigten Staaten beispielsweise leben Brüder seit langem in einem sehr armen Viertel von New York, nahe am Hudson.

Das Haus stand leer. Wir haben, wie viele andere auch, einfach eine Wohnung belegt und wieder Fensterscheiben eingesetzt. Die Stadtverwaltung hat die Besetzung nachträglich gebilligt.

In der Strasse dort herrscht viel Gewalt. Bisher wurde noch kein Bruder angegriffen, aber eingebrochen wurde oft. So ist das eben, so lebt man in einem sehr armen Viertel. Alle unsere Nachbarn leben von der Hand in den Mund. Aber wir verstehen uns ausgezeichnet mit ihnen. Ich weiss nicht warum, aber ich bin gerne dort. Man ist dort in Frieden.

Noch einmal zu den Jugendlichen: Was wünschen Sie für sie?

Wir Brüder fragen uns bisweilen: Warum hat Gott uns ein solches Abenteuer des Glaubens mit den jungen Menschen anvertraut? Könnte mir jemand ins Herz schauen – so sage ich mir manchmal –, würde er darin unter anderem die Frage finden: Wo sind die vielen Jugendlichen, die nicht mehr in die Gottesdienste ihrer Gemeinde gehen? Diese Jugendlichen stehen dem Glauben oder der Kirche nicht feindlich gegenüber; die Kirche scheint für sie einfach nicht vorhanden, scheint für sie ohne Belang zu sein.

Wir möchten, daß die jungen Menschen, die nach Taizé kommen, Christus nicht für sich genommen begreifen, sondern in der einzigartigen Gemeinschaft, die die Kirche ist. Niemals wollen wir um Taizé herum eine fest organisierte Bewegung aufbauen. Wir schlagen den Jugendlichen viel mehr vor, in die kirchlichen Gemeinden am Ort zu gehen, wo alle Generationen, von den Ältesten bis zu den Kindern, zusammen sind.

Bei seinem Besuch in Taizé sagte Johannes Paul II. zu den versammelten Jugendlichen: »Man kommt nach Taizé wie an den Rand einer Quelle. Ihr wisst, daß die Brüder der Communauté euch nicht zurückhalten wollen. In der Stille und im Gebet möchten sie es auch ermöglichen, vom lebendigen Wasser zu trinken, das Christus verheissen hat, und dann wieder abzufahren, um in euren Kirchengemeinden, euren Städten und Dörfern, an euren Schulen und Universitäten und euren Arbeitsplätzen seine Liebe zu bezeugen und euren Brüdern zu dienen.«

Uns beschäftigt die Frage, ob die Jugendlichen zur Genüge alle ihre inneren Kraftreserven kennen, die Gaben, die Gott in jeden von ihnen gelegt hat. Es kommt uns darauf an, ihnen in tiefer Selbstlosigkeit zuzuhören, damit sie nach und nach die Gaben entdecken, die in ihnen liegen, und damit diese Gaben sich nach ihrer Rückkehr zu Hause entfalten können. Überall auf der Erde gibt es erfinderische, schöpferische junge Menschen.

In Taizé stellen wir erstaunt fest, dass diese Jugendlichen in der Lage sind, in vielen anderen den Glauben zu wecken, viele zu ermutigen, den Sinn ihres Lebens zu entdecken.

An der Schwelle zum 21. Jahrhundert: Versöhnung in Liebe

Als kurz nach seiner Wahl Papst Johannes XXIII. ein Konzil ankündigte, sagte er etwas, das der Versöhnung unter den Christen eine ganz neue Perspektive eröffnete: »Wir werden nicht über die Geschichte richten, wir werden nicht erforschen, wer unrecht hatte und wer im Recht war. Wir werden einfach sagen: Versöhnen wir uns!«.

Die Päpste Johannes XXIII. (links) und Johannes Paul II. (rechts unten) spielten für den reformierten Gründer von Taizé Frère (Bruder) Roger eine große Rolle:

Johannes XXIII. hat uns ein Stück weit den Schleier gehoben, der über dem Geheimnis der Kirche liegt. Bei seinem Besuch in Taizé im Oktober 1986 sagte Johannes Paul II. uns Worte, für die wir sehr dankbar sind. Der Papst erinnerte zunächst daran, welche Liebe Johannes XXIII. für uns hegte: »Ich möchte euch meine herzliche Verbundenheit und mein Vertrauen mit den einfachen Worten sagen, mit denen Papst Johannes XXIII., der euch überaus liebte, einmal Frère Roger begrüsste: ›Oh Taizé, dieser kleine Frühling!‹«

Der protestantisch aufgewachsene und ausgebildete Frère Roger pflegte auch eine tiefe Freundschaft mit der katholischen Ordensgründerin Mutter Teresa in Kalkutta, die er häufig besuchte und mit ihr den Armen in den Elendsvierteln half.

Frère Roger lässt in seiner Mönchsgemeinschaft seit vielen Jahren täglich durch katholische Priester die Eucharistie feiern. Damit bildet er eine lebendige Brücke zwischen den christlichen Gläubigen.

Gott ist nicht der Urheber des Bösen

(von Frère Roger)

Vor bald dreitausend Jahren zieht der Prophet Elija eines Tages in die Wüste, um Gott zu lauschen. Ein Orkan bricht los, dann ein Erdbeben und ein ungestümes Feuer. Aber Elija begreift, dass Gott nicht diesen Entfesselungen der Natur innewohnt. Dann tritt überall Ruhe ein, und Elija hört Gott wie im Flüstern eines leichten Windhauchs.[22] Etwas Ergreifendes offenbart sich ihm: Oft vernimmt der Mensch die Stimme Gottes in einem Stillehauch.

Wohl zum ersten Mal in der Geschichte wird eine dermaßen klare Eingebung aufgeschrieben: Gott jagt keinem Menschen durch gewalttätige Mittel Schrecken ein.

Gott ist niemals der Urheber des Bösen, von Erdbeben, Krieg und Unglücksfällen. Weder Leiden noch Elend der Menschen sind gottgewollt.

Gott zwingt sich nicht auf. Er lässt uns frei, zu lieben oder nicht zu lieben, zu verzeihen oder die Vergebung abzulehnen. Gott sieht der Qual der Menschen jedoch niemals unbewegt zu.[20] **Er leidet mit** *dem Unschuldigen, dem Opfer unbegreiflicher* leidvoller Prüfung, er leidet mit jedem Menschen. Es gibt **einen Schmerz Gottes**, *ein Leiden Christi.*

(Auszug aus: Frère Roger, »Die Quellen von Taizé«, erschienen 4 Jahre, nachdem er dieses Buch erhalten hatte.)

Gebet von Frère Roger:

»Jesus Christus, du weisst, dass wir uns nie für die Finsternis entscheiden, sondern dein inneres Licht empfangen möchten. Auferstandener Jesus, mögen wir auch nur wenig von deinem Heiligen Geist begreifen, er ist für uns Leben. Mögen wir nur wenig von deinem Evangelium begreifen, es ist Licht mitten unter uns. Mögen wir auch nur wenig von deiner Eucharistie begreifen, sie ist lebendige Gegenwart in uns. Jesus Christus, du kennst unsere Zerbrechlichkeit. Wie können wir einen neuen Anlauf nehmen, um auf deinen Ruf in die ständige Nachfolge zu antworten? Dieser Elan des Evangeliums liegt im Vertrauen, dass du mit ausnahmslos jedem Menschen vereint bist. Mehr noch, du trägst das Wagnis des Glaubens mit durch die Kühnheit eines Ja, das uns bis zum letzten Atemzug trägt. Dieses Ja ist gegeben, es liegt in deinem Ruf.
Es ist Liebe aller Liebe.«

Quellen-Verzeichnis

Bossis, Gabrielle, »Er und Ich«, mystische Gespräche mit Jesus, Frankreich 1939, deutsche Ausgabe 1976, Stein am Rhein

von Ditfurth, Hoimar, Prof. Dr. »Am Anfang war der Wasserstoff«, 1981, München

Emmerich, Anna Katharina, Visionen von 1800 bis 1840, deutsche Ausgabe »Die Geheimnisse des Alten Bundes«, Schöpfungs-Vision, 1980, Stein am Rhein

Hahne, Peter, Chefredaktor ZDF, 1987

von Hackeborn, Mechthild, mystische Gespräche mit Jesus, 14. Jahrhundert, »Das Buch vom strömenden Lob«, 1987, Einsiedeln

Jesus-Offenbarungen, 1935–1937, England, deutsche Erstausgabe, »Ich rufe Euch noch einmal«, 1955 Bern, erhältlich bei: »Neuer Johannes Verlag«, Corso Elvezia 22, 6900 Lugano

Kowalska Helene (Schwester Faustine), mystische Jesus-Gespräche, 1928–1938 in Polen, deutsche Erstausgabe 1987, Wien

Pfeifer, Samuel, Dr. med. Spezialarzt für Psychiatrie, Interview 1985, Zürich

»Ist die Bibel zuverlässig?«

Copyright: W. Harke/Der Auftrag (christliche Lehrzeitschrift), Konstanzer Str. 57, D-1000 Berlin 31. Probeexemplar auf Anfrage

Paul Little, »Ich weiss, warum ich glaube«, Hänssler Stuttgart; René Pache, »Inspiration und Autorität der Bibel«, Brockhaus Wuppertal; Josh McDowell, »Antworten auf skeptische Fragen«, Memra Weichs; J. Whitcomb/H. Morris, »Die Sintflut«, Hänssler Stuttgart.

Steiger, Christine, Journalistin, Auszug aus »Die Welt als Spukhaus«, »annabelle«, 1987, Zürich

Staehelin, Balthasar, Prof. Dr. med., Spezialarzt für Psychiatrie, Universität Zürich. Publikationen: »Das Marianische Unbewusste«; »Die Psychosomatische Basis-Therapie im Jesus-Gebet«; »Neues Leben«, Campus für Christus, Zürich; »Antworten an fragende Menschen«, Campus für Christus, Zürich

Video-Filme 1983 und 1987 aus Medjugorje, erhältlich bei: Hans Schotte, D-8904 Ottmaring

Weitere Jesus-Offenbarungen aus dem 20. Jahrhundert:

Maria Valtorta, Italien, »Der Gottmensch« (1935–1949), Pisani-Verlag

Ottavio Michelini, Priester, Italien

»Die Menschheit an der Schwelle ihrer Befreiung, Offenbarungen Jesu an Priester und Gläubige« (1975–1979), Hauteville, Schweiz

Gebet v. Papst Joh. XXIII. aus W. Keller »…zerstreut in alle Völker“.
Gemma, Italien, »Wort der Liebe« (1980), CH-Hauteville
Vassula Ryden, Aegypten-Griechenland-Bangladesh-Schweiz, »Das wahre Leben in Gott«, 1987–1993 und fortlaufend, Jestetten (BRD)
Video-Film über Vassula, Aufzeichnung eines Gottesdienstes mit ihr in der Heilig-Geist-Kirche St. Gallen, März 1993; Video erhältlich bei V. Ulmann, Lehrerin, Multstrasse 10, CH-9202 Gossau.
Dr. rer. nat. Karl Philberth, Priester und Physiker, München

Universums-Thematik, Bereich Wissenschaft, Religion und Mystik, Lorber-Verlag, D-74321 Bietigheim Bissingen, PF 229.
Weitere Thematik: Familiäre Zusammensetzungen im alten Israel von J. Lorber, auch in bezug auf Verwandtschaften der Heiligen Familie.

»Frauenakt«, von Pablo Picasso (Preis: mehrere Millionen Dollar)

Zu den Bildern:
Seit den oft seltsamen Darstellungen unter dem Begriff »moderne Kunst«, gibt es Betrachter, welche die Bilder von Maria, Jesus, den Aposteln und den Heiligen nicht mehr ertragen. Darstellungen aus der Bibel, welche die Menschen in ihrer natürlichen Form wiedergeben, werden von vielen Zeitgenossen als »unmodern« abgetan.

Es ist wohltuend, dass die Künstler aller Epochen Maria in weiblicher Würde dargestellt haben.

Auch der Einwand, »du sollst dir kein Bildnis machen«, gilt nur für den nicht Mensch gewordenen Gott-Vater. Jesus, seine Mutter und seine Jünger, besassen alle einen irdischen, menschlichen Leib, den jeder sehen und berühren konnte. Wäre Jesus erst im 20. Jahrhundert gekommen, gäbe es zahlreiche Fotos und Filme von ihm. Demzufolge war es auch den Künstlern aller Zeiten erlaubt, seine Gestalt und jene der Menschen um ihn, darzustellen. JWL

Das Buch befindet sich in der Schweizerischen und Deutschen Landesbibliothek, in der Zentralbibliothek von Zürich sowie in der Zürcher Stadtbibliothek, ebenfalls in Gemeinde- und Pfarreibibliotheken im ganzen deutschsprachigen Raum. Das Buch wurde von Missionaren in Indien, Japan und Russland bestellt.